DICIONÁRIO DA REPÚBLICA

51 TEXTOS CRÍTICOS

Lilia Moritz Schwarcz
e Heloisa Murgel Starling
ORGANIZADORAS

DICIONÁRIO DA REPÚBLICA

51 TEXTOS CRÍTICOS

Companhia Das Letras

Grafia atualizada segundo o Acordo Ortográfico da Língua Portuguesa de 1990, que entrou em vigor no Brasil em 2009.

CAPA E PROJETO GRÁFICO *Victor Burton*

IMAGEM DE CAPA *Rosana Paulino,* Parede da memória, *1994-2015, tecido, microfibra, impressão digital, linha de algodão e aquarela, 8 × 8 × 3 cm cada elemento. Acervo Pinacoteca do Estado de São Paulo, Brasil. Reprodução: Jaime Acioli*

PESQUISA ICONOGRÁFICA E LEGENDAS *Lilia Moritz Schwarcz, Sonia Balady e Projeto República: Núcleo de pesquisa, documentação e memória / UFMG, coordenado por Heloisa Murgel Starling e integrado por Danilo Araujo Marques, Barbara de Oliveira Ahouagi, Helena Augusta da Silva Gomes, José Antonio de Souza Queiroz, Júlia Kern Castro, Maria Cecília Vieira de Carvalho e Pauliane de Carvalho Braga*

PREPARAÇÃO *Adriane Piscitelli*

CHECAGEM *Érico Melo*

ÍNDICE REMISSIVO *Luciano Marchiori*

REVISÃO *Angela das Neves e Huendel Viana*

Dados Internacionais de Catalogação na Publicação (CIP)
(Câmara Brasileira do Livro, SP, Brasil)

Dicionário da república : 51 textos críticos / Lilia Moritz Schwarcz, Heloisa Murgel Starling (Orgs.) – 1ª ed. – São Paulo : Companhia das Letras, 2019.

Vários autores.
Bibliografia.
ISBN 978-85-359-3277-5

1. Brasil – História – República 2. Brasil – Política e governo – Período republicano 3. República – Brasil – História I. Schwarcz, Lilia Moritz. II. Starling, Heloisa Murgel.

19-29583 CDD-981.05

Índice para catálogo sistemático:
1. Brasil : República : História 981.05

Maria Alice Ferreira – Bibliotecária – CRB-8/7964

[2019]

EDITORA SCHWARCZ S.A.
Rua Bandeira Paulista, 702, cj. 32
04532-002 — São Paulo — SP
Telefone: (11) 3707-3500
www.companhiadasletras.com.br
www.blogdacompanhia.com.br
facebook.com/companhiadasletras
instagram.com/companhiadasletras
twitter.com/cialetras

SUMÁRIO

A OBRA DA CAPA

ROSANA PAULINO, *PAREDE DA MEMÓRIA*, 1994-2015, TECIDO, microfibra, impressão digital, linha de algodão e aquarela. 8 × 8 × 3 cm cada elemento.

O trabalho *Parede da memória* (1994-2015), de Rosana Paulino, é composto de 1500 patuás — peças usadas como amuletos de proteção por religiões de matriz africana. São onze pungentes retratos de família que se multiplicam como uma maneira de a artista investigar sua própria identidade a partir da retomada de suas raízes ancestrais. Antigas fotos de família são então transformadas em retórica visual e poética, mas também numa denúncia do apagamento das muitas personagens negras que raramente aparecem como protagonistas da nossa história, uma vez que permanecem retidas numa perversa e renhida invisibilidade. A obra de Rosana Paulino reclama, também, pelo reconhecimento de todos os que, de algum modo, podem estar condenados a ser os "negros do futuro", utilizando a expressão de Achille Mbembe — os incógnitos da República brasileira. Uma república muito "falha", pois ainda condicionada por práticas patrimoniais e clientelistas; pela falta de uma agenda ética capaz de transformar o sistema político eleitoral e o comportamento partidário; pela corrupção, que corre o risco de se tornar endêmica e está associada tanto ao mau trato do dinheiro público como ao desequilíbrio dos poderes e ao descontrole das políticas governamentais; por uma renitente desigualdade social e pelas muitas provas públicas de misoginia, machismo e racismo, tema central na obra de Rosana Paulino.

INTRODUÇÃO
EM BUSCA DA REPÚBLICA

Lilia M. Schwarcz e Heloisa M. Starling

NÃO EXISTE ACORDO ENTRE OS HISTORIADORES SOBRE A ORIGEM DA ideia e do conceito de república. "República" é uma palavra antiga; não possui definição única e conserva sua ambiguidade até os dias de hoje. Na concepção que conhecemos e utilizamos, herda e incorpora os elementos da designação empregada na Grécia Antiga para indicar a existência de uma *politeia*, isto é, uma comunidade política formada por homens livres. O termo grego surge em oposição às formas de tirania em que um ou mais homens governam como senhores e segundo sua própria vontade. É também um termo dúbio. Tanto designa a maneira como se relacionam governo e governados, quanto identifica a possibilidade de uma vida livre entre iguais. Foi essa ambiguidade de sentidos que Cícero (106-43 a.C.) conservou ao traduzir *politeia* por *res publica*. Senador e cônsul em Roma, seu propósito era o de nomear um conjunto de instituições singulares capazes de garantir o bom funcionamento do regime a que os romanos chamaram *libertas* e que passou à história como "república": uma forma política de resistência e de prevenção às tiranias iniciadas por volta de 509 a.C. com a expulsão do último rei, Tarquínio, o Soberbo, e que se encerrou com o principado de Augusto, a partir de 27 a.C.

Na tradução de Cícero, e tal como aconteceu com *politeia*, também o termo *res publica* concentra dois significados. O primeiro deles, de uso estreito, batiza a administração de um governo capaz de satisfazer as expectativas dos governados e de realizar a boa gestão da coisa pública — isto é, da coisa do povo. Cícero entendia por povo "não um agregado de homens unidos de qualquer maneira como num rebanho, mas um grupo numeroso de homens associados uns aos outros pela adesão à mesma lei e por certa comunidade de interesses". Daí a segunda acepção do termo, de uso bem mais amplo e que Cícero empregou para nomear um tipo de comunidade de natureza política em que as pessoas se agregam em vista do bem, do direito e do interesse comuns.

Res publica denota, nesse caso, mais de uma significação. Ela exige a construção de instituições capazes de vincular justiça e liberdade como o motor do cotidiano da população, e ainda sustenta um jeito próprio de pensar e fazer a vida pública que depende de uma linguagem e de um vocabulário específicos — o republicanismo. Contemporaneamente, essa linguagem se orienta por um conjunto de valores — tolerância, amizade, solidariedade, compaixão — que regulam os modos de convivência entre pessoas que têm igual direito de fazer parte de uma mesma comunidade. Além, é claro, de ser sinônimo de *libertas* — uma palavra, portanto, que serve para manifestar profunda aversão às diversas formas de tirania.

A tradição de pensamento que se formou a partir de Grécia e Roma — a tradição republicana — atribui grande valor à política e à participação do cidadão na vida pública, e chegou até nossos dias com disposição para o debate de ideias e com capacidade de formular soluções para os dilemas políticos e institucionais das sociedades contemporâneas. Contudo, o que hoje chamamos de "tradição republicana" não se organiza como um corpo único de pensamento e imaginação política. Tampouco se entende o termo "república" como um objeto empírico perfeitamente decantado. Apesar disso, recorrer à ideia de "tradição" nos parece uma alternativa adequada para apresentar um universo conceitual e político tão amplo e de memória tão antiga quanto o do republicanismo — e que se refere a um conjunto variado de experiências históricas muito distintas umas das outras no tempo e no espaço. Permite, ainda, compreender as maneiras como, em certas conjunturas específicas e no interior de um universo conceitual e linguístico partilhado, construíam-se formas de pensar e de agir que respondiam diretamente aos problemas apresentados pelo contexto histórico em que foram engendradas.

Não pretendemos aqui, porém, cair na armadilha de corporificar apenas uma nostalgia essencial e elegíaca. Também não se quer incorrer no equívoco de acreditar que há como mergulhar no passado para tentar descobrir uma fonte única de interpretação dos fundamentos do republicanismo. "Tradição" é certamente um termo que pode ter mais de um sentido: denota transferência e, ainda, rendição e passividade — como se fosse possível entregar o passado ao presente e um ao outro. Além do mais, não se imagina aqui que a passagem de ideias no tempo seja um meio neutro e ingênuo. A tradição esquece daquilo que exclui e conserva apenas o que seleciona. De toda maneira, e o leitor notará, ela abre vias de comunicação entre o passado e o presente, perpetuando conceitos e ideias ao longo do tempo.

Uma "tradição" também pode ser entendida, portanto, como uma forma de "tradução", já que carrega consigo certos elementos do passado que, por sua vez, têm suas agências e intenções atualizadas pelo presente. Por isso este *Dicionário da república* trabalha com a noção de "matrizes de interpretação", ou seja, as maneiras como a "tradição" é selecionada a partir de determinados denominadores comuns mas também relida com novas derivações, adequadas a outros tempos e situações. Sendo assim, de certa forma, as novas matrizes recuperam e reelaboram a "tradição".

Matrizes são lugares de modelagem de ideias que permitem a identificação de marcos de formação de um processo de continuidade temática dentro de uma "tradição", ao mesmo tempo que agregam a ela novas perspectivas de interpretação e formas de aplicação. Desse modo acabam relendo-a de maneira ativa e inusitada, uma vez que as matrizes se adaptam e vertebram os acontecimentos diante de outros contextos políticos e institucionais. Elas discriminam, ainda, o momento em que intervenções políticas de diferentes tipos, ocorridas no contexto intelectual e no debate público de uma determinada época, foram capazes de provocar uma renovação nos temas e no vocabulário de dada "tradição". Questiona-se, pois, o conceito algo passivo de "influência" ou de "transmissão"; culturas políticas sempre são passíveis de releituras transformadoras, mesmo que preservem elementos advindos do passado. Por isso, as matrizes misturam continuidade e diversidade, modelam crenças, ideais e sensibilidades políticas, projetam perguntas, polarizam diferenças, flexibilizando a própria "tradição". Fornecem, assim, os componentes necessários para forjar uma linguagem e um vocabulário próprios ao republicanismo.

A afirmação do valor da liberdade política, o alto nível de igualdade dos cidadãos e a preocupação com a esfera pública entendida como o espaço para a efetiva ação do cidadão na formulação do bem comum são princípios que definem um patamar comum à tradição republicana. Ainda que a forma de execução desses princípios, a extensão de sua aplicação na vida política de sociedades historicamente determinadas e a dimensão de alguns desses conceitos tenham variado de maneira considerável ao longo do tempo e do espaço, eles indicam que a principal ameaça à república é o uso privado da coisa pública ou a apropriação por pessoas ou grupos ou instituições daquilo que a sociedade entende como bem comum. Por essa razão, os grandes inimigos de uma república são o patrimonialismo e a corrupção — os dois processos de destruição do interesse público não apenas por obra de agentes individuais, mas também por ação de partidos políticos, poderes ou atores econômicos.

O patrimonialismo é a exploração privada dos recursos e interesses do Estado praticada por governantes e funcionários mediante seus vários vínculos com a sociedade. Sua lógica de apropriação está baseada na concepção oposta e desvirtuada de que não há separação rígida entre o público e o privado. Pode se instalar tanto pela circulação de funcionários ou governantes junto ao aparato estatal e o mundo do mercado, quanto pela ação de burocratas com suporte da administração e acesso a operações também no exterior. Seria, portanto, o resultado da relação viciada que se estabelece entre a sociedade e o Estado, quando o bem público é apropriado de maneira privada. Ou, dito de outra forma, trata-se do entendimento, aliás equivocado, de que o Estado é um bem pessoal, "patrimônio" de quem detém o poder. O patrimonialismo opera em toda a extensão do Estado, tanto de modo aberto quanto oculto, e abre caminho para que a corrupção se desenhe como um dos elementos mais perversos dessa operação.

Já a corrupção é um tipo de patologia política que dificilmente se reduz à apropriação particular da coisa pública ou ao comportamento desviante de indivíduos. A complexidade do fenômeno chama a atenção pelo muito que a própria palavra desvela — corrupção não se resume a um problema de ladroagem. É algo mais grave porque destrói e desorganiza o processo que visa instalar mecanismos de construção e de fortalecimento da vida pública de um povo: suas instituições, regras e princípios de convivência, agências de administração e de governo. Trata-se de uma prática que deteriora a confiança que temos uns nos outros e desagrega o espaço público, desviando recursos e direitos dos cidadãos.

Se prestarmos atenção à palavra "corrupção" ela mesma, desde sua origem, na Grécia Antiga, fica mais fácil perceber tal complexidade. Etimologicamente, ela provém do latim *corruptio*, significando o "ato de quebrar em pedaços"; isto é, de "deteriorar ou decompor algo". Por isso mesmo, toda vez que o conceito é usado, revela que ocorreram dois movimentos complementares no caminho de uma sociedade: algo se "quebra" em um vínculo; algo se degrada no momento dessa "ruptura". As consequências daquilo que se partiu e se degradou são muito significativas para a república. Numa lasca, quebrou-se o princípio da confiança, o elo que permite aos cidadãos associar-se para interferir na vida de seu país. Na outra, degradou-se o sentido do público. A corrupção corrói os afetos, esgarça o sentimento de pertencimento a um território e a uma cultura comuns e ameaça fazer desmoronar as fronteiras que separam o mundo público da vida privada. Assuma a forma que assumir, o certo é que a corrupção leva ao desvirtuamento dos costumes, tornando-os imorais e antiéticos. Suas decorrências não incidem apenas na esfera privada; acabam por afetar, diretamente, o bem-estar dos cidadãos. O efeito é de causa e consequência. Os gastos destinados ao enriquecimento privado reduzem recursos e investimentos públicos.

Mas há também outras faces da república a serem exploradas. O compromisso do republicanismo com uma concepção de liberdade que não dispensa o envolvimento dos cidadãos nos assuntos públicos e na formulação do bem comum permite pensar a república à luz de suas oposições, melhor dizendo, de seus "outros". O outro da república é a tirania — isso inclui as tiranias de qualquer tipo: monarquias absolutistas, despotismos, ditaduras modernas ou antigas. Uma tirania não deixa de ser republicana por ter um governante único, mas sim por não levar em consideração o interesse público, por não respeitar a liberdade do cidadão e por não agir segundo os critérios de justiça e de função agregadora do direito. Por essa razão, nos tempos atuais, a república e a prática republicana são opostas a todas as formas de autoritarismo.

Portanto, falar de republicanismo na contemporaneidade exige tratar de democracia — ou, para usar o argumento do filósofo Claude Lefort, hoje "a república tornou-se democrática e a própria democracia é republicana ou então deixa de designar uma sociedade política". Mas democracia não é um sinônimo de república e menos ainda denota uma forma política de natureza republicana e muito desejável. Por volta de 403 a.C., em Atenas, uma nova maneira de governar foi inventada. Os atenienses a batizaram de *dēmoekratía*, palavra que combina dois substantivos. *Kratos* significa força, solidez, capacidade de se afirmar. Também serve para nomear o poder soberano, isto é, o poder atribuído a quem determina as escolhas públicas numa comunidade. *Demos* denota "povo", e a primeira dificuldade da democracia é exatamente esta: saber quem é o povo e quem faz parte dele. A democracia é uma forma de regime e sociedade que faz da igualdade política entre as pessoas com interesses e objetivos diversos seu grande motor de transformação. Por essa razão, tem no plebeísmo seu ideal normativo. O plebeísmo, no sentido de apontar para aquilo que vem da plebe, é um ideal de extensão da cidadania cuja ênfase recai sobre o direito de participar da vida política, e não na excelência da participação. Trata-se de uma espécie de franquia da cidadania que se orienta pelo critério de inclusão — seu propósito é o de estender a cidadania a todos os membros da sociedade, indicando que cada cidadão tem o mesmo peso nas decisões políticas independentemente de seus méritos pessoais.

A palavra "república" chegou até nós embarcada em Portugal, durante o século XVII, quando servia para designar a gestão administrativa no espaço urbano das vilas e das cidades, e foi no cotidiano das Câmaras que muitos habitantes da Colônia aprenderam a exercitar o valor da boa condução da coisa pública. Mas, na primeira metade do século XVIII, já havia se transformado em uma palavra importante e significativa para os colonos. E era particularmente perigosa aos olhos dos funcionários da Coroa portuguesa por força da associação entre "república" e "sedição", termo utilizado para definir um ajuntamento de colonos armados e reunidos por motivação política com a intenção deliberada de perturbar a ordem pública. Passou a suscitar grandes esperanças na América portuguesa, e seu enraizamento no território colonial constitui uma narrativa agitada e complexa que culmina em quatro fortes momentos da nossa história política: as conjurações ocorridas em Minas, no Rio de Janeiro e em Salvador durante as duas últimas décadas do século XVIII e a Revolução de 1817, em Pernambuco.

Para as autoridades portuguesas, "conjuração" significava uma conspiração política de tipo novo, cujos participantes estão dispostos a contestar o poder do rei e a autoridade da Coroa. Na linguagem republicana, contudo, é algo ainda mais revolucionário. Conjura-se, explica Maquiavel (1469-1527), para depor o governante, tomar o poder por meio da ação violenta e recuperar a liberdade perdida. No caso de "inconfidência", a história é outra. A palavra fazia parte do vocabulário jurídico empregado pela Coroa portuguesa para delimitar um crime em que os réus são acusados de faltar com a lealdade devida ao soberano; seu uso indica que o crime foi descoberto a tempo pelas autoridades e a repressão, bem-sucedida.

Com tudo isso, pode-se dizer que o Brasil oitocentista decantou a palavra "república", testou as possibilidades de sua originalidade no país e expôs suas diferenças com o que nos acostumamos a chamar de "liberalismo", um novo e poderoso rival no propósito de estabelecer o modo como a sociedade e o governo deviam ser organizados. Esse foi também o tempo em que republicanos de diferentes matizes conseguiram passar do pensamento à ação direta na tentativa de enfim materializar a república nas ruas e com o apoio popular. Mas algo deu errado. A contar dos anos 1860, uma certa tradição republicana por aqui se perdeu. O golpe republicano, em 15 de novembro de 1889, por exemplo, não foi só um acontecimento militar extravagante que apanhou quase todos de surpresa e eclodiu sem violência. A república que se instalou no Brasil a partir de então nasceu paradoxal: era uma república em que estavam ausentes os valores do republicanismo.

Na verdade, entre a década de 1860 e 1889, o termo "república" sofreu uma espécie de deflação. Sua acepção se estreitou por dois lados. Em um deles, o sentido de república remetia sobretudo à forma de governo que tem por seu contrário não a tirania, mas a monarquia. No outro, o conceito de "república" esvaziou de sentido próprio e se tornou sinônimo de democracia. O uso era indiferenciado e, na prática, república passou a designar uma espécie de revestimento legal — a forma de governo — para a democracia. Sem contraste e com sentido simplificado, a sinonímia república e democracia se sustenta até hoje. A dimensão igualitária da democracia se funda na desigualdade social; a miséria ainda está enraizada na sociedade brasileira e a nossa estranha originalidade desde o final do século XIX pode ter sido esta: tentar construir uma democracia sem a república.

Mais de um século depois de proclamada no Brasil persiste entre nós essa espécie de "mal-estar na República" que a história do país revela, como se fosse um projeto fadado ao fracasso. E não há saída fácil para o problema — ou, talvez, o tamanho da dificuldade não seja fortuito.

Em uma sociedade de raiz escravista como a brasileira, de passado colonial, de economia aberta, monocultora e de exportação, historicamente violenta e autoritária, ainda hoje por demais desigual, o caminho para a construção democrática e republicana não tem sido apenas volátil; tem sido tortuoso, marcado por linhas quebradas e reentrâncias, feito com pontos altos de otimismo democrático e baixos de inversão antidemocrática. E como não se sabe bem o que se quer dizer com "república", "republicano" e "republicanismo", as palavras podem soar ocas.

Este dicionário nasce, portanto, com o desejo e a vocação de ser plural. São 51 textos e cinquenta autores que tratam de assuntos relacionados ao tema da república e do republicanismo, desde a Antiguidade até as experiências republicanas mais localizadas ou que se realizaram, mais particularmente, no Brasil.

Também a iconografia tem grande importância neste *Dicionário*. Longe de considerarmos que as imagens se comportam como mera "ilustração", prestando-se tão somente a corroborar conclusões prévias e fechadas, tanto o caderno de imagens do livro quanto o verbete dedicado ao tema exploram como foi rica a batalha encetada, em nosso país, no sentido de enraizar um imaginário visual republicano. Em terras tropicais, a representação visual da República seguiu uma matriz francesa, mas ganhou contornos próprios, até porque precisava combater a iconografia oficial, e de sucesso, criada durante o Império, que usou e abusou dos símbolos locais. Assim sendo, temos também nesse caso uma matriz republicana francesa que ganha novas leituras e formatos a partir da realidade brasileira.

Em novembro de 2019 celebram-se 130 anos da proclamação da República entre nós, e talvez seja oportuno empreender uma busca dos princípios desse conceito que tanto nos diz sobre a afirmação da liberdade política, sobre o direito do cidadão de participar da vida pública e sobre a formulação do bem comum — ou seja, daquilo que decidimos fazer em comum para o nosso bem. Mas é chegada a hora de recuperar uma república que também abrace a democracia e possa estender a cidadania a todos os brasileiros — a despeito das diferenças que haja entre eles, sejam de status, classe social, raça, etnia, sexo, gênero, região, religião. Este é, quem sabe, o momento certo para retomarmos, no Brasil, a experiência de construir uma sociedade que se quer livre, inclusiva, plural e autônoma — uma sociedade ao mesmo tempo democrática e republicana.

Belo Horizonte e São Paulo, outubro de 2019

A

ASSOCIAÇÕES REPUBLICANAS DOS HOMENS LIVRES DE COR > 21

Petrônio Domingues

ASSOCIAÇÕES REPUBLICANAS DOS HOMENS LIVRES DE COR

Petrônio Domingues

TORNOU-SE LUGAR-COMUM NAS PESQUISAS ACADÊMICAS ARGUMENTAR que a "população de cor", sobretudo os libertos, identificavam-se com o trono, particularmente com a realeza, d. Pedro II (1825-91) e sua filha, a princesa Isabel (1846-1921). Se é verdade que muitos afro-brasileiros enxergavam a monarquia como um poder tolerante, paternalista e benemérito e até acreditavam ser essa forma de governo a única capaz de equacionar os impasses e dilemas da "raça estigmatizada pela escravidão", para muitos outros a melhor solução residia no projeto republicano, com a retórica de bem comum, participação cidadã e ampliação de direitos. Eram os "republicanos de cor", atores políticos negligenciados pela historiografia até bem pouco.

No ocaso do Império, uma conjuntura política polarizada e de embates em torno dos rumos da nação, pessoas negras de origens, de trajetórias e de perfis diversos ficaram apáticas quando não rejeitaram a causa monarquista. Esse foi o caso do ex-escravo Quintino de Lacerda (1839-98), o líder do quilombo do Jabaquara (SP), que, diante da extinção da escravidão, em 1888, somou-se às hostes em defesa da República, por entender que esse regime consolidaria as condições de liberdade e de igualdade formal, possibilitando a ampliação dos direitos à cidadania aos egressos do cativeiro. Com tal propósito, aderiu ao Clube Republicano de Santos e intensificou seu alinhamento a Silva Jardim (1860-91), o mais notável pregador da República Jacobina, baseada na soberania popular e inspirada nos ideais da Revolução Francesa.

Além dos ex-escravos, homens livres de cor desfraldaram a bandeira da República. João China, Inácio de Araújo Lima, Artur Carlos, Pedro Gama, entre outros que, ao se reunirem para discutir questões de raça, de política e de cidadania no centro de São Paulo, em meados de 1889, decidiram lançar *A Patria*, um jornal com subtítulo bem sugestivo: "Órgão dos homens de cor". Em seu segundo número, publicado em agosto daquele ano, o periódico fazia uma profissão de fé aos preceitos republicanos: "Teremos sempre por divisa: liberdade, igualdade e fraternidade. Abraçando por essa forma as doutrinas republicanas, porque só nela encontraremos a reabilitação de nossa raça estigmatizada pela escravidão".

Na concepção dos "homens de cor" que se mobilizavam em torno do *A Patria*, o Brasil passava por um momento periclitante e, após a conquista da abolição, cabia a eles lutar pela República, militando no Partido Republicano, única agremiação que podia "garantir-lhes os direitos de cidadãos", combatendo "todos os preconceitos que existem infelizmente contra a raça de cor, ensinando-os a procurar na educação, no trabalho, na família a solidificação de seus direitos e a igualdade entre as outras raças".

Para aqueles "homens de cor", a República simbolizava o nascimento de uma nova era. Era o futuro contra o passado, o progresso contra o atraso, a liberdade contra a opressão, a igualdade contra as hierarquias, o mérito contra os privilégios. Em suma, a República significava o desfecho exitoso de um caminho, o da democratização do país. Naquele contexto, o termo "democracia" passou a estabelecer uma sinonímia com a República. Democracia representava a realização do dístico "igualdade" que se sucedia ou completava a "liberdade". Expressava uma cultura cívica caracterizada pela entrada do Terceiro Estado na política. Concluía a obra de superação do "Antigo Regime", que, primeiro, liquidou o absolutismo para, em seguida, instituir o regime republicano, com o qual soterrou a sociedade de privilégios e consagrou as conquistas da civilização. Muitas vezes, contudo, democracia se confundia com a noção de cidadania ou, antes, de direitos civis universais. Revestindo-se de uma evidente conotação liberal, significava a extinção da sociedade de privilégios e o advento do princípio da igualdade formal. Para o movimento republicano em geral, liberdade e igualdade eram os distintivos do regime que se anunciava. Já para os republicanos afrodescendentes, tais distintivos assumiam um sentido mais do que liberal. Liberdade e igualdade se associavam aos direitos de uma cidadania sem preconceitos "contra a raça de cor".

Enquanto os "homens de cor" de São Paulo difundiam a causa republicana por meio de um veículo informativo, os do Rio de Janeiro investiram na criação de uma organização com essa mesma finalidade. Em 6 de junho de 1889, o jornal *Cidade do Rio* noticiou que "acabara de ser fundado nesta Corte o Club Republicano dos Homens de Cor", por iniciativa de Deocleciano Mártir e José de Sousa Coelho. Na reunião realizada na casa deste último, foram lançadas as bases da nova sociedade, que teria como intuito "fazer propaganda das ideias republicanas, contra as instituições vigentes". Contando com a presença de "55 cidadãos de cor", a reunião terminou com discursos de congratulação, seguido de um *lunch*. O cidadão Deocleciano Mártir fez o brinde de honra, "saudando a República Federal Brasileira". A diretoria ficou assim composta: presidente, Augusto Xavier de Melo; vice-presidente, José Martins Pereira; primeiro-secretário, Anacleto Alves de Freitas; segundo-secretário, Rodolfo Gomes; tesoureiro, Sinério Alves; procurador, Francisco Alves de Freitas. No que concerne à plataforma de atuação, os fundamentos do *club* seriam: "Combater em todos os terrenos contra as instituições vigentes; assistir a todas as reuniões políticas que se realizarem nesta cidade e combater em seu favor; instituir-se uma caixa de beneficência e uma aula noturna; reconhecer como chefe o cidadão que for eleito pelo conselho federal; fazer a propaganda política com a raça preta e fazer crer a essa mesma raça que estão sendo vítimas do trono".

O brado dos republicanos de cor no Rio de Janeiro ecoou na província vizinha. Na edição de 2 de agosto de 1889, *A Patria* atacava a monarquia e se solidarizava, euforicamente, com o Club Republicano dos Homens de Cor: "Sim, fluminenses, a vossa ideia foi sublime, os vossos fins são grandiosos! E poderíamos nós, os homens de cor daqui da capital de São Paulo, recebermos com o silêncio, essa notícia dada pela imprensa da Corte, e aqui reproduzida pela imprensa paulista, que encheu-nos de prazer? Não". O grupo ligado ao *A Patria* depositava esperança na ideia preconizada pelos seus irmãos de cor do Rio de Janeiro. "Nós que sentimos correr em nossas veias o sangue africano, nós que nos orgulhamos [de] pertencer a essa raça", ponderou Inácio de Araújo Lima, articulista do *A Patria*, "é o tempo que corre que exige o nosso congraçamento, para juntos combater as trevas nas quais imersos estão ainda muitos dos libertos de ontem, educá-los e encaminhá-los na ideia grandiosa" de República. E exclamavam, por fim: "cada um de vossos seres representam uma ideia e nesse conjunto de ideias existe um ideal, sobre esse ideal erguei a Deusa da República que só com ela teremos o descanso para o resto dos dias de existência de nossos pais, sob o império da democracia, onde domina o governo do povo pelo povo, na pátria então verdadeiramente livre".

Abraçando a causa republicana, que ganhava cada vez mais simpatizantes de diversos estratos sociais e étnicos no Brasil, o Club Republicano dos Homens de Cor patrocinou recepções, conferências, assembleias e participou de atividades de propaganda e agitação. Tudo indica que sua principal liderança foi Anacleto de Freitas, que a princípio exercia o cargo de primeiro-secretário e, em seguida, de presidente. Identificado como militar de baixa patente, Anacleto era discípulo e admirador de Silva Jardim no tocante ao sonho de implantação de uma República Jacobina no Brasil, com participação e soberania popular. Em seu livro de memórias, Silva Jardim referiu-se a ele como "'o moço preto', epíteto com que tanto se honrou". Evaristo de Morais (1871-1939), republicano afro-brasileiro, confirma em sua obra que Silva Jardim tinha no seio do operariado "fervorosos seguidores, sendo expressiva a dedicação de alguns homens de cor, de situações humildes, que, acompanhando Anacleto de Freitas, se batiam, nas ruas, por ele".

O ano de 1889 começou repleto de expectativas para o movimento republicano. Embora duas de suas principais lideranças — Silva Jardim e Quintino Bocaiuva (1836-1912) — divergissem quanto aos meios de ação, elas convergiam em seus fins, entendendo que era preciso fazer propaganda, agir com habilidade e audácia. Silva Jardim assim o fez: impulsionou a propaganda republicana nas ruas, nas praças públicas, na imprensa, nas eleições, nos clubes, nas associações culturais e até nas fazendas do interior, por onde circulou entre vários municípios do Vale do Paraíba fluminense. Em telegramas remetidos a correligionários entre fevereiro e março, ele comentou que os "libertos" seguiam-no "convertidos, protestando adesão à república, saudando a aurora da democracia, da igualdade e da fraternidade, aclamando-se livres pela conquista que obteve a vontade popular, e não pela iniciativa, ou esforço da princesa [Isabel], do Ministério e do Parlamento, que não fizeram mais do que ceder à intimação da opinião pública".

No Rio Grande do Sul, surgiu a "Mocidade Preta", um grupo de negros republicanos e aliados de Assis Brasil (1858-1938) — um líder político que, além de ter sido um dos fundadores do Partido Republicano Rio-Grandense em 1882, foi um dos principais arautos da "liberdade", da "democracia" e da adoção da nova forma de governo nesse estado. Em maio de 1889, Anacleto de Freitas, liderança do Club Republicano dos Homens de Cor, valeu-se da imprensa para manifestar seu apreço pela "Mocidade Preta".

Durante os meses de julho e agosto de 1889, ocorreu uma campanha eleitoral para o Parlamento marcada por ameaças de violência, fraude e trocas de acusações envolvendo republicanos e monarquistas. O Club Republicano dos Homens de Cor não ficou inerte e procurou cumprir um papel propositivo no destino da nação, trazendo a público um documento que incluía sua pauta e conclamava os "correligionários" a participarem das eleições. Os republicanos de cor não deviam se intimidar com as ameaças do governo monarquista. Pelo contrário, deviam fazer valer seus ideais, nem que, para isso, fosse necessário "morrer pela causa".

No dia 14 de julho de 1889, aconteceram as comemorações do centenário da Revolução Francesa. Os festejos ganharam proporções aparatosas e contaram com a presença do Club Republicano dos Homens de Cor. Às onze da manhã ocorreu uma passeata cívica que, tendo à frente uma banda de música, percorreu várias ruas do centro do Rio, saudando a imprensa e o consulado francês. Após a passeata, houve uma "sessão magna" no edifício do Congresso Brasileiro, que contou com a presença de um grande número de cidadãos. Lopes Trovão (1848-1925), destacada liderança republicana, abriu a sessão; Quintino Bocaiuva falou em seguida, com um discurso "contagiante". Outros oradores ocuparam a tribuna, entre eles Anacleto de Freitas, em nome do Club Republicano dos Homens de Cor.

Naquela altura, a campanha republicana ganhava as ruas, as praças, os teatros, os cafés, as associações de trabalhadores, a imprensa e o Parlamento. Artigos nos jornais, ilustrações em revistas, espetáculos teatrais, conferências em associações civis e agremiações partidárias, líderes políticos, intelectuais, artistas, estudantes, operários, militares e ativistas se insurgiam contra o sistema monárquico. Em agosto de 1889, os republicanos de cor do *A Patria* não escondiam o otimismo: "o chuveiro de adesões de todos os pontos do Brasil e o entusiasmo que reina nos republicanos, leva-nos a crer que o advento da República bate-nos à porta, e se o governo do imperador quiser fazer pressão, ele virá mais depressa".

Tramas, negociações e especulações passaram a ocupar o dia a dia dos bastidores do poder. Conspiravam os republicanos; confabulavam os monarquistas. Do lado dos primeiros, ventilava um golpe de Estado com feições de um movimento mais amplo que uma simples quartelada. Do lado do governo, fazia parte de seus planos o estabelecimento de um Terceiro

Reinado. Nesse contexto, circulavam rumores de que o imperador abdicaria em proveito de sua filha. Supunha-se que, com isso, o movimento republicano seria neutralizado, se não derrotado.

O clima de tensões, acirramentos e imprevisibilidades ganhava dimensões inusitadas. O movimento republicano chegara ao seu auge com a aliança de chefes políticos civis e líderes militares, até que, no início da manhã do dia 15 de novembro, uma sexta-feira, as tropas golpistas sob o comando do marechal Deodoro da Fonseca (1827-92) entraram no campo de Santana, sem qualquer resistência por parte das forças do governo. À noite, Deodoro destronou o imperador, montou o novo governo provisório, com ele próprio como presidente, e assinou o seu primeiro decreto, que estabelecia como "forma de governo da Nação brasileira — a República Federativa".

Há poucas informações sobre como os republicanos de cor reagiram ao 15 de novembro. Em São Paulo, sabe-se que muitos "homens de cor", sobretudo aqueles que haviam nascido livres, que cresceram em áreas urbanas e que tinham certo acesso à educação, aclamaram o advento da República. Em Campinas (SP), os "homens de cor" se reuniram no largo de São Benedito, no centro da cidade, e aprovaram uma moção na qual manifestaram seu total apoio ao novo regime. Já no Rio, não se sabe ainda como o Club Republicano dos Homens de Cor interpretou a "queda da bastilha" monarquista. Possivelmente seus associados renovaram as esperanças no advento de uma nova ordem "democrática", com liberdade, igualdade (perante a lei) e direitos de uma cidadania despida de preconceitos "contra a raça de cor". Tem-se notícias de que a agremiação continuou em atividade até pelo menos 1893. Nesse ínterim, o Club Republicano dos Homens de Cor interveio, ou tentou intervir, em questões ligadas à agenda nacional, apoiando, por exemplo, a gestão de Quintino Bocaiuva — um republicano histórico — à frente do Ministério das Relações Exteriores.

No final do Império, emergiram dilemas e impasses relativos à nacionalidade, o que exigia uma redefinição de cidadania. A opção republicana se inscrevia na busca de soluções para os desafios de uma nova era que se acenava. As profundas transformações na sociedade levaram os republicanos a questionar a legitimidade do sistema representativo, da configuração de poder e de sua organização político-administrativa. Aqueles sujeitos avaliavam que os males eram profundos e talvez até intrínsecos ao "Antigo Regime". Para corrigi-los, uma mudança estrutural das instituições fazia-se necessária, substituindo o edifício monárquico pela forma republicana, a mais adequada para agenciar medidas condizentes com uma nova ordem social, e fazer cair por terra tudo aquilo que impedia o avanço do progresso e da civilização.

No que tange aos republicanos de cor, não bastava aguardar a "evolução inevitável da Humanidade"; eles pretendiam desfrutar do futuro ainda em vida. Para isso, empenharam-se na instalação do estatuto de liberdade e igualdade, entendido como uma cultura cívica fundada numa sociedade sem privilégios de castas, de classes ou de cor. Uma forma de governo em que os direitos dos cidadãos seriam garantidos. As leis igualariam todos e a única distinção seria aquela oriunda do mérito e das virtudes individuais. Embora pouco investigados — se não silenciados — pela historiografia, há muitos afro-brasileiros, de diversos estratos sociais, procedências geográficas e perfis culturais — como Luís Gama (1830-82), Ferreira de Meneses (1842-81), Eugênio Wonsuit, Francisco Glicério (1846-1916), Vicente de Sousa, Evaristo de Morais (1871-1939), Manuel Querino (1851-1923), Antônio de Oliveira (ou Antônio Baobad) (1861-1907), entre outros —, que esposaram a causa republicana.

Mesmo depois da instauração do novo regime, tem-se notícias de lideranças e de grupos negros republicanos espraiados pelo Brasil. Sem a pretensão de abranger a totalidade dos casos, convém assinalar os nomes de Eduardo Gonçalves Ribeiro (1862-1900), militar maranhense que chegou a ser governador do estado do Amazonas, entre 1890 e 1896; Monteiro Lopes (1867-1910), destacado advogado pernambucano, que fez carreira política no Rio de Janeiro, tendo sido eleito deputado federal em 1909; Eliseu César (1871-1923), outro respeitado advogado e jornalista paraibano, que se projetou na imprensa e na vida política de Belém e, posteriormente, do Rio de Janeiro, até sua morte, em 1923; Astolfo Marques (1876-1918), escritor e jornalista maranhense cuja produção literária no início do século XX foi marcada pela tentativa de interpretar os significados da transformação republicana para o povo; Alfredo Casemiro da Rocha (1856-1933), médico baiano, que se tornou figura pública em São Paulo, tendo sido eleito, em 1894, e reeleito, em 1897, deputado federal e, mais tarde, assumido a prefeitura da cidade de Cunha, em 1923; Ildefonso Juvenal (1894-1965), militar, escritor e importante articulador de associações e jornais voltados à comunidade negra, em Florianópolis, entre as décadas de 1910 e 1930, sem contar a experiência do Rio Grande do Sul, onde desde o médico Arnaldo Dutra (1890-1929), passando pelo professor e deputado Alcides de Freitas Cruz (1867-1916), pelo secretário da presidência do estado, Aurélio Veríssimo de Bittencourt (1849-1919), até vários dos mantenedores do periódico *O Exemplo* (1892-1930) — o mais notável da imprensa negra gaúcha —, defendiam os ideais republicanos, quando não cerraram fileiras no Partido Republicano Rio-Grandense (PRR). São diversas as evidências da participação dos "homens de cor" em meio às atividades do partido. Basta mencionar a significativa presença deles nas reuniões do PRR em 1904, momento no qual a maioria dos fundadores do jornal *O Exemplo* já havia se afiliado a essa agremiação partidária.

Em comum, todos esses afro-brasileiros, dos diversos quadrantes da nação, desejavam participar dos candentes debates políticos e postulavam que a forma de governo instituída em 1889 seria a única capaz de proporcionar à população a ampliação da cidadania, direitos universais e igualdade de oportunidades e de tratamento. Acreditavam que, na medida em que se estabelecessem os princípios republicanos do talento e da virtude, naturalmente as clivagens baseadas em cor ou raça seriam erradicadas.

C

CABANAGEM (1835-6)

Magda Ricci

SEM CONTABILIZAR O EXTERMÍNIO DOS POVOS INDÍGENAS, A GUERRA Cabana foi responsável pela aniquilação de mais de metade da população da Amazônia. Sob a bandeira de morte aos portugueses e maçons, os cabanos governaram Belém do Pará entre janeiro de 1835 e maio de 1836. Seu alcance, todavia, foi muito maior, chegando às fronteiras amazônicas até 1840, quando, depois de muita repressão, uma primeira anistia os apanhou. Mesmo assim, a volta para casa foi difícil: as maiores lideranças do movimento permaneceram exiladas por mais uma década.

Para quem sobreviveu e pôde voltar, restou uma longa suspensão de parte das garantias constitucionais e uma grave crise econômica que se tentou conduzir pelo silêncio sobre a indigna exploração do trabalho indígena e mestiço tornado ilegalmente compulsório nos "corpos de trabalhadores". Isso colaborou, sobremaneira, para a concentração da riqueza nas mãos de poucos brancos (e estrangeiros). Restou também o amplo recrutamento, com a perda do direito constitucional de ir e vir, e uma dura censura que fechou as portas de todos os jornais oposicionistas até os anos 1850. Nacionalmente ainda se impôs à escassa população sobrevivente a pecha de "incivilizada", "atrasada", "bárbara" e "sediciosa".

Com toda essa repressão é difícil escrever uma história dos cabanos numa versão inclusiva de sonhos revolucionários e libertários que, para alguns, tinha como base ideais republicanos. Mesmo antes de serem derrotados, muitos dos ideólogos republicanos no Pará — fosse por medo da morte e do exílio, fosse por estratégia política — ocultavam-se no seio do federalismo/ liberalismo e atuavam mais abertamente em sociedades secretas.

Esse ocultamento só foi aprendido ao longo das batalhas políticas. Entretanto, alguns líderes do Pará dos anos 1820 e 1830, como o cônego da Sé João Batista Gonçalves Campos (1782-1834) e o fazendeiro Félix Clemente Malcher (1772-1835), se encaixavam em um possível perfil republicano. Cônego Campos era um liberal histórico que esteve à frente da política local, militando também em vários periódicos. No início ligado ao estudante de Coimbra Felipe Alberto Patroni (1798-1866), o cônego atuou no jornal *O Paraense*, que, entre trabalhadores, redatores e sócios, tinha ao menos dois republicanos declarados, José Luiz Lazier, um tipógrafo francês, e José Batista da Silva, que depois da independência se autodenominou Camecran.

O Paraense passou do constitucionalismo de Lisboa para a defesa da causa brasileira, e o cônego Campos já havia apoiado a ideia antes da adesão oficial do Pará a ela, datada de agosto de 1823. Campos, Camecran e o alferes Marco Antônio Rodrigues Martins (vulgo Munduruku Paiquicé) envolveram-se assim em movimentos como o levante de abril de 1823, pelo qual tiveram decretada a sua prisão, mas fugiram. Lendo variados jornais e atas do Conselho Provincial, o historiador Vicente Salles analisa que Camecran e Munduruku fugiram do Pará para os Estados Unidos, de onde retornaram em 1824 via Pernambuco levando na bagagem o republicanismo e os ideais revolucionários da Confederação do Equador. Fizeram inclusive circular por Belém a constituição da República Colombiana.

Essa empreitada fracassou, e em uma reunião sumária do Conselho Provincial do Pará os revolucionários republicanos e confederados foram todos isentados de culpa — à exceção dos dois acima mencionados. Como analisa Salles, não por coincidência, eles pertenciam às famílias mais ricas. Muitos ali puderam aprender o ocultamento de seu republicanismo. Cônego Campos, por exemplo, não foi processado com os parceiros confederados. Fugido desde abril para os matos próximos à capital, já estava de volta a Belém para assinar a ata de adesão em agosto de 1823. Logo depois, ainda em outubro, viu-se metido em confusão política anterior à de seus compatriotas. Em 1824, Campos foi deportado para o Rio de Janeiro pelas mãos do emissário carioca da independência, o inglês John Pascoe Grenfell (1800-69). Foi ele o cabeça de um movimento que teve fim após a tragédia que levou ao fuzilamento de cinco brasileiros sem direito a julgamento e à morte de mais de 250 paraenses por asfixia no porão do navio *Palhaço*. O problema ali combatido era a desigualdade de soldos e de tratamento para promoções entre militares paraenses (em geral mestiços) e os portugueses.

Proclamada a independência, o poder passara das mãos dos portugueses para as de um corsário inglês e, em seguida, para as de vários outros portugueses de famílias ricas e tradicionais, como os Burgos e os Rozo. Entre 1825 e 1834 não houve governo tranquilo no Pará. Batista Campos era o centro da agitação, com seus folhetos e jornais tidos como "incendiários", sobretudo depois de 1831, quando a abdicação de Pedro I acirrou os ânimos. O cônego travou, então, nova batalha, agora contra o filão político antes mais próximo a ele: os chamados "liberais moderados" ou "chimangos", liderados no Rio pelo então ministro da Justiça padre Diogo Feijó (1784-1843) e por jornalistas de peso como Evaristo da Veiga (1799-1837) e seu famoso jornal *Aurora Fluminense*.

Localmente, na gestão do presidente de província Machado de Oliveira, cônego Campos marcou terreno de luta, o que, entre outras querelas, teve como epicentro uma disputa sobre o uso da mão de obra indígena e sua reestruturação no interior do Conselho Provincial presidido por Campos. Nessa ocasião, o cônego e alguns de seus aliados mais próximos foram presos, mas acabaram fugindo em direção ao interior do Pará, onde, no rio Amazonas e no rio Negro, uniram-se a outros políticos e padres promovendo um levante entre etnias indígenas, como os maués. O movimento se estendeu para as vilas indígenas de Serpa, Faro e Vila Nova da Rainha, atingindo, por fim, o centro do rio Negro, onde o coronel comandante da guarnição local foi degolado e a Câmara decretou a independência do Pará.

Toda essa movimentação foi estampada na primeira página do *Jornal do Commercio* na Corte, em 10 de dezembro de 1832. Meses antes, em 23 de julho, a *Aurora Fluminense*, o maior periódico brasileiro, publicou uma carta enviada do Pará na qual se anunciava o movimento político anterior de Campos em Belém. Nela também se recordava o suposto republicanismo de Campos: "Já em 7 de agosto ele [Campos] ia cobrindo de luto esta capital [do Pará] com o império do cacete e do punhal, e tudo pela sede de governar; e o que mais admira é que os seus sectários tão depressa se esquecessem dos acontecimentos do *Palhaço*, e da sua conduta nessa Corte quando para aí foi remetido como frenético republicano [...] e hoje contudo canonizado Mártir da Pátria!!!!". Na carta se lembrava ainda que, apesar da gravidade do caso anterior, Campos fora mais uma vez perdoado. A saída do antigo presidente de província Machado de Oliveira causou novas comoções, mas Campos só submergiu em problemas mais amplos com a chegada de um novo liberal, Bernardo Lobo de Sousa (1792-1835).

Em 1834, o grupo de Campos suscitou críticas mais severas, recebendo ataques nos jornais cariocas e nos paraenses, nos quais seu periódico, *O Publicador Amazoniense*, e depois um segundo periódico denominado *A Sentinella Maranhense, na Guarita do Pará* foram constantemente acusados de republicanismo por seu opositor, o governista Lobo de Sousa, no jornal que este criara, o *Correio Oficial*.

De fato, pouquíssimos exemplares desses periódicos existem hoje para atestarmos se naquele momento mais radical Campos se tornou mais explicitamente republicano ou se, outra vez, seriam seus inimigos políticos que o acusavam de sê-lo para poderem conter ou retirar o cônego da cena política. Contudo, o certo é que, desde os anos de 1820, Campos sempre esteve próximo aos republicanos. Além de Camecran e Munduruku, ele conviveu intimamente com o tipógrafo francês Lazier e também escolheu para redigir seu último periódico o cearense Vicente Ferreira Lavor Papagaio, no já citado *Sentinella Maranhense*. Papagaio era tido por "incendiário" e atuou tanto na terra natal como no Maranhão.

A "guarita" dada por Campos a Papagaio no Pará foi alvo de sátiras que uniram os três nomes-chaves do articulismo político liberal mais exaltado no Pará, a saber: Campos, Papagaio e Félix Malcher. Na primeira página do *Jornal do Commercio* de 26 de janeiro de 1835, o editor fazia repercutir na Corte a nova agitação política de Campos, para em seguida noticiar sua fuga para o interior do Pará. Na ocasião, foram capturados Malcher e Lavor Papagaio. Também houve mortes e Malcher teve sua fazenda incendiada num ato que o jornal liberal maranhense *Echo do Norte* de 16 de dezembro de 1834 classificou como criminoso e próprio dos "despotismos do sr. Lobo".

Ainda antes da invasão e queima da propriedade de Malcher, deu-se a tomada da casa de Campos e a apropriação de muitos escritos e papéis pelas autoridades. No Rio de Janeiro, o editor do *Jornal do Commercio* defendeu Lobo de Sousa, que teria agido de forma extremada por conta da anarquia reinante. O articulista comentava que Batista Campos seria homem "em cuja imaginação" estaria "sempre pintada a guerra civil". Ele havia fugido, e acreditava-se que naquele momento o cônego estaria "no centro de algum bosque, rindo-se dos males que causou, admirando a mansidão das serpentes, e brincando com as onças e outras feras!".

Já Malcher, o "ímpio, exaltado como os cedros do Líbano", homem que seduzia os "miseráveis" e os iludia como "astuciosos sofismas de desafrontar a Religião", estaria preso e arrependido. Teria dito a quem o prendeu que Batista Campos o enganara, fazendo dele "instrumento da sua fortuna". Nas supostas palavras de Malcher: "mas [Campos] apenas me viu perdido, abandonou-me". Por fim, também estava preso Lavor Papagaio, reconhecido ali preconceituosamente como "oco e autômato ente, que para alguma coisa ser, se intitulou — Papagaio". Ele saberia ludibriar "miseráveis" da mesma maneira. Seria papagaio "moleiro e falador" ligado ao "Benze-Cacetes". E o jornal anotava embaixo a fonte dos apelidos, que teriam sido retirados de uma carta de um agregado da fazenda de Malcher chamado de Manuel Raimundo Vinagre. Na missiva se lia que "Malcher se intitulava Pinto Madeira": por consequência o cônego Campos seria "o Benze-Cacetes" e seus "sequazes", os "cabanos".

É provável que dessa alcunha odiosa e oposicionista tenha se originado a nomenclatura dos levantados do Pará, os "cabanos". Ela traçava comparação entre o movimento do Pará com outro que eclodira anos antes no Ceará e cujo líder se denominava "Pinto Madeira". Desse universo de luta política acirrada se depreende como o movimento de janeiro de 1835 nasceu de uma longa disputa política de interpretação constitucional e de difíceis debates sobre federalismo, republicanismo e liberdade de ir e vir e de expressão que circulavam por todo o Império, mas que assumiam especificidades no Pará, sobretudo com a questão indígena e seu controle de trabalho e com a inclusão na cidadania brasileira.

Nessa conjuntura, cônego Campos, em vez de se juntar às feras dos bosques amazônicos, acabou morto em sua fuga por privação de condições sanitárias. Félix Malcher foi preso em 1834. A polêmica morte de Campos e a injusta prisão de Malcher em Belém foram o estopim para a Cabanagem. Em janeiro de 1835, as tropas cabanas tomaram Belém, sendo Malcher então libertado e aclamado como presidente de província até a maioridade de d. Pedro II. Um mês depois, foi Malcher quem acabou assassinado pelos próprios correligionários em cenas que horrorizaram ainda mais a Corte imperial. Campos e Malcher foram, assim, mortos precocemente.

Do dia a dia desses e de outros possíveis líderes republicanos no interior das associações federativas que fundaram em Belém — e mesmo sobre suas disputas nos jornais — poucos documentos restaram. O trágico fim dos cabanos e a dura repressão que se seguiu fizeram recair sobre os supostos republicanos um grande manto de esquecimento. Isso se comprova num rápido mapeamento dos jornais liberais no Pará.

A imprensa política local nasceu em 1822 com o liberal e o (ao menos em parte) republicano *O Paraense*. Entre 1822 e 1830, o Pará contava com alguns periódicos que, em sua maioria, tiveram vida efêmera. Mas a principal tipografia pertenceu por um bom tempo ainda aos liberais, dentre eles cônego Campos e Lazier, que participou das tipagens de um periódico empastelado (*O Luso-Paraense*, de 1823) e foi redator de outros dois (*O Liberal*, de 1823, e *O Sagitário*, de 1829-30). Entre 1822 e 1830, todos os anos, um ou até dois jornais circulavam semanalmente no Pará. Quase sempre um era de caráter liberal. De 1831 até a eclosão cabana de 1835, vieram à luz 22 periódicos, explodindo o número daqueles que debatiam os mais variados liberalismos. De 1834 a 1855, desapareceram os jornais liberais do Pará e só se editou a versão memorialística repressiva aos cabanos.

Por seu turno, depois do renascimento desses jornais entre os anos 1850 e 1870, muito daquele passado de guerra política civil e social foi rememorado. Da ocasião nasceram três dos cinco tomos da obra memorialística e documental do político liberal Domingos Antônio Raiol, o barão de Guajará (1830-1912). Todavia, naquele momento monárquico era comum o acobertamento dos radicalismos liberais, desaparecendo quase que completamente o republicanismo como luta política em seu interior. Ele só será retomado em 1869 com a renovação do Partido Liberal e a publicação no Pará do periódico *O Liberal do Pará*. Alguns anos mais tarde essa memória torna a mudar com o surgimento do primeiro jornal explicitamente republicano, nascendo, então, poucas versões, mas cada uma delas idealizada e heroica, dos "precursores" republicanos. Batista Campos torna-se nome de um bairro e de uma praça republicana na belle époque da borracha.

Basta crivar essas memórias sobrepostas e associá-las aos escritos dos poucos jornais e aos manuscritos e impressos mais repressores da época para se chegar mais perto de uma descrição fidedigna sobre esses cabanos republicanos. Por exemplo, nos escritos do barão de Guajará analisa-se o periódico cabano *A Sentinella Maranhense*. Lavor Papagaio teria gritado em público, numa determinada ocasião e na passagem do presidente de província Lobo de Sousa (1792-1835), um viva à República. Raiol, por sua vez, teve seu republicanismo explicitado no dístico desse jornal: "Sem rei existe um povo, sem povo não há nação, os brasileiros só querem Federal Constituição". Contudo, nos poucos exemplares que existem do mesmo jornal, no lugar de "sem rei" há um modesto "sem déspota".

Assim, a afronta republicana perde muito de seu vigor, sendo o despotismo confundido com o antiabsolutismo, mais do que com um antimonarquismo. Como explicar isso? Teria o jornal se radicalizado e trocado seu dístico, e os números radicais sido perdidos ou destruídos? Ou liberais como Raiol, na tentativa de afrontar a memória de incendiários republicanos como Lavor Papagaio, é que teriam radicalizado o dístico?

Dessa forma, vale terminar este verbete com uma nota publicada em 1837 pelo visionário e monarquista Felipe Patroni, que desde 1836 publicava na Corte o *Correio do Imperador ou O Direito de Propriedade*, um dos primeiros periódicos que propalava que a solução para a grave crise do Brasil de 1835-7 seria a emancipação do imperador menino Pedro II (1825-91). Patroni, antigo aliado de Batista Campos desde o jornal *O Paraense*, escrevia em seu periódico em 28 de dezembro de 1837 que os "partidos políticos" no Império seriam três: "Republicanos, Constitucionais, e Devoristas". Explicava que os republicanos seriam aqueles "que atribuíam os males da Pátria à forma monárquica". Depois de 1831, os republicanos, "vendo que noutro tempo se fez guerra não aos princípios mas à pessoa do Primeiro Monarca, resolveram-se a esperar alguma coisa do Governo Imperial e ligados aos constitucionais, querem ver no trono quanto antes a Pessoa Augusta do Senhor D. Pedro II, para de uma vez acabarem os males do Brasil". Por fim, para Patroni, havia o lado dos "devoristas". Solitários, pois que desprezados pelos constitucionalistas, fizeram guerra contra Pedro I, mas foram "vencidos pela nação inteira", vivendo em 1837 "com falsas capas, ora de monarquistas, ora de republiqueiros, mas não querendo nunca a maioridade do imperador". Assim, até certo ponto é possível pensar de forma similar ao quimérico Patroni de 1837. Minhas pesquisas levam a crer que havia no Pará de 1820-30 vários "republicanos" para os quais Pedro II era a figura emblemática. Tiveram eles de optar entre continuar republicanos ou aceitar, ainda que provisoriamente, a liberalidade e o constitucionalismo de uma monarquia encabeçada por um imperador brasileiro. Os homens do Segundo Reinado e os republicanos que se seguiram a eles é que vestiram os primeiros republicanos com "falsas capas" e supostas ideologias sedimentadas a posteriori. Espera-se que outros pesquisadores, ao lerem este verbete, animem-se a fazer provar naqueles pioneiros uma roupagem mais adequada.

CÂMARAS MUNICIPAIS NO BRASIL (SÉCULOS XVII E XVIII)

João Fragoso

EM 15 DE NOVEMBRO DE 1889 ERA PROCLAMADA A REPÚBLICA NO Brasil. A partir dessa data, foram progressivamente estendidos, em tese, os direitos de cidadania a diferentes segmentos da população. Entretanto, em 2017, apenas 10% da população possuía 43,3% da renda total do país, cifra superior à riqueza de 80% dos brasileiros. Essa desigualdade resulta, em parte, de uma sociedade em que negros e mulheres são tidos "naturalmente" como cidadãos de segunda classe, detentores de menos direitos políticos e sociais (emprego, educação, segurança, saúde etc.). Mais de duzentos anos atrás a base da vida política brasileira eram os municípios. Na época entendidos como "repúblicas", nelas os "homens bons" dominavam o mando político, o exercício da Justiça e a violência pública diante dos moradores: os livres desprovidos de cidadania, os forros, os mamelucos, os escravos etc. E isso era visto como "natural", pois era fruto da "vontade de Deus". Este texto trata dessa república do passado, sem pretender esclarecer, no entanto, os problemas da República do presente como resultado do período colonial e da escravidão. Até porque os brasileiros continuaram a fazer história depois de 1822 e depois de 1888. A intenção deste verbete é chamar atenção para uma sociedade (e suas elites) capaz de mudar e adequar traços do Antigo Regime católico para produzir desigualdades sociais e políticas.

Em 1678, o capitão Inácio da Silveira Vilasboas (1634-1710), juiz ordinário, obedecendo ao Senado do Rio de Janeiro, prendia os mestres e os comerciantes das frotas de Lisboa, obrigando-os a determinar o valor do frete dos navios na Câmara. Essa atitude não implicava desmando. Na verdade, cumpria-se uma decisão régia de 1671 na qual a Câmara aparecia como a casa que negociava os preços do açúcar e do frete entre os comerciantes reinóis e os produtores. Essa provisão resultou de uma representação dos procuradores das câmaras de Salvador da Bahia e do Rio de Janeiro. Assim, mais do que autorizar a Câmara, a Coroa interferia no mercado açucareiro e a reconhecia como cabeça da "república para o bem comum".

Anos antes, em 1642, na Câmara da cidade de São Salvador da Bahia, os "representantes dos três estados, clero, nobreza e povo", suplicavam ao governador-geral do Estado do Brasil, Antônio Teles da Silva (1590-1650), a elevação do valor nominal da moeda na conquista, o que acarretava sua desvalorização real diante da presente em Portugal.

Na época, Salvador sofria, como o restante do Brasil, da escassez de numerário em decorrência de os comerciantes das frotas só quererem vender suas mercadorias por moeda, portanto, sem comprar o açúcar e os demais frutos da terra. Essa situação paralisava a produção e o comércio da cidade, ameaçando sua existência. Diante de tal gravidade, os camarários formularam aquela súplica e, com isso, pretendiam estancar a saída de moeda do Brasil — pois, com uma moeda de menor valor do que aquela que circulava pelo Reino, o comerciante iria preferir vender suas mercadorias por açúcar em vez de fazê-lo por uma "moeda podre", ou seja, sem valor na Europa.

O governador, depois de ouvir uma junta de religiosos, oficiais fazendários e desembargadores régios e os camarários, acatou o dito pedido. O problema da súplica era anular uma das principais prerrogativas do rei: a de estabelecer o valor da moeda em seu reino, senhorios e conquistas.

Essa atitude — a princípio, de lesa-majestade — deve ser entendida em meio ao modelo político em vigor: o Antigo Regime católico. Nele, o município surgia como comunidade política com capacidade de negociar com o centro da monarquia. Assim, tal como os oficiais régios, podiam, em nome do "bem comum", argumentar com o rei.

Em fins da década de 1980, criticava-se a ideia de monarquia absoluta como sinônimo de Estado moderno (séculos XV-XVIII), assim como a de exploração econômica das colônias por suas metrópoles. Na época, o historiador António Manuel Hespanha desenvolveu a hipótese seminal de que o rei devia ser entendido como cabeça da monarquia, porém sem ser confundido com esta, já que existiam outros poderes concorrentes: o da aristocracia e o das comunas municipais.

O rei era a cabeça pensante, capaz de articular as jurisdições das várias partes que compunham o conjunto do corpo social, seja no reino, seja no ultramar. Com isso, temos a ideia de uma monarquia polissinodal e corporativa de base católica. Três anos depois de Hespanha, J. H. Elliott elaborou o conceito de "monarquia compósita". Segundo Elliott, a monarquia hispânica, por exemplo, era constituída de vários reinos previamente existentes, e cada um conservou, em grande medida, as características de sua existência institucional, seus corpos de leis e os direitos locais.

Em 1994, Jack P. Greene acrescentou a essas ideias a noção de autoridade negociada como eixo nas relações metrópoles-colônias. Com isso, rompia-se com a concepção de uma inexorável subordinação das colônias e suas elites locais frente às autoridades europeias.

Ao contrário da monarquia dos Habsburgo espanhóis, nas terras lusas dos Avis e depois nas dos Bragança havia apenas um reino e várias conquistas disseminadas por América, África e Ásia. Entretanto, como na monarquia hispânica, na portuguesa também existiam concorrência e negociação entre poderes. A sociedade moderna se compreendia como um corpo. Os órgãos sociais (famílias, senhorios, municípios etc.), na qualidade de órgãos do corpo e organismos da natureza, possuíam uma função, e portanto sua existência pressupunha ampla capacidade autorregulatória.

Deriva daí os órgãos sociais ou as corporações serem compreendidos como comunidades políticas e sua combinação e harmonia — leia-se: o "bem comum" da sociedade — ser garantida pelo rei como cabeça daquele corpo. Daí também a função da Coroa não ser a de destruir a autonomia das corporações, mas de garantir a coordenação entre elas, feita especialmente pela justiça e por suas leis maiores. Todo esse processo implica dizer que estamos diante de um sistema polissinodal, em que a direção política na sociedade decorre da concorrência de poderes, e, nessa dinâmica, o rei desponta como centro.

No reino de Portugal, os poderes concorrentes consistiam na administração da Coroa, no poder senhorial e no municipal. Já nas conquistas, o poder senhorial, na forma das donatarias, foi eliminado gradualmente via incorporação ao patrimônio régio. Assim, nas conquistas ultramarinas a gestão política resultava de negociações entre os municípios e o rei (alicerçado nos conselhos palacianos), com decisiva interferência da administração da Coroa ali situada.

As populações estavam organizadas, grosso modo, no reino e no ultramar, em municípios entendidos como "repúblicas", pois eram comunidades políticas com o direito do autogoverno garantido pelos costumes e pela legislação e assim defendidas pelo rei. Em um dicionário de princípios do século XIX, município significava "cidade, que tinha o direito de servir às magistraturas romanas, votar nas assembleias; mas governava-se por suas leis particulares".

A relativa autonomia dos municípios diante da Coroa podia ser atestada em matérias sensíveis como a fiscal, por exemplo. A princípio, a defesa militar cabia ao rei, mas em diversos momentos do século XVII ele solicitou aos municípios americanos donativos fiscais. Na Bahia, coube a Salvador o sustento da infantaria régia, desde meados do Seiscentos. Certamente, tais negociações sempre dependiam do contexto e dos recursos que o Centro e as câmaras tinham na época, tais como o tamanho da infantaria da Coroa no município, o grau de consolidação das elites locais e sua capacidade de mobilizar os moradores.

A Câmara era composta de vereadores e juízes ordinários escolhidos pelos moradores com o direito de cidadania, os chamados "homens bons". Os camarários não recebiam honorários. A eles cabiam a Justiça de primeira instância, a administração do mercado e a representação do município diante do rei e de seus oficiais. No título 66 do livro I das Ordenações Filipinas (instituídas em 1603 na época que Portugal fazia parte da monarquia espanhola) lê-se que os:

> [Vereadores] proverão as posturas, vereações e costumes antigos da cidade [...] o Corregedor da Comarca não lhes poderá revogar, nem outro algum Oficial, ou Desembargador nosso [do rei], antes as façam cumprir, e guardar.

Em 1641 e em 1642, os camarários do Rio de Janeiro impediram a saída das frotas para Lisboa alegando a resistência delas em comprar o açúcar e o baixo preço que impunham quando o faziam. Nessa altura, não sabemos se aquela atitude tinha o respaldo de alguma provisão régia, como ocorreu mais tarde, em 1678. Talvez os camarários tenham então compreendido que, como cabeça de uma república, tinham a obrigação de cuidar do que entendiam por bem comum. O fato é que nas duas ocasiões a Câmara contou com o apoio do ouvidor régio e não sofreu nenhuma punição da Coroa. Deve-se, no entanto, lembrar a situação delicada de Lisboa na época:

as guerras de restauração da monarquia lusa contra o domínio espanhol (1640) e o conflito com os holandeses.

Há divergências na historiografia sobre o papel da Câmara na discussão do preço do açúcar e dos fretes na Salvador do século XVII. Existe, porém, consenso no que tange ao século XVIII. No Setecentos a discussão entre comerciantes e produtores ocorria na Câmara. Essa prática terminou com a Lei do Açúcar de março de 1751, com a instituição das mesas de inspeção tuteladas por Lisboa. Um dos argumentos foi o de tornar o açúcar brasileiro mais competitivo no mercado internacional, o que era impossível na época em razão da intromissão dos camarários. Assim, percebe-se a possibilidade de as "repúblicas" da América lusa interferirem no mercado atlântico e na dinâmica da monarquia pluricontinental lusa.

Obviamente, nem sempre as relações entre câmaras e Coroa eram um mar de rosas. Rio de Janeiro e Pernambuco, no século XVII, tiveram negados os seus pedidos para que seus naturais fossem privilegiados nas escolhas dos oficiais régios e das dignidades religiosas. Nesses postos a Coroa preferia manter pessoas com experiência prévia em outras partes da monarquia pluricontinental e provenientes da pequena nobreza reinol. Da mesma forma, o rei recusou à Bahia, em 1658, o privilégio que gozava de construir uma universidade. Com negativas como essas, Lisboa garantia a manutenção da sua posição de Centro e a do ultramar (e elites sociais locais) como Periferia.

No Antigo Regime, a administração da Justiça ocupava um lugar crucial, e, no município, via de regra, era exercida na primeira instância pelo juiz ordinário. Ele não era um bacharel em direito, e, portanto, suas decisões se baseavam em um pretenso conhecimento das leis do reino e eram ditadas pelos costumes. A autonomia estava sujeita ao controle indireto dos mecanismos de recursos e da inspeção dos ouvidores. Esses oficiais régios (bacharéis em direito) respondiam pela Justiça em segunda instância, promoviam as eleições do município e supervisionavam parte de suas atividades. Os juízes ordinários agiam principalmente nos conflitos de terras, em casos de roubos e desavenças entre vizinhos, atuando ainda como juízes de órfãos nos lugares com menos de quatrocentos vizinhos.

Os juízes ordinários, em Portugal e no Brasil, sofriam frequentes críticas por desconhecerem as leis do reino e atenderem aos interesses dos potentados locais em detrimento das populações. Diante disso, ocorreu a fixação dos juízes de fora (magistrado letrado) pela Coroa para a presidência da Câmara e o exercício da Justiça em substituição dos juízes ordinários.

Parte da historiografia sublinha ainda que, com a instituição do juiz de fora, a Coroa aumentou seu poder e assim a autonomia política dos municípios diminuiu. Seja como for, no reino acredita-se que, na segunda metade do século XVIII, apenas cerca de 20% dos municípios possuíam juízes de fora. Nos demais, a Justiça continuava nas mãos dos juízes ordinários. No Brasil, até cerca de meados do Setecentos, os juízes de fora limitaram-se aos municípios de maior envergadura: Salvador, em 1696; Olinda, em 1700; Rio de Janeiro, em 1701; Santos, em 1713; Itu, em 1728, e Vila do Carmo, em 1731.

As Ordenações Filipinas eram imprecisas quanto à qualidade social dos eleitores e dos oficiais camarários. Elas sugerem que os "homens bons" seriam os cidadãos. No reino, os camarários vinham de uma elite local constituída de homens que não dependiam de suas mãos para viver. Daí não ser surpresa que entre os vereadores reinóis do século XVIII predominassem fidalgos da casa real. E não raro algumas dessas famílias perpetuaram-se nos ofícios camarários, transformando-se em oligarquias municipais. Cabe, contudo, lembrar que outras famílias podiam julgar ter prestígio e poder suficiente na localidade e diante da Coroa, e com isso tendiam a se esquivar das posições camarárias. Nos Açores, encontramos o mesmo cenário: camarários recrutados entre os fidalgos.

Nos municípios ultramarinos, a realidade era mais complexa. No arquipélago de São Tomé e Príncipe, situado no golfo da Guiné, os camarários podiam ser "brancos da terra", leia-se: mulatos e descendentes de escravos. Talvez esse fenômeno possa ser explicado pela estratégica localização do arquipélago no tráfico de escravos na África Centro-Ocidental e pelo precário povoamento europeu. O fato é que, entre 1515 e 1517, o rei d. Manuel (1469-1521) libertou os escravos dados pela fazenda régia aos primeiros povoadores. Mais adiante, a Coroa incentivou a alforria de filhos nascidos de escravas com brancos. Entre 1520 e 1546, Lisboa concedeu aos mulatos o acesso aos ofícios camarários, às milícias e aos cargos da administração pública. Em fins do século XVIII, mestiços, e mesmo negros, dominavam a administração e a milícia do arquipélago.

Por seu turno, no Rio de Janeiro, grosso modo, temos uma situação bem diferente. Em 1664, os camarários pediram ao rei que os oficiais régios não interferissem nas eleições da cidade e muito menos indicassem "homem mecânico e de baixa sorte". Segundo os camarários, essa prática prejudicava o serviço de sua majestade e o "bem comum da república". Eles propunham, então, que na governança da terra só fossem aceitos os principais da terra, em especial, os "homens fidalgos", que, em razão de sua qualidade social, seriam os mais rigorosos nos "negócios da república". Nas décadas de 1720 e 1730, os bisnetos dos camarários de 1664 solicitaram a Lisboa que os ofícios da Câmara não fossem franqueados aos negociantes. Em 1732, aqueles bisnetos escreviam:

> [os camarários] enquanto naturais, [do Rio de Janeiro deviam ser] os filhos e netos dos cidadãos descendentes de conquistadores daquela capitania, de conhecida e antiga nobreza [costumeira, não necessariamente baseada em foros da casa real ou hábitos militares] [...] e no que respeita aos oriundos deste Reino [...] sejam os que tiverem os foros de graduação da Casa de V. M. [...] ou as pessoas de notória nobreza.

Em 1746 os negociantes da cidade queixavam-se ao rei de tais atitudes e pleiteavam o acesso à Câmara, como ocorria em Salvador da Bahia.

Em suma, a origem social dos camarários dependia da história da localidade considerada. Porém, ao menos nos exemplos citados (incluindo São Tomé e Príncipe), eles provinham de uma elite política e social local, os ditos "homens bons". Com isso, temos o reforço de outro traço do modelo político apreendido: ser arquétipo de uma hierarquia social ciosa de suas diferenças, vistas como naturais e concedidas por Deus. O funcionamento da "república", nos municípios ultramarinos, permitia o domínio de certas famílias sobre a política e a Justiça locais, mas também sobre a violência pública. Nas conquistas, a manutenção da ordem pública era feita não tanto pelas tropas regulares da Coroa, mas pelas milícias locais (Ordenanças e Auxiliares). À frente destas havia oficiais não remunerados originários das mesmas parentelas dos camarários.

Nesse ponto temos talvez uma das chaves para entender o pacto político entre o Centro e as elites sociais das conquistas e suas "repúblicas". Os componentes daquelas elites, como oficiais das milícias, tinham cartas patentes régias que reconheciam seu mando político e militar sobre as populações. Em contrapartida, tais potentados, com seus escravos armados e agregados, garantiam a autoridade de sua majestade diante delas. Esse cenário permaneceria ao longo da segunda metade do século XVIII, apesar da maior centralidade da Coroa em detrimento dos municípios. Ainda em fins do Setecentos, potentados locais, na condição de mestres de campos das tropas auxiliares, continuavam a pedir foros de fidalgo e hábitos das ordens militares a Lisboa por terem, "às custas de suas fazendas, aquietado" os moradores.

Como vimos, um dos traços do modelo político do Antigo Regime católico era a concorrência entre poderes. Daí a dinâmica da monarquia lusa pluricontinental decorrer de negociações entre a Coroa e os municípios ultramarinos, isso com forte interferência da administração régia nas conquistas.

Por quase meio século, as câmaras conseguiram dos governadores-gerais e das capitanias a manutenção, à revelia de Lisboa, de uma moeda com valor inferior à da moeda reinol. Com isso, contribuíram para a consolidação e o crescimento da economia escravista açucareira no Brasil. Mas isso arrancaria, em 1689, do procurador da fazenda real, diante do Conselho Ultramarino, a seguinte afirmação: "moradores [do Brasil eram] sem lei e sem ordem tinha[m] dado à moeda valor a seu arbítrio".

Esse protesto foi feito em um contexto em que mais uma vez o Rio de Janeiro, Salvador e Olinda resistiam à Lei da Moeda. Em outras palavras, aquelas "repúblicas" impediam o rei de exercer a soberania plena nos seus senhorios. A disputa seria resolvida com a fixação da moeda provincial, em fins do século e, portanto, com circulação restrita à América.

CANUDOS (1893-7)

Marcela Telles

OS HABITANTES DO ARRAIAL DE CANUDOS ERAM CONTRÁRIOS À República instalada em 15 de novembro de 1889 e tal característica foi devidamente inflacionada pelos humores políticos da época. Seu fundador e líder, Antônio Vicente Mendes Maciel (1830-97), o Antônio Conselheiro, foi claro em suas prédicas: "é incontestavelmente um grande mal para o Brasil". Para ele, a República assentava-se "sobre um princípio falso", do qual não se podia tirar "consequência legítima". E prosseguia denunciando: o presidente governava o Brasil "como se fora um monarca legitimamente constituído por Deus". E não era. A origem da soberania de um governo deveria localizar-se na "emanação da Onipotência eterna de Deus". Segundo ele, ainda, após o Quinze de Novembro a fonte de poder legítimo se deslocara para o sistema eleitoral, e muito lhe admirava o "procedimento daqueles que têm concorrido com seu voto para realizar-se a República".

Pode ser tentador descartar suas palavras como frases vazias de sentido, sobre as quais ele não possuía conhecimento nenhum. Aliás, é comum considerá-lo, e aos demais habitantes de Canudos, como ressaltou o jornalista Euclides da Cunha (1866-1909), como incapazes de assimilar tanto a forma republicana quanto a monárquico-constitucional, por lhes parecerem, nos termos do autor de *Os sertões*, "abstrações inacessíveis". Ao contrário: em suas críticas, Antônio Conselheiro soube reconhecer a base sobre a qual o poder do novo sistema político deveria se firmar — o sufrágio — e ainda assim considerá-la ilegítima. Em suas prédicas, o movimento, que impôs o exílio à família imperial e garantiu a posse do primeiro presidente, não passava de um "tão pesado golpe".

Ao fazer uso da palavra "república", Antônio Conselheiro se referia à forma de governo instalada com o Quinze de Novembro e consolidada sobre a exclusão efetiva da participação popular no sistema das decisões políticas. A Constituição de 1891 eliminou a exigência da renda para exercício do voto, mas manteve a exclusão de analfabetos, mulheres e menores de 21 anos. Cabe lembrar que, em Canudos, a maior parte da população poderia ser enquadrada em alguma dessas condições. Era uma via de mão dupla: os conselheiristas não reconheciam a legitimidade da República instalada, que, por sua vez, não os reconhecia como cidadãos. Dessa maneira, poderiam se sentir à vontade para estabelecer uma comunidade política própria, e assim fizeram. Por isso, a questão da República em Canudos muda radicalmente, não se limitando a adesão à forma de governo, mas à capacidade dos indivíduos de assegurar, para além das diferenças de posses, de influências e de talentos, um espaço comum, no qual a possibilidade de participação política se coloca a todos. Ao considerar o sentido histórico e conceitual amplo de República, nos termos de José Murilo de Carvalho, Canudos se afirma como "uma República radicalmente distinta da República oficial".

A prática instituída pelo Conselheiro e seus seguidores para gerir o dia a dia de uma cidade, que no curto espaço de quatro anos passou de duzentos habitantes para cerca de 24 mil, aponta para a incorporação de valores próprios do republicanismo: o predomínio da ideia de uma comunidade política cujo bem deveria prevalecer sobre os interesses particulares de sua população; a preocupação com o bem coletivo; a justa gestão dos recursos comuns; o apego à igualdade; e talvez o valor que tenha se manifestado de forma mais radical — o amor à pátria. Não sem espanto, o frei capuchinho João Evangelista do Monte Marciano (1843-1921) afirmou após deixar o arraial: "é aquilo um Estado no Estado".

Em 1893, Antônio Conselheiro e cerca de duzentos peregrinos chegaram ao povoado de Canudos, no interior da Bahia, e fundaram o arraial de Belo Monte. A decisão de pôr fim à peregrinação, que começou ainda no Império e se estendeu por vinte anos, ocorreu após o confronto armado entre a polícia baiana e os conselheiristas. O embate se deu em Massetê, depois que os seguidores do beato destruíram as tábuas municipais em que eram afixados os impostos cobrados pelas autoridades locais. A pressão fiscal sobre a população baiana aumentou de maneira considerável após a instauração da República. Entre 1890 e 1900, a arrecadação estadual fora praticamente 50% superior à do quinquênio de 1875-9. O enfrentamento deixou clara a impossibilidade do Conselheiro e de seus peregrinos de continuarem a percorrer, em segurança, as cidades das províncias do Norte. Para as autoridades, as cerca de duzentas pessoas que o seguiam e as quase 2 mil que se reuniam para ouvir seus "conselhos" estavam longe de ser inocentes andarilhos religiosos. Como relatou o frei João Evangelista, a crença geral no arraial era a de que "todo aquele que quiser se salvar precisa vir para os Canudos, porque nos outros lugares tudo está contaminado e perdido pela República".

Antônio Conselheiro acenava com uma dupla possibilidade: viver de acordo com a graça divina e, ao mesmo tempo, no mundo. O lugar escolhido neste mundo foi a "fazenda de Canudos", localizada à margem do rio Vaza-Barris, onde seus habitantes passaram a criar bodes e gado, plantar cana para fazer rapadura, negociar e construir suas casas. A região era cortada pelas estradas do Cambaio, do Calumbi ou do Rosário, de Massacará, de Jeremoabo, de Uauá e da Canabrava. Afastado das cidades e lugarejos mais povoados do interior da Bahia, estava, no entanto, estrategicamente posicionado e era ponto privilegiado para rancho de tropeiros e descanso de viajantes. Seus habitantes, antes mesmo da chegada do Conselheiro, como relatou o padre Vicente Ferreira dos Passos a Euclides da Cunha, já eram conhecidos como uma gente "suspeita e ociosa, 'armada até aos dentes' [...] cuja ocupação, quase exclusiva, consistia em beber aguardente e pitar uns esquisitos cachimbos de barro em canudos". Nas concepções políticas de República que se debateram entre 1889 e 1896, parecia não haver mesmo lugar para essa gente. De um lado, um grupo de inspiração jacobina e positivista favorável à ditadura militar centralizada; de outro, civilistas e federalistas defendiam um governo descentralizado que permitisse às oligarquias controlarem o sistema político pela manipulação e coerção do voto popular. Os enquadramentos de República, em ambos os casos, inspiravam ordem, produziam um corte e faziam recuar o excedente, a diversidade. Os limites que propunham eram indispensáveis para a constituição de República tal como a concebiam. Dentro deles, não havia lugar para Canudos.

Como alguns autores têm demonstrado, desde a publicação de *Coronelismo, enxada e voto*, de Victor Nunes Leal (1914-85), as funções atribuídas aos setores rurais pobres nas relações políticas e econômicas criadas entre o poder local e o poder nacional durante a Primeira República eram: prover de votos os candidatos apoiados pelos chefes das parentelas, fazer uso da violência na defesa dos interesses das elites regionais e fornecer mão de obra em troca do mínimo necessário à subsistência. E a força das palavras de Antônio Conselheiro e da própria vivência em Canudos produziu um desequilíbrio nessa estrutura. O poder de persuasão de seus "conselhos" esvaziou a região da força de trabalho sobre a qual se sustentava o domínio dos potentados locais que observavam com receio a crescente atração exercida pelo modo de vida estabelecido em Belo Monte.

A correspondência de Cícero Dantas Martins (1838-1903), o barão de Jeremoabo, maior latifundiário da Bahia naquele período, apresenta o seu olhar atento à intensificação da influência externa diante dos arranjos políticos locais, forjados em defesa dos interesses privados dos juízes, políticos e proprietários rurais. Em matéria publicada pelo *Jornal da Bahia* em 4 e 5 de março de 1897, o barão se queixava de como, uma vez que "o trabalho nas fazendas estava desorganizado porque a maioria das famílias estava sempre pronta para seguir o Conselheiro, muitos pequenos proprietários também vendiam seus bens e deslocavam-se para Canudos". Preocupava a fuga de mão de obra e o impacto da autoridade exercida pelo beato nas disputas entre as facções oligárquicas locais pela manutenção do poder.

O domínio das oligarquias sobre a população se impunha pela violência e por meio da manipulação das necessidades — práticas, objetivas e reais — de vaqueiros, meeiros, arrendatários, pequenos comerciantes. A autoridade do Antônio Conselheiro se sustentava pela palavra e em função do estilo de vida considerado exemplar. A eloquência de seus "conselhos" era reforçada por sua vocação retórica de falar com franqueza sobre todo assunto que lhe despertasse o interesse. Sondava as emoções de modo direto, e sua oratória calava fundo na plateia. "Truanesco" e "pavoroso" foram os adjetivos mobilizados por Euclides da Cunha para caracterizar o discurso do Conselheiro, geralmente proferido sobre um palanque improvisado no ponto central das cidades por onde passava. Mas sua oratória também foi descrita pelo jornalista como "bárbara e arrepiadora". É difícil reconstituir a música dessa eloquência, perdida até para os historiadores mais imaginativos. Mas a potência da fala de Conselheiro formou um público disposto a executar uma forma de vida comum e inédita na região. Pela via do consentimento, homens e mulheres decidiram livremente fazer do povoado de Canudos — Belo Monte — sua casa. Nesse lugar, as convenções que sustentavam o pacto oligárquico e autoritário da República Federativa instaurada em 1889 foram reviradas. Seus habitantes formaram uma comunidade política própria, caracterizada pelo autogoverno, por um ordenamento institucional fundado nas práticas e nos costumes acordados pela população, pela partilha de interesses e com uma visão de mundo própria.

Em Belo Monte, Antônio Conselheiro era o líder espiritual e responsável pela aplicação da Justiça. Mas sua vontade não era imposta. As decisões eram tomadas conjuntamente em discussões com os denominados "Doze Apóstolos — a Companhia do Bom Jesus", no lugar chamado santuário. De acordo com o depoimento de descendentes dos seus seguidores, ele "reunia as pessoas para decidir sobre a vida do arraial [...]. Combinava tudo com seu grupo e partia para a ação". Os membros da Companhia do Bom Jesus, à maneira do Conselheiro, vestiam um camisolão azul, preso à cintura por um grosso cordão. Não usavam o bordão sempre presente nas descrições contemporâneas do beato, mas traziam na cabeça um gorro também azul. Por onde passavam eram reconhecidos como seus homens de confiança. A semelhança no vestir reforçava um traço igualitário, bem de acordo com as palavras com que o fundador do arraial gostava de se dirigir à população: "Vamos trabalhar e se unir. Aqui todos são iguais. Eu sou igual a vocês".

Mas, em Canudos, essa era uma igualdade entre diferentes. A Companhia do Bom Jesus era composta de homens de procedências variadas e de ofícios e interesses distintos. A posição de cada um desses Doze Apóstolos não lhes foi conferida pela capacidade de representar os interesses privados dos habitantes do arraial: a função dessa espécie de Conselho era garantir a boa gestão da comunidade. Eram secundados por figuras de destaque como João Abade (?-1897) — o chefe do povo —, um baiano com ascendência indígena, responsável pela defesa militar e assuntos de segurança da população. Antônio Vilanova cuidava da administração. Era branco e se firmou como próspero comerciante no arraial, vindo do Ceará com seus irmãos. Pajeú (?-1897), de Riacho do Navio, em Pernambuco, era jagunço, ex-policial, negro e responsável pelo comando dos piquetes na defesa do arraial.

Entre os demais moradores, se de um lado as dessemelhanças observadas entre os membros da companhia se mantinham, por outro, a igualdade social também não estava colocada em questão. Havia pobres e abastados, casas cobertas por telhas e outras por palha, umas mais bem estruturadas, outras não. As melhores residências ficavam próximas às igrejas, a Nova e a Velha, que em companhia dos armazéns formavam a única praça da cidade. Eram casas construídas pelo trabalho em conjunto da população. Na prédica deixada por Antônio Conselheiro, "Tempestades que se levantam no Coração de Maria por ocasião do mistério da Anunciação", a crítica literária Walnice Galvão (1937-) identificou uma visão de mundo hierarquizada, em que cada um deveria ocupar um lugar determinado. A existência de ricos e pobres não é questionada, e a propriedade privada deveria ser respeitada. Em Canudos, o objetivo primeiro não era libertar-se da pobreza, mas conquistar a liberdade de construir uma vida em comunidade, de acordo com a concepção de mundo compartilhada por seus membros.

Na contramão dessa diferenciação social, mulatos, mamelucos, índios, mestiços, brancos, caboclos e negros tinham acesso à plena igualdade de condições de participação na vida comum de Belo Monte. Os "Treze de maio" ou "carijés", como eram conhecidos os escravizados recém-libertos, compunham parcela significativa dos locais. Os becos estreitíssimos do arraial reuniam e ordenavam indivíduos antes dispersos e lhes ofereciam a possibilidade de habitar no mesmo lugar. No "antro negro, cavado no centro do adusto sertão" descrito por Olavo Bilac (1865-1918), os recém-libertos eram também iguais. Numa sociedade em que supostas desigualdades biológicas ou raciais determinavam diferenças sociais, segundo as teorias do racismo científico vigentes à época, viver em Canudos não representaria para esses homens apenas viver em liberdade, mas também em igualdade. Uma experiência extraordinária, mesmo que assustadora. Canudos foi tomada como produto de um louco disposto a elevar-se além dos limites sociais e do experimento. Nem é preciso dizer que a República oficial não poderia sancionar tal feito.

Em novembro de 1896, cem praças sob o comando do tenente Manuel da Silva Pires Ferreira foram enviados pelo presidente da província, Luís Viana (1846-1920), para enfrentar Antônio Conselheiro e seus seguidores. Foram derrotados. Em janeiro de 1897, 543 praças, catorze oficiais federais, levando duas metralhadoras Nordenfeldt e dois canhões Krupp, partiram de Monte Santo rumo a Canudos liderados pelo major Febrônio de Brito (1851-1907). Foi a segunda vitória dos conselheiristas. Na manhã do dia 3 de março de 1897, 1281 praças comandados pelo general Antônio Moreira César (1850-97) avançaram sobre o arraial de Canudos, precedidos por tiros de canhões. Foram igualmente derrotados. Em junho de 1897, entre 6 mil e 10 mil soldados sob as ordens do general de brigada Artur Oscar de Andrade Guimarães (1850-1903) investiram contra o arraial de Belo Monte. Em 18 de julho, deu-se o primeiro ataque frontal, seguido da ocupação de algumas áreas da cidade. O general Artur Oscar requisitou o envio de mais 5 mil homens, além de armamentos e munição. O último e decisivo combate foi travado no início de outubro.

Concentravam-se em torno do povoado trinta batalhões do Exército e das polícias estaduais, além de três unidades de artilharia, um esquadrão da cavalaria, o 4º Corpo da Polícia baiana e o Batalhão Patriótico Moreira César. A cidade foi bombardeada por cerca de vinte minutos. Os batalhões chegaram a invadi-la, mas sofreram grandes perdas e progrediram pouco. O assalto falhara. A resistência dos habitantes do arraial continuou nos dias 2, 3 e 4 de outubro e "caiu no dia 5, ao entardecer, quando caíram os seus últimos defensores, que todos morreram. Eram quatro apenas: um velho, dois homens feitos e uma criança, na frente dos quais rugiam raivosamente 5 mil soldados", na insuperável descrição de Euclides de Cunha.

O crescente número de tropas instaladas ao redor de Canudos foi uma reação à assustadora força empregada por seus habitantes na defesa do arraial. Todos pagaram um alto preço: prisioneiros foram degolados e tiveram seus cadáveres empilhados e queimados. Mulheres e crianças foram estupradas e traficadas. Defender Canudos significava advogar uma noção de pátria entendida não como o lugar em que se nasce — um dos sentidos atribuídos ao termo —, mas onde escolheram viver e ao qual estavam determinados a se dedicar. Significava proteger a terra que fornecia física e simbolicamente um ponto de convergência para o exercício da liberdade e da igualdade, mas que era, ao mesmo tempo, o lugar da satisfação das necessidades, dos bens indispensáveis à reprodução da vida material. Lugar esse onde foi possível romper com um tipo de identidade fundada na submissão à vontade de um senhor para se reconhecer como parte de um todo, cuja coesão era estabelecida a partir de ligações entre grupos distintos e, mesmo, entre indivíduos, que continuavam a se comportar de modos muito diferentes.

Nos anos que viveu como andarilho, Antônio Conselheiro encontrou todo tipo de gente e todo tipo de gente se encontrou em Canudos: "aleijados, doidos, donzelas, ladrões, doentes, assassinos, vagabundos, cantadores, mocambeiros, cegos, possessos, incestuosos, pobres, afortunados, prostitutas", enumerou Manuel Benício (1861-1923), correspondente do *Jornal do Commercio*. A luta pela preservação do seu próprio território, a paixão pela defesa do lar estimulou entre os rebeldes de Canudos a ideia de morrer pela sua terra. Em 1897, entre perplexo e admirado, o major Febrônio de Brito, comandante da segunda expedição contra Canudos, testemunhou ao jornal *O Paiz*: "Nunca vimos, eu e os meus bravos camaradas, tanta ferocidade! Vinham morrer como panteras, dilacerando entranhas, agarrados às bocas das peças".

CONJURAÇÃO BAIANA DE 1798 E REPÚBLICA BAHINENSE *Patrícia Valim*

O RECURSO POLÍTICO DE REVOLTAS, MOTINS E SEDIÇÕES FOI FREQUENTEMENTE utilizado pelos habitantes da América portuguesa desde a chegada dos lusitanos na costa brasileira no começo do século XVI. Nem sempre armadas e com o objetivo de mudar de maneira radical as estruturas da relação colonial portuguesa no território, as "alterações da ordem" buscavam canais de negociação para as demandas dos rebeldes com as autoridades locais, mobilizando a estratégia política de "resistir ao rei para melhor servi-lo". Com o passar do tempo, porém, as revoltas foram adensadas pelas tensões desencadeadas com as crescentes demandas da exploração colonial e pelo forte sentimento identitário dos que nasciam e viviam em diferentes regiões do Brasil. Com isso, a partir do último quartel do século XVIII, houve um deslocamento no plano da crítica, sendo que a própria forma de organização do poder colonial português na Colônia, bem como a autoridade régia, passou a ser questionada.

Esse é o caso da Conjuração Baiana de 1798, um movimento de contestação deflagrado nas ruas de Salvador na manhã de 12 de agosto. O teor dos onze boletins manuscritos afixados em prédios públicos tocava em pontos extremamente delicados para a governança dos dois lados do Atlântico naquela conflituosa conjuntura, a começar pela mensagem: "O Povo Bahinense e Republicano ordena, manda e quer que para o futuro seja feita a digníssima Revolução nesta cidade e seu termo". A informação foi acrescida pela convocação da população para participar do levante projetado pelo Partido da Liberdade, um grupo heterogêneo que se intitulava Anônimos Republicanos, que tornou público o propósito da "República Bahinense": "Animai-vos, povo bahinense, que está para chegar o tempo feliz da liberdade, o tempo em que todos seremos irmãos, todos seremos iguais".

Em outro boletim, os "Entes da Liberdade" atacaram diretamente o príncipe regente d. João VI (1767-1826): "Povos que viveis flagelados com o Pleno poder do Indigno coroado". Eles questionavam a legitimidade da regência do príncipe desde 1792, quando a senilidade de sua mãe e rainha, d. Maria I (1734-1816), foi diagnosticada. Também tomaram partido na aliança entre Castela e França, escolhendo a França revolucionária para o livre-comércio com a futura "República Bahinense".

Além da abertura do porto de Salvador, o grupo Anônimos Republicanos também reivindicou o aumento de soldo dos milicianos para duzentos réis diários, o fim dos impostos e das taxas cobradas pela Coroa portuguesa, a liberação do comércio de açúcar, tabaco, pau-brasil e todos os demais gêneros de negócio, isonomia e mérito nos critérios de ascensão na carreira militar, na administração local e para a escolha dos clérigos que comandariam a religião local. Em virtude das demandas anunciadas publicamente, as autoridades locais logo desconfiaram, e com razão, de que se tratava de um grupo constituído por pessoas de distinta condição social.

A Coroa portuguesa e as autoridades locais, chefiadas pelo governador da capitania da Bahia (1788-1801), d. Fernando José de Portugal e Castro (1752-1817), agiram rápido. Iniciadas as investigações, contaram com a colaboração de um grupo de homens poderosos e ricos que o cronista Luís dos Santos Vilhena (1744-1814) chamou de "Corporação dos Enteados" em razão das denúncias de "ausência de limpeza de mãos" nos postos da administração pública e de participação no movimento.

Dois membros desse grupo de poderosos foram convocados pelos desembargadores a formularem denúncias, e relataram o episódio da "pronta entrega de escravos", no qual José Pires de Carvalho e Albuquerque (1756-1808), o terceiro homem mais rico da capitania da Bahia e secretário de Estado do Brasil, entregou pessoalmente onze escravos desse grupo à Justiça. O ocorrido acabou interferindo nos rumos das investigações e na circunscrição social do levante; segundo os denunciantes, seus protagonistas eram homens livres, pobres e pardos.

Os depoimentos dos réus no inquérito também destacavam o envolvimento desses senhores em reuniões que discutiam "ideias de francezias", termo frequentemente associado ao sistema de governo republicano e às ideias de liberdade, igualdade e fraternidade que cadenciaram o fim do Antigo Regime francês. A principal queixa versava sobre a tentativa de reforma de d. Rodrigo de Sousa Coutinho (1755-1812), ministro da Marinha e Domínios Ultramarinos, que comprometia os privilégios desse grupo com o fim dos monopólios, taxação justa, entre outras "vexações". A presteza em encarcerar os escravizados serviria, portanto, para evitar que mais informações fossem reveladas por alguns cativos, afastar as suspeitas que eram levantadas no processo e reafirmar lealdade à Coroa portuguesa.

Por essa razão, as autoridades régias tinham bastante interesse em circunscrever a composição social do evento aos setores médios e baixos, com o objetivo de deslegitimar socialmente qualquer projeto de nação de cunho republicano, tentando evitar o mesmo desfecho trágico do Antigo Regime na França. No decorrer das investigações, entretanto, as autoridades locais não conseguiam mais esconder de Lisboa que o levante fora planejado por pessoas de condições sociais diversas e que suas demandas explicitadas nas ruas de Salvador questionavam a ordem por meio de um projeto de "República", que, além de uma forma de governo para o bem comum, também podia se desdobrar em uma ética republicana vivenciada por todos os integrantes de uma determinada comunidade.

Para o grupo de poderosos que colaborou com a Justiça, entregando alguns de seus escravos e formulando denúncias contra os líderes do movimento, a igualdade entre todos e o projeto de uma Revolução conformavam ameaças para abrir canais de negociação com a Coroa portuguesa, que, naquele momento, havia tirado o monopólio da arrematação do dízimo de alguns deles e o atribuído a um grupo de negociantes portugueses. Sentindo-se injustiçados e "vexados" pelo "Indigno Coroado" e seus "despóticos ministros", elaboraram então conceitos como os de liberdade e igualdade, que acabaram atraindo homens de outros setores da sociedade.

A ideia de igualdade subjacente ao projeto de "República" elaborada por esses homens poderosos diz respeito à observância do soberano ao pacto que instituiu a natural desigualdade entre os homens e seus privilégios. A participação deles no levante objetivava tirá-los da incômoda condição de enteados do rei, que tinha quebrado o pacto de justiça e dos direitos, e restabelecer-lhes a condição de súditos por meio de uma reforma que preservava a Coroa portuguesa como ordenadora natural das desigualdades constituídas. No entanto, os demais partícipes do evento, oriundos de outras condições sociais, viram nesse descontentamento uma oportunidade para legitimar seus interesses.

Outro manuscrito afirmava: "ó vós povos que nascestes para seres livres e gozares dos bons efeitos da liberdade [...]. A liberdade consiste no estado feliz, no estado livre do abatimento: a liberdade é a doçura da vida". A palavra "povos" aparece uma única vez no plural e se refere aos indivíduos e às instituições daquela sociedade, indicando também que a ideia de liberdade estaria relacionada à prosperidade da cidade e à busca do bem comum. Esses objetivos só podiam ser alcançados em uma República, pois na tradição maquiavelista o que beneficia o príncipe é ofensivo à cidade e vice-versa.

No entanto, para o grupo de poderosos, a liberdade das pessoas não era extensiva à totalidade da população, nem tinha necessariamente conexão com as formas de governo. Eis a maior contradição da aliança política entre pessoas de condições sociais diversas: em uma sociedade escravista e hierarquizada, a ideia de bem comum subjacente ao termo "povo" lembra menos uma direção coletivista como a proposta por Rousseau (1712-78) e mais a filosofia política de Locke (1632-1704).

O povo a que se referia Locke restringia-se, basicamente, aos homens proprietários, livres e instruídos, para os quais se governava e cujos direitos fundamentais deveriam ser respeitados. Nesse caso, a ideia de bem comum está ligada à salvaguarda do pacto social por parte do poder estatal, em especial a liberdade individual e a propriedade. Já os escravos estavam fora da sociedade civil porque não haviam participado do pacto que a instituía. Isso porque o cativo não era proprietário sequer de si mesmo, e sua liberdade dependia da vontade de seu senhor.

Embora os cativos não tenham sido listados nos boletins manuscritos em Salvador naquela manhã de agosto de 1798, não restam dúvidas de que aceitaram participar do levante com armas em punho quando os milicianos lhes perguntaram: "Estima a liberdade e ser forro?". Dos onze escravos presos, um foi morto por envenenamento a mando do seu senhor; um era africano "preto mina" e propriedade de um dos milicianos considerado líder do levante; e os demais eram nascidos na capitania da Bahia, sabiam ler e escrever e mantinham relações de proximidade e compadrio com seus senhores.

O depoimento do único cativo africano elucida a concepção de liberdade que eles elaboraram: Vicente (?-?), africano "preto mina", de propriedade do tabelião e traficante negreiro Bernardino de Sena e Araújo

(1729-95), era escravo de aluguel na oficina do réu João de Deus do Nascimento (1771-99) por duas patacas por semana. Percebeu estar envolvido no levante quando repassou entre milicianos um bilhete com detalhes sobre os encontros ocorridos na noite da reunião do Desterro. Porém, ao final do interrogatório, o africano disse que não havia sido convidado a participar do grupo de duzentos escravos que seriam contratados por duas patacas cada um para serem armados e deflagrarem o levante na noite de 25 de agosto.

Por mais que existissem lealdades interpessoais entre homens distintos na Bahia do final do século XVIII, as implicações políticas do escravismo contrapunham tudo e todos: senhores e escravos; senhores e homens livres; homens livres e escravos; escravos nascidos na Bahia e escravos africanos que chegavam constantemente pelo tráfico. Talvez tenha sido por isso que um dos implicados no movimento, Cipriano Barata (1762-1838), alertara seu amigo Luís Gersent para que tivesse "cuidado com a canalha africana", pois não seriam confiáveis.

De qualquer forma, ao denunciar a participação dos escravos entregues à Justiça por seus donos e o projeto dos milicianos de contratar e armar outros duzentos escravos, o depoimento do africano Vicente denunciou sua condição vulnerável como cativo naquela sociedade. Colocou em questão os termos da ideia de liberdade elaborada por milicianos e escravos nascidos na capitania da Bahia: o objetivo era libertar aquele grupo de escravos, e não acabar com a escravidão — cujo termo, à época, também podia designar opressão do domínio metropolitano.

Ao perguntarem se aquele grupo de escravos desejava a liberdade e a condição de forro, os milicianos elaboraram uma estratégia política significativa que, a um só tempo, adensava a circunscrição social do levante e mobilizava um dos principais medos da Coroa portuguesa à época: uma revolta escrava na capitania da Bahia nos moldes da que ocorria em São Domingos, atual Haiti. Além disso, em um de seus muitos depoimentos, o réu Luiz Gonzaga das Virgens e Veiga (*c.* 1760-99) afirmou que "se tinha ouvido falar em uma conspiração [...] para o fim de fazer um levantamento e por ele se estabelecer um governo de igualdade, onde entrassem brancos, pardos e negros, sem distinção de cor e só sim de capacidade". A igualdade não aparece aqui de forma ampla e irrestrita, mas mediada pela capacidade, pelo mérito e atendendo à demanda dos milicianos por isonomia nos critérios de ascensão aos postos da carreira militar, bem como da administração pública.

Para os escravos e milicianos, a ideia de liberdade que cadenciou o projeto de uma "República Bahinense", em 1798, não é um valor em si mesmo, mas consequência de uma igualdade contraditória porque marcada pelas assimetrias do escravismo e tensionada pelos desejos de participação política e de bem comum acima de interesses particulares. Quando aqueles homens substituíram o critério de "sem distinção de cor" que os oprimia pela "capacidade" que teoricamente os tornaria iguais na concorrência por postos e cargos, as autoridades dos dois lados do Atlântico perceberam a radicalidade do discurso e da ação dos partícipes do movimento e o alcance que isso poderia ter.

No momento em que foram convocados a aderir ao levante que instituiria um governo republicano, os escravizados romperam o círculo do fazer político restrito aos homens virtuosos do poder, na tradição de Montesquieu (1689-1755), e embaralharam a clivagem entre quem trabalha e quem faz política; entre quem manda e quem obedece; e quem ousou desviar de sua trajetória original. A fratura causada pela radicalidade do discurso nos boletins manuscritos e da ação daqueles homens dos médios e baixos setores fez com que as autoridades percebessem que, para o restabelecimento da ordem, não bastava deixar os poderosos à margem das investigações. Era preciso eliminar, no interior desses setores, o rastro dessa experiência pelas ruas de Salvador. Era necessário também reafirmar a superioridade intrínseca da Coroa portuguesa por meio da punição exemplar dos homens que ousaram fazer política, questionando a ordem e propondo alternativas de futuro.

Para tanto, após mais de um ano de investigações, a Coroa portuguesa empreendeu uma série de soluções de compromisso para criar um consenso político em torno do qual esses indivíduos aumentariam seus cabedais, seus privilégios e poderes, e continuariam a constituir, na capitania da Bahia, a base social para a manutenção da exploração colonial. Alguns dos escravos entregues por seus donos à Justiça foram condenados ao degredo; outros tentaram fugir dos quinhentos açoites no Pelourinho; outros, ainda, tiveram a pena comutada após o "auto de justificação", pois não denunciaram seus senhores.

As contradições dos conceitos de liberdade e igualdade são a síntese das ideias de República formuladas na Conjuração Baiana de 1798 e da própria crise do Antigo Regime, em que o novo e o velho conviviam em constante tensão, disputando espaços, ideias, corações e mentes. A "República Bahinense" esboçada por aqueles homens e politizada pelas ruas de Salvador representou, antes de tudo, a possibilidade de todos os setores fazerem política e elaborarem alternativas para o "viver em colônia", conferindo cores e ritmos próprios à linguagem política advinda da França revolucionária, que na época atingia vários domínios ultramarinos. A ética republicana do "sentir-se livre" anunciou, naquele final de século conflituoso, que o homem poderia realizar sua humanidade na política e pela política, e não mais pela religião ou apenas pelo trabalho.

A maior fragilidade da "República Bahinense", contudo, residiu na crítica conservadora à escravidão explicitada nos limites do projeto de libertar aquele grupo de escravos sem acabar com a escravidão, conforme dizia o depoimento do africano Vicente. O escravismo como o limite do republicanismo possível, e a distinção pela capacidade, como o limite da coalização política entre os setores daquela sociedade, sugerem que as ideias de liberdade e igualdade no universo colonial, no final do século XVIII, podiam estimular tanto as revoluções como as reformas para evitá-las, pois nesse universo soava como Revolução qualquer tentativa de diminuição das desigualdades estruturais.

Não foi por outra razão que, na manhã de 9 de novembro de 1799, os alfaiates Manuel Faustino (1776-99) e João de Deus do Nascimento (1771-99) e os soldados Lucas Dantas de Amorim (1774-99) e Luís Gonzaga das Virgens e Veiga (1761-99) foram enforcados e tiveram seus corpos esquartejados na praça da Piedade, em Salvador. Porque nunca antes na história do Brasil colonial homens dessa condição social haviam ousado pensar um mundo onde todos seriam irmãos e iguais.

CONJURAÇÃO DO RIO DE JANEIRO (1794)

Gustavo Henrique Tuna

SEJA SOB A DENOMINAÇÃO DE "CONJURAÇÃO DO RIO DE JANEIRO" ou de "Inconfidência Carioca", a inquieta dinâmica de confabulações em que estiveram implicados alguns homens de letras na cidade do Rio de Janeiro no final do século XVIII adquiriu seu lugar de destaque entre os movimentos contestatórios à monarquia portuguesa. Antecedidas pela Inconfidência Mineira, as murmurações que culminariam na prisão de alguns membros da Sociedade Literária do Rio de Janeiro e de homens que exerciam ofícios mecânicos resultaram na abertura de uma devassa para a apuração dos fatos em 1794. Tendo como epicentro a Sociedade Literária, tal fervilhar de conversas foi um dos mais significativos capítulos do período colonial brasileiro em que a soberania da monarquia lusitana foi alvo de críticas ferozes, possibilitando um campo aberto à deflagração de insatisfações em relação às restrições impostas pela metrópole para o pleno desenvolvimento da vida material e econômica dos habitantes da América portuguesa.

O contexto em que se deu a prisão dos letrados do Rio de Janeiro, em 1794, é eivado de tensões. Na França, a decapitação do rei Luís XVI, em janeiro de 1793, significara um duro golpe numa das monarquias absolutistas mais consagradas da Europa e se configuraria como um momento de ápice da Revolução Francesa. No espaço português, a preocupação em conter a penetração de ideias revolucionárias na metrópole e no ultramar friccionava-se com a necessidade planificada pelos reinados ilustrados de d. José I (1714-77) e d. Maria I (1734-1816) de modernizar a economia imperial. Os livros, inquestionáveis portadores de conhecimento, eram alvo de intensa vigilância. A atuação de Diogo Inácio de Pina Manique (1733-1805) como intendente geral da Polícia da Corte e do Reino a partir de 1780 seria um símbolo desse ímpeto repressor dos ânimos de contestação à instituição monárquica. Ávido por evitar a disseminação de princípios revolucionários no Reino, Pina Manique agiu com pulso firme em sua missão, coordenando a captura de embarcações francesas, dificultando a entrada de livros considerados proibidos pela censura régia na alfândega e promovendo a prisão e o banimento de franceses que residiam em Portugal.

Na América portuguesa, o espectro da Conjuração Mineira de 1789 ainda se fazia presente, nomeadamente na cidade do Rio de Janeiro, localidade do enforcamento de Tiradentes (1746-92), em 1792. Capital do Vice-Reino do Estado do Brasil, a cidade constituía-se como local de passagem e de fixação de homens e mulheres oriundos de diversas regiões do Império. Boa parte das pessoas que deixaram a América portuguesa durante o século XVIII para estudar em centros universitários europeus, como Coimbra e Montpellier, se estabelecia posteriormente no Rio para seguir carreira nas áreas do direito, da botânica e da medicina. Com isso, a cidade acabava concentrando uma elite letrada que, bafejada pelos ventos do iluminismo gestado na Europa, vislumbrava futuros promissores para os destinos coloniais, na medida em que havia sido formada dentro de uma atmosfera de pensamento que valorizava o aperfeiçoamento científico e econômico.

Ao mesmo tempo que a sociedade colonial que se formava no Rio de Janeiro se beneficiava desses homens de letras que atuavam em postos-chave do funcionalismo régio, a presença de suas novas concepções acerca da vida social e política era motivo de desassossego para as autoridades governamentais locais. No que tange à execução de medidas contundentes para acalmar espíritos rebeldes na Colônia nesses últimos anos do Setecentos, destaca-se a figura de d. José Luís de Castro (1744-1819), o conde de Resende, vice-rei do Estado do Brasil entre 1790 e 1801. Como bem expôs o historiador Afonso Carlos Marques dos Santos, durante seu governo foram intensas as ações para barrar a tormenta que poderia ser provocada pelos "princípios franceses" na América portuguesa. Um esforço para controlar a presença de estrangeiros e o estímulo a ações de espionagem e à apresentação de denúncias foram traços marcantes de sua administração.

Esse clima desfavorável ao desenvolvimento dos saberes na colônia não havia sido a tônica da administração do antecessor do conde de Resende, o vice-rei d. Luís de Vasconcelos e Sousa (1742-1809), que governou o Estado do Brasil entre os anos 1779 e 1790. Sócio da Academia Real das Ciências de Lisboa, Vasconcelos e Sousa concedeu grande atenção à ciência e aos melhoramentos urbanos da cidade do Rio de Janeiro. Dentre eles, destacam-se a reedificação da sede da Alfândega, a construção do Passeio Público (após o aterramento da lagoa do Boqueirão) e a Casa dos Pássaros, local destinado ao empalhamento e estudo de aves — instituição que daria origem ao Museu Nacional, no Rio de Janeiro. Não seria à toa que o frei naturalista José Mariano da Conceição Veloso (1742-1811), um dos mais destacados naturalistas do período colonial brasileiro, dedicaria a Vasconcelos e Sousa sua inigualável *Flora Fluminensis* (1825-31). Tal abertura ao desenvolvimento das práticas científicas na América portuguesa forneceria também condições para o surgimento na capital da colônia da Sociedade Literária do Rio de Janeiro, academia de letrados cuja atuação daria, posteriormente, ensejo ao episódio que foi consagrado pela historiografia como Conjuração do Rio de Janeiro.

Fundada em 6 de junho de 1786, a Sociedade Literária do Rio de Janeiro surge num momento em que a Ilustração havia ganhado novos contornos no Império português. A expulsão dos jesuítas de Portugal (1759), a Reforma dos Estatutos da Universidade de Coimbra (1772) e a fundação da Academia Real das Ciências de Lisboa (1779) pavimentavam oportunidades para que as Luzes adentrassem com maior força nos domínios lusitanos. Em sintonia com o pragmatismo do iluminismo ibérico, os estatutos da Sociedade Literária preconizavam em seu artigo 24 que a finalidade das atividades de seus membros era "o repartirmos mutuamente as nossas luzes científicas, para com igual interesse entrarmos em marcha pela nova carreira, que o nosso amor pelas ciências e o bem de nosso país inspira".

Há registros de que os trabalhos da Sociedade transcorreram com alguma frequência durante o vice-reinado de Vasconcelos e Sousa e que nesse período foram expostos em suas reuniões importantes estudos, como os das descobertas dos álcalis extraídos do engaste das bananas, do mangue, da remoção da aguardente da raiz do sapé, das técnicas para a produção do frio artificial, entre outros. Contudo, os encontros dos sócios da agremiação acabariam rareando até o encerramento total de seu funcionamento.

Sua reativação só se daria em 1794, já sob o vice-reinado do conde de Resende e, em grande medida, graças ao empenho de Manuel Inácio da Silva Alvarenga (1749-1814). Mulato nascido em Vila Rica, Silva Alvarenga formara-se em cânones em 1776 na Universidade de Coimbra e se estabelecera no Rio, onde atuava como advogado, além de exercer o ofício de professor régio de retórica e poética. Seu ímpeto por reanimar a Sociedade Literária o levou a alugar uma casa de dois andares na rua do Cano, atual rua Sete de Setembro, residindo em seu andar superior e reservando o inferior para as reuniões da agremiação.

A composição da Sociedade Literária foi bastante diversificada. Além de homens dedicados ao estudo da matemática, da medicina e da botânica, ela reuniu letrados de outras áreas. Na esfera do ensino, além de Silva Alvarenga, dela tomaram parte o professor de grego João Marques Pinto, o professor de primeiras letras Manuel Ferreira de Almeida, o professor de latim e retórica e padre secular João Pereira da Silva, o também professor de latim e padre Elias Rodrigues Lima e o professor de latim Jorge Furtado de Mendonça. No grupo de professores, cumpre destacar ainda João Manso Pereira, que se dividia entre as aulas de latim e a prática diletante da química. Ainda nesse ramo científico, a Sociedade contou com a prestigiosa colaboração de Vicente Coelho de Seabra Silva e Telles (1764-1804). Bacharel em filosofia e medicina na Universidade de Coimbra, nela firmou-se como professor e publicou em Lisboa, em 1788, o livro *Elementos de Chimica*, obra que dedicou à Sociedade Literária do Rio de Janeiro.

Formado em matemática e filosofia em Coimbra em 1793, Mariano José Pereira da Fonseca (1773-1848) aparece mencionado com frequência nos autos da devassa de 1794, tendo participado assiduamente das reuniões da Sociedade em sua fase final.

Um dos frequentadores das reuniões da agremiação, o rábula José Bernardo da Silveira Frade, acabou sendo o autor da denúncia que provocaria seu fechamento e a consequente abertura do processo de devassa por ordem do conde de Resende. Em ofício de 8 de dezembro de 1794 destinado ao desembargador-chanceler Antônio Dinis da Cruz e Silva (1731-99) — o mesmo que conduzira o processo dos inconfidentes de Minas Gerais —, o vice-rei argumenta ter "novos avisos" acerca da continuidade de conversas perigosas à fé católica e elogiosas ao "sistema da rebelião da nação francesa" e manifesta a urgente necessidade de se instaurar uma devassa "para se evitar uma faísca, que ocultamente lavrando, poderá rebentar em um grande incêndio". De forma objetiva, o vice-rei estipula que a devassa teria a missão de averiguar se os indivíduos denunciados, além de proferirem os "escandalosos discursos", haviam também "formado, ou insinuado algum plano de sedição".

A fase de depoimentos das testemunhas teve início em 18 de dezembro de 1794 e se estendeu até 13 de fevereiro do ano seguinte. Foram ouvidas ao todo 61 testemunhas e onze acusados foram presos. Além de Silva Alvarenga, foram a cárcere o professor de grego João Marques Pinto, o bacharel em filosofia e matemática em Coimbra Mariano José Pereira da Fonseca, o médico Jacinto José da Silva, Francisco Coelho Solano, que vivia de seus bens, o cirurgião Gervásio Ferreira, o ourives Antônio Gonçalves dos Santos, o sapateiro João de Sá da Conceição, o marceneiro João da Silva Antunes, o entalhador Francisco Antônio Lisboa e o estudante José Antônio de Almeida, aluno de Silva Alvarenga. A existência entre os acusados de homens das camadas intermediárias, ligados a ofícios manuais, é um bom indício do espraiamento das conversas para além do circuito das elites letradas.

Os autos da devassa da Conjuração do Rio de Janeiro são ricos em registros dessa disseminação oral de informações e notícias. Além de relatarem ter visto diálogos ofensivos à fé católica e à instituição monárquica em casas particulares, muitas testemunhas alegaram ter presenciado murmurações com semelhante teor também em boticas, fundos de igrejas e outros locais de grande circulação de pessoas. Uma delas, Diogo Francisco Delgado, mencionou em seu depoimento ter ouvido do ourives José de Oliveira a notícia de que ele teria "escutado na praia de D. Manoel o professor de retórica [Silva Alvarenga], Francisco Coelho Solano e João da Silva Antunes discorrerem sobre a revolução da França, e afirmarem que 'as leis francesas eram justas e santas, e que a liberdade tinha sido dada por Deus aos homens'".

O temor em relação às ações de Silva Alvarenga cresceu após a localização de um documento, dentre seus pertences, contendo o que seriam os estatutos secretos da Sociedade Literária, escritos com sua letra. Em seu primeiro artigo, registrava-se que aos membros da academia caberia manter "a boa-fé, e o segredo, de modo que ninguém saiba do que se tratou na Sociedade". O segundo prescrevia que "não deve haver superioridade alguma nesta Sociedade, e será dirigida igualmente por modo democrático". Ao ser interrogado sobre o emprego do termo "democrático", Silva Alvarenga manifestou destemor ao conjecturar que, à época da concepção daqueles apontamentos, o termo "não causava o horror que hoje deve causar". E seguiu audaciosamente, argumentando que, "não havendo entre os sócios uma pessoa superior às outras [...], por serem todos iguais, não havia melhor modo para o seu regímen que o por ele lembrado no dito segundo apontamento".

As notícias sobre o que ocorria em outras partes do globo aportavam na cidade do Rio de Janeiro e por ela se disseminavam através da leitura de impressos, feita muitas vezes em voz alta. Em depoimento na devassa do Rio de Janeiro, o meirinho José Teixeira registrou ter assistido em várias ocasiões na botica de José Luís Mendes à entrada do bacharel Mariano José Pereira da Fonseca (1773-1848), "o qual trazia o correio da Europa e aí o lia, mostrando uma grande satisfação dos progressos que os franceses faziam, louvando-os de grandes homens e de grandes guerreiros". Além dos jornais, os livros também figuram nos autos da devassa como potenciais desestabilizadores da tradição. Numa postura ardilosa, Silva Alvarenga argumentou que, pela leitura do título da obra *Des droits et des devoirs du citoyen* (1789), do abade Mably (1709-85), encontrada em sua casa, "não julgara que podia conter doutrinas opostas aos governos monárquicos".

O martírio dos presos de 1794 teria fim somente em 1797. Compelido pela Coroa a decidir com agilidade o destino do grupo de encarcerados, o conde de Resende solicitou um parecer sobre o caso ao desembargador-chanceler Cruz e Silva (1731-99), o qual acabou por recomendar, com algumas ressalvas, que fossem postos em liberdade. Ainda assim, o temor da Corte portuguesa em relação às conversações de cunho político no Rio de Janeiro permaneceria latente. Tal receio pode ser percebido numa correspondência de 2 de julho de 1799, do secretário de Estado da Marinha e Ultramar d. Rodrigo de Sousa Coutinho (1755-1812), endereçada ao conde de Resende, na qual recomendava ao vice-rei que ficasse atento "muito escrupulosamente sobre a conduta de todos os empregados nessa Capitania e que vendo em qualquer deles, por grande que seja o seu merecimento, indícios de se achar contaminado de princípios jacobínicos, e revoltosos, dê logo conta [a Lisboa]".

Em que pese a movimentação dos letrados em torno da Sociedade Literária não ter, como os autos da devassa indicam, gerado um plano de sedição, transparece com clareza que os assuntos tratados nas reuniões da academia não se restringiram aos puramente científicos, e que em seu seio se desenvolveram discussões sobre a conjuntura política de outras porções do globo, da metrópole e, como não poderia deixar de ser, sobre o cenário político local. A leitura dos autos possibilita o mapeamento de várias manifestações de incômodo com o estatuto colonial ou, mais especificamente, com a rarefeita atenção concedida pela Coroa portuguesa aos anseios de membros das elites letradas que viviam na colônia.

A angústia vivenciada por esses homens de letras se encontra exemplificada numa passagem dos autos da devassa em que Silva Alvarenga é submetido à acareação frente a José Bernardo da Silveira Frade. A certa altura, o denunciante declara tê-lo visto, em conversas com outros homens em sua casa, dizer que gostaria de "ir fazer uma república de animais no rio de Tageaí". Confrontado com tal acusação, o professor de retórica não se esquiva do testemunho dado por Silveira Frade e pontua ser "verdade ter dito que tinha desejos de tirar uma sesmaria para os desertos do rio Tageaí, porque era melhor viver entre os bichos do que entre os homens maus".

O acesso a informações sobre a França pós-revolução e acerca da nova configuração política na América do Norte após a independência dos Estados Unidos — sua consolidação como uma República Federativa — levava os homens de letras da América portuguesa a ansiar por novos rumos para si. Interpretar, contudo, tais insatisfações como amostras de uma disposição para um rompimento definitivo com o domínio lusitano seria relacionar de forma precipitada tais descontentamentos com desejos de independência política, uma vez que tal perspectiva não estava clara naquele momento histórico. No entanto, é perceptível que o sistema político republicano — com suas noções de democracia, liberdade e igualdade — surgia no horizonte daqueles corações e mentes, boa parte delas moldadas pelos ideais de fidelidade à Coroa. Insatisfeitos com os resultados efetivos de sua integração ao Império português, esses letrados estabelecidos no Rio começariam a vislumbrar sua identidade imperial como algo que não se refletia em sua realidade cotidiana. A constatação por parte dos súditos coloniais de que era circunscrito o campo existente para que pudessem colaborar com suas luzes para o engrandecimento do Império gerava dissabores e, ao mesmo tempo, curiosidade em relação a regimes políticos que acenavam com oportunidades melhores para a realização de suas aspirações, conforme lhes prometia a República.

CONJURAÇÃO MINEIRA (1789) *Kenneth Maxwell*

ENTRE O FIM DE 1788 E O INÍCIO DO ANO SEGUINTE, OS INSURGENTES mineiros, compostos de renomados advogados e magistrados, homens de negócios de importância inter-regional, membros cultivados do clero, assim como oficiais das forças militares da capitania, incluindo o seu comandante, discutiam a forma de regime a se estabelecer assim que a revolução ocorresse.

Sabemos que os insurgentes mineiros planejaram a sua conjuração para o meio de fevereiro de 1789, de forma a coincidir com a imposição da draconiana "derrama", imposto que, desde 1751, visava garantir à Coroa portuguesa o quinto do ouro extraído em Minas Gerais. Era precisamente essa taxa que os rebeldes associavam àquelas também exigidas pela Coroa britânica aos habitantes de suas colônias na América do Norte.

O modelo de governo imaginado pelos mineiros foi o da República Constitucional, inspirado nas treze colônias inglesas recém-confederadas como "Os Estados Unidos da América". Sabemos também que possuíam e discutiam as interpretações francesas aos experimentos de um governo constitucional norte-americano, dentre as quais as do abade Mably (1709-85) e do abade Raynal (1713-96). E também que tiveram contato direto, no sul da França, com Thomas Jefferson (1743-1826), autor da Declaração de Independência dos Estados Unidos (1776).

Durante os três anos de investigações que se seguiram à denúncia do intentado motim e à prisão de muitos dos participantes da insurgência, os "americanos ingleses" foram mencionados mais de noventa vezes. As devassas contêm ao menos quinze referências à posse de livros relacionados aos tais "americanos ingleses". Um deles em particular chama a atenção: o *Récueil des loix constitutives des colonies angloises, confédérées sous la dénomination d'États-Unis de l'Amérique-Septentrionale*, publicado em Paris em 1778 por incentivo de Benjamin Franklin (1706-90). Duas cópias desse livro foram levadas a Minas em 1788, evidência de que os insurgentes possuíam os textos-chave da Revolução Americana.

Quais seriam as especificidades da República Constitucional que os mineiros buscavam estabelecer? José Joaquim Maia e Barbalho (1757-88) explicita para Thomas Jefferson, em Nîmes, que "se a revolução fosse um sucesso, um governo republicano centralizado provavelmente seria estabelecido".

Maia e Barbalho, em 1786, em sua primeira comunicação a Jefferson, faz uso do pseudônimo "Vendek". O que significaria tal codinome? E por que Jefferson, então enviado dos Estados Unidos à França, responderia à carta anônima de um estudante brasileiro da Universidade de Montpellier?

Parte da resposta nos leva às reformas educacionais empreendidas pelo marquês de Pombal (1699-1782). Sebastião José de Carvalho e Melo, antes de obter o título de marquês, foi embaixador de Portugal em Londres, no início dos anos 1740, quando também foi eleito membro da Royal Society e convidado a ingressar na loja maçônica londrina, o que fez em 1744.

Após a expulsão dos jesuítas do Brasil e de Portugal, em 1759, o futuro marquês fundou o Colégio dos Nobres em 1761, com um novo currículo, contendo ciência moderna e línguas estrangeiras, e empregando professores estrangeiros, mais proeminentemente o cientista natural italiano de renome internacional Domenico Vandelli (1735-1816), nascido em Pádua.

Fundada em 1770, a Junta de Providência Literária fazia a fiscalização das reformas educacionais, em particular a da Universidade de Coimbra, onde a aplicação prática de química, matemática, física e botânica no desenvolvimento da agricultura, indústria e comércio estava para ser encorajada pela patronagem dos ministros do governo.

A coleção de Vandelli foi transferida entre o fim de 1772 e o início do ano seguinte, para o deleite do bispo-reitor da universidade, Francisco de

Lemos (1735-1822), nascido no Rio de Janeiro. A construção de um museu se deu em 1775, e Vandelli, segundo Lemos em seus relatórios para Pombal, "vai continuando com suas lições de história natural, fazendo frequentes ostentações [demonstrações] no museu". Incorporada à coleção de Vandelli estava a do coronel Joseph Rollen van Deck (?-1773), que foi membro da expedição hispano-portuguesa de demarcação das fronteiras do Amazonas em 1750. Ele doou a sua coleção para a Universidade de Coimbra, formando um conjunto com a de Vandelli. Van Deck correspondeu-se com Joseph Banks durante e depois da sua estada em Lisboa em 1766.

Maia e Barbalho trabalhou para Vandelli em Coimbra, onde se matriculou em 1783, o mesmo ano em que José Bonifácio de Andrada e Silva (1763-1838) ingressou na instituição. Em seguida, em 1786, Maia e Barbalho foi para a França estudar na Universidade de Montpellier.

Thomas Jefferson também era um grande entusiasta de história natural, e a conexão com Maia e Barbalho foi feita por Joseph-Marie-Joachim Vigarous (1759-1828), um professor na Escola Real de Cirurgia de Montpellier com conexões em Paris e maçom. O nome Van Deck e o codinome Vendek seriam reconhecidos pela comunidade científica internacional. Talvez seja essa a origem do uso do codinome Vendek por Maia e Barbalho em correspondência com Jefferson. Curiosamente, o historiador Ernesto Ennes, em sua análise sobre o encontro de Maia e Barbalho com Jefferson no anuário de 1952 do Museu da Inconfidência, se refere a Vendek como Van Deck.

José Álvares Maciel (1760-1804), filho de um abastado comerciante mineiro, dono de terras e contratador, foi contemporâneo de Maia e Barbalho na Universidade de Coimbra. Depois da graduação viajou para a Inglaterra, onde ficou por um ano e meio para estudar técnicas industriais. Em Birmingham, na época o centro de inovação e empreendedorismo e berço da Revolução Industrial inglesa, comprou um exemplar do *Récueil*. Maciel, durante a sua temporada britânica, também esteve na Cornualha, lugar onde o inventor da máquina a vapor James Watt (1736-1819) e Matthew Boulton (1728-1809) forneceram suas máquinas mais avançadas para bombear água das minas de estanho.

Maia e Barbalho sofria de tuberculose e acabou por morrer em Lisboa antes que pudesse retornar ao Brasil. Os comentários de Jefferson a Maia e Barbalho, que desejava ser o "Franklin do Brasil", chegaram em Minas via Domingos Vidal Barbosa (1761-93), estudante de medicina na Universidade de Bordeaux, um proprietário de terras em Juiz de Fora, na estrada entre a capital Rio de Janeiro e Vila Rica, e um entusiasta propagandista dos textos do abade Raynal, a quem citava frequentemente de cor. Álvares Maciel já havia conhecido Vidal Barbosa em Portugal, quando retornou da Inglaterra. Álvares Maciel se tornou tutor dos filhos do visconde de Barbacena depois de voltar da Europa.

Nossa história também nos leva a Bordeaux. Para os comerciantes cariocas com horizonte expandido, Bordeaux era um destino essencial. Em 1789, os franceses receberam números recordes de reexportações brasileiras. E a Universidade de Bordeaux também recebeu os estudantes educados em Coimbra. Nos autos da devassa há evidências de que comerciantes do Rio de Janeiro incentivaram Maia e Barbalho a entrar em contato com Jefferson. Nós agora sabemos quem são esses comerciantes graças ao trabalho de pesquisa do professor Adelto Gonçalves.

Um dos comerciantes do Rio que fascinou Maia e Barbalho parece ter sido Eleutério José Delfim, filho de Antônio Delfim Silva, um empreiteiro envolvido com obras públicas no Rio de Janeiro e traficante de escravos em Moçambique. Em julho de 1788, ele foi para Lisboa, onde se hospedou na casa de Joaquim Pereira de Almeida, na rua Augusta da Baixa Pombalina. Rumou depois para Montpellier, onde ingressou na universidade e ofereceu a Maia e Barbalho as credenciais maçônicas para facilitar o contato com Jefferson. Tudo isso um ano depois do primeiro contato entre Maia e Barbalho e Jefferson. A família Delfim era fortemente relacionada ao tráfico de escravos de Moçambique ao Rio de Janeiro. O tráfico de Angola, Benguela, Moçambique e Quelimane, controlado e financiado pelos homens de negócios cariocas, era um dos empreendimentos mais lucrativos no Rio. Em 1792, 3255 escravos vindos da África adentraram o Rio de Janeiro. Em 1794, 11 679 entraram na capital brasileira e 1135 morreram na viagem pelo Atlântico. O governo em Lisboa estava de fato preocupado com esse quase monopólio carioca: junto com o governador de São Paulo, Bernardo de Lorena (1756-1818), incentivou o tráfico de escravos de Angola direto para Santos.

O mais importante documento publicado no *Récueil* era a Declaração de Independência, que listava os motivos para ação do Congresso Continental. A Declaração era a justificativa de determinação das colônias do Império britânico, para se tornarem Estados independentes e serem reconhecidas como iguais diante dos poderes da Terra. É assertiva quanto a "certos direitos inalienáveis, dentre eles, a vida, a liberdade e a busca da felicidade". Listava os "abusos e [as] usurpações" do rei George III. Como "Estados livres e independentes", teriam direito a "declarar guerra, acordar paz, fazer alianças, estabelecer comércio e todas as outras coisas e ações que Estados independentes podem de direito fazer".

O quarto documento no *Récueil* traz o diploma de doutorado honorário de George Washington (1732-99), comandante do Exército Continental, pela Universidade Harvard, no dia 3 de abril de 1776. A publicação celebrava a queda de Boston pelas forças de Washington e o retorno dos estudantes à faculdade e aos seus edifícios. No *Récueil* vemos reproduzido inteiramente o documento do doutorado, que valorizava o fato de Washington estar em defesa da "República" e exaltava a salvação do país dos perigos que o ameaçavam.

O doutorado honorário de Washington é seguido por seis Constituições de estados. Em alguns casos, a declaração dos direitos de cada estado está presente nos primeiros artigos; em outros, numa declaração separada. A Constituição da Pensilvânia, após o preâmbulo, começa declarando os direitos dos habitantes da "República da Pensilvânia". "Todos os homens nascem igualmente livres e independentes e têm direitos naturais, essenciais e inalienáveis; [...] de adquirir propriedade e de possuí-la [...] e de buscar e obter a sua felicidade e segurança."

Como os norte-americanos, os conspiradores mineiros visavam eleger oficiais: "Que os três primeiros anos sirvam os eleitos, e em seguida viriam ano após ano as eleições". Cada cidade teria o seu Conselho ou Parlamento e mandaria seus representantes para a capital. Uma universidade seria fundada em Vila Rica. Os distritos exploradores de diamante em Minas Gerais seriam libertos dos controles draconianos sobre os diamantes. Seriam incentivadas as manufaturas de minério de ferro e de pólvora. A alforria seria garantida aos escravos nativos e aos mulatos. Os párocos poderiam cobrar os dízimos, 10%, na condição de que fossem utilizados para manter professores, hospitais e instituições de caridade. Todas as mulheres que tivessem certo número de filhos deveriam receber um prêmio à custa do Estado. Não haveria Exército regular; em vez disso, todos os cidadãos deveriam usar armas quando necessário para servir na milícia nacional. Não se tolerariam discriminações ou restrições em matéria de vestuário, e os líderes locais seriam obrigados a usar produtos fabricados localmente. Todas as dívidas com o Tesouro real seriam perdoadas.

José Álvares Maciel (1760-1804), Tomás Antônio Gonzaga (1744-1810) e Cláudio Manuel da Costa (1729-89) eram claramente membros da elite mineira da época. Tiradentes, não. A historiografia, nesse caso, se concentrou, porém, no sentido de privilegiar a elite. Mas isso ocorreu justamente porque os conjurados mineiros eram bastante importantes historicamente. Tiradentes não lia francês; era o propagandista do movimento, o ativista, o militar encarregado dos mais violentos atos previstos pelos conjurados. É preciso reconhecer que os mais sábios dos insurgentes mineiros eram magistrados, advogados e homens de grande trato nos negócios. Era esse o seu poder, mas também a sua fraqueza.

É por isso que as anotações que sobraram e a cópia do *Récueil* são tão significativas. A cópia do *Récueil*, o chamado "Livro de Tiradentes" no arquivo do Museu da Inconfidência em Ouro Preto, tinha vários apontamentos. Alguns a tinta, outros a lápis. As observações, especificamente as escritas a tinta, parecem ter sido feitas por Gonzaga antes de o livro ser confiscado por Barbacena e são muito reveladoras. Nos artigos da confederação é estabelecido o processo de nominação de cada estado; que cada estado deve ter um voto; que o Congresso Continental tem o direito exclusivo de decidir sobre a paz e a guerra e na organização do Conselho de Estado. A confederação também determina a composição de um Conselho de Estado, o estabelecimento de uma nova forma de governo, com detalhes dos procedimentos navais que capturaram as velas britânicas e os processos judiciais conseguintes. Há uma nota de rodapé sobre a escravidão e a definição de homens livres; outra nota versa sobre a liberdade religiosa. Há a definição do governo como um direito do povo, não de indivíduos, e o direito de ser julgado por um júri. Estabelece que todo homem livre aos 21 anos de idade que tiver quitado seus impostos tem o direito de votar. Determina a organização da Suprema Corte do Estado, a composição da Suprema Corte e do Poder Executivo e que nenhum membro do conselho pode ser membro da Assembleia Geral. Define os poderes do Supremo Tribunal nos casos civis e criminais, que podem ser decididos por júri, para evitar suborno. Estabelece as eleições por meio de sufrágios livres e voluntários. Indica que a imprensa será livre para todos que solicitarem examinar os autos do corpo legislativo ou outro ramo do governo. Além disso, estipula que as leis penais deveriam ser reformadas com a maior agilidade possível; que estrangeiros podiam ser donos de propriedades se jurassem fidelidade ao Estado e fossem residentes por um ano. Prescreve a criação de vários colégios em cada condado para a instrução da juventude, sendo que os professores teriam vencimentos que lhes seriam pagos pelo Tesouro público. Decreta que todos os ramos dos conhecimentos úteis seriam acolhidos e encorajados em uma ou em várias universidades. Por outro lado, para que a liberdade da

República pudesse se conservar permanentemente intacta, os candidatos seriam escolhidos por meio de sufrágio e formariam juntos um conselho de censores. Militares deveriam ser subordinados à autoridade civil e governados por ela. Por fim, determina que a independência e a integridade dos juízes seriam essenciais para a administração imparcial de justiça.

Assim, conseguimos ver aqui o que uma República Constitucional mineira em 1789 poderia ter sido: uma República imaginada, mas perdida no fim do dia. Gonzaga era considerado o chefe dos conjurados — "o mais capaz de dirigi-la, e de se encarregar do estabelecimento da nova República", como eles haviam dito. Não é de surpreender que Gonzaga seria capaz de assumir esse papel, e que ele conseguiria contra-argumentar seus interrogadores. Era, afinal, um advogado talentoso, um ouvidor, e teria sido até nomeado desembargador. O outro era Cláudio Manuel da Costa, que morreu em circunstâncias bem suspeitas quando prisioneiro na casa de João Rodrigues de Macedo. As historiadoras Júnia Furtado e Heloisa Starling chamaram essa agremiação de uma "sociedade de pensamento": Tomás Antônio Gonzaga, grande ouvidor de Vila Rica, principal cargo judiciário da capitania; Cláudio Manuel da Costa, advogado e secretário de ex-governadores; Francisco de Paula Freire de Andrade, militar de alta patente e comandante do regimento de cavalaria de Minas; Inácio José de Alvarenga Peixoto, ex-ouvidor do Rio das Mortes; José Álvares Maciel; padre José Oliveira Rolim; além do grande contratador João Rodrigues de Macedo.

Durante o período de independência do Brasil, José de Sá Bitencourt (1797-1861), futuro presidente da província de Sergipe, escreveu de Sabará em 1821 a José Bonifácio de Andrada e Silva, então secretário do Reino e das Relações Exteriores, com um exemplar de sua *Memória mineralógica do terreno mineiro da comarca de Sabará*: "Nem sempre os acontecimentos filosóficos, neste país, haviam de ser criminosos, nem sempre os amantes da razão e da verdade sufocariam em seu seio sentimentos úteis e liberais. [...] é agora, senhor, que sinto o tempo perdido".

José de Sá Bitencourt foi contemporâneo de Álvares Maciel em Coimbra. Regressou a Caeté, onde formou um laboratório que produzia ferro, o qual mandava para Portugal. O seu irmão foi companheiro de José Bonifácio em sua viagem científica pela Europa depois de 1790. Já José de Sá fugiu de Minas Gerais para a Bahia durante o aprisionamento dos insurgentes mineiros de 1789.

Em 21 de setembro de 1821, a primeira junta do governo provincial de Minas Gerais ordenou que: "Fosse sem demora demolido o padrão de infâmia que se erguera em Vila Rica, no ano de 1792, à memória de Tiradentes, em virtude da bárbara sentença que condenou o grande herói e mártir mineiro — sentença que é o verdadeiro 'padrão de infâmia', e esse eterno na história, mas para os que a lavraram e para as leis e governo execráveis do tempo". Nas Minas Gerais brasileiras, aqueles que conspiraram para destituir o poder português imaginaram uma República Constitucional. Foram influenciados pelas constituições norte-americanas, forjadas no calor da rebelião — em particular pela Constituição da República da Pensilvânia e pelo que se via nela no *Récueil*: a mais radical das Constituições dos estados norte-americanos. De fato, tão radical que logo foi revisada. É irônico pensar que o modelo foi suprimido enquanto os mineiros eram denunciados, aprisionados e exilados, e Tiradentes, executado. Mas o livro mais subversivo nunca fora mencionado na sentença, e com uma boa razão. Uma República Constitucional imaginada e perdida, em 1789, pelos insurgentes de Minas Gerais.

CONSTITUIÇÕES BRASILEIRAS (1891 E 1934)

Oscar Vilhena

EM 24 DE FEVEREIRO DE 1891 FOI PROMULGADA, EM NOME DO "Povo Brasileiro", mas sem a sua participação, a primeira Constituição da República. A Constituição de 1891 estabeleceu que o Brasil seria uma República Federativa, com um sistema de governo presidencialista e um Parlamento bicameral; adotou uma carta de direitos de natureza estritamente liberal e conferiu ao Supremo Tribunal Federal o poder de controlar a constitucionalidade das leis. Era um contraponto à Constituição de 1824, que estabelecia o Brasil como uma monarquia parlamentar, dotada de um Poder Moderador, exercido pelo imperador e que se sobrepunha aos demais poderes, senadores vitalícios, Conselho de Estado, privilégios nobiliárquicos e, sobretudo, altamente centralizada.

O fato de a monarquia ter sido derrubada por um golpe militar não afastou a existência de inúmeros fatores que comprometiam a sobrevivência de um Estado centralizado e imperial e que contribuíam para a formação de uma República Federativa. De acordo com Afonso Arinos de Melo Franco (1905-90), a crise do Império e o novo pacto constitucional foram consequências de diversos fatores, entre os quais se destacam: a ruptura da aristocracia rural com a monarquia, em face da abolição da escravidão (1888); o fortalecimento do papel político do Exército após a Guerra do Paraguai (1864-70); e, por fim, a expansão das aspirações federalistas por parte das oligarquias regionais que, a partir de 1870, vão se alinhar com as forças republicanas liberais.

Em 3 de dezembro de 1889, o governo provisório, por meio do decreto nº 29, nomeou uma comissão especial para elaborar um "projeto de Constituição dos Estados Unidos do Brasil". A data escolhida para a publicação do decreto coincidiu com a do lançamento do "Manifesto republicano", de 1870. Entre os cinco membros da comissão, dois haviam sido signatários do "Manifesto" e três eram considerados republicanos históricos. O projeto foi submetido à revisão final de Rui Barbosa (1849-1923), então ministro da Fazenda, e posteriormente encaminhado à Assembleia Constituinte, convocada em 22 de junho de 1890, pelo governo provisório.

Embora o governo provisório, constituído pelo Exército e pela Armada, tenha adotado uma série de medidas liberalizantes, como a abolição do voto censitário, e manifestado a aspiração de "entregar no mais breve prazo possível à Nação o governo de si mesma", apenas um grupo reduzido de cidadãos foi autorizado a participar da eleição para a Constituinte. Como salienta José Murilo de Carvalho, a República não alterou o quadro de exclusão da cidadania herdada do Império: "na primeira eleição popular para a presidência da República, em 1894, votaram 2,2% da população".

Um ano após a proclamação da República, Câmara e Senado se fundem em Congresso Constituinte. A Constituinte era composta de 205 deputados, representando proporcionalmente a população dos estados, e 63 senadores, sendo três de cada unidade da federação. Eram todos homens, a maioria oriunda de profissões liberais, em especial bacharéis. Também foram eleitos 46 militares, assegurando uma forte representação do estamento armado na Constituinte. O "Povo Brasileiro", em nome do qual seria elaborada a nova Constituição, não teve qualquer participação no processo. Não há notícia de representantes de artesãos, operários, camponeses, mulheres, indígenas e, muito menos, de antigos escravos.

Os republicanos liberais, que desde meados do século XIX lutavam pela substituição da monarquia centralizada por uma República Federativa, seguindo o modelo norte-americano, compunham a maioria do Congresso Constituinte. O grupo dos chamados republicanos radicais, adeptos do positivismo científico de Auguste Comte (1798-1857), era formado, sobretudo, por militares mais jovens. Muitos aspiravam à instalação de uma ditadura republicana. O capitão-tenente Nelson de Vasconcelos e Almeida (1862-1938), futuro deputado constituinte, em cerimônia de homenagem ao ministro Demétrio Ribeiro (1855-1931), presidida por Benjamin Constant (1837-91), em 11 de dezembro de 1889, propunha que, "para termos uma República estável, feliz e próspera, é necessário que o governo seja ditatorial e não parlamentar, que seja temporal e não espiritual".

Rui Barbosa, figura mais influente do campo liberal, compreendia os riscos que as correntes radicais e os arroubos autoritários do marechal Deodoro da Fonseca (1827-92) impunham à Constituinte e à própria institucionalização da República. Ao se dirigir à Assembleia no momento de sua instalação, em 15 de novembro de 1890, transmitiu aos deputados e senadores a urgência na aprovação da nova Constituição: "O interesse supremo da pátria, agora, não está em conquistar [...] uma Constituição irrepreensível, virginalmente pura, idealmente ilibada [...] mas em dar, imediatamente, ao País uma Constituição sensata, sólida e praticável, política nos seus próprios defeitos [...]. Nossa primeira ambição deve consistir em entrar já na legalidade definitiva, sem nos deixarmos transviar".

A fragmentação dos positivistas, inclusive entre aqueles que pertenciam ao círculo militar, combinada com a cooptação de votos levada a cabo pelos moderados, em associação com membros do governo provisório, permitiu a eleição de Prudente de Morais (1841-1902), representante da oligarquia do café, para presidir a Assembleia. A maior disputa entre os constituintes deu-se em torno do grau de descentralização que a nova federação deveria assumir, especialmente no que se referia à "distribuição das rendas" e à alocação de competências legislativas. De um lado, postou-se a facção dos "radicais", liderada por Júlio de Castilhos (1860-1903), caudilho gaúcho e adepto do positivismo, apoiado por alguns oligarcas regionais, como Epitácio Pessoa (1865-1942). Do lado dos "moderados", também denominados "unionistas", figuravam Amaro Cavalcanti (1849-1922), Ubaldino do Amaral (1842-1920) e o próprio Rui Barbosa, a partir do Ministério da Fazenda.

Os "unionistas" triunfaram sobre os federalistas "radicais", com o apoio do governo provisório, sobretudo no que se refere à distribuição de competências legislativas. A União, embora tenha levado a melhor em relação à distribuição das receitas tributárias, cedeu aos estados o direito de cobrar impostos sobre suas exportações, o que contribuiu para consolidar o poder de São Paulo e Minas Gerais, que tinham na exportação do café sua principal atividade econômica. A União também recebeu uma série de atribuições legislativas, no campo do comércio e da moeda. Ao Congresso Nacional coube ainda a competência para legislar privativamente sobre temas relevantes como "direito civil, comercial e criminal" (artigo 34), diferentemente do modelo norte-americano, em que essas competências ficaram com os estados.

Quanto à organização dos poderes, a Constituição de 1891 basicamente transplantou o modelo do presidencialismo norte-americano. Embora alguns simpatizantes do antigo regime, presentes na Assembleia, tenham defendido a superioridade do regime parlamentar, temendo o caudilhismo reinante no presidencialismo latino-americano, prevaleceu a percepção de que havia uma incompatibilidade entre o parlamentarismo e o federalismo, que era o principal objetivo.

De acordo com a nova Constituição, o presidente acumularia as funções de chefe de Estado e chefe de governo. Sua eleição, assim como a do vice-presidente, deveria se dar por "sufrágio direto da Nação e maioria absoluta de votos" (artigo 47). Se nenhum candidato obtivesse a maioria absoluta, a eleição seria resolvida pela maioria simples do Congresso. Como chefe de Estado, o presidente comandaria as forças de terra e mar, manteria relações com Estados estrangeiros, poderia declarar guerra e estado de sítio — o que teve um papel central na consolidação do poder presidencial na República Velha. Como chefe de governo, o presidente nomearia ministros que o auxiliariam na condução da administração federal, dependendo apenas de sua confiança (artigo 49), além de sancionar ou vetar leis, expedir decretos, prover cargos ou nomear juízes federais e ministros do Supremo Tribunal Federal.

O Poder Legislativo federal, por sua vez, era composto de duas casas: Câmara e Senado. À Câmara ascenderiam deputados eleitos pelo voto dos cidadãos, em número proporcional aos habitantes de cada estado, para um mandato de três anos. Cada estado também elegeria, por sufrágio direto, três senadores, para um mandato de nove anos. O Congresso Nacional exerceria a função típica de legislar, com a concorrência do Executivo, cabendo ao presidente sancionar ou vetar os projetos de lei aprovados pelo Parlamento. Poderia, ainda, emendar a Constituição, desde que obtivesse a maioria de dois terços, em cada uma das Casas. Ao Legislativo também foram atribuídas, seguindo o modelo de freios e contrapesos formulado pelo principal arquiteto da Constituição dos Estados Unidos, James Madison (1751-1836), uma série de outras funções, como aprovar o orçamento, aprovar empréstimos, autorizar guerra, ratificar a escolha de ministros do Supremo Tribunal Federal, aprovar a declaração de estado de sítio e, por fim, processar e julgar o presidente e os ministros do Supremo Tribunal Federal por crimes de responsabilidade que atentassem contra a existência da União, da Constituição, da forma de governo, do livre exercício dos poderes políticos, do gozo e exercício dos direitos políticos ou individuais, da segurança interna do país, da probidade da administração e das leis orçamentárias aprovadas pelo Congresso (artigo 54).

A Constituição de 1891 reconheceu a estrutura dualista do Poder Judiciário estabelecida pelo governo provisório. De um lado, o Judiciário Federal, encabeçado pelo Supremo Tribunal Federal. De outro, o Judiciário dos estados. O Supremo seria composto de quinze membros, nomeados pelo presidente da República, com a ratificação do Senado Federal. O presidente da República escolheria um dos ministros para exercer a função de procurador-geral da República. Ao Supremo caberia um conjunto conciso de competências originárias, que incluía julgar o presidente da República nos crimes comuns; decidir conflitos entre União e estados; e resolver litígios entre nações estrangeiras e a União ou entre os estados. Em grau de recurso, caberia ao Supremo rever as decisões das Justiças estaduais e federal. A principal inovação da Constituição de 1891, nesse campo, foi conferir ao Supremo Tribunal Federal o poder de controlar a constitucionalidade de leis e atos federais e estaduais em face da Constituição (artigo 59). Como diria João Mangabeira (1880-1964) em seu livro *Em torno da Constituição*, ao Supremo foi conferido um "tremendo poder". A ideia de estabelecer no Brasil um Tribunal Supremo, nos moldes da Suprema Corte norte-americana, e "transferir para ele as atribuições do Poder Moderador" já era aventada pelo próprio imperador, nos últimos dias da monarquia.

Ainda no que diz respeito à estruturação dos poderes "reais" da República, cabe uma nota especial sobre o papel atribuído aos militares. De acordo com o artigo 14 da Constituição, "as forças de terra e mar são instituições nacionais permanentes, destinadas à defesa da Pátria no exterior e à manutenção das leis no interior. A força armada é essencialmente obediente, dentro dos limites da lei, aos seus superiores hierárquicos, e obrigada a sustentar as instituições constitucionais". Com essa redação, o pacto oligárquico estabelecido pela Constituição de 1891 conferia aos militares um verdadeiro poder de tutela sobre as instituições republicanas, vindo a ocupar, de acordo com Alfred Stepan (1936-2017) no seu livro *Os militares na política*, um efetivo papel moderador que havia sido projetado para o Supremo Tribunal Federal.

A Constituição de 1891 estabeleceu, por fim, uma carta de direitos de natureza estritamente liberal. A cidadania foi estendida não apenas aos nascidos em solo brasileiro ou a filhos de brasileiros nascidos no exterior, mas também a todo estrangeiro que aqui estivesse e desejasse permanecer (artigo 69), sendo, segundo o artigo 70, o voto franqueado aos maiores de 21 anos, excluindo mendigos, analfabetos, praças e religiosos. A Constituição nada falou sobre as mulheres, que foram excluídas pela lei eleitoral.

Embora tenha sido o fim do voto censitário, o sistema permaneceu excludente. De acordo com José Murilo de Carvalho (1939-), na eleição presidencial, em 1930, "votaram no Brasil 5,6% da população". Cumpre destacar que a primeira Constituição da República, promulgada apenas três anos após o fim do sistema escravocrata, não fazia qualquer referência à questão racial ou mesmo à questão indígena.

Embora a Constituição de 1891 tenha sido, até o momento, a mais longeva das constituições republicanas, sua trajetória foi bastante acidentada. Dois fatores comprometeram profundamente a sua eficácia. O primeiro deles foi a utilização sistemática do estado de sítio. De acordo com o artigo 80 da Constituição, com a declaração do estado de sítio, poderiam ser suspensas "as garantias constitucionais por tempo determinado, quando a segurança da República o exigir". Após a ditadura provisória de Deodoro da Fonseca, que governou o país entre 15 de novembro de 1889 e 23 de novembro de 1891, apenas dois presidentes não fizeram emprego desse expediente com o objetivo de sufocar levantes sociais, como a Revolta da Vacina (1904) e Canudos (1897), ou de aplacar eventuais opositores.

O segundo fator que comprometeu a efetividade da Constituição de 1891 foi a natureza excludente e corrompida do sistema eleitoral. Não apenas a Constituição estabeleceu diversas barreiras para o exercício da cidadania política, como todo o processo eleitoral, desde o alistamento dos eleitores, por meio dos "currais eleitorais", das próprias eleições "sob bico de pena", além das "degolas" de eventuais opositores eleitos, foi comprometido ao longo do período. Como demonstrou Victor Nunes Leal (1914-85) em seu clássico *Coronelismo, enxada e voto* (1949), os poucos eleitores existentes eram aliciados e seu votos fraudados pelos chefes políticos locais, ligados aos "coronéis", que carreavam votos às oligarquias estaduais. A partir dessas estruturas de poder, o sistema federativo idealizado pela Constituição foi capturado pela "política dos governadores", acordo político que permitiu a perpetuação do poder das oligarquias estaduais durante a Primeira República.

A Constituição de 1891 não foi capaz de reverter a natureza patrimonialista, oligárquica e arbitrária da cultura e da prática política brasileira. Como ironizou o conservador Oliveira Viana (1883-1951), o idealismo de

Rui Barbosa, principal arquiteto da nova ordem, esperava que fosse possível transformar nossos "clãs paternalistas" em partidos políticos, e o "povo-massa" em cidadãos, por intermédio da adoção de uma Constituição à americana. A realidade, no entanto, não se dobrou à lei. Da mesma forma, as elites marginalizadas pela política do café com leite não se curvaram às eleições de 1930, insurgindo-se contra a oligarquia paulista e colocando fim à primeira Constituição da República.

Getúlio Vargas (1882-1954), candidato derrotado à eleição presidencial, liderou desde o Rio Grande do Sul um levante contra o governo central, que culminou com a deposição do presidente Washington Luís (1869-1957) por uma junta militar. Getúlio Vargas assumiu o governo em 3 de novembro de 1930, com amplos poderes, que lhe foram concedidos pelo decreto nº 19 398, de 11 de novembro, decreto esse que tinha a natureza de uma verdadeira Constituição provisória. Getúlio Vargas passa a acumular tanto as funções executivas como as do Poder Legislativo, que foi dissolvido, em todos os âmbitos da federação. Também foram suspensos os direitos e as garantias constitucionais, além de excluídos da apreciação do Judiciário os atos patrocinados pelo governo provisório ou por seus interventores nos estados.

Embora gozando de poderes ditatoriais, Getúlio Vargas convocou, para 3 de maio de 1933, eleição para uma nova Assembleia Constituinte, nomeando uma comissão responsável pela elaboração de um projeto de Constituição. Esse movimento do governo provisório não foi suficiente, porém, para conter o levante dos paulistas, que se iniciou em 9 de julho de 1932, reivindicando a pronta reconstitucionalização do país. O conflito terminou com a rendição das tropas constitucionalistas em 2 outubro de 1932. Menos de um mês após a rendição, reuniu-se no Palácio do Itamaraty uma subcomissão presidida por Afrânio de Melo Franco (1870-1943), com a proposta de um novo anteprojeto de Constituição para o Brasil. Embora composta apenas de políticos alinhados com o movimento de 1930, tinha, da perspectiva ideológica, uma formação plural, incluindo representantes do pensamento conservador e autoritário, como Oliveira Viana, Osvaldo Aranha (1894-1960) e Góis Monteiro (1889-1956), mas também simpatizantes do socialismo democrático, como João Mangabeira, passando por figuras mais moderadas da política brasileira, como Antônio Carlos de Andrada (1870-1946) e Prudente de Morais Filho (1874-1943).

Os trabalhos na subcomissão foram marcados pela tentativa de corrigir diversas deficiências apresentadas pelo modelo de 1891, mas também pela ambição de incorporar novas orientações da doutrina constitucional que vinham do continente europeu. Em grande parte da Europa, o constitucionalismo liberal estava sendo colocado em xeque. A Constituição de Weimar, de 1919, de orientação social-democrática, assim como a Constituição republicana da Espanha, de 1931, exerceram forte impacto sobre os membros da subcomissão; o que não significa que o corporativismo e mesmo o fascismo não tenham influenciado os mais conservadores. Se nossa elite política e jurídica foi buscar inspiração na França da Restauração para elaborar a Constituição de 1824, e no federalismo liberal norte-americano para elaborar a Constituição de 1891, agora o modelo era a social Constituição de Weimar de 1919.

O texto final do anteprojeto foi encaminhado diretamente ao governo provisório que, sem qualquer alteração, o repassou à Assembleia Constituinte. A reunião inaugural ocorreu em 15 de novembro de 1933. Pela primeira vez as mulheres tiveram o direito de votar, conforme o novo Código Eleitoral decretado por Vargas em fevereiro de 1932. Analfabetos e mendigos continuavam excluídos da cidadania política. Estima-se que a participação eleitoral não superou 10% da população. Apenas uma mulher, a médica paulista Carlota Pereira de Queirós (1892-1982), foi eleita constituinte em 1933. Mais uma vez, tivemos um projeto de Constituição elaborado por uma comissão de notáveis, a ser analisado por representantes eleitos por um grupo limitado de eleitores. A novidade foram os representantes classistas. Além dos 214 representantes eleitos pelo voto popular, quarenta representantes das "classes laborais" tomaram parte no processo constituinte: dezoito empregados, dezessete empregadores, três profissionais liberais e dois funcionários públicos. A Assembleia Constituinte iniciada em 1933 marcou uma mudança substantiva no modo como as disputas políticas se organizariam no Parlamento. As bancadas não mais se estruturariam a partir dos estados, como em 1891, mas sim levando em consideração as correntes de opinião e os partidos políticos em formação. Importante destacar que, pela primeira vez, o pensamento de esquerda se fez representar de forma mais organizada no Parlamento, por intermédio da categoria dos trabalhadores e do Partido Socialista de São Paulo. Os integralistas, versão brasileira dos fascistas, também estavam presentes no processo constituinte.

A Constituição foi promulgada em 16 de julho de 1934. Sua estrutura política reafirma o presidencialismo federalista, estabelecido em 1891. Por um lado, pode-se notar uma maior concentração de poderes no âmbito federal, como contraposição ao federalismo oligárquico do regime anterior. A Assembleia, no entanto, surpreende ao estabelecer mais limitações ao poder do presidente, o que decerto não atendeu às expectativas de Vargas, especialmente ao impedir, por intermédio do artigo 52, a reeleição presidencial senão quatro anos depois de cessada a sua função. A Constituinte também inovou ao criar uma assimetria entre o papel da Câmara dos Deputados, que assumiu as principais funções legislativas da União, e o Senado, que passou a ter um papel predominante na coordenação dos assuntos federais. A Constituição de 1934 manteve a representação classista para o Parlamento, com pequenas alterações em relação ao projeto original, eliminando, por exemplo, a representação dos empregadores. O Supremo Tribunal Federal teve ampliada a sua capacidade de controlar a constitucionalidade das leis, principalmente das leis e atos estaduais, de forma a reduzir a necessidade de constante intervenção da União nos estados, verificada na Primeira República.

Os direitos de matiz liberal foram mantidos. Há, porém, mudanças significativas, que não podem ser negligenciadas. A igualdade deixa de ser um preceito meramente formal. De acordo com o novo texto constitucional, não seriam toleradas as distinções com base no nascimento, sexo, raça, classe social ou crenças políticas ou religiosas. O direito à propriedade, antes ilimitado, passa a não poder mais ser exercido contra os interesses sociais ou coletivos. Ainda no campo das garantias individuais, a Constituição reconhece o direito à assistência judiciária para os necessitados e estabelece o mandado de segurança, inspirado no recurso de amparo mexicano, voltado a proteger direitos não abrigados pelo habeas corpus.

A grande inovação do texto de 1934 foi, todavia, a constitucionalização de aspirações de natureza social e a regulação de questões econômicas. Ao Estado são impostas uma série de responsabilidades de intervenção e regulação da economia, com o objetivo de assegurar o interesse nacional, assim como a existência digna dos indivíduos. A matriz do liberalismo econômico de 1891 é abandonada. O Estado é autorizado a nacionalizar e a monopolizar diversas atividades. Também foi assegurada exclusividade aos nacionais e às suas empresas para o desenvolvimento de determinadas atividades, como a mineração, a produção da energia elétrica ou o jornalismo.

A Constituição de 1934 assegurou no campo social a pluralidade e a liberdade sindical e transferiu ao legislador a responsabilidade de melhorar as condições de vida dos trabalhadores, garantindo, entre outros direitos, a proteção do salário mínimo, a jornada diária de oito horas, o repouso semanal, o direito a férias remuneradas, a indenização por dispensa sem justa causa e a assistência médica ao trabalhador e à gestante, além de criar a Justiça do Trabalho, com o objetivo de dirimir conflitos entre empregados e empregadores.

A Constituição de 1934 criou ainda obrigações ao Estado quanto à educação, à saúde dos necessitados, à proteção das famílias de prole numerosa e mesmo de grupos vulneráveis, como a juventude, que seria protegida contra qualquer forma de exploração ou abandono. A educação foi o direito social que recebeu o tratamento mais cuidadoso; passou a ser um direito de todos os brasileiros, inclusive de adultos. Seu objetivo era favorecer a brasilidade, a solidariedade e o desenvolvimento moral e econômico da nação, devendo o ensino primário ser integral e gratuito. Foi assegurada a liberdade de cátedra e, por fim, a União e os estados deveriam reservar fundos para a educação. Embora o texto de 1934 expressasse uma política indígena assimilacionista, determinava que as terras dos "silvícolas" deveriam ser respeitadas.

A Constituição de 1934 teve uma vida bastante curta. Vargas jamais se conformou aos limites que lhe foram impostos pelo texto. As aspirações sociais abrigadas pela Constituição também se demonstraram de difícil realização, conforme argumentou Karl Loewenstein (1891-1973), um dos mais importantes constitucionalistas do século XX, que dedicou uma instigante obra a esse período da história brasileira. A Constituição de 1934 não escapou do crescente processo de polarização e radicalização da política brasileira que, em certa medida, estava em sintonia com os conflitos ocorridos em países como Alemanha e Itália. Embora grupos comunistas, anarquistas e socialistas já existissem antes de 1934, foi apenas após o reconhecimento constitucional de uma ampla liberdade de associação e manifestação política que esses grupos passaram a se organizar em partidos políticos formais, como a Aliança Nacional Libertadora, ligada à Terceira Internacional, que teve como seu principal líder Luís Carlos Prestes (1898-1990). Em posição diametralmente oposta estavam os integralistas, sob a liderança de Plínio Salgado (1895-1975), que mimetizavam o fascismo europeu, com estética militarista e pauta conservadora. O levante comunista contrário ao governo Vargas, liderado por militares em 1935, e a reação dos integralistas abriram o espaço almejado por Vargas para o fechamento do regime político. Em 18 de dezembro de 1935, ele aprovou três emendas à Constituição que lhe conferiram ampla discricionariedade para expandir o estado de sítio e para suspender as garantias dos servidores, inclusive dos militares. Com o agravamento da tensão política, tanto no âmbito interno como externo, Vargas se viu habilitado, com o apoio dos militares, a colocar fim, em 10 de novembro de 1937, à curta experiência de constitucionalismo social e democrático iniciada em 1934. A Carta de 1937, que estabeleceu a ditadura do Estado Novo — antecipadamente redigida por Francisco Campos (1891-1968) —, foi outorgada no mesmo dia em que morria a Constituição de 1934.

CONSTITUIÇÕES BRASILEIRAS (1946 E 1988)

Conrado Hübner Mendes

A RELAÇÃO ENTRE O "REPUBLICANISMO" E AS CONSTITUIÇÕES "republicanas" de 1946 e 1988 não é simples nem trivial. Por um lado, nunca faltaram, na experiência constitucional do período, menções ao "princípio republicano", à "República Federativa" ou mesmo à qualidade "republicana" dos textos constitucionais. Por outro, nunca houve, quer nas constituições, quer nas respectivas assembleias constituintes, uma discussão ou incorporação sistemática do republicanismo enquanto corrente do pensamento político moderno. Tal situação parece apontar para a dificuldade — que se mantém atual — em determinar o significado e a extensão da filiação do constitucionalismo brasileiro à tradição filosófica republicana, e assim dotar de tração jurídica os valores trazidos pelo republicanismo.

Este verbete recupera e discute alguns traços dessa suposta filiação à luz das Constituições de 1946 e de 1988. Mais do que apontar excertos, delineia um panorama de como o ideário republicano — cujo sentido precisa ser analiticamente depurado — foi interpretado e juridicamente construído. A delimitação conceitual de "republicanismo" oferece um ângulo de observação das experiências constitucionais de 1946 e de 1988 e, sobretudo, de sua interpretação doutrinária e jurisprudencial.

Um esforço desse tipo começa pela definição do que buscar nas experiências constitucionais mencionadas. É preciso diferenciar o sentido de "republicanismo" aqui utilizado, oriundo da vertente republicana dita neorromana, da vertente dita cívica ou neoateniense. Na vertente neorromana, que remonta à crítica inglesa do absolutismo no século XVII, o republicanismo enfatiza a liberdade como ausência de interferência arbitrária ou ausência de dominação. Isso se faz pela atribuição jurídica ao indivíduo de um status de cidadão, isto é, de agente capaz de agir e controlar leis e instituições e de se proteger do arbítrio político. A vertente neoateniense, ao contrário, enfatiza a liberdade como disposição cívica ao bem comum e expressa uma variante do ideal comunitarista. A identidade cidadã, nesse caso, é produto da vivência compartilhada.

Essa diferenciação preliminar destaca variáveis que permitem medir a incorporação do republicanismo a experiências constitucionais. O republicanismo tende a assumir duas formas constitucionais: 1) a ênfase no *debate público*, com a institucionalização jurídica de meios de criação e contestação das decisões públicas; 2) o *balanço entre poderes*, que tem por objetivo impedir a concentração social e o consequente exercício arbitrário e incontrolável do poder político.

Na primeira forma, o republicanismo traz para o direito público a ideia de que a lei é instrumento da liberdade contra o arbítrio, e destaca os deveres jurídicos da administração pública como compromissos do Estado de direito, tais como legalidade, impessoalidade, moralidade, continuidade administrativa e estabilidade de posições jurídicas. Vale aqui a ideia de que o Estado de direito se constituiu como "governo das leis, não dos homens" (*rule of law, not of men*).

Na segunda forma, o republicanismo sublinha a importância de arranjos jurídicos capazes de impor controles eficientes sobre as decisões públicas (eleições, participação social, controle institucional recíproco). Tal missão é perseguida tanto pela clássica técnica do governo misto (compartilhamento de poderes recíprocos de sanção e veto entre agências governamentais) quanto pela divisão de poderes (entre agências no interior de uma mesma esfera de governo, entre diferentes esferas de governo em um mesmo território e entre diferentes atores no âmbito da sociedade civil). A ideia é a de evitar o abuso — o exercício da dominação, um poder incontrastável pelo dominado.

O uso dessas variáveis para a análise da experiência das Constituições de 1946 e de 1988, contudo, não se dá sem dificuldades. Ainda que a partir da Constituição de 1891 o Brasil tenha se inspirado na Constituição dos Estados Unidos, de 1787, nunca uma assembleia constituinte brasileira adotou, expressamente, o propósito de criar uma República, ou seja, de estabelecer uma dinâmica compositória entre as agências governamentais, equidistantes da Constituição, com o objetivo de evitar a concentração de poderes. Por outro lado, o Brasil não experimentou a incorporação do ideário republicano disponível nos séculos XVIII e XIX, especialmente versado em fontes clássicas romanas, ao seu processo de emancipação política, ao contrário do que se verificou em outras antigas colônias da América Latina, como a Argentina, a Colômbia e o Chile. As Constituições de 1946 e de 1988, ao tratarem de República, tocam uma matriz filosófica que não vem incorporada à tradição constitucional brasileira, tampouco tem particular aderência à experiência histórica do país. Ainda assim, o princípio republicano goza de prestígio tanto na Constituição de 1946 quanto na de 1988.

A Constituição de 1946 foi a quarta do período republicano brasileiro, mas a primeira promulgada em condições de fato democráticas. Pela primeira vez, a Assembleia Constituinte havia sido constituída tão somente por eleições gerais para o Congresso, sem exclusão de partidos e sem reserva de vagas a partidos, grupos, delegados do governo ou representantes corporativos do Poder Executivo. Pela primeira vez, a Constituinte não era chamada a se manifestar sobre um projeto de autoria do Executivo: ela poderia desenvolver seu próprio texto constitucional. Mesmo que isso representasse um importante elemento republicano, tendo em vista a criação da constituição política por representantes legítimos da sociedade da época, não é possível exagerar o caráter republicano de seu conteúdo.

Ainda pegada ao varguismo, a Constituição de 1946 consagrou viés autocrático e extremamente modesto ao prever o que seria a República ("todo poder emana do povo *e em seu nome* será exercido", art. 1º, grifos nossos). Esse dispositivo é ainda menos republicano se lido sistematicamente com os arts. 5º, incisos I a XV (amplo rol de competências materiais do Poder Executivo, passíveis de regulação por decreto), 7º, inciso I (juízo discricionário do Executivo da União na decisão de intervenção federal nos estados e municípios para "manter a integridade nacional"), 15 (competência para decretar impostos federais) e 87, inciso I (fixação de amplos poderes regulamentares confiados ao "decreto-lei"). Questões como o plano nacional de infraestrutura, a fixação e alteração de alíquotas do imposto de renda e o exercício do poder de polícia dispensavam a lei ou qualquer outra instância de participação social.

No plano das instituições de controle, a atuação do Judiciário foi limitada à lesão de direitos *individuais* (art. 141, §4º), o que restringia as controvérsias envolvendo cidadãos e poderes públicos que podiam ser contestadas judicialmente (ficavam de fora, por exemplo, os direitos trabalhistas, previdenciários e de saúde pública). Em seu modelo de controle administrativo, a Constituição de 1946 estabeleceu o Tribunal de Contas da União como núcleo do sistema de transparência e controle financeiro, deixando ao Legislativo dos estados a livre escolha de seus modelos de prestação de contas (art. 22). Quanto ao controle de constitucionalidade, a Constituição adotava apenas o mecanismo difuso do recurso extraordinário ao STF (art. 101, inciso III). Somente em 1965, por meio da emenda constitucional nº 16, foi criado o mecanismo concentrado de representação de inconstitucionalidade, condicionado à atuação do procurador-geral da República (art. 101, inciso I, alínea *k*), que era livremente demissível pelo presidente da República (art. 126). Uma ferramenta, portanto, não desenhada para controlar o Executivo, pois subordinada à vontade do presidente no contexto da ditadura militar. Em resumo, a Constituição de 1946 adotou arranjo modesto de fiscalização recíproca entre instâncias de governo ou de controle social.

Seja como for, a Constituição de 1946 acabou atropelada pelos atos institucionais emanados a partir do golpe de 1964 e foi posteriormente revogada pelas constituições ditatoriais de 1967 e de 1969. O viés antirrepublicano dos atos institucionais era evidente, ainda que nenhum deles tenha formalmente revogado a Constituição. Integraram esse arco 1) o ato nº 1, responsável pela supressão das eleições diretas (art. 2º); 2) o ato nº 3, que excluiu de qualquer meio jurídico de controle o "mérito" (conveniência e oportunidade) dos atos administrativos com fundamento nesse novo tipo de norma (art. 6º), generalizando a regra prevista para os "atos revolucionários" no art. 7º, §4º, do ato nº 1; e 3) o ato nº 5, que, ao fechar o Congresso e autorizar intervenção federal em estados e municípios sem qualquer controle institucional, tornou o Poder Executivo da União um poder concentrado, incontrolável e arbitrário, destituído de qualquer fundamento legal.

Na esteira dos atos institucionais, foram outorgadas as Constituições de 1967 e de 1969 que, embora não fossem consideradas republicanas por terem objetivado legitimar um regime militar, continham ideias e termos alusivos à noção de República no constitucionalismo brasileiro. Havia certas continuidades textuais, cuja pretensão é conferir legitimidade ao regime. Eram exemplos desse uso "instrumental" do ideário republicano a previsão da Constituição de 1967 (repetida em 1969) de que "Ninguém será obrigado a fazer ou deixar de fazer alguma coisa senão em virtude de lei" (art. 150, §2º) ou a reiteração, na Constituição de 1969, de que os poderes

Legislativo, Executivo e Judiciário eram independentes e harmônicos e não poderiam exercer uns as funções dos outros (art. 6º), preceito esvaziado pelo próprio ato institucional nº 5, que permitia ao presidente "decretar o recesso do Congresso Nacional, das Assembleias Legislativas e das Câmaras de Vereadores" (art. 2º), e, uma vez decretado o recesso, "legislar em todas as matérias e exercer as atribuições previstas nas Constituições" (art. 2º, §1º).

Com a transição para a democracia, a aguardada discussão sobre República não aconteceria na Constituinte de 1987-8. Isso não quer dizer que tenham ficado de fora da pauta constitucional temas como a divisão de poderes, a extensão do controle administrativo ou a participação social em assuntos públicos. No entanto, em parte pela verificação de um forte consenso suprapartidário sobre a oposição entre "autoridade política" (Estado) e "direitos fundamentais", e em parte pela redução da República ao debate constituinte em torno da forma de governo (monarquia parlamentarista/ república presidencialista/ república parlamentarista), o fato é que não se refletiu de modo sistemático sobre o significado e a extensão do republicanismo na Constituição brasileira.

Isso não impediu que a Constituição de 1988 herdasse e acrescentasse elementos republicanos ao ordenamento jurídico. O texto de 1988 corrige a locução da origem "republicana" do poder, trocando "todo poder emana do povo e em seu nome é exercido" por "todo o poder emana do povo, que o exerce por meio de representantes eleitos" (art. 1º, parágrafo único), o que serve para enfatizar a importância das eleições diretas no contexto da redemocratização. A Constituição também herda o dispositivo republicano da legalidade como medida da liberdade política dos cidadãos (lei em oposição a arbítrio), o que já vinha sendo previsto pelas Constituições de 1967 e de 1969, mas só agora poderia ser eficaz, dado o prognóstico de normalidade institucional democrática. A Carta de 1988 também inova ao condicionar a totalidade da administração pública aos princípios republicanos da impessoalidade, moralidade e publicidade (art. 37, *caput*). Por fim, no que toca aos sistemas de controle, a Constituição de 1988 amplia o sistema de prestação de contas público, com a reestruturação da Polícia Federal (art. 144, §1º), o fortalecimento do sistema das garantias constitucionais (mandado de segurança, mandado de injunção, habeas corpus, habeas data, ação civil pública e ação popular — art. 5º, incisos LXVIII-LXXIII e 129, inciso III), o aumento do rol de legitimados à propositura de ações diretas de inconstitucionalidade e de arguições de descumprimento de preceito fundamental (art. 103), a obrigatoriedade dos tribunais de contas (arts. 71 e 75) e sistemas de controle interno (art. 74) em todos os níveis federativos, a inafastabilidade do controle judicial mediante lesão ou ameaça a qualquer direito, incluindo os direitos sociais e difusos (art. 5º, inciso XXXV), e a previsão dos princípios processuais administrativos da petição pública e da participação social (art. 5º, inciso XXXIV), da informação e motivação de decisões públicas (art. 5º, inciso XXXIII), da ampla defesa e do contraditório (art. 5º, inciso LV) e da razoável duração do processo (art. 5º, inciso LXXVIII, incluído pela emenda constitucional nº 45/2004).

A jurisprudência constitucional não foi insensível a esse conjunto de inovações. No período que vai de 1988 a 2018, 49 acórdãos do Supremo Tribunal Federal (STF) foram decididos com base no "princípio republicano", que seria aferível a partir do texto constitucional. Num universo que exclui decisões cautelares, monocráticas, inquéritos e ações penais originárias, a experiência do STF com o "princípio republicano" reúne uma diversidade de desdobramentos jurídico-doutrinários.

O grupo mais numeroso é composto de decisões nas quais se identifica o republicanismo como núcleo dos princípios da impessoalidade e da moralidade administrativa. O assunto mais frequente (24 acórdãos) é o da impossibilidade de criação de vantagens atípicas a governadores (subsídio mensal vitalício, gratificação ao cônjuge etc.) por constituições estaduais. Outros três assuntos também apareceram nesse grupo, com dois acórdãos cada um: afastamento de imunidades parlamentares; possibilidade de acúmulo de cargos na administração pública e anulação de nomeações por nepotismo.

Um segundo grupo é composto por acórdãos em que o republicanismo é visto como fundamento da ideia de igualdade perante a lei (ou "legalidade material"). Nele se encontram, por exemplo, o controle judicial da Lei da Ficha Limpa (lei complementar nº 135/2010), com quatro acórdãos, a discussão da legalidade de diferentes critérios de pontuação em editais de concursos públicos e até a vinculação a precedentes.

Um terceiro grupo compreende decisões que enxergam no republicanismo a origem da necessidade de controle público das decisões que impactam a política. Aqui se encontram decisões sobre doações de pessoas jurídicas a partidos políticos, sobre o dever dos municípios de dar amplo acesso às informações necessárias ao controle interno das câmaras municipais e ao controle externo dos tribunais de contas, e sobre a vedação a terceiro mandato em cargo eletivo.

Há também decisões sobre outros dois assuntos peculiares: o princípio republicano como parâmetro para o regime de cooperação entre administração pública e organizações sociais, fundações e outras entidades privadas não lucrativas e o princípio republicano como fundamento da Lei da Anistia (lei nº 6683/1979), que recobre a inimputabilidade de crimes políticos, principais e conexos, cometidos durante o regime militar.

O que se nota é a relativa facilidade com que se invoca o "princípio republicano" como base de princípios administrativos que refletem a igualdade perante a lei e a impossibilidade de obtenção de vantagens baseadas em relações de especial proximidade entre certos agentes e a organização administrativa. Bem menos frequente, no entanto, tem sido o recurso ao princípio republicano para demandar a participação social nas decisões públicas, ou o balanceamento entre poderes, seja das instituições constitucionais, seja no plano da concentração de poderes em instituições da sociedade civil.

A baixa incidência do republicanismo na tradição constitucional brasileira não se dá aleatoriamente. É discutível se alguns traços da Constituição de 1988 são inteiramente compatíveis com o republicanismo, relação que parece problemática quando se consideram quatro fatores constitucionais:

1) a concentração de poderes discricionários que a Constituição franqueia ao Poder Executivo, como na política fiscal da União ou na definição do "interesse social" para fins de reforma agrária;
2) a consolidação de prerrogativas especiais a grupos privilegiados, notadamente políticos, magistrados e militares;
3) a combinação de poderes de difícil controle, ou de difícil contestação, no STF, órgão em que convergem o sistema de controle de constitucionalidade, um dos mais expansivos do mundo, capaz de derrubar leis e atos administrativos, e a cúpula de um sistema recursal centralizado;
4) a dependência do modelo constitucional de prestação de contas de um órgão ligado ao aparato governamental (Ministério Público), cuja função é o de "representar" interesses coletivos numa espécie de "tutela estatal" da sociedade civil.

Esses quatro traços do arranjo constitucional brasileiro indicam dificuldades de aproximação entre as duas variáveis do republicanismo — a lei como instrumento da liberdade e a institucionalização do controle das decisões públicas — e a prática da Constituição de 1988. Mais grave que uma simples defasagem teórica, essas dificuldades de aproximação trazem o risco de um acolhimento meramente textual e retórico do ideário republicano, desacompanhado de arranjos institucionais condizentes com esse ideário. Se é verdade que o Estado brasileiro se pretende uma República, permanece aberta e oportuna a crítica republicana à sua arquitetura constitucional.

D

DESPOTISMO E REPÚBLICA

Patrícia Reis

UM MEIO OPORTUNO DE ANALISAR UM CONCEITO É VERIFICAR quais ideias não o caracterizam ou até mesmo o contradizem. Seguindo esse pensamento, podemos compreender melhor o regime republicano quando examinamos, conjuntamente, o despotismo. Esse será o propósito deste verbete. Para tanto, nos basearemos nas reflexões de Montesquieu (1689-1755).

No século XVIII, o termo "despotismo" não era usual, e Montesquieu certamente foi um dos responsáveis por sua consolidação no vocabulário político da época. Pouco tempo após a publicação de *Do espírito das leis* (1748), o erudito Chevalier de Jaucourt (1704-79), estudioso de teologia, ciência natural e medicina, escreveu, entre muitos outros, o verbete sobre despotismo na *Enciclopédia* de Diderot (1713-84) e D'Alembert (1717-83). Considerando o texto de Jaucourt, logo percebemos o quanto Montesquieu o influenciou.

Vale a pena observar como Montesquieu traz uma nova ideia sobre a classificação dos regimes ao afirmar a existência de três espécies de governo: o republicano, o monárquico e o despótico. Segundo os ensinamentos de Raymond Aron (1905-83), Montesquieu, ao considerar o despotismo como regime próprio e não como um desvio da monarquia ou da república, está preocupado não apenas com a figura do governante, como também com a estrutura social de determinado lugar.

Montesquieu se vale de duas ferramentas conceituais para tratar dos diferentes tipos de governo. A primeira diz respeito à "natureza", que constitui a estrutura particular de um regime, o que o faz ser como é. Por isso, o governo republicano pode apresentar duas espécies de regime. A primeira, denominada democrática, é aquela em que o povo como um todo possui o poder soberano. Já a segunda, denominada aristocrática, é aquela em que somente uma parcela do povo possui tal poder. A monarquia é aquele regime em que um só governa, mas de acordo com leis fixas e estabelecidas. O governo despótico, por sua vez, é aquele em que uma só pessoa, sem obedecer a leis e regras, realiza tudo segundo sua vontade e seus caprichos. Com isso percebemos que no regime republicano (democrático e aristocrático), assim como no regime monárquico, as leis exercem um papel fundamental. No regime despótico, por outro lado, a vontade do déspota desempenha um papel preponderante, uma vez que há submissão de todos às paixões caprichosas de um só.

A segunda ferramenta conceitual elaborada por Montesquieu diz respeito ao princípio do governo. Segundo o filósofo, o princípio é a paixão que move os regimes; representa o sentimento preponderante que os governados têm em determinado governo, correspondente ao "que faz agir". A virtude política, paixão ligada ao amor pela igualdade e pelas leis, é o princípio que mobiliza o regime republicano democrático. Para Montesquieu, esse amor exige sempre a supremacia do interesse público sobre o interesse particular.

O princípio do governo aristocrático é uma virtude menor, relacionado com a ideia de moderação. Numa aristocracia, há, além do povo, a presença dos nobres, que são iguais entre si e estão sujeitos às leis. Porém, diferentemente do governo democrático, no regime aristocrático, a virtude, apesar de necessária, não é tão requerida. Por sua vez, no governo monárquico, a virtude não é necessária; seu princípio é a honra. Esse princípio exige preferências, distinções, valorização dos interesses privados em detrimento dos interesses públicos.

Por fim, o princípio que rege o governo despótico é o medo. Esse princípio condiz com uma sensação elementar, involuntária, instintiva, um sentimento de insegurança causador de impotência e de passividade. Além disso, essa sensação é um estado permanente, não uma resposta súbita a uma situação específica. Assim, nesse tipo de governo, o medo está sempre presente no íntimo dos súditos, parecendo se integrar à personalidade deles. Isso porque, no despotismo, qualquer ato pode ter como consequência uma punição; e não somente um ato, mas também a omissão de certa conduta pode dar ensejo a uma penalidade. O déspota ocupa o lugar da pessoa que ameaça.

Uma característica típica desse regime é a enorme diferença entre a posição do governante e a dos governados. O primeiro é tudo, e os últimos são nada. O déspota se entende como superior aos seus súditos, que devem ser tratados como sujeitos obedientes, indignos de atenção ou de respeito. Por outro lado, o déspota pode fazer o que lhe convier, e exigir, ao mesmo tempo, que todos satisfaçam os seus desejos.

Como consequência, verifica-se, nos Estados despóticos, a imposição e presença da extrema uniformidade. Os súditos são iguais por serem nada; o medo permite somente uma forma de manifestação: aquela em que se impõe e pratica a obediência cega. Assim, nesses Estados, o homem se reduz a um ser obediente. E isso, por sua vez, faz com que as pessoas se afastem umas das outras. O medo opõe-se ao comportamento social.

É fácil perceber, portanto, que um regime guiado pelo medo impede que os homens se preocupem com o bem público. Nem os súditos nem o déspota se ocupam disso: os primeiros estão concentrados na sua sobrevivência; e o segundo, na realização dos seus caprichos e das suas vontades. O regime despótico também interfere na vida privada dos súditos, uma vez que, a qualquer momento, um ato arbitrário pode ser cometido contra eles. É difícil encontrar a amizade no regime despótico, por exemplo, já que para surgirem relações de afeto entre as pessoas elas devem se sentir livres e seguras.

Uma consequência da escassez de leis e do mando arbitrário do governante é a imprevisibilidade do encadeamento dos acontecimentos. Esse regime é o do instante. Nesse sentido, o tempo no governo despótico segue uma lógica distinta: o passado não revela acontecimentos que mereçam ser recordados, e o futuro não parece ser objeto de reflexão. Se poucas são as obras realizadas em prol dos súditos no regime despótico, ainda mais raras são as de longo prazo. No que diz respeito à sucessão do trono, há uma incerteza absoluta, o que torna parricídios e fratricídios tão comuns nesses governos.

Além disso, a preocupação em manter os súditos instruídos, no despotismo, é quase nula. Afinal, basta incutir-lhes medo no coração e rudimentos de religião. Aliás, o conhecimento, nesse regime, é considerado perigoso, pois pode suscitar questionamentos. A extrema obediência supõe ignorância tanto daqueles que obedecem como daquele que comanda. Os primeiros apenas obedecem sem questionar, e o último não precisa deliberar, duvidar, nem mesmo raciocinar; basta querer. Mas, se os súditos obedecem passivamente ao governante, não é porque aceitam sua posição com resignação. No íntimo, alimentam sentimentos de revolta: possuem opiniões próprias, ainda que não possam externá-las.

Outro traço típico do governo despótico, para Montesquieu, é o estabelecimento de um vizir, pessoa encarregada de assumir a função do déspota nos assuntos do governo, uma vez que este está mais preocupado com sua vida particular do que em governar. É necessário destacar, ainda, que essa transmissão do poder é feita de forma integral: o governante outorga o poder totalmente em benefício do seu subordinado, transformando o escravo em déspota.

Uma característica do governo despótico consiste no fato de o déspota concentrar em suas mãos todos os poderes do Estado, sem sofrer limitação de nenhum órgão ou legislação. Assim, ele faz as leis que julgar convenientes — que, apesar de existirem, podem ser revogadas por ele a qualquer momento —, estabelece sua execução e julga os conflitos. No instante em que dita suas ordens, não se verificam opiniões divergentes ou atos de oposição: seu desejo é logo atendido pelos súditos. Nos governos despóticos, a severidade das penas é também marcante; tudo o que o governante determinar pode ser considerado crime e ter como consequência uma pena.

Se os governados nos estados despóticos são seres passivos totalmente submetidos à vontade do déspota, as mulheres estão alocadas num nível de subordinação ainda maior: submetem-se não só à vontade caprichosa do déspota, mas também à dos homens da família. Segundo Montesquieu, são consideradas meros objetos de luxo.

Assim, o regime despótico prescinde das ideias de educação, política e moderação. É o regime da negação, do vazio, bastando que haja instintos para se manifestar. Daí a facilidade de se instaurar o despotismo. Não bastassem os fatores externos que propiciam seu surgimento, Montesquieu percebe características inerentes ao ser humano que também favorecem o aparecimento desse regime, como a busca incessante por poder daquele que já o detém.

No entanto, o regime despótico não se mantém com facilidade por muito tempo. Como ressalta o filósofo, o despotismo é autodestrutivo, perecendo por causas internas. Os atos extremos nele verificados acabam por enfraquecê-lo e destruí-lo. O que pode garantir uma duração maior são as causas acidentais, como a religião e alguns costumes capazes de amenizar sua ferocidade.

O regime republicano democrático, por sua vez, é o mais difícil de ser viabilizado, haja vista que o princípio que o move — a virtude política — deve ser ensinado aos cidadãos, e esse processo requer tempo e esforço. A ideia de virtude política também implica a renúncia de certos interesses pessoais em prol do interesse público. Em decorrência disso, o regime republicano é o que mais necessita da força da educação. Nessa forma de governo, os cidadãos não são seres passivos que apenas obedecem às ordens do governante, uma vez que são eles que detêm o poder soberano, podendo decidir a quais leis se submeterão. Em outras palavras, os cidadãos, numa democracia, não somente podem como devem demonstrar suas vozes, tanto nos assuntos privados quanto na esfera política, entendida aqui como a arte que trata do bem comum.

Diante da facilidade de se instaurar o despotismo, Montesquieu afirma que tal regime é uma ameaça que ronda, inclusive, os governos moderados, como a França do seu tempo. E quanto ao regime republicano, seria possível superar a dificuldade de instalá-lo? Para Montesquieu, a república democrática é uma realidade viável ou um desiderato utópico para a modernidade? Não seria a república um regime superado, no qual a população era muito pequena?

Essas questões despertaram o interesse de vários pensadores no século XVIII. Montesquieu e Voltaire (1694-1778), por exemplo, apesar de reconhecerem os atributos positivos desse tipo de governo, consideravam impossível implementá-lo no seu próprio tempo. Diante disso, defendiam um governo moderado em que alguns seriam responsáveis por fazer as leis. O regime inglês era o que lhes servia como modelo a ser seguido. Outros pensadores — como Condorcet (1743-94) e Thomas Paine (1737-1809) — defendiam um regime no qual fosse possível conciliar a atuação direta dos cidadãos com a de seus representantes na elaboração das leis. Nesse caso, em vez da Inglaterra, o país que lhes despertava a atenção eram os Estados Unidos.

Apesar dos diferentes posicionamentos, todos os pensadores mencionados condenavam o despotismo. Mas, se o despotismo é um regime que, na teoria, muitos combatem em todos os tempos, como enfrentá-lo na prática? O que cabe aos súditos fazer quando se veem submetidos aos caprichos de um déspota? A partir do momento em que as pessoas tomam consciência do seu valor e de que suas vidas não têm de estar subjugadas às vontades de alguém, tal regime tende a perder sua força, e ideias republicanas, como as de liberdade, igualdade e soberania popular, podem passar a fazer parte do seu imaginário.

Assim, uma arma para evitar ou eliminar o despotismo é a compreensão desse regime, sua natureza, seus princípios e suas características. Conhecer as forças e as fragilidades do inimigo é uma estratégia usual para vencer guerras. Na luta contra o despotismo, outro recurso de combate pode ser a clareza sobre o regime que lhe parece fazer oposição: o regime republicano democrático. Embora sua instauração não seja fácil, seus benefícios para os governados são muitos, como a sensação de que eles são livres e de que são protagonistas da própria vida, tanto no aspecto privado quanto no público. Embora tal governo seja difícil de lograr, não nos parece mais uma quimera.

DIREITOS: DE INDIVÍDUOS A CIDADÃOS

Maria Tereza Aina Sadek

O CÓDIGO DE HAMURABI É A LEGISLAÇÃO MAIS ANTIGA DE QUE SE tem notícia. Talhado em uma rocha, na Babilônia, por volta de 1780 a.C., foi considerado um avanço. A partir dele, a justiça deixou de ser igualada à vingança, levada a cabo pela vítima da forma que bem entendesse, e passou a ter parâmetros identificáveis. O mais conhecido entre eles é a "lei de talião" — "olho por olho, dente por dente" —, que estabelecia o princípio da proporcionalidade. As leis se referiam a questões do cotidiano, com matérias de natureza civil, penal e administrativa. O rei, no final do conjunto de leis escritas composto de 282 artigos, fez gravar a inscrição: "para que o forte não prejudique o mais fraco, a fim de proteger as viúvas e os órfãos, ergui a Babilônia [...], para falar de justiça a toda a terra, para resolver todas as disputas e sanar todos os ferimentos, elaborei estas palavras preciosas...". Nesse código, contudo, a aplicação das leis não era equitativa, mas dependia da condição do indivíduo: livre, escravo ou servo, homem ou mulher.

A universalização dos direitos é bem mais tardia. Sociedades fortemente hierarquizadas, marcadas por barreiras intransponíveis à concepção e à realização da igualdade, caracterizaram vários séculos. Distinções continuaram separando os indivíduos. Recorde-se, por exemplo, que no sistema ateniense clássico a cidadania contemplava apenas homens, filhos de pais e mães atenienses, livres e maiores de 21 anos; estavam excluídos os estrangeiros, os escravos e as mulheres.

Na Europa ocidental, o processo de extensão de direitos tem início no século XVIII, com o reconhecimento da igualdade civil — o direito de ir e vir, de dispor do próprio corpo, a liberdade de expressão, o direito à propriedade, ao livre contrato, à igualdade perante a lei, o direito de não ter o lar violado e à liberdade de crença. O século XIX assistiu à ascensão dos direitos políticos — o direito à participação no governo da sociedade, de votar e de ser votado. Os direitos sociais — à saúde, à educação, à moradia, à alimentação e ao lazer — foram reconhecidos somente no século XX.

Os direitos civis e políticos são individuais e exigem a contenção do poder público, a não interferência do Estado — isto é, a limitação do poder estatal — e a não intromissão no âmbito privado. Os direitos sociais, ao contrário, dependem de uma atuação positiva para sua realização, ou seja, de políticas públicas que minimizem os efeitos da desigualdade. Enquanto os direitos individuais têm como base os princípios da igualdade de todos e do tratamento igual diante da lei, os direitos sociais têm por fundamento o princípio de que desiguais devem receber tratamentos desiguais, que possibilitem reduzir os efeitos das desigualdades econômicas, sociais e culturais.

Esse longo processo de inclusão ainda está longe de sua conclusão. Seria temerário afirmar que a expansão da democracia no mundo ocidental resultou em sociedades nas quais, de fato, impere a noção de igualdade, em que todos sejam iguais em direitos, sem distinção de cor, de gênero, de renda, de religião e origem. Assiste-se ainda a discriminações, a iniquidades entre os indivíduos, a desigualdades na participação dos bens coletivos.

No caso brasileiro, esse processo, além de mais tardio, foi sujeito a avanços e a recuos. Períodos democráticos foram sucedidos por períodos autoritários, nos quais os direitos foram ou abolidos ou extremamente limitados. Apesar de quebras na ordem constitucional democrática, do ponto de vista legal todas as Constituições republicanas trataram de algum tipo de igualdade, tanto os textos democráticos como os que apoiaram as ditaduras.

A Constituição de 1891 firmou o princípio da isonomia no §2º do artigo 72: "Todos são iguais perante a lei". Em contraste com a Constituição do período monárquico, de 1824, a republicana de 1891 acolheu o sufrágio universal, em substituição à discriminação político-eleitoral, com base na capacidade econômica do cidadão. Também suprimiu privilégios de nascimento. No entanto, as mulheres estavam excluídas da cidadania política, bem como os analfabetos.

Na Constituição de 1934 foi mantido o princípio da isonomia. O artigo 113 estabelecia: "Todos são iguais perante a lei. Não haverá privilégios, nem distinções, por motivo de nascimento, sexo, raça, profissões próprias ou dos pais, classe social, riqueza, crenças religiosas ou ideias políticas". As inovações apareceram na inclusão do princípio da igualdade social, expressa no artigo 115: "A ordem econômica deve ser organizada conforme os princípios da Justiça e as necessidades da vida nacional, de modo que possibilite a todos existência digna. Dentro desses limites, é garantida a liberdade econômica"; e no §17 do artigo 113, que estabeleceu o direito de propriedade, não podendo ser exercido contra o interesse social ou coletivo. O Código Eleitoral provisório de 1932 assegurou o voto feminino, confirmado nessa Constituição, embora a obrigatoriedade do voto fosse um dever apenas masculino.

Com o golpe de 1937 e a instauração da ditadura varguista, o Estado de direito foi abolido e uma nova Carta foi outorgada. As principais características desse documento são a concentração de poderes no governo central; a restrição dos direitos civis e políticos; a censura prévia. Nesse período, o Estado legitimou os sindicatos e aprovou direitos trabalhistas.

A redemocratização do país em 1945 foi legitimada com a elaboração da Constituição de 1946. O princípio da igualdade foi instituído como o primeiro dos direitos, e foram estabelecidas garantias individuais. Tal como no texto de 1934, o uso da propriedade foi condicionado ao bem-estar social. Analfabetos permaneceram excluídos dos direitos políticos.

O regime autoritário militar instaurado em 1964 providenciou uma nova Carta em 1967. O princípio da isonomia foi mantido formalmente, conforme constava no artigo 150, §1º: "Todos são iguais perante a lei, sem distinção de sexo, raça, trabalho, credo religioso e convicções políticas. O preconceito de raça será punido pela lei". O texto legal, entretanto, foi alterado uma série de vezes pela junta militar por meio de emendas e de atos institucionais. A Lei de Segurança Nacional limitou de forma drástica as liberdades civis. Além das consideráveis restrições aos direitos civis, os direitos políticos também foram seriamente afetados.

O processo de redemocratização teve sua consagração com a Constituição Federal de 1988. Esse documento legal representa um ponto de inflexão na história constitucional e política do país. O texto traz uma meta ou uma utopia: a construção de uma nação de cidadãos, na qual os direitos de igualdade caminhem ao lado dos direitos da liberdade. A emancipação de indivíduos e sua conversão em cidadãos constitui o alicerce básico de uma sociedade democrática e republicana. Esses ideais estão expressos em vários artigos, dentre os quais se destacam o artigo 3º: "Constituem objetivos fundamentais da República Federativa do Brasil: inciso I — construir uma sociedade livre, justa e solidária; inciso II — garantir o desenvolvimento nacional; inciso III — erradicar a pobreza e a marginalização e reduzir as desigualdades sociais e regionais; inciso IV — promover o bem de todos, sem preconceitos de origem, raça, sexo, cor, idade e quaisquer outras formas de discriminação"; o artigo 170: "A ordem econômica, fundada na valorização do trabalho humano e na livre-iniciativa, tem por fim assegurar a todos existência digna, conforme os ditames da justiça social"; o artigo 196: "A saúde é direito de todos e dever do Estado, garantido mediante políticas sociais e econômicas que visem à redução do risco de doença e de outros agravos e ao acesso universal e igualitário às ações e serviços para sua promoção, proteção e recuperação"; o artigo 205: "A educação, direito de todos e dever do Estado e da família, será promovida e incentivada com a colaboração da sociedade, visando ao pleno desenvolvimento da pessoa, seu preparo para o exercício da cidadania e sua qualificação para o trabalho".

Não por acaso, quando proclamada, o então presidente da Câmara dos Deputados, Ulysses Guimarães (1916-92), qualificou a Constituição de 1988 de "Constituição Cidadã". A nova ordem legal se baseia na proeminência dos princípios constitucionais democráticos republicanos em estreita interligação com a consagração de um extenso rol de direitos, tendo como pilares: a soberania popular, o Estado democrático de direito, a independência, separação e equilíbrio dos três Poderes, o pluralismo político, a República.

As garantias e os direitos fundamentais, diferentemente do que acontecia em textos constitucionais anteriores, passaram a estar expostos logo nos primeiros artigos. As proteções asseguram a todos, sem exceção, o direito à vida, ao trabalho, à educação e à liberdade de opinião e expressão. O princípio da igualdade consta de forma expressa em seu artigo 5º: "Todos são iguais perante a lei, sem distinção de qualquer natureza, garantindo-se aos brasileiros e aos estrangeiros residentes no País a inviolabilidade do direito à vida, à liberdade, à igualdade, à segurança e à propriedade". Nenhuma exclusão é admitida.

O reconhecimento da extensão dos direitos define o conteúdo e os limites da igualdade e, por conseguinte, da cidadania. Assim, ser cidadão, segundo os preceitos da Constituição Federal de 1988, é usufruir de direitos civis, políticos e sociais. A efetiva realização dos direitos de primeira geração (individuais), de segunda geração (direitos econômicos e sociais), de terceira geração (direitos de solidariedade como o direito à paz, ao desenvolvimento, ao meio ambiente e ao patrimônio comum da humanidade, o direito à autodeterminação dos povos) e de quarta geração (o direito à democracia, à informação e ao pluralismo) indica o alcance da inclusão. Ademais, o texto constitucional providenciou mecanismos encarregados da efetivação desses direitos. Atuações por parte do poder público são não apenas cabíveis, mas imprescindíveis. Políticas estatais, incluindo os distintos ramos de governo e as instituições do sistema de Justiça, correspondem à concretização da obrigação de providenciar respostas para minimizar os efeitos das distâncias econômicas e sociais e, dessa forma, promover a inclusão.

Em resumo, a Constituição Federal de 1988, além de consagrar um amplo rol de direitos, atribui a uma série de instituições públicas o dever de garantir esses direitos e de atuar quando desrespeitados, ameaçados ou não realizados. Depreende-se, pois, que direitos concretizados geram o cidadão: ser cidadão é ser um sujeito de direitos. Direitos implicam igualdade e rejeição de determinadas desigualdades. Direitos contrapõem-se a privilégios, a discriminações.

Contudo, se do ângulo legal todos são iguais e, consequentemente, todos são cidadãos, a realidade mostra um largo contingente de desiguais, de "pseudocidadãos". De fato, em um país que ostenta níveis gritantes de desigualdade econômica e social, com um número significativo de excluídos dos bens públicos, falar de igualdade soa antes como discurso retórico do que como uma imagem fiel da realidade. Um retrato, ainda que superficial, revela um país desigual, com indicadores que o classificam como um dos mais iníquos do mundo. Dados do Instituto de Pesquisa Econômica Aplicada (Ipea) de 2018 apontam a alta concentração da renda nacional nos estratos mais altos: a renda per capita dos 10% mais ricos é 32 vezes maior do que a dos 40% mais pobres. O relatório Oxfam de 2018 aponta que o Brasil ocupa a nona posição entre 189 países mais desiguais do mundo: o 1% mais rico recebe mais de 25% de toda a renda nacional, e os 5% mais ricos possuem o mesmo que os demais 95%. Essa situação é agravada pelo fato de a desigualdade ser cumulativa — isto é, a desigualdade econômica se reproduz nas distâncias verificadas nos graus de escolaridade, de saúde e de habitação, em todos indicadores de qualidade de vida. A cobertura da rede de água alcança 94% e a de esgoto 80% para os 5% mais ricos, mas diminui para 62% e 25%, respectivamente, para os 5% mais pobres. Na área da educação, por exemplo, nos estratos de mais baixa renda há mais de 10 milhões de adultos analfabetos; apenas 40% dos jovens terminam o ensino médio.

A despeito do inegável contraste entre a legalidade — que determina a igualdade e a inclusão — e o país real — marcado por desigualdades e exclusões —, mandamentos constitucionais e infraconstitucionais provocam consequências práticas, com potencial de atuar como fatores de impacto na redução das desigualdades e de impulsão para a concretização de direitos. Esses documentos funcionam como uma virtualidade, como um arcabouço que necessita de mecanismos para serem acionados e colocados na prática, no cotidiano. Todavia, se a legislação não é capaz de, por si só, mudar o cenário de desigualdade e de discriminação, constitui-se no marco inicial e fornece parâmetros para a elaboração de estratégias políticas de enfrentamento e superação das desigualdades de gênero, de renda, de idade, de cor, étnicas, de compleição física e de origem nacional.

As transformações provocadas pelo reconhecimento de direitos individuais e sociais têm sido amplamente analisadas pela literatura nacional e internacional. Do ponto de vista comparativo, entretanto, a situação brasileira é singular. Essa característica se deve não só ao amplo elenco de direitos de primeira, de segunda, de terceira e de quarta gerações constitucionalizados, mas igualmente às atribuições conferidas às instituições do sistema de Justiça — Poder Judiciário, Ministério Público, Defensoria Pública — para garantir e defender esses direitos.

A garantia e a defesa dos direitos interferem diretamente na qualidade da democracia e na convivência republicana. A realização dos direitos converte indivíduos em cidadãos, determinando sua participação nos bens coletivos e garantindo seu espaço na sociedade política. Por isso, ameaças ou desrespeito aos direitos implicam desgastes no grau de democracia e de republicanismo.

A história ensina que a conquista da democracia não é um triunfo definitivo, nem um projeto acabado. Ao contrário, sua preservação não é automática. Os riscos estão sempre presentes, constituem ameaças permanentes. A consolidação da democracia resulta do fortalecimento das instituições e da efetiva universalização dos direitos. Daí ser mais adequado afirmar que a democracia é um processo que admite graus, uma meta, um fim que se deseja atingir. Nesse processo, é sempre possível aperfeiçoar ou, inversamente, retroceder.

O combate aos riscos que levam à diminuição nos graus de democracia ou mesmo à sua eliminação conta com anteparos. Dentre eles, o mais importante é, sem dúvida, o respeito à Constituição. Essa deferência implica afastar ameaças aos direitos e ao enfraquecimento das instituições. Apesar da força da Constituição, as experiências brasileiras e as internacionais mostram que a legalidade, por si só, não é suficiente. Impõe considerar que são inúmeros os fatores que podem atuar no sentido oposto, com potencial de enfraquecer, de corroer ou mesmo de erodir a democracia e abalar o Estado de direito. Nessa constelação estão o corporativismo, que se nutre de privilégios; o populismo, que despreza as instituições representativas; o desequilíbrio entre os três Poderes, que leva à ausência de controles mútuos; a opacidade das instituições, que não respeita a prestação de contas e o dever de responsividade; soluções miraculosas de combate à violência, que desrespeitam direitos; a corrupção, que além de desmoralizar as instituições desvia recursos da saúde, da educação, da habitação, da infraestrutura; a censura à imprensa ou a publicações, que impede a livre informação ou a circulação de ideias; ideias radicais, que combatem o pluralismo e a tolerância e supõem a qualificação de opositores como inimigos e não como adversários; uma cultura hierárquica, que naturaliza benesses e impede a consolidação e a expansão de uma cultura igualitária e republicana.

Ademais, exclusões e desigualdades provocam consequências não apenas de natureza individual — transformando alguns em mais iguais do que outros —, como tornam indivíduos mais vulneráveis a discursos populistas, à xenofobia, a forças políticas antidemocráticas.

A cidadania tem um papel ativo na consolidação da democracia. Sua participação é um pilar sem o qual toda a estrutura constitucional não se sustenta. Adaptando motes antigos — mas sempre atuais —, o preço da democracia, da liberdade, da igualdade e dos valores republicanos é a eterna vigilância. Esse combate não cabe apenas às instituições, mas, sobretudo, aos cidadãos. Como bem disse Montesquieu no século XVIII, "o amor da democracia é o da igualdade". Mais recentemente, os cientistas políticos Steven Levitsky e Daniel Ziblatt, em *Como as democracias morrem*, preocupados com a situação norte-americana na era Trump, indagaram se democracias tradicionais estão sujeitas ao colapso, tal como aconteceu em alguns países da Europa e da América Latina nos séculos XX e XXI. Para eles, a tolerância mútua e a reserva institucional são regras informais basilares para o funcionamento da democracia. Afora o respeito à Constituição, uma democracia necessita de líderes que conheçam e acatem essas regras, além de cidadãos atuantes e vigilantes, contribuindo de forma decisiva na defesa da Constituição. Dados históricos levam Levitsky e Ziblatt a concluir que nenhum líder político, isoladamente, tem força para acabar com a democracia; e que tampouco nenhum líder, sozinho, é capaz de resgatar uma democracia. A democracia é um empreendimento compartilhado. Seu destino depende de todos.

E

EXPERIÊNCIA CAMPONESA DE FORMOSO E TROMBAS (1950-64)

Pauliane de Carvalho Braga

O ESCRITOR BERNARDO ÉLIS (1915-97) DEFINIU GOIÁS NO FINAL da década de 1940 como uma "grande romaria". O número de migrantes no estado havia passado de 119466, em 1940, para 282450, na década de 1950. Em 1960, mais de 20% da população do estado era de migrantes. Esse afluxo populacional se deu, em grande medida, graças à política denominada Marcha para o Oeste, implementada pelo Estado Novo, em 1938. O governo pretendia expandir a fronteira agrícola e ocupar os vazios demográficos em estados como Goiás, Paraná e Mato Grosso. Para tanto, foram criadas, a partir de 1941, as Colônias Agrícolas Nacionais (CANS), que disponibilizavam aos trabalhadores um lote de trinta hectares, condições de trabalho e moradia.

A Colônia Agrícola Nacional de Goiás (CANG), uma das primeiras a serem instaladas pelo governo, atraiu milhares de migrantes e, em pouco tempo, atingiu o limite de sua capacidade. Como os lavradores continuavam a chegar à região, passaram a ocupar as faixas de terras devolutas — glebas não ocupadas de propriedade do poder público — nas proximidades da Colônia. Uma dessas ocupações se deu a partir de 1948 nos povoados de Formoso e Trombas, a 350 quilômetros da capital Goiânia. Embora fosse uma região de mata fechada, repleta de animais selvagens e sem infraestrutura alguma, os camponeses abriram picadas, construíram seus barracos e plantaram suas roças. Não demorou, contudo, para que alguns fazendeiros se apresentassem como donos daquelas terras e começassem a exigir dos posseiros uma parte da produção, o que lhes foi recusado.

Os trabalhadores já conheciam essa estratégia. Provenientes sobretudo das regiões Centro-Oeste e Nordeste do país, esses sertanejos eram, em sua maioria, jovens casais com filhos, sem escolaridade, que já haviam migrado ao menos uma vez. Em uma análise das entrevistas que realizou com camponeses da região, a historiadora Janaína Amado observou que, para esses personagens, a relação de dependência com o dono da terra, seja como parceiro, meeiro ou arrendatário, significava não só uma vida de pobreza extrema, mas de humilhações de todo tipo, uma existência indigna. Um dos trabalhadores, narrando sua experiência pregressa, revelou: "eu rezei a Deus para eu acordar morto". Aqueles lotes de terra não eram apenas sinônimo de moradia e trabalho: eram o lugar onde os lavradores podiam ser donos do próprio destino. Em comum, esses camponeses carregavam a certeza de que a posse da terra era o único meio de se "tornarem uma pessoa".

Os migrantes que chegavam à região de Formoso e Trombas se organizavam em núcleos familiares e em função dos locais de origem: havia o "reduto dos maranhenses", "o povo dos Correia", "o pessoal de Pedro Afonso". Fixavam suas posses sempre com fundos para os córregos, abundantes na área — dessa forma, tinham água para uso próprio e para as plantações e criações. As famílias que se estabeleciam próximas a um mesmo córrego logo criavam fortes vínculos de amizade e solidariedade. Comum ao cotidiano do trabalhador do campo, os mutirões logo se estabeleceram como forma de fortalecimento e apoio mútuo. Em momentos em que a mão de obra familiar era insuficiente — como no plantio e na colheita —, os vizinhos se irmanavam e realizavam o trabalho coletivamente.

Em Formoso e em Trombas era usual uma forma específica de mutirão, a *traição*. O traidor era, de hábito, um morador veterano que tivesse uma boa produção. O traído, por sua vez, era algum posseiro em dificuldades ou recém-chegado à região. O traidor organizava, às escondidas do traído, um grupo de cerca de duzentas pessoas que levava comida e instrumentos de trabalho ao eleito. Chegavam de surpresa, escondendo os alimentos, e diziam estar famintos. O traído tomava o primeiro susto: como alimentar tantas pessoas se não havia comida nem para ele? Nesse momento o traidor buscava os mantimentos e juntos faziam um grande café da manhã. Na sequência, os homens seguiam para as roças, e as mulheres ficavam tecendo, cozinhando e cuidando das crianças. Ao final do dia, todos se banhavam nos córregos, acendiam uma grande fogueira, e os violeiros tocavam o baile até de madrugada. Quando a produção do traído estivesse boa, ele pagava tudo ao traidor.

A vida comunitária que se desenvolvia naqueles sertões ainda incluía, entre outros, a ajuda de um amigo carreteiro para levar a produção aos mercados; a interferência de algum compadre mais influente para obtenção de crédito; a troca de mantimentos; o empréstimo de ferramentas de trabalho. O compartilhamento de princípios norteadores da vida em comunidade e o referencial coletivo de interesses fortaleceram os vínculos de amizade e solidariedade entre os posseiros, produzindo entre eles uma forte noção de bem comum, além de um sentimento de pertencimento àquele lugar.

Embora elaborados de maneira espontânea pelos camponeses, esses valores estavam carregados de espírito republicano. A *amizade*, quando entendida como *teleía philia* (ou amizade perfeita), indicaria um tipo de vínculo que retiraria as pessoas do âmbito doméstico e as colocaria no mundo público, através do consenso. Essa definição encontra ressonância não só nas práticas de mutirão e traição estabelecidas em Formoso e em Trombas, mas em toda a conformação política da comunidade. Partindo de uma questão privada — o desejo de permanecer naquelas terras —, os camponeses se colocaram na cena pública a fim de preservar a experiência coletiva que haviam criado. Seja na vivência direta do conflito — que significava, objetivamente, dar a vida por algo —, seja nas práticas estabelecidas nas associações e nos conselhos, os posseiros se baseavam nos vínculos de confiança mútua e na disposição para realizar o bem comum para produzirem uma nova maneira de estar no mundo.

A *solidariedade*, por sua vez, era em si mesma uma virtude ativa — por isso, muito mais difícil de ser cultivada —, pois exigia uma ação positiva para o enfrentamento das diferenças injustas entre os cidadãos. A partir do século XX, a solidariedade se tornaria um princípio normativo da República, sendo acionado como um fator de vínculo de pertencimento à comunidade política.

A mudança do papel social das mulheres durante o conflito em Formoso e Trombas é simbólica das relações de solidariedade que foram construídas durante aqueles anos. Ao chegarem à região, as famílias de posseiros se estruturavam de modo bastante tradicional: cabiam à mulher os cuidados com a casa e com as crianças, e sua postura deveria ser de recolhimento e submissão ao marido. Quando as lutas se intensificaram e os homens foram obrigados a viver nas matas, as mulheres se organizaram para manter as condições mínimas de existência dentro dos povoados, revezando-se na atenção com as crianças, na manutenção das roças, na costura e na cozinha. Por outro lado, elas próprias ofereceram a segurança necessária para o desenvolvimento de todas essas tarefas, integrando e assumindo parte das redes de comunicação e dos piquetes. A sobrevivência da comunidade, do ponto de vista da subsistência da maioria dos moradores, se deu em função da ação solidária das mulheres — que, após o conflito, assumiriam também seus próprios destinos.

Por fim, o *bem comum* seria a relação positiva entre o interesse particular de cada um e o interesse da sociedade, a fim de criar um agir político em comum, que unisse os cidadãos à comunidade. Enquanto valor, o bem comum buscaria o estabelecimento de uma ordem social baseada e sustentada por uma nova cultura política da liberdade, impulsionada pelos próprios cidadãos. Em Formoso e Trombas, o interesse pelo bem comum se traduziu em ações de trabalho coletivo, mas muito mais na construção de uma prática política colaborativa e horizontalizada. A criação de estruturas organizativas capazes de incluir equanimemente todos os moradores, a preocupação em receber e incorporar em igualdade de condições os posseiros recém-chegados e a ajuda ofertada a camponeses de outras regiões litigiosas diziam muito desse agir político em comum. Esses três valores cultivados nas relações interpessoais dos moradores de Formoso e de Trombas seriam a base de uma nova comunidade política e possibilitariam uma experiência inédita na vida daqueles sertanejos.

A fundação dessa comunidade política se deu ainda nos primeiros anos de apossamento, quando os camponeses se uniram para provar na Justiça que as terras eram do estado, que lhes davam direito, prioridade em comprá-las. Organizaram, para tanto, inúmeras comitivas que se dirigiram para Goiânia, levando suas demandas às mais distintas esferas do poder público. Sem resposta do governo estadual, os trabalhadores realizaram, em 1953, uma coleta de fundos e enviaram um de seus principais líderes, José Porfírio de Sousa (1913-73), ao Rio de Janeiro, então capital do país. O objetivo era conseguir uma sessão com Getúlio Vargas — a fama do presidente de "pai dos pobres" enchia de esperanças os camponeses. O encontro não ocorreu, mas a carta entregue por José Porfírio está registrada na documentação oficial.

A situação dos posseiros, contudo, se tornaria pior a cada dia. A partir de 1950, com a construção da rodovia Belém-Brasília e a transferência da capital federal para o sertão goiano, as terras valorizaram, e a região foi infestada de grileiros. Valendo-se da conivência de cartórios, advogados e juízes da região, os grileiros passaram a exigir a retirada imediata dos posseiros. Além dos falsos títulos, eles se utilizavam também da violência — seus bandos, formados por jagunços e soldados da polícia, espancavam mulheres, idosos e crianças, estupravam esposas e filhas dos posseiros, realizavam prisões arbitrárias e incendiavam as casas e as roças.

Após anos de tratativas frustradas com o poder público e diante do recrudescimento das ações dos grileiros, os posseiros optaram pela radicalização da resistência. Não por coincidência chegaram à região em 1954 cinco camponeses com ideias polêmicas de luta: Geraldo Marques (1912-87), João Soares, Geraldo Tibúrcio, José Ribeiro (1922-92) e Dirce Machado (1934-) eram militantes do Partido Comunista do Brasil (PCB), direcionados à região por identificarem ali um grande potencial revolucionário. A aceitação desses novos companheiros não seria fácil. Embora os posseiros concordassem com o discurso da exploração pelo latifundiário, das covardias da polícia, do direito que todo trabalhador tem a um pedaço de terra, não concordavam com o comunismo — consideravam-no coisa do diabo. A propaganda anticomunista empreendida pela Igreja católica durante toda a década de 1940 tinha criado raízes profundas naqueles sertanejos.

Apenas depois de conquistarem o apoio de José Porfírio é que os militantes comunistas conseguiram se integrar à comunidade. Em 30 de janeiro de 1955, numa reunião com centenas de posseiros, foi fundada a Associação dos Lavradores e Trabalhadores Agrícolas do Formoso, orientada, em grande medida, pelos membros do partido. Porfírio foi eleito presidente, elaborou-se um estatuto e definiu-se o primeiro programa de trabalho: a defesa das terras, o incentivo ao cooperativismo, a construção de escolas e de um hospital para a região. A Associação atuaria no sentido de congregar as diferentes formas de luta empreendidas até então, respeitando as ações e organizações espontâneas dos camponeses. Nesse momento, um dos principais projetos foi o assentamento das famílias recém-chegadas: "nós orgulhava [sic] do projeto de cada chegante ser logo atendido. Foi esse projeto que ensinou a gente o coletivo e a solidariedade". Mesmo nos períodos de grande violência contra os posseiros, a região continuou a receber dezenas de famílias por semana, e todas eram imediatamente acolhidas. Os recém-chegados eram encaminhados a uma posse, e os veteranos contribuíam com o que podiam — uma galinha, um porco, um pouco de leite, sementes — e ajudavam a levantar moradia.

Outra função fundamental da Associação foi a organização da resistência dos posseiros frente aos bandos armados enviados pelos grileiros. A estratégia adotada foi chamada de "guerra de posições". Aproveitando-se do conhecimento do local — as matas, os córregos, as grotas —, os posseiros criaram pontos de apoio e retirada, assim poderiam fustigar os inimigos com poucos tiros e recuar depressa para outro ponto estratégico. Mesmo em desvantagem numérica, essa tática fez com que os camponeses vencessem inúmeras vezes. Uma das lutas mais emblemáticas foi a Batalha de Tataíra, que legou aos sertanejos a fama de invencíveis. O PCB, por sua vez, teve participação importante no envio de armas e no treinamento prático dos camponeses.

A complexidade alcançada pelo conflito passou a exigir dos posseiros um processo constante de debate, num tipo de organização mais dinâmica e horizontal que a Associação. Então, como núcleos espontâneos de discussão, deliberação e organização, surgiram os Conselhos de Córregos, que se constituíram em grande medida a partir das comunidades formadas pelos mutirões, incorporando elementos ao sistema preexistente. Os moradores discutiam em reuniões mensais a produção e seu escoamento, a distribuição e o tamanho máximo das posses, as estratégias de luta e de segurança e as demandas específicas de cada localidade. Todas as questões eram encaminhadas através do voto secreto. Também pelo voto eram escolhidos três representantes de cada Córrego, que se reuniam a cada dois meses (ou conforme a necessidade) na Assembleia Geral dos Córregos. Desses encontros saíam as diretivas gerais da comunidade.

Os Conselhos de Córrego criaram ainda o Conselho Geral, que se transformou no principal fórum político, decisório e deliberativo de Formoso e Trombas. Dele partiu a decisão sobre a divisão da comunidade em grupos estratégicos: havia turmas direcionadas para o assentamento das famílias recém-chegadas; outras para cuidar da manutenção do plantio e da colheita; os responsáveis pela vigilância, que guardavam as entradas da região; os grupos de informação, que, com a ajuda de idosos, mulheres e crianças, criaram uma rede de comunicação eficiente; e os grupos militares, encarregados das táticas de defesa e do abastecimento de armamentos. Foi através dessa sofisticada estrutura administrativa que os posseiros resistiram a quatro anos de intensos ataques.

O fenômeno político dos Conselhos, embora tenha se desenvolvido de forma voluntária no sertão goiano, vinha de uma longa tradição. Sua origem remonta à Europa do século XIX, como órgãos de ordenamento e ação a partir de ações e demandas espontâneas do povo. Segundo Hannah Arendt, essa forma de organização possuía algumas características particulares: pretendia criar um meio alternativo de governança, baseado na liberdade política e de pensamento, organizado de modo horizontal, e tinha seus representantes escolhidos pela base, com critérios independentes de plataformas partidárias. Esses elementos garantiriam que a voz do povo se manifestasse de maneira equânime e integral — como de fato ocorreu em Formoso e em Trombas.

A criação dos Conselhos de Córrego consolidou as relações interpessoais da comunidade e fortaleceu externamente a imagem dos posseiros, que passaram a ser vistos por parte da sociedade como legítimos proprietários daquelas terras. Em 1957 foi organizada a Comissão de Apoio aos Lavradores de Formoso, que ganhou repercussão nacional, contando com a participação de parlamentares, de setores da burguesia, do Judiciário e de estudantes. Houve grande cobertura da mídia, em sua maioria simpática aos camponeses. As diversas pressões que recaíram sobre o governo de Goiás, assim como a proximidade das eleições estaduais, foram suficientes para apaziguar Formoso e Trombas por um período.

Entre 1959 e 1961, durante o governo de José Feliciano Ferreira (1916-2009), a região passou a ser ignorada pelo poder público. Todas as questões relativas ao bem comum da comunidade, como atendimento médico, escolas e a construção de estradas e pontes, precisaram ser assumidas pelos próprios posseiros. Mas não parava por aí: era preciso manter o funcionamento do aparato militar, evitando o retorno dos jagunços; lidar com os eventuais conflitos entre posseiros; receber e determinar as posses das famílias recém-chegadas; dinamizar a vida econômica da região. Para tanto, a Associação se dividiu em três: Formoso e Trombas, Serra Grande e Rodovalho. Com isso, o número de Conselhos de Córrego chegou a 25.

Apenas em 1961, com a posse de Mauro Borges (1920-2013), é que a região foi reintegrada ao quadro político-institucional do estado. O novo governador recebeu os moradores de Formoso e Trombas a fim de negociar os termos para a entrega dos títulos de propriedade das terras. Os critérios de tamanho e localização das glebas foram discutidos coletivamente em reuniões dos Conselhos de Córrego e das Associações. Nos anos seguintes, centenas de títulos de propriedade foram entregues aos posseiros. José Porfírio foi eleito deputado estadual, e Formoso se tornou um município independente.

Com o golpe militar de 1964, contudo, a experiência política de Formoso e Trombas foi interrompida. A maioria dos líderes, por julgarem suas forças inferiores, decidiu pela não resistência. Em questão de dias a região foi invadida, as ações dos Conselhos e das Associações foram suspensas, um interventor foi nomeado para o município de Formoso e dezenas de camponeses foram presos e torturados. A principal acusação se baseava numa narrativa criada pelos setores conservadores em anos anteriores sobre a República de Formoso e Trombas, que seria um "território liberado" da legislação brasileira. Uma Constituição do Estado das Trombas foi forjada a fim de acusar os posseiros de criarem uma região "integrante e autônoma sob o regime russo [...] com o Executivo regido pelo sr. ditador José Porfírio". Diante das barbaridades cometidas pelo Exército brasileiro, a maioria dos camponeses abandonou suas terras. Porfírio, que havia se tornado uma das lideranças camponesas mais importantes da época, seria preso em 1972 e se tornaria um dos mais de trezentos desaparecidos políticos da ditadura militar.

A experiência que ali se encerrava poderia ser descrita, a despeito das diferenças no tempo e no espaço, como uma *politeia* — vida livre entre iguais. A disposição associativa dos posseiros fez com que eles lutassem pelo direito de viver na comunidade política e dela participar em plena liberdade e independência. Mesmo excluídos por uma República que os tratava como párias, esses sertanejos foram capazes de mobilizar valores da própria República para criar outra maneira de viver. Embora derrotada pelas forças militares do Exército, a experiência comunitária de Formoso e Trombas não foi esquecida. Redescobrir a ação, perceber-se pessoa e ressignificar uma classe são o legado inconteste da comunidade concebida pelos sertanejos no Brasil Central.

G

GÊNERO E O BRASIL REPUBLICANO > 123

Maria Filomena Gregori

GÊNERO E O BRASIL REPUBLICANO

Maria Filomena Gregori

NADA MAIS REVELADOR DA NATUREZA PARADOXAL DAS RELAÇÕES sociais no Brasil do que introduzir um verbete sobre gênero e República invocando Maria Firmina dos Reis (1822-1917), considerada, nos dias de hoje, a primeira romancista brasileira. Nascida em São Luís do Maranhão antes da Proclamação da República, ela se autodeclarava negra e bastarda. Foi registrada apenas em 1825, estando ausente no documento o nome do pai. Em pesquisas recentes a mãe Leonor Felipa dos Reis aparece como uma escrava alforriada. Sua condição desprivilegiada em uma sociedade ainda escravocrata e profundamente patriarcal foi compensada, em parte, por ter vivido com uma tia materna, ao que se deve a sua formação, e por ter sido prima do escritor maranhense Francisco Sotero dos Reis (1800-71). Seu romance *Úrsula*, de 1859, com evidente teor abolicionista, é anterior à escrita do poema de 1869 de Castro Alves (1847-71) "O navio negreiro", bem como à publicação do romance *A escrava Isaura*, de Bernardo Guimarães (1825-84), em 1875. Seu pioneirismo e sua excepcionalidade acrescentaram à sua biografia ter vencido o concurso para a cadeira de instrução primária (tendo sido professora de primeiras letras), ter colaborado ativamente na imprensa maranhense (na qual publicou o conto "A escrava", em 1887), ter participado de antologias e, além das letras, ter deixado marcas como musicista e compositora.

Sua pena destaca, com toques do romantismo brasileiro, sua posição contrária à escravidão combinada às descrições detalhadas do cenário opressivo das experiências das mulheres, em particular do sofrimento e da resiliência das mulheres escravas. Singular, contudo, é sua estratégia narrativa que, tanto no romance *Úrsula* quanto no conto "A escrava", escolhe como protagonistas mulheres brancas, as únicas na condição feminina com uma voz possível, ainda que precária. Não sem um toque sutil de ironia, Maria Firmina dos Reis, no prólogo do romance, afirma:

> Sei que pouco vale este romance, porque escrito por uma mulher, e mulher brasileira, de educação acanhada e sem o trato e a conversação dos homens ilustrados, que aconselham, que discutem e que corrigem, com uma instrução misérrima, apenas conhecendo a língua de seus pais, e pouco lida, o seu cabedal intelectual é quase nulo.

Essa modéstia, antes de configurar submissão, assinala uma consciência arguta sobre os limites da participação feminina na vida pública e letrada. Além disso, contribui política e teoricamente ao articular o questionamento da escravidão com a inferiorização das mulheres, sintetizada, de modo trágico, nas desventuras das escravas. A obra é inteira perpassada pela ênfase na origem africana dos negros e no reconhecimento da força de uma história que, mesmo alvo de brutalidade, a escravidão não teve o poder de destituir. Em *Úrsula*, ao discorrer sobre a amizade entre um cavaleiro e o escravo Túlio, a autora salienta sobre o último que "o sangue africano refervia-lhe nas veias" ao enunciar: "a minha condição é a de mísero escravo! Meu senhor — continuou — não me chamai amigo. Calculastes já, sondastes vós a distância que nos separa?". Essa sensibilidade, que ressalta uma relação improvável, revela as idiossincrasias da desigualdade que reúne sob um mesmo manto a bestialização dos escravos e a pretensa igualdade dos seres humanos prometida pela República.

A partir da República no Brasil, as aspirações à formação educacional, ao direito ao voto e à elegibilidade, à inserção profissional, com parâmetros igualitários em relação aos homens, foram defendidas por mulheres extraordinárias, entre elas Bertha Lutz (1894-1976), Maria Lacerda de Moura (1887-1945) e Carlota Pereira de Queirós (1892-1982). Antes, porém, vale lembrar de Nísia Floresta Brasileira Augusta (1810-85) — pseudônimo de Dionísia Gonçalves Pinto —, escritora, educadora, defensora das ideias abolicionistas, republicanas e feministas que morreu poucos anos antes da Proclamação da República. Nascida no Rio Grande do Norte, ela representa um desses casos exemplares, mais do que uma "exceção escandalosa" dentre as sinhazinhas que mal sabiam escrever, segundo o olhar levemente misógino de Gilberto Freyre (1900-87) em *Sobrados e mucambos* — exemplar no sentido de expressar o espraiamento pelo Brasil novecentista, sobretudo entre as mulheres dos segmentos médios e altos, de uma atração crescente aos ventos sufragistas, vindos, inclusive, do diálogo e da influência das militantes europeias. Esse também é o caso de Nísia Floresta que, em 1832, publica *Direitos das mulheres e injustiças dos homens*, uma "tradução livre" do clássico de Mary Wollstonecraft (1759-97), *Reivindicação dos direitos da mulher*, de 1792. Os quarenta anos que afastam a publicação desses dois livros, bem como o desejo pessoal e político de interferir na sociedade de seu tempo, tornaram o que seria uma tradução num texto próprio. *Direitos* guarda com *Reivindicação* a afinidade de exigir uma sociedade mais justa a partir do reconhecimento da relevância feminina e a sua promoção por meio da educação, uma linhagem política que visava à inclusão e denunciava o aprisionamento das mulheres à vida doméstica. Porém, o livro de Nísia apresenta, especialmente no último capítulo, maior ambiguidade, ou menor radicalidade, ao aderir ao positivismo e ao acentuar as funções substantivas das mulheres como mães e esposas. Ao final da obra, Nísia Floresta assinala não ter a intenção de revoltar as mulheres contra os homens: apenas pretende alertar para o fato de que seu sexo não é desprezível. Talvez seja melhor afirmar que, menos do que uma ambivalência, foi um sinal de bom senso, efeito paradoxal das limitações concretas à liberdade de ideias e aos reais obstáculos enfrentados pelas mulheres pioneiras no contexto em que viveram.

Bertha Maria Júlia Lutz, ao retornar da Europa em 1918 logo após o término da graduação (na Inglaterra e na França, onde cursou biologia na Sorbonne), incentivou a campanha pela igualdade, criando, ao lado de Maria Lacerda de Moura, a Liga para a Emancipação Intelectual da Mulher que, em 1922, se tornou a Federação Brasileira pelo Progresso Feminino (FBPF). Além desse protagonismo, Bertha Lutz foi a segunda mulher a ingressar por concurso no serviço público, tendo sido classificada em primeiro lugar para a vaga no Museu Nacional, ao qual dedicou 46 anos de trabalho com uma sólida carreira científica.

Em 1932, o Brasil ganhou um novo Código Eleitoral e nele, com o decreto nº 21 076, estabeleceu-se o voto feminino e o voto secreto. Ainda naquele mesmo ano, Bertha Lutz fez parte da Comissão Preparatória do anteprojeto da Constituição (promulgada em 1934), na qual teve oportunidade de propor os *Treze princípios básicos de direito constitucional*, defendendo o direito de mulheres ao acesso às funções públicas, à direção e administração, tendo ainda atuado em temas próximos à sua profissão, como questões relativas à transmissão da lepra, o combate à malária e a proteção à natureza. Foi deputada federal em 1935 e 1937, quando o Congresso foi fechado com o advento do Estado Novo.

Na tradição política brasileira e no marco da história da nossa República, é consistente a participação de lideranças feministas na resistência às ditaduras, sendo a mais longa a do regime militar, iniciada com o golpe de 1964, marcado pela perseguição, tortura e exílio de militantes que voltaram ao Brasil, tempos depois, somente com o processo de abertura política. Em 1975, na comemoração do Ano Internacional da Mulher, promovido pela Unesco, foram criadas duas entidades com conformação especificamente feminista: o Centro de Desenvolvimento da Mulher Brasileira e o Movimento Feminino pela Anistia, cujo órgão semioficial era o jornal *Brasil Mulher*. Em 1976, foi criado o jornal *Nós Mulheres* e, em 1981, o *Mulherio*. Foram anos de intensa mobilização que culminaram nos conselhos paritários de direitos da mulher, em âmbitos municipais, estaduais e federal, bem como na consolidação de direitos, presentes na Constituição Cidadã de 1988. Importa assinalar que, durante a campanha Mulher e Constituinte (por incentivo do Conselho Nacional dos Direitos da Mulher), a maioria dos grupos e das associações feministas formulou a "Carta das mulheres brasileiras aos constituintes", entregue por Jacqueline Pitanguy ao presidente da Assembleia Nacional Constituinte, o então deputado Ulysses Guimarães (1916-92). A partir dessa iniciativa, formou-se uma aliança suprapartidária, conhecida como "Lobby do Batom", conquistando 80% das reivindicações elencadas, entre elas: a licença-maternidade de 120 dias para as mulheres, o direito à posse de terra para homens e para mulheres, a igualdade salarial e mecanismos para coibir a violência doméstica. Não se conseguiu o direito ao aborto; aliás, não conquistado até hoje, o que configura significativa postura conservadora da classe política brasileira em todos esses anos de República.

Dessa atividade política deriva a proliferação de contribuições de peso dos chamados estudos feministas no cenário das humanidades. A década de 1960 marcou a história política do Ocidente, e as mudanças promovidas contaram com a participação intensa dos vários movimentos libertários, entre eles o feminismo. Estes foram importantes, em particular, para as transformações da mentalidade política — desde o advento das novas esquerdas, iniciado em reação à invasão da Hungria pela União Soviética em

1956 —, para o surgimento de novos atores políticos — jovens, mulheres e gays, que contestavam as vias stalinistas, leninistas ou trotskistas como utopias encompassadoras — e para a difusão da crença de que a política faz parte da vida privada, perpassada pelas orientações pessoais na sexualidade, no cotidiano e nas relações entre gerações. Por sua vez, os anos 1980 e 1990 inauguraram novos paradigmas ou, mais precisamente, o questionamento de variadas teorias modernistas, a partir da problematização de categorias ou de conceitos.

Como uma definição exploratória, "gênero" é uma noção que se utiliza frequentemente para designar as relações sociais organizadas pelas distinções sexuais que constituem e reproduzem eixos de desigualdade. Por ser uma diferenciação com clara alusão à distribuição de poderes na sociedade, trata-se de uma categoria que carrega em sua história um vínculo inseparável com a luta por direitos e, nesse caso, pela expansão de oportunidades e acesso das mulheres ao mundo social. "Gênero" passou a ser empregado a partir de uma descrição médica elaborada originalmente pelo psicólogo e sexólogo norte-americano John Money (1921-2006) em sua tese de doutorado no final dos anos 1940, e fez uso do termo no tratamento de intersexuais. Nos anos 1960, o também médico e psicanalista Robert Stoller (1924-91) ampliou seu sentido com a conceituação de "identidade de gênero", ou seja, a percepção que as pessoas têm sobre si e sobre os outros, caudatária dos significados atribuídos ao masculino e ao feminino pelo repertório social e cultural circundante. Assim, é preciso destacar que seu uso inicial remonta a uma distinção entre a identidade, composta culturalmente, e à conformação sexual, no que diz respeito aos aspectos físicos e psíquicos. Muito do que se divulgou, a partir dessas primeiras formulações, foi apropriado pelo direito e pelo senso comum, implicando uma conexão — muitas vezes entendida de modo estático — entre atributos comportamentais e distinções biológicas. Coube ao universo de pesquisas e reflexões das ciências humanas, afinadas a variadas tendências feministas, levantar os problemas e as limitações dessa oposição entre natureza e cultura, posta na relação binária entre sexo e gênero. Ao empregar a distinção sexo/gênero como um instrumento conceitual e colocar o aspecto pretensamente inato da feminilidade e da masculinidade em exame crítico, tais contribuições afirmaram que a subordinação das mulheres seria produto do modo de organização da vida social e da desigualdade de poder dela decorrentes. Dentre as pensadoras feministas que mais se destacaram na formulação teórica estão a historiadora Joan

Scott (1941-) e a antropóloga e primatologista Donna Haraway (1944-). Para elas, gênero, mais do que apenas estabelecer distinções classificatórias, como uma mera variável de natureza sociológica, é uma interpelação que, na interface com a distribuição assimétrica de poderes, ajuda a revelar questões de fundo epistemológico. Para Scott, gênero não é um descritor, propondo que seja tomado como uma categoria política e, sobretudo, analítica.

A conceituação de gênero que nos parece a mais proveitosa foi proposta pela filósofa Judith Butler (1956-) ao afirmar que as regulações de gênero são organizadas em um aparato de poder, por intermédio do qual a produção e a normatização do masculino e do feminino tomam lugar a partir de variadas formas, como hormônios e cromossomos. Normas não são o mesmo que regras ou leis. Elas operam nas práticas sociais e, ainda que possam ser delas separadas por razões analíticas, não podem ser apreendidas de maneira abstrata, isto é, fora de contextos concretos. Podem ou não ser explícitas. Segundo a autora, as normas permanecem frequentemente implícitas nas práticas sociais, difíceis de serem discernidas ou decifradas. É possível observá-las com maior clareza na dramaticidade dos efeitos que produzem. Gênero, nesse sentido, é um aparato construído nas práticas sociais que materializam os corpos e que instituem constrangimentos, estando longe de conduzir a uma estabilidade definitiva. Esse aparato deve ser visto como um conjunto de dispositivos que criam desigualdades de poder, mas também, e ao mesmo tempo, trata-se de uma estrutura aberta a transformações. Como bem assinala Butler, gênero é uma prática de improvisação em um cenário de constrangimentos. Além disso, nessa formulação não há risco às tentações modernas que conduzem ao substantivismo e aos essencialismos: ninguém faz o gênero sozinho, ele implica uma relação, uma socialidade.

A implicação mais imediata desse conceito alerta para o fato de que a igualdade, perante a lei, não só não foi alcançada por nenhuma nação, como a própria definição de igualdade e de acesso à Justiça constitui processo aberto a disputas e poderes diferenciais entre os atores sociais. Países como o Brasil apresentam essa desigualdade de modo acentuado e crônico por sofrer crise aguda do seu Estado, entendido como um conjunto de burocracias pouco eficiente, com dificuldade para firmar as leis e para garantir que as instituições estatais se orientem segundo uma concepção de bem público. Esse é um quadro paradoxal que acaba por determinar um tipo de Estado que mistura características democráticas e autoritárias: os direitos políticos são respeitados, mas o exercício pleno da cidadania ainda é truncado.

A ideia de uma Justiça igualitária, baseada em princípios ou valores universais, oculta, na verdade, as desigualdades que a própria Justiça produz: aquilo (e aqueles) que ela exclui, ou ainda os que ela nem considera. Seria fantasioso imaginar que possa existir uma esfera na sociedade, mesmo com as melhores intenções ou excelência de procedimentos, que atue com pretensões de neutralidade. Contudo, tal fantasia aparece como quimera, como algo que deveria ser alcançado, corrigindo seus desacertos. O efeito dessa quimera é a dificuldade de apreender ou mesmo de decifrar os mecanismos que tornam as relações de gênero complexas e intrincadas.

Há uma negligência em reconhecer que as desigualdades persistentes no mundo contemporâneo — tais como remuneração inferior para mulheres que exercem os mesmos cargos de trabalho que homens e o raro acesso a posições elevadas de poder — estão intimamente relacionadas a uma concepção que não computa hierarquias e assimetrias em âmbitos da vida privada, ou mesmo doméstica e familiar, para compreender os indivíduos e os limites diferenciais de sua atuação no mundo.

Por fim, é relevante não reificar ou determinar as assimetrias baseadas em gênero. Não que o gênero — como categoria de diferenciação que compõe mapas hierárquicos e constitui posições de desigualdade — não seja fundamental para pensar e atuar contra a assimetria nas relações de poder e de força e, de alguma forma, para instituir parâmetros igualitários que fortaleçam as instituições democráticas no marco republicano. Porém, convém indagar se o gênero não deveria estar articulado a outras categorias de diferenciação social também fundamentais, como classe, raça, idade, nacionalidade, além da orientação sexual.

Dessa complexidade deriva uma constatação que inegavelmente dificulta a ação política, sobretudo as ações sedentas de explicações e em busca de inimigos essenciais e permanentes. Essa constatação é a de que mulheres, negros, índios, homossexuais, transexuais, transgêneros (bem como aquelas pessoas que querem praticar transgressões às normatividades sexuais mas não querem portar identidades) vivem em meio a relações, e suas identidades vão sendo criadas por um processo de espelhamentos e contrastes que não se esgota. À República cabe ainda o dever e a missão de assegurar a esses sujeitos o exercício de seus direitos fundamentais, com liberdade e dignidade, de garantir suas identidades e de dirimir a vulnerabilidade a que estão expostos.

H

HAITIANISMO NO BRASIL > 133

Flávio Gomes

HAITIANISMO NO BRASIL

Flávio Gomes

EM 1899, NUMA PUBLICAÇÃO PERIÓDICA DA EDITORA IGREJA Positivista do Brasil, *Apostolado Positivista do Brasil*, o professor Lima Coutinho editaria "Toussaint-Louverture: Ensaio de uma ode para servir de letra ao hino composto pelo professor Lima Coutinho", em que um trecho dizia o seguinte:

Desde então tu foste o gênio
Da liberdade africana:
A legião sobre-humana
Sonhando teu nobre Haiti,
Que, da fereza estrangeira
Redimindo a raça inteira,
Acabe o martírio em ti!

Ao Herói, ó brasileiros!
Da raça cuja ternura
Em vossas almas fulgura
A fronte grata inclinai!
No fastígio das grandezas;
Do martírio entre as cruezas;
Seu nobre exemplo imitai!

Àquelas alturas, já haviam se passado dez anos do golpe militar republicano e onze da abolição da escravidão. Imagens do Haiti eram então evocadas pelos positivistas. Mais do que memórias, eles reinventavam simbologias de liberdade e de republicanismo num tempo em que as incertezas sobre o fim da escravidão e os temores de insurreições escravas eram algo muito distante.

Aqui ou acolá, na propaganda republicana dos positivistas, representações não necessariamente do Haiti, mas sim sobre Toussaint (1743-1803), o grande líder da Revolução Haitiana, se espalhariam por diferentes partes do país. Porém, um século antes, rumores sobre a Revolta de São Domingos alvoroçavam autoridades coloniais, fazendeiros e escravizados. No Rio de Janeiro, em 1792, o estadista inglês John Barrow (1764-1848) tinha notado que o comportamento dos escravos havia mudado — exatamente no contexto em que circulavam notícias sobre a Revolução Francesa e também sobre as revoltas negras em São Domingos.

Na região das Guianas, no final do século XVIII, o movimento de fugas de escravizados e a circulação de ideias fizeram o medo aumentar. Em 1791, autoridades portuguesas diziam que das áreas de fronteiras "continuavam a descer [dos mocambos] alguns pretos, que vinham 'convidar'" mais escravizados a escaparem. Temiam os franceses das Guianas, pois "aqueles turbulentos vizinhos se podem servir para introduzir o fogo da discórdia que os consome, muito mais lisonjeando os escravos com a ideia da pretendida liberdade, e igualdade". Na mesma época, relatórios de emissários destacavam: "Pelas ruas de Caiena não se ouvem só outras palavras que não sejam — Convention, Nation, Citoyen et Égalité — e isto ainda na boca dos mesmos pretos". Em 1809, quando da ocupação da Guiana Francesa, a ordem seria evitar a todo custo "o sistema da insurreição dos escravos" em Caiena, tal como "levantaram em São Domingos a sanguinosa voz da liberdade aos escravos, voz que decidiu, no meio dos mais horrorosos tormentos, da vida de quase todos os habitantes brancos que residiam naquela ilha".

Um padre português, circulando em Belém, em 1814, logo causou temor, gerando intensa troca de correspondência entre as autoridades policiais locais. Denunciou-se que ele, "em conversação com alguns negros que o serviam, deplorou muito a sorte deles, dizendo-lhes que todos eram filhos de Deus, e nenhum motivo havia para serem escravos dos brancos, mostrando-lhes o exemplo dos de São Domingos".

Foi o antropólogo e historiador Luiz Mott quem localizou em arquivos portugueses um documento revelador a respeito de como — e com que intensidade — as ideias sobre o Haiti, para além dos rumores, alcançavam o Brasil oitocentista. Em 1805, um ano após Jean-Jacques Dessalines (1758-1806) proclamar a independência do Haiti, o ouvidor do Crime da Corte do Rio de Janeiro mandou "arrancar dos peitos de alguns cabras e crioulos forros, o retrato de Dessalines, imperador dos negros da ilha de São Domingos". E estes "estavam empregados nas tropas da milícia do Rio de Janeiro, onde manobravam habilmente a artilharia".

Vários outros registros, frutos de pesquisas nos arquivos, apresentaram mais evidências. Em 1814, em Salvador, após uma sublevação africana em Itapuã, comerciantes denunciaram que cativos "falavam abertamente de suas revoltas, comentando os acontecimentos do Haiti" e gritavam "Liberdade! Viva os negros e seu rei" e "Morte aos brancos e aos mulatos".

Em Pernambuco, na época da Revolução de 1817, um inglês alertaria: "Poderia resultar na expulsão de todos os brancos deste continente e no estabelecimento de uma segunda São Domingos nos territórios brasileiros". No Recife, um capitão de navio estrangeiro garantiu: "O exemplo da ilha de São Domingos é tão horroroso e está ainda tão recente, que ele só será bastante para aterrar os proprietários deste continente".

No contexto da Independência no Brasil, no começo dos anos 1820, percepções políticas diversas foram ativadas, e temores fariam renascer as imagens do Haiti. Em Salvador, um informante francês enviado pela Coroa portuguesa comentava sobre a participação de escravos, africanos, crioulos e libertos nos debates políticos. Alertava, ainda, sobre o perigo de um "partido dos negros e das pessoas de cor", pois seus aliados viam "com prazer e com esperanças criminosas as dissensões existentes entre os brancos". Preocupado com panfletos e papéis "sediciosos" lidos pela população negra livre, avisava: "toda a revolução acabará no Brasil como o levante dos escravos, que quebrando suas algemas, incendiarão as cidades, os campos e as plantações, massacrando os brancos, e fazendo deste magnífico Império do Brasil uma deplorável réplica da brilhante colônia de São Domingos".

Receios — e até mesmo denúncias — de rebeliões escravas relacionados às imagens dos acontecimentos na ilha de São Domingos surgiriam por toda parte. Em 1824, em Sergipe, na vila de Laranjeiras, apareceram em vários pasquins e "em pequeninos pedaços de papel grudados com cera de abelha nas portas dos locais mais destacados" as seguintes palavras de ordem: "Vivam mulatos e negros. Morram os marotos e caiados". Denúncias chegaram a relatar a realização de um jantar de conspiradores e revoltosos, em que foram proferidos vivas à "igualdade de sangue e de direitos" e "elogios ao rei do Haiti" e a "São Domingos, o grande São Domingos".

No Recife, em 1824, quando da eclosão da Confederação do Equador, diziam que a população urbana, majoritariamente negra, ameaçava saquear as lojas de proprietários portugueses, cantando nas ruas: "Qual eu imito a Cristóvão,/ Esse imortal haitiano/ Eia! Imitai a seu povo,/ Oh, meu povo soberano!". Em 1829, foram feitas denúncias às autoridades provinciais de Sergipe sobre um plano de "revolta dos negros forros, e cativos, a qual tinha por objeto o massacre geral dos brancos, e a instituição do horroroso sistema da ilha de São Domingos".

Em meados da década de 1830, o medo do Haiti no Brasil renasceria devido à Revolta dos Malês, em 1835. Em várias partes do Império haveria acusações e repressão, especialmente contra africanos. No Rio de Janeiro, chegou-se a investigar alguns "pretos da ilha de São Domingos" que tinham desembarcado e foram avistados andando "em meio de muitos pretos" na rua dos Latoeiros. Em 25 de janeiro de 1836, uma queixa anônima foi enviada ao governo imperial lembrando-lhe o "exemplo da ilha de São Domingos". Denúncias exageradas chegaram a revelar que um "cafre" haitiano, chamado Moiro, convidava os escravos das vilas de Bananal, Areias, Barra Mansa e São João Marcos à insurreição. No ano seguinte, foram feitas investigações na freguesia da Candelária. Na casa de Miguel Cerigueiro, à rua da Quitanda, estaria hospedado "um tal Emiliano suspeito de *haitianismo*".

Avançando o século XIX, rumores sobre revoltas e sobre a percepção política dos escravos em movimentos sociais mais uma vez despertariam temores em relação ao Haiti. Ainda em 1846, quando foi preso nas ruas do Recife Agostinho José Pereira, negro livre, houve muito alvoroço. Pastor negro, conhecido como "Divino Mestre", Agostinho era um desertor militar que tinha participado da Sabinada, na Bahia, em 1837-8. Era acusado tanto de fomentar uma "seita religiosa" quanto de estar envolvido no planejamento de uma rebelião, com contatos em outras províncias. Nas investigações foram encontrados com Agostinho escritos em versos, chamados ABC, que tratavam de "liberdade" e mais explicitamente do Haiti. No Grão-Pará, as imagens haitianas presentes na documentação policial reapareceriam em 1848 — justamente no período da definitiva abolição da escravidão nas colônias francesas. Cativos fugidos do Grão-Pará, com a abolição, rumavam cada vez mais para Caiena. No início de 1849, um ofício enviado pela legação imperial em Paris alertava as autoridades paraenses sobre as atividades de "um mulato natural de São Domingos". Ele se identificava como súdito inglês e era "emissário das sociedades que trabalham pela liberdade dos escravos" e "unindo-se com outros agentes das mesmas associações partiu com eles para a Inglaterra para de lá se dirigirem a Guiana com o projeto de penetrar no Brasil".

Fontes fragmentadas e dispersas pouco revelam sobre as formas de apropriação das ideias de liberdade envolvendo o Haiti. Mais do que planejar uma grande insurreição, cativos, libertos, africanos, crioulos e homens negros livres podiam compartilhar significados do Haiti que amedrontavam os "brancos" e causavam receios e o reconhecimento da possibilidade de mobilização política e, fundamentalmente, de estouro de protestos com uma retumbante vitória.

Ainda assim, não podemos generalizar. Escravos, libertos, crioulos, africanos e homens livres pobres poderiam ter avaliações nem sempre compartilhadas. Os momentos evocados, e que tratam das manifestações explícitas sobre o assim chamado "haitianismo", podem revelar como as conjunturas eram examinadas e como as expectativas diversas, de diferentes grupos sociais, pipocavam por todos os lados. Havia tanto uma circulação da experiência da sedição quanto uma avaliação temerosa de autoridades e dos fazendeiros quanto à possibilidade de articulação entre tal experiência e a subversão no contexto do final do século XVIII.

É possível considerar diferentes interpretações nessas evocações e imagens do Haiti no Brasil escravista. Os temores de São Domingos do século XVIII foram transformados em "haitianismo" no século XIX, significando, além das possibilidades de revoltas de escravos, também a mobilização política racial, incluindo libertos e a população negra letrada. Assim, o termo ainda foi utilizado para denunciar conspirações, ajuntamentos da população negra, e não apenas da população escrava. Vários significados surgiriam. Para escravizados, a experiência de São Domingos e depois do Haiti representava liberdade e o fim da escravidão. Para fazendeiros e autoridades, de uma forma geral, a imagem era estendida a massacres raciais e conspirações de negros. Além do mais, esses variados significados seriam constantemente redefinidos.

As justificativas ideológicas para a República revelariam símbolos, imagens e aspectos discursivos, muitos dos quais utópicos. Para os positivistas, aqueles que mais instrumentalizaram as imagens de Toussaint, havia a perspectiva de mitificar a humanidade entre alegorias. Assim, não recuperavam o Haiti — e sua experiência anticolonial e escravista —, mas sobretudo Toussaint como um santo, no sentido da ciência como uma nova religião, sendo ele apresentado como um dos grandes homens da humanidade.

ICONOGRAFIA DA REPÚBLICA*

Lilia Moritz Schwarcz

NOVOS REGIMES COSTUMAM CONSTRUIR SUAS PRÓPRIAS NARRATIVAS com o objetivo de justificar e naturalizar o que pode parecer improvisado, repentino e sem lastro. Por isso mesmo, muitas vezes se servem da história como fonte de legitimação e com frequência informam, distorcem ou destacam certos elementos em detrimento do silêncio de outros. É assim que dão um jeito de ir ao passado para fazer sentido no presente.

Com as narrativas visuais não ocorre nada de muito diferente. Não raro se travam verdadeiras batalhas imagéticas em busca da melhor representação iconográfica. São vários os exemplos de países que fazem uso de imagens da Antiguidade para assegurar uma visão grandiosa e elevada, tradicional até, de uma nação que foi apenas recém-instaurada. Também é comum que se recorra a modelos visuais vitoriosos do passado recente, ou quase contemporâneos, para que dessa maneira as jovens nações tenham sua história associada a ações, circunstâncias ou guinadas políticas com as quais compactuam.

O certo é que imagens oficiais se valem de tradições iconográficas capazes de produzir efeitos instantâneos, porque pautados em associações visuais. Um céu aberto denota esperança; um soberano com a mão apoia-

* Este verbete dialoga intimamente com a iconografia presente no caderno de imagens que acompanham este *Dicionário da República*.

da num pergaminho é logo relacionado àquele que governa tomando a lei como prumo e guia; o olhar que fita o horizonte é marca do governante que planeja com cuidado o seu futuro; um livro nas mãos sugere erudição e assim vamos. Desse modo, uma alegoria jamais será apenas uma alegoria, pois evoca uma condução moral elevada, um exemplo a ser seguido.

Esses são hábitos de visão, regimes de conhecimento, formas de percepção cognitiva que acabam por criar verdadeiros dicionários de símbolos visuais, feitos de padrões, referências, inferências e analogias. Estamos tratando, pois, de construções sociais da visão, ou mesmo de construções da visão social. No entanto, imagens não são apenas "decorrência" de algo, funcionando muitas vezes como "causa". Segundo a antropóloga Manuela Carneiro da Cunha, a cultura, "aquela rede invisível na qual estamos suspensos", carrega consigo uma capacidade "reflexiva". Cultura é o que ela *faz*, e por isso não se comporta tão somente como produto ou como mero reflexo de seu momento; ela produz realidades e compreensões poderosas acerca da época que a viu nascer.

A cultura visual age, portanto, como metalinguagem reflexiva, pois é contaminada, mas também contamina seu contexto. Mais do que ilustrações que acompanham textos, a iconografia de Estado evoca convenções assentadas e atravessa concepções políticas, históricas, sociológicas, semióticas e estéticas. E é nesse sentido que as imagens permitem abordar questões referentes à ética, ao conhecimento e ao poder.

Não obstante, menos do que discutir teoria da imagem, a intenção deste verbete é dar imagem à teoria, no sentido de ela se comportar como uma instância privilegiada e formadora de representações. Afinal, as imagens implicam um processo abrangente de significação, em que estão incluídos sistemas de intercâmbio imagéticos, culturas políticas, bem como a transferência de valores, imaginários utópicos e realidades pragmáticas.

É certo que nosso cotidiano se encontra povoado por imagens, mas em momentos de guinada política, em períodos que se pretendem inaugurais, dá-se uma produção ainda mais acelerada de uma iconografia pátria; tão acelerada que por vezes nos lembramos de um evento por meio de pinturas, litografias, fotos ou gravuras.

A história da República brasileira, que se inicia em 15 de novembro de 1889, segue de perto essa fórmula visual. Imagens não são inocentes, e aquelas introduzidas pela jovem República confirmam como se travou, sobretudo nos primeiros anos do regime, uma inequívoca batalha visual. Afinal, é possível dizer que o Império, e em particular o Segundo Reinado, criara com êxito uma vasta iconografia nacional. Nela, o monarca logrou sublinhar os trópicos edenizados e os indígenas idealizados, de forma a garantir uma representação tão particular — porque tropical — quanto universal — pois assentada numa monarquia tradicional, descendente direta dos Habsburgo, Bourbon e Bragança. Esse foi o movimento artístico conhecido como "indigenismo romântico", o qual, na segunda metade do século XIX, tratou de elevar a figura de d. Pedro II (1825-91) e de seu Império. Tratou também de mostrar apenas parte da população: os nativos locais, estereotipados como "bons selvagens", prontos para morrer em nome da "civilização" que tomava forma por meio da monarquia.

E se a operação foi coberta de sucesso — com o soberano divulgando nacional e internacionalmente a sua própria imagem junto a seu reino "pacífico" —, a República brasileira também não deixaria por menos. Ainda no finalzinho de 1889, usou e abusou dos símbolos da República francesa, multiplicando a figura feminina de Marianne, com seus braços desnudos, o barrete frígio disciplinando os cabelos ao vento, os pés descalços tocando o chão e a insistência por cenas ao ar livre nas quais ela sempre aparece em ação. A imagem de Marianne significava o oposto lógico e imagético ideal para se contrapor ao soberano maduro, de barbas brancas, sério e imortalizado em ambientes fechados: no Paço, em seu gabinete, visitando instituições.

Marianne surgiria, a partir de então, nas mais variadas circunstâncias, suportes e cenas. Sempre desenhada como uma mulher valente, altiva, destemida e vestida com indumentárias que evocavam as deusas gregas da sabedoria e da prudência, ela ganharia a preferência dos artistas da época, que não se cansavam de divulgá-la por todo o vasto território brasileiro. Ali estava ela recebendo a coroa das mãos do chefe do último gabinete do Império, o qual, ajoelhando-se a seus pés, reconhece a "superioridade da República" e o caráter "ultrapassado da monarquia". Ela pode ser vista, ainda, ao lado dos indígenas e do povo, buscando implicar a ideia de que o novo governo seria feito pela *res publica* e não por aquela *privata*, como seria o caso da realeza, logo associada à tirania. É ela também que sobrevoa os céus dos brasileiros com suas imensas asas para eternizar a jovem República, ou que cumprimenta e é cumprimentada por outras colegas: a Marianne argentina e a Marianne francesa, por exemplo. Neste último caso, a versão tupiniquim surge mais nova, quase uma adolescente, porque já está pronta para receber as lições da mais madura das Mariannes: a francesa. Todas elas também louvam os Estados Unidos do Brasil, com seus carros alados, elegantes; sentadas de forma majestosa em seus tronos ou liderando a "população" que saúda a Revolução. É ela por fim que aparece à frente do movimento, portando sua espada da Justiça, seu manto coberto por muitas estrelas, as quais enumeram os diferentes estados do país, mas também convidam a uma associação evidente ao exemplo norte-americano. Todavia, a grande matriz é francesa, com o paralelo possível entre o regicídio de Luís XVI (1754-93) e o exílio de Pedro II, ambos afastados para que "a fraternidade, a liberdade e a igualdade", de fato, vingassem com o advento da República.

Nos novos teatros nacionais, construídos no final do século XIX, o mesmo tipo de figuração aparece disposta nos tetos, alpendres e esculturas. O Theatro da Paz, em Belém do Pará, fundado em 1878, apresenta em seu pano de boca, pintado na França no ateliê Carpezat, uma Marianne idealizada, com um triângulo maçônico ao fundo, enquanto indígenas e populares, ladeados por alegorias da Antiguidade, juntos e misturados, saúdam o novo regime. Já no Theatro Amazonas, inaugurado em 1896, para saudar a República brasileira, também figurou no teto do salão nobre uma série de musas de autoria do pintor italiano Domenico De Angelis (1853-1900), todas brancas, pairando sob nuvens e lideradas por uma personagem feminina central e alada. Ela é a única que traja uma roupa dourada, traz nas mãos os louros de César e uma estrela na testa, homenageando o novo regime.

Mas o transplante da imagética francesa não daria muito certo neste país que havia recém-abolido a escravidão e ainda convivia com as então populares teorias do darwinismo racial. Por aqui, "igualdade" era um conceito para poucos, de difícil realização e de pior manutenção. Por outro lado, vale a pena lembrar que o espaço das mulheres era ainda muito restrito, sendo elas praticamente invisíveis na cena pública.

Por isso mesmo, a figura prepotente dessas mulheres brancas, de cabelos lisos, braços e pés desnudos e o colo em evidência, deve ter causado desconcerto na população e, em particular, nas elites conservadoras. Pouco lembrava também a imagem feminina da princesa Isabel, por exemplo, sempre retratada de maneira pudica e familiar.

É certo que a divulgação dessas Mariannes foi massiva e democrática, ao menos, no uso de diferentes suportes: estatuária, moedas, efígies e propagandas de maços de cigarro, em menus e xaropes. No entanto, por mais que o nome Marianne — provável junção de Marie e Anne — tivesse raízes bíblicas, seu formato parecia difícil de adaptar e traduzir no Brasil. Dessa maneira, se na França Marianne representava uma mulher real, vivida no exemplo de algumas figuras destacadas, por aqui a imagem parecia distante do dia a dia, devido ao fato de poucas mulheres terem se destacado durante os eventos que levaram à Proclamação da República no Brasil. As mulheres também não eram muito vistas andando pelas ruas, e aquelas que o faziam eram, até 1888, escravizadas ou, nos termos de época, "de vida fácil". Esses mesmos motivos ajudam a explicar por que essa imagem, com a mesma velocidade que apareceu e fez sucesso no país, também desapareceu. O cobertor parecia curto demais, com as distâncias entre representação e realidade saindo pelas laterais dos desenhos. Tanto que, já no final dos anos 1910, o uso político dessa alegoria começou a declinar a olhos vistos.

A iconografia dos novos chefes da República, a princípio, também não daria muito certo. Sem grande carisma, os militares vestidos com seus uniformes, montados em seus cavalos e liderando exércitos, que nas obras de pintores como Benedito Calixto (1853-1927) — *Proclamação da República*, de 1893 — mais parecem soldadinhos de chumbo, também não geraram imenso entusiasmo na população local. Os novos líderes, retratados nas telas e murais, sempre com gestos rígidos — a espada em punho, bonés nas mãos — e apresentados em meio a atos tão repetidos quanto monótonos, lembram antes estátuas equestres sem apego ou emoção. Tudo isso era ainda mais potencializado numa sociedade que continuava vendo com reservas a instituição do Exército e sua autoproclamada definição, desde os tempos da Guerra do Paraguai (1864-70), de "salvadores da pátria".

O que sobrava em imagem de ordem e hierarquia, faltava na empatia e na imaginação do povo que demonstrava não se comover com a elevação do nosso primeiro presidente e seu vice: Deodoro da Fonseca (1827-92) e Floriano Peixoto (1839-95). Tampouco as telas mais jacobinas, e que recorriam à figura positivista de Clotilde de Vaux (1815-46), musa inspiradora de Auguste Comte (1798-1857) e cofundadora da "Religião da Humanidade" — sistema criado pelo filósofo em 1854, também conhecido como "positivismo religioso" —, exerciam algum impacto neste país em que, como vimos, as mulheres ainda pouco apareciam na cena pública.

As representações femininas existentes no Brasil eram também muito diferentes de figuras emblemáticas como Anne-Josèphe Théroigne de Méricourt (1762-1817), heroína da Revolução Francesa, que participou da Tomada da Bastilha, assim como encabeçou o cortejo que em outubro de 1789 foi a Versalhes buscar à força o rei Luís XVI e a rainha Maria Antonieta (1755-93).

É em meio a essa espécie de vácuo da representação histórica e imagética que ganha força a figura de Tiradentes (1746-92). Já nos anos 1880, o líder da Inconfidência Mineira começa a ser descontextualizado, para funcionar como um contraponto da monarquia em sua luta pela liberdade.

Como bem mostrou José Murilo de Carvalho, Tiradentes tenderia a se impor, então, como a representação heroica por excelência do novo panteão cívico que ia se construindo nesse começo de história republicana no Brasil. O grande paradoxo, porém, conforme explica o historiador, é que o líder da Inconfidência angariaria uma poderosa simbologia, cívica e religiosa, ao se configurar como o principal pivô de uma verdadeira batalha historiográfica e visual. Tiradentes se tornou, assim, líder cívico, mas também um Cristo nascido nos trópicos e consagrado pela cultura visual da época. É interessante sublinhar, assim, como a República brasileira, que se associava à modernidade francesa, elegia um herói ambíguo: não exclusivamente cívico, pois absorvido com aura de mártir religioso. Além do mais, como não restou qualquer retrato seu, Tiradentes foi sendo criado como a personificação de Cristo — apresentado em suas túnicas brancas, cabelos na altura dos ombros, olhar piedoso e mais toda a aura sacra que a operação envolvia.

Sucesso teve também a associação da bandeira estrelada do Brasil com outro universo feminino: aquele das mulheres de elite, brancas como os europeus, cerzindo e bordando no ambiente doméstico, ao qual deveriam se limitar. Essa é a fatura da tela *A pátria*, de 1919, de Pedro Bueno, que se converteu em símbolo do novo momento que, por outros caminhos, também apostava numa visão de paraíso: a monarquia contraposta à República, a tirania ao governo do povo, a escravidão do passado versus o trabalho livre do presente.

O certo é que a construção de um imaginário visual nacional, pautado em telas, esculturas, fotografias, impressos e alegorias, nada tem de aleatório: ele é parte integral do processo de criação de "comunidades imaginadas", ao lado da conformação de narrativas históricas, mapas, censos e jornais. Conforme explica o cientista político Benedict Anderson, as comunidades são instadas a "imaginar" conjuntamente, sendo que a imagem cumpre papel especular e multiplicador.

Mas se toda essa iconografia pátria tem a propriedade de "comungar" e de unir os cidadãos na base do afeto por uma República tantas vezes imaginada, ela também é capaz de impor o esquecimento. Aliás, toda imagem guarda consigo seu segredo, isto é, pode ser lida a partir da relação que estabelece com seu próprio segredo — o das histórias que não revela, especialmente quando aspectos fundamentais da iconografia permanecem invisíveis. Isso porque sabemos muito pouco sobre as pessoas presentes em várias dessas imagens do passado, ignoramos as condições reais de sua feitura, seu contexto de criação e, por vezes, até mesmo sua autoria. No limite, elas representam uma espécie de encontro com o silêncio. Afinal, mesmo quando reconhecemos o artista, nos perdemos em detalhes maiores e menores que integram o conjunto da obra. Não por acaso, essa busca por reconstruir segmentos dessa ausência faz parte da metodologia que o poeta e ensaísta Paul Celan (1920-70) denominou de "o segredo do encontro".

Além do mais, fazem falta nessas imagens, que não poucas vezes enaltecem o "povo brasileiro", representações de africanos e africanas livres, libertos, crioulos, ex-escravizados ou, ainda, os assim chamados "Treze de Maio", ausentes nessas alegorias e pinturas que mais lembram uma Europa tropical. Nessa iconografia pátria, também não aparecem referências a outras repúblicas, talvez mais próximas da nossa experiência em termos de composição populacional e passado colonial, como a do Haiti, que nesse momento ainda lutava para se firmar.

Os segredos contidos nessas imagens pátrias parecem dialogar de perto com o nosso Hino à República. Escrito no início de 1890, entoava o belo e esperançoso refrão: "Liberdade! Liberdade!/ Abre as asas sobre nós!". Esquecia, entretanto, de parte fundamental da nação e de um episódio central e inescapável da nossa história ao versejar o bordão: "Nós nem cremos que escravos outrora/ Tenha havido em tão nobre país...". "Outrora" era um ano e meio atrás — mas a amnésia nacional, expressa em atos, na música e nas imagens, continuava a alijar da memória brasileira o sistema escravocrata, a discriminação que ele produziu, e que ainda hoje carrega efeitos desastrosos para a nossa população, que convive com um racismo estrutural e institucional.

Nossas fantasias nacionais são totalmente alimentadas por imagens. Em fins do século XIX e inícios do XX, abandonamos por algum tempo as retóricas visuais acerca dos trópicos para nos concentrarmos na imagem "universal" da Revolução Solar, a Revolução Francesa, no país associada (fragilmente) a Marianne, Tiradentes, líderes militares e bandeiras estreladas. Tal projeção de uma revolução à ocidental, com líderes brancos e pautados por agendas de metrópoles, exaltava um punhado de lembranças, mas continha, ao mesmo tempo, vários esquecimentos, sobretudo num país como o Brasil, que foi o último do Ocidente a abolir a escravidão mercantil, que recebeu quase a metade dos 12 milhões de africanas e africanos que deixaram compulsoriamente seu continente e que admitiu esse tipo de mão de obra em todo o seu território. Por isso, a escravatura virou uma linguagem e trouxe consigo profundas consequências. Dentre elas, criou uma pretensa "cegueira" visual, presente nessas primeiras imagens da República brasileira de 1889, mas que continuam a ecoar nos nossos símbolos atuais. A propósito, o filósofo Jacques Derrida (1930-2004) definiu o conceito de "différance" a partir de um conjunto de questões, assim sintetizadas: Quem nós vemos e quem optamos por não ver.

A Revolução Francesa se tornava, assim, uma forma de projeção colonial, com os brasileiros se enxergando como europeus ocidentais e deixando no segredo as especificidades de sua República, ainda devedora de séculos de escravidão e do uso restrito dos ideais de igualdade e liberdade, usufruídos por poucos no Brasil de então. Não por coincidência Marianne, Tiradentes e os generais eram todos brancos.

Essa iconografia pátria — e invertendo-se os termos do sociólogo Émile Durkheim (1858-1917) — talvez esteja menos vinculada à "eficácia simbólica do poder político" e mais próxima da "eficácia política do poder simbólico", convertido em imagens do poder e numa nova visualidade para a nação. Mostrar e esconder são parte de um mesmo processo visual, realizado ao arrepio da nossa história.

IGUALDADE, DEMOCRACIA E CIVILIDADE

Marco Aurélio Nogueira

ENTENDIDA COMO EXPRESSÃO DE UMA CONVIVÊNCIA HARMONIOSA e critério de justiça social, a ideia de igualdade ganhou força gradualmente, no ritmo da modernização sociopolítica e cultural que se articulou com a afirmação da economia capitalista. A partir do século XVII, impulsionada pelo iluminismo e pela liberação dos indivíduos dos laços que os atavam aos hábitos tradicionais, a igualdade passou a se institucionalizar e a se fixar como aspiração. O processo alimentou-se das exigências dos mercados, que então se organizavam em maior escala, correspondendo à necessidade mercantil de maior mobilidade entre os indivíduos (o direito de ir e vir) e de um tratamento igualitário entre eles (sem considerações de ordem racial ou religiosa, por exemplo) para que a compra e a venda da força de trabalho pudessem funcionar.

A igualdade moderna se desenvolveu, portanto, a partir dos mesmos fatores que impulsionaram as aspirações por liberdade pessoal, de religião e de opinião que formariam o pensamento liberal. Do reconhecimento do valor de "ser livre" viria o estímulo para que se chegasse ao "ser igual", ideia que iria se desdobrar, aos poucos, no constitucionalismo moderno e no princípio de que o poder político precisaria ser controlado e limitado. A revolução puritana inglesa, no século XVII, e a Revolução Francesa, de 1789, projetariam essas duas ideias, que fluíam pelos interstícios da Revolução Industrial. Mais tarde, no correr do século XIX, com o avanço da industrialização e com a expansão da classe operária, o diálogo entre liberdade e igualdade ocuparia o centro das lutas políticas e sociais. O socialismo e o comunismo foram os herdeiros naturais dessa inflexão, e seus partidos se converteram nas molas mais fortes do igualitarismo.

No século XX, foram também esses partidos e um sindicalismo ampliado, não mais apenas o operário, que em diversos países deram alma ao Estado de bem-estar social, um arranjo político assentado na defesa de direitos sociais universais, na valorização do trabalho, na crítica aos excessos da propriedade privada dos meios econômicos e na regulação do mercado.

Ao longo do processo de afirmação do Estado de bem-estar social, com seus altos e baixos, o reconhecimento da democracia como valor universal cresceu. Isso foi decisivo não só para o controle do poder político — a escolha dos governantes e a garantia das liberdades —, mas também para a salvaguarda dos direitos humanos e para a proposição de políticas públicas igualitárias. Com isso, o Estado passou a se envolver ativamente na proteção da sociedade, mitigando certos riscos inerentes a uma economia de mercado e contribuindo para a distribuição do bem-estar.

Liberdade e igualdade formaram, a partir de então, a base para que homens e mulheres começassem a ser tratados como *pessoas humanas*, para as quais ser livre e ser igual são condições fundamentais; a primeira configurando um estado e a segunda caracterizando uma relação dos indivíduos uns com os outros. Ambos os conceitos são princípios concebidos como desejáveis, não necessariamente critérios para a efetivação de ordenamentos sociais concretos. A sociedade de "livres e iguais" é uma conformação apenas imaginada, na qual todos seriam livres por responderem — apenas a si próprios e seriam iguais pelo menos enquanto são livres. Como explica o filósofo Norberto Bobbio (1909-2004), já em uma sociedade de fato existente, muitas pessoas poderão ser livres mas não iguais, enquanto outras serão iguais mas não inteiramente livres.

Compreendida em conjunto com a liberdade, a igualdade é intrínseca à democracia e à cidadania. Esses quatro termos deságuam na ideia de *república*, sobretudo em seu significado moderno, segundo o qual seria republicana uma ordem jurídico-política em que se valoriza a dimensão pública e se viabiliza a participação dos cidadãos na formação dos governos e na vigilância do poder político, afirmando-se ao mesmo tempo o estabelecimento de um sistema de direitos que desse a todos a mesma proteção jurídica, com a devida eliminação de privilégios que desigualam e discriminam.

O sufrágio universal ajudou, sobremaneira, a viabilizar a república democrática moderna. Com ele, expandiu-se (pouco a pouco e em diferentes graus, conforme a época e as circunstâncias) o direito ao voto, que se tornou prerrogativa para todos independentemente das condições socioculturais, econômicas, religiosas ou de gênero. Portanto, restrições no direito ao voto servem para que se avalie o caráter republicano e democrático de um determinado Estado.

Na realidade cotidiana, as aspirações à liberdade e à igualdade colidem o tempo todo com as formas de associação, com os valores, os desejos e as pulsões humanas. As pessoas desejam ser livres e iguais, mas nem sempre conseguem se libertar dos expedientes que hierarquizam e impõem disciplinas autoritárias. A sede de poder faz com que certos indivíduos recusem a obediência e exacerbem o mando. A autoridade é um recurso indispensável dos Estados, mas quase nunca convive harmoniosamente com a democracia ou evita separações entre inferiores e superiores.

Por tudo isso, não há como conceber a igualdade em termos absolutos. Por se tratar de uma relação, é impossível descrever uma situação de igualdade sem que se determine do que se está precisamente falando: igualdade entre quem, igualdade em quê? A produção de desiguais brota da própria dinâmica social e o desafio dos reformadores tem sido restringir a desigualdade em limites que não agridam a dignidade humana nem impeçam os indivíduos de construir trajetórias existenciais compatíveis com suas aspirações. Ser igual e poder usufruir dos direitos estabelecidos em uma comunidade é uma perspectiva que invariavelmente se aproxima da ideia de que as estruturas que discriminam os indivíduos devem ser superadas (destruídas ou reformadas).

Em boa medida, é por esse motivo que o conceito de igualdade caminha ao lado do conceito de justiça, seja como situação conforme às leis estabelecidas, seja como resultado de atos imparciais baseados em critérios de equanimidade e equiparação. O respeito às normas instituídas e a prevalência de atitudes justas são o que concede sentido à igualdade, tanto no que se refere à conduta de pessoas quanto, acima de tudo, no que se refere às decisões tomadas pelo poder político.

De toda maneira, no longo processo que impulsionou a aspiração à igualdade, a distinção entre igualdade *formal* (garantida pela lei) e *substantiva* esteve sempre presente. A justiça igualitária derivaria do respeito ao mérito ou às necessidades de cada um? Ou seja, a igualdade poderia encontrar abrigo nas constituições e na arquitetura dos Estados, mas não necessariamente precisaria ser ativada por medidas práticas que promovessem a elevação social dos mais pobres e reduzissem de forma expressiva as desigualdades econômicas e sociais.

A igualdade perante a lei significa que todos, sem exceção, são iguais e devem se submeter a ela. Caberia aos legisladores, nesse caso, a elaboração de boas leis, e aos juízes o alcance de decisões justas e imparciais. O tratamento igualitário estaria assim condicionado. Precisamente por isso, a igualdade diante da lei evoluiu acompanhada da igualdade jurídica e da igualdade em termos de direitos. Na igualdade jurídica, os cidadãos se tornam sujeitos jurídicos. Na igualdade em termos de direitos, os cidadãos passam a usufruir, sem limitações arbitrárias, de direitos constitucionalmente assegurados (direitos civis, políticos, sociais e bioéticos).

Em outros termos, isso significaria ter igualdade de oportunidades — que equipararia os pontos de partida dos diferentes indivíduos —, sem levar a decisões políticas destinadas a reduzir a desigualdade e a reformular a distribuição de rendas, propriedades e riquezas. Os indivíduos seriam iguais sem que as diferenças substantivas entre eles fossem superadas. Todos seriam iguais, mas não seriam iguais em tudo. Alguns seriam mais iguais do que outros.

A igualdade de oportunidades encontra seu limite no fato de que os indivíduos terão de lutar entre si pela obtenção de determinados bens, o que expressa a prevalência de uma visão individualista e competitiva de sociedade. A superação da desigualdade não ficaria assim assegurada, mas tão somente estaria estabelecida como possível, na dependência da resiliência e das chances de cada um. Permaneceriam fora de consideração eventuais medidas destinadas a proteger os mais pobres, os mais fragilizados e os mais necessitados, precisamente o alvo prioritário das correntes igualitaristas e das políticas públicas de caráter social.

Portanto, ao entrar em contato profundo com as ideias de liberdade, justiça e democracia, a igualdade pôs-se no centro das disputas filosóficas, políticas e ideológicas entre socialistas, comunistas, liberais, democratas radicais e liberais conservadores. Tornou-se um elo e simultaneamente um fator de tensão entre o igualitarismo e o liberalismo. Para os igualitaristas "puros", a igualdade seria um objetivo da democracia, valor em que todo governo deveria se inspirar, chegando mesmo a adquirir, em algumas formulações, maior relevância do que a liberdade ou os métodos de exercício do poder político, as "regras do jogo", defendidas por muitos liberais como a essência da democracia.

Alimentado pelas lutas políticas e pelos arranjos institucionais do século XIX europeu, o debate entre liberais, democratas e igualitaristas (socialistas ou comunistas) invadiu o século XX, recebendo inúmeras versões e interpretações sem que se chegasse a conclusões taxativas. Repôs-se sempre o entendimento de que liberdade e igualdade são valores antitéticos. A realização de uma implicaria a não realização da outra, dando alento aos defensores do liberalismo econômico (liberistas e neoliberais) para justificar a adoção de medidas práticas de desamparo social, livre mercado e privatização.

A ideia de igualdade, porém, não deixou de frequentar a teoria liberal. O tripé igualdade perante a lei, igualdade jurídica e igualdade em termos de direitos sustentaria as diferentes versões do liberalismo e funcionaria como esteio do Estado democrático de direito. Diferentemente dos adversários ferrenhos da não igualdade, o liberalismo propugna pela igualação de todos diante dos direitos fundamentais e apoia uma igual liberdade a todos. Nele, porém, não há ressalvas à liberdade de acumular bens econômicos (a propriedade privada), com o que a desigualdade social se reproduz. Além do mais, com sua concepção individualista e competitiva de homem e de sociedade, os liberais tendem a enxergar nas medidas igualitaristas a desvalorização da liberdade individual e a invalidação das diferenças (talentos, valores e modos de vida) que tipificam as pessoas.

As diferentes modalidades de igualitarismo, por sua vez, com sua concepção valorizadora da comunidade, da cooperação e da solidariedade, manteriam distância do pensamento liberal, na medida em que proclamariam a igualação econômica ou, no mínimo, a redução expressiva das distâncias sociais em termos de rendas e posses. De modo que as correntes igualitárias se inseriram ativamente — e de modo mais acentuado durante o século XX — no processo que promoveu a expansão dos direitos sociais e a democratização dos sistemas políticos e do Estado.

Ainda que liberais e igualitaristas continuem a se distinguir expressivamente — tanto em termos de concepções de homem e sociedade, quanto em termos de critérios de organização do Estado, mais limitado para os liberais e mais intervencionista para os igualitários —, têm sido recorrentes as tentativas de estabelecer compromissos entre liberdade e igualdade, Estado e mercado, solidariedade e competição.

Tem-se procurado, por exemplo, fundamentar formas de "liberalismo igualitário" que, segundo o filósofo Ronald Dworkin (1931-2013), convertem a igualdade em virtude indispensável à soberania democrática e a veem, juntamente com a liberdade e a responsabilidade cívica, como face de uma mesma concepção humanista de vida e política. Há também análises que entendem as desigualdades como obstáculos ao crescimento econômico e criticam as limitações liberais de tipo contratualista, que negligenciam as necessidades dos cidadãos enquanto pessoas reais, como é o caso dos modelos do economista Amartya Sen (1933-). Nessa segunda vertente, defende-se uma "economia do bem-estar social" de caráter normativo, que enxerga nas capacidades humanas os fatores a serem igualados e prega a generalização da ideia de desenvolvimento humano, na qual os indivíduos possam ser livres para escolher seus objetivos sem se deparar com obstáculos que a eles se anteponham (pobreza, fome, desemprego).

No campo do socialismo e do marxismo, em que sempre houve posições liberal-socialistas, há esforços para rever o conceito de "reformismo". Mediante a reconciliação da igualdade socialista com a democracia política, recusa-se a ideia de instrumentalizar o Estado ou de reduzir as margens de liberdade com o objetivo de transformar a sociedade. Na percepção do filósofo e político Giuseppe Vacca (1939-), o próprio socialismo passou a ser visto como um "modo de regulação" que pode suportar e civilizar o modo capitalista de produção — uma regulação, de resto, que não se dissocia de lutas e de conflitos sociais complexos.

Muito da discussão atual sobre a crise da democracia tem a ver com o lugar da igualdade nos regimes democráticos. Não é diferente no Brasil, onde a democracia é proclamada de modo generalizado mas precisa se confrontar com a reiteração de desigualdades sociais extensas e com alterações profundas no modo de vida, fatores que passaram a conviver com um governo central marcado pelo ataque a direitos e minorias. Afetada pela desorganização do campo liberal-democrático e pelas dificuldades dos partidos políticos e da sociedade civil, a democracia passa a funcionar de maneira mais errática, seguindo tendências que estão presentes em muitas outras sociedades contemporâneas. Um entendimento consensual indica que a democracia, "cercada" pela globalização assimétrica da economia mundial e pelas novas formas de vida social derivadas da era tecnológica, se desconectou da participação igualitária dos cidadãos e se deixou consumir pela tecnocracia, pela corrupção e pelos grupos de pressão, derivando para a adoção de medidas de desregulação e abandono de direitos que deslegitimam o Estado de bem-estar. A democracia passou a funcionar de maneira precária, vazia de valores e controlada por oligarquias.

Igualdade e direitos humanos estariam, dessa forma, ameaçados pelos impactos e pelos desdobramentos da globalização, que reduzem a capacidade de regulação, controle e proteção dos Estados, perturbando-os como fonte de garantia de expectativas normativas. Políticas de caráter igualitário e direitos sociais ficam, assim, sem o devido anteparo estatal, correndo o risco de se perderem ou de simplesmente não se concretizarem de fato.

Tensionada pelos novos modos de vida, a democracia continua a se realizar como democratização social, na qual a igualdade ganha força. Expande-se como cultura e se impõe na vida familiar, nas escolas, nos relacionamentos e em muitos processos de tomada de decisões. A expectativa é que a dinâmica social transfira pouco a pouco poder político à democracia, dando-lhe novos atributos.

Por fim, desigualdades, injustiças e discriminações permanecem impulsionando o igualitarismo, não como utopia de uma sociedade em que todos são iguais em tudo, mas como tendência a favorecer as políticas públicas, os direitos e as orientações governamentais que objetivam tornar mais iguais os desiguais. A ideia de igualdade se converteu em valor reconhecido como inerente às sociedades complexas. Foram postas em xeque as desigualdades históricas fundamentadas em condições referentes à raça, ao gênero e à classe social. O racismo, a discriminação de gênero e a manutenção de distâncias entre as classes estão sendo questionadas.

O mundo parece caminhar em direção à igualdade, mas ainda são muitas as resistências e muitos os obstáculos a serem superados, sobretudo no plano das posses econômicas, rendas e riquezas. As desigualdades sociais cresceram, seja em âmbito nacional, seja nas relações internacionais.

A luta pela igualdade transcorre de modo tenso e contraditório. Ao mesmo tempo que avança uma consciência sensível ao caráter inumano e contraproducente da miséria, crescem as dificuldades para a execução de políticas públicas que combatam as determinações da desigualdade. A própria ideia de desigualdade, nesse quadro, assume outras configurações, passando a abarcar a condição não apenas dos que são privados do acesso a bens, direitos e oportunidades, mas também dos que não conseguem interagir com os novos termos que a vida contemporânea impõe.

IMPRENSA REPUBLICANA NO BRASIL (SÉCULO XIX)

Marcello Basile

O SURGIMENTO DA IMPRENSA REPUBLICANA NO BRASIL NÃO COINCIDE com a emergência de uma linguagem republicana nem com a organização do chamado movimento republicano. A linguagem republicana é muito anterior à imprensa, remontando às conspirações e sedições coloniais do século XVIII. O movimento republicano é posterior, despontando quase meio século depois, destinado à mudança do regime político. Por imprensa republicana entende-se aqui a apologia ou a defesa, sobretudo por meio de periódicos, da república como forma de governo eletivo e temporário, associada à exaltação de princípios e valores reconhecidos na época como republicanos.

Nem a instalação da imprensa no Brasil, em 1808, nem a "guerra literária" da Independência — como ficou conhecido o intenso debate político transcorrido entre 1820 e 1823 — suscitaram uma imprensa republicana. Foram a radicalização das disputas políticas e a crise motivadas pelos debates na Assembleia Constituinte de 1823, por sua dissolução arbitrária e pela outorga da Constituição de 1824, que ensejaram — notadamente em Pernambuco, onde fomentaram a Confederação do Equador, em 1824 — as primeiras publicações de matriz republicana. Foram obras de publicistas como Cipriano Barata (1762-1838), no jornal *Sentinella da Liberdade na Guarita de Pernambuco* e no panfleto *Analize ao decreto do 1º de dezembro de 1822*; João Soares Lisboa (?-1824), na segunda fase do *Correio do Rio de Janeiro* e, sobretudo, no *Desengano aos Brasileiros*; frei Caneca (1779-1825), em *O Typhis Pernambucano*; e José da Natividade Saldanha (1796-1832), em *O Argos Pernambucano*.

Tais publicações não rompiam de todo com a monarquia, mas continham em seu conjunto diversos elementos característicos da linguagem republicana: criticavam o despotismo, as instituições monárquicas, a Constituição imperial, a centralização, o Poder Moderador, o Conselho de Estado, o Senado vitalício, o militarismo, os valores aristocráticos, a nobreza e o clero; defendiam o federalismo, a democracia, a república, exércitos passivos e independentes do poder central, as liberdades de imprensa e de culto, os direitos de cidadania de índios, negros e mulatos, o fim gradual da escravidão, a soberania do povo e o direito de resistência à tirania. Esses elementos remetiam às diversas matrizes da tradição republicana, os quais, combinados, ajudaram a conformar o repertório do republicanismo da primeira metade do século XIX.

Se, dadas as fortes conotações negativas que revestiam o conceito de República, havia uma "cautela linguística" que inibia a proposição explícita desse tipo de governo, como argumenta Renato Lopes Leite, por outro lado, o ponto central para seus defensores era a defesa da autonomia provincial, muitas vezes apregoada como sinônimo de república. Partiam do princípio de que o Brasil estava independente, mas não constituído, e de que a dissolução da Constituinte e a outorga da Constituição elaborada por um conselho nomeado por d. Pedro I (1798-1834) implicavam a quebra do contrato social firmado na adesão à Independência, ficando as províncias liberadas para pactuarem qualquer tipo de governo.

A dura repressão promovida pelo governo imperial contra a oposição e o cerceamento da liberdade de imprensa eclipsaram por alguns anos os ensaios de republicanismo. Somente a partir de 1829, em face da crescente crise política e da formação da facção radical dos "liberais exaltados", é que despontou uma imprensa fundamentalmente republicana. Entre os jornais do grupo destacam-se, na Corte, *Nova Luz Brasileira*, *O Tribuno do Povo* e *O Republico*; em São Paulo, *O Observador Constitucional* e *A Voz Paulistana*; em Minas Gerais, *Sentinella do Serro*; na Bahia, *O Democrata* e *Novo Diario da Bahia*; em Pernambuco, *Abelha Pernambucana* e *Bussola da Liberdade*; no Pará, *Publicador Amazoniense* e *A Sentinella Maranhense, na Guarita do Pará*; no Rio Grande do Sul, *O Recopilador Liberal* e *O Povo*. Uma pesquisa feita por Marcello Basile e Marco Morel aponta que quase 18% de todos os periódicos editados na Corte durante a fase regencial eram "exaltados" (a grande maioria, entre 1831 e 1833), número ligeiramente inferior ao das folhas "caramurus" e bem superior ao das "moderadas", as outras duas facções políticas que concorriam com os "exaltados".

Se nem todos os jornais exaltados eram republicanos, a grande maioria era. Mas precisavam recorrer a estratégias discursivas para driblar a Constituição de 1824, o Código Criminal de 1830 e a Lei de Imprensa de 20 de setembro do mesmo ano, que proibiam apologias da mudança de regime e críticas ao imperador. Um desses recursos jogava com a dupla acepção do conceito de República: a proveniente da tradição romana da Antiguidade clássica, que concebia *res publica* como qualquer tipo de governo pautado pelo bem comum e pelo interesse público, e o sentido moderno de uma forma específica de governo, com mandatos eletivos e temporários.

Exemplo notório é *O Republico*, que, ao surgir, esclarecia que o título denotava o desejo pelo bem público. Mas, nas edições seguintes, encontram-se vários outros expedientes, habitualmente utilizados pelos jornais exaltados, que desqualificavam a monarquia e enalteciam o governo republicano — atributos característicos, como observou Silvia Carla Pereira de Brito Fonseca, da linguagem republicana —: transcrições de artigos de outras folhas favoráveis à república, para escapar à imputação penal; citações de autores estrangeiros identificados ao republicanismo, enquanto argumento de autoridade; críticas aos princípios e rituais monárquicos (legitimidade, vitaliciedade, hereditariedade, privilégios aristocráticos, beija-mão, reverências cortesãs, festas luxuosas); afirmação da incompatibilidade entre América e monarquia, e de uma identidade americana ou ideal de americanidade, influenciado por Thomas Paine (1737-1809) e fundado em elementos geográficos (distância entre os dois continentes), míticos (Novo Mundo) e ideológicos (os chamados sistemas americano e europeu); e a visão teleológica da monarquia como etapa primitiva na escala do progresso, representado pela república. Seguindo a tradição do humanismo cívico — que emergiu na República Florentina, no final do século XIV e começo do XV —, associava-se a monarquia à tirania, à corrupção e ao arcaico; e a república, à democracia, à virtude e ao moderno. A monarquia seria, assim, uma anomalia na América, terra predestinada à liberdade.

O conceito de monarquia também continha certa ambiguidade semântica, manipulada pelos jornais exaltados para fazer referência ao regime republicano. Se monarquia poderia ser governo hereditário e vitalício, também seria, segundo a classificação elaborada por Aristóteles e baseada em critério quantitativo, o governo exercido por um só indivíduo, independentemente de sua forma, ao passo que república seria o governo de muitos ou da maioria, e aristocracia, o de poucos ou da minoria. Daí descende o uso de expressões como "monarquia republicana" — alusiva ao modelo de governo misto consagrado pelas revoluções inglesas do século XVII, que combinava elementos monárquicos (governo executivo de uma só pessoa) com republicanos (funções legislativas e constituintes exercidas por delegados do povo soberano) — e também, como aventado pela *Nova Luz Brasileira* e seguido por outros jornais, "monarquia americana sui generis" — espécie de governo democrático, eletivo e federativo, cujo mandato, a princípio vitalício, poderia ser revogado caso o governante atentasse contra a Constituição, os poderes políticos e os direitos do cidadão. Outra expressão usual alternativa a república era "federação do Equador", que aludia tanto ao sistema de governo associado por Montesquieu às repúblicas quanto à revolução pernambucana de 1824.

A propaganda republicana era feita também abertamente, sem subterfúgios linguísticos. Intensificou-se no compasso da crise política, sobretudo após a Abdicação, vista como momento de redefinição do pacto social, facultando ao povo soberano alterar a forma de governo. A vacância do trono, o controle da Regência pelos "liberais moderados", a radicalização política e a expansão da esfera pública levaram grande parte da imprensa "exaltada" a assumir declaradamente os ideais republicanos. Alguns, mais cautelosos, pretendiam instaurar a república ao término da menoridade de d. Pedro II. Até lá, o debate em curso sobre as reformas constitucionais seria aproveitado para "democratizar" a Constituição por meio de "reformas republicanas" imediatas. Tais medidas incluíam, além da futura mudança de regime, a adoção do federalismo; a extinção do Poder Moderador, do Conselho de Estado e da vitaliciedade dos senadores; a redução do controle do governo sobre os instrumentos de coerção (por meio dos juizados de paz, do júri e da Guarda Nacional); a separação entre Estado e Igreja; a formação de uma sociedade mais justa e igualitária, mediante a extensão da cidadania plena a todos os indivíduos livres, o fim gradual da escravidão e uma reforma agrária.

Essas medidas eram igualmente defendidas por aqueles que almejavam a pronta implantação do governo republicano. Mas não viam tais reformas como passo preparatório para o advento da república, e sim o contrário: a mudança de regime seria o caminho necessário para a realização de uma grande transformação política e social. Entre as vantagens que justificavam a adoção de um governo eletivo e temporário estavam:

liberdade de escolha dos governantes, entre aqueles com mais "talentos e virtudes"; punição aos maus governantes, com a perda de mandato ou a não reeleição; pleno sistema federativo, com autogoverno das províncias; primado das leis e independência real dos Poderes; redução dos gastos públicos, não havendo corte faustosa e perdulária; ausência de privilégios aristocráticos, sendo as distinções baseadas nas "virtudes cívicas" do cidadão, e não no nascimento; redução das desigualdades sociais; respeito à soberania do povo.

Tal modelo de república não era o da América hispânica, visto na época como despotismo militar, e sim o dos Estados Unidos, exemplo, naquele contexto, de liberdade, igualdade, justiça e prosperidade. Louvavam também, em contraste com a imagem de decadência e corrupção da Roma imperial, as grandezas e virtudes da antiga República romana e seus tribunos do povo, verdadeiros paradigmas de participação política.

O republicanismo dos anos 1830 atrelava-se ao projeto "exaltado" e aos anseios federalistas. No entanto, não resistiu ao desgaste provocado pela forte campanha movida por seus adversários "moderados" e "caramurus" — que, amparados pelas malogradas revoltas regenciais (1831-40), o associavam ao imaginário do período do Terror da Revolução Francesa, desqualificando-o como anárquico, despótico e utópico —, tampouco à rearticulação política operada pelo regresso conservador a partir de 1837, promovendo o revigoramento do "elemento monárquico". O fim dos "exaltados" selou seu destino. E a hegemonia conservadora das décadas iniciais do Segundo Reinado contribuiu para que permanecesse no obscurantismo, relegado a manifestações isoladas na imprensa.

Foi preciso que outro racha nas elites política e intelectual e a decorrente crise da década de 1860 abrissem caminho para nova radicalização. Um movimento republicano autônomo inicia-se na Corte em 3 de dezembro de 1870, com a criação do Partido Republicano e o lançamento do jornal *A Republica*, a cargo de Quintino Bocaiuva (1836-1912), Aristides Lobo (1838-96) e Miguel Vieira Ferreira (1837-95). O primeiro número trazia o "Manifesto Republicano", com 58 signatários, a maioria profissionais liberais (advogados, médicos, jornalistas e engenheiros). Seu conteúdo resumia-se a poucos pontos: atacava o Poder Moderador e a centralização como fontes do despotismo; denunciava a ficção e a corrupção inerentes ao sistema representativo imperial; criticava o distanciamento do país em relação à Europa e, sobretudo, seu isolamento em face da América republicana, protestando uma identidade americana; reconhecia a soberania do povo como fonte legítima do poder; e, em termos propositivos, pleiteava apenas uma república federativa e democrática e o mandato temporário dos senadores, mudanças a serem feitas por meio do Parlamento e da mobilização da opinião pública.

Apesar da permanência dos interditos legais à propaganda republicana, tais jornais logo proliferaram pelo país, como *Gazeta de Noticias* e *O Paiz*, no Rio de Janeiro; *Correio Paulistano* e *Gazeta de Campinas*, seguidos de *A Provincia de São Paulo* e de várias folhas de alunos e professores da Academia Jurídica, em São Paulo; *O Jequitinhonha* e *Pharol*, em Minas Gerais; *O Horizonte*, na Bahia; *Republica Federativa* e *O Americano*, em Pernambuco; *O Amigo do Povo*, no Piauí; *Argos*, no Amazonas; *O Futuro*, no Pará; *O Antonina*, no Paraná; e *O Tempo* e *Democracia*, no Rio Grande do Sul. Segundo Nelson Werneck Sodré, mais de vinte jornais republicanos surgiram até 1872, chegando a 74 em 1887; acima de dois terços desses eram publicados no Centro-Sul. As tiragens variavam muito, podendo chegar aos 12 mil exemplares de *A Republica* ou até os 25 mil de *O Paiz*. As revistas ilustradas reforçaram a campanha republicana, com críticas ácidas e satíricas à política imperial, de fácil compreensão pelo público iletrado. Destacam-se as produzidas pelos republicanos Angelo Agostini (1843-1910) e Bordalo Pinheiro (1846-1905) nos periódicos *Revista Illustrada* e *O Besouro*, na Corte.

Inicialmente, a imprensa republicana seguiu a linha traçada pelo "Manifesto": críticas aos vícios inexoráveis da monarquia — "flor exótica na América" —, afirmação da identidade americana, exaltação das virtudes típicas da república e instauração da república federalista de forma gradual e pacífica, por via eleitoral ou reforma parlamentar. Os problemas sociais ficavam em segundo plano e, em que pese o ideal antiescravista de muitos republicanos, os jornais eram pouco propositivos acerca de tema tão delicado para os senhores de escravos. A difusão das correntes cientificistas — prevendo o iminente advento da república como etapa superior na escala evolutiva — deu nova roupagem à associação entre monarquia e atraso e entre república e modernidade, conferindo legitimidade ao movimento.

No início da década de 1880, com o acelerado desgaste da monarquia e o desenvolvimento da esfera pública política e de uma cultura democrática e científica, surge uma corrente radical — capitaneada por Lopes Trovão (1848-1925) e Silva Jardim (1860-91) — que almejava a república via revolução popular, a exemplo da república jacobina francesa. Ao velho estilo da Regência, era representada, sobretudo, por pasquins virulentos, como *Corsario*, *Tagarella*, *Revolução* e *O Combate*, na Corte; e *A Republica*, *A Revolução* e *A Sentinella*, em São Paulo. Nessa província, em 1887, jornais como *Diario Popular* e *A Provincia de São Paulo* e livros como os de Alberto Sales (1857-1904) e Joaquim Fernandes de Barros (1841-1901) promoveram uma campanha separatista para instituir uma pátria paulista republicana. Por sua vez, no Exército, os jornais *O Soldado*, *Tribuna Militar* e *O Nihilista*, se não se declaravam republicanos, pregavam abertamente a necessidade de intervenção militar na política, divulgavam reuniões republicanas e até ameaçavam depor o imperador.

Até o final do Império, as aspirações republicanas estiveram associadas a contextos de crise. Na imprensa, permaneceram os impasses acerca da maneira como deveria ser instaurada a república e do modelo a ser seguido. A concentração da propaganda na questão da mudança do sistema político, deixando de lado tantos outros temas outrora correlacionados pelos "exaltados", levou a um esvaziamento da agenda republicana. Problemas esses que não foram dirimidos pela chamada "solução militar" e que tiveram reflexos na organização do novo regime, dissociando a República dos valores que formaram a tradição republicana.

INSTAURAÇÃO DA REPÚBLICA NO BRASIL

Angela Alonso

QUINTINO BOCAIUVA (1836-1912), PRESIDENTE DO PARTIDO REPUBLICANO, e o marechal Deodoro da Fonseca (1827-92), chefe do Clube Militar, lideraram o desfile pela rua do Ouvidor, aclamados das sacadas dos sobrados. Era a tarde de sexta-feira, 15 de novembro de 1889.

Embora a imagem póstera seja de golpe da caserna, sem povo, e de escravistas ressentidos, a República se inaugurou com mobilização civil-militar e gente nas ruas. Não é filha de um general e sua tropa, a mudança de regime tem causalidade múltipla. O Império afundou por sua própria conta, incapaz de solucionar seus problemas estruturais. A República surgiu de suas entranhas e, como um Saturno às avessas, devorou o pai.

A conjuntura da mudança de regime foi de crises confluentes, que as instituições políticas falharam em resolver. Juntas, desestabilizaram alinhamentos políticos e tornaram opacas as regras que orientavam os atores.

Uma crise foi de Estado. O Estado imperial nunca penetrou as profundezas da sociedade brasileira. Faltou-lhe extensão (pequeno, de molde liberal) e força (as instituições nacionais nunca retiraram poderes-chaves das elites locais), nem educou o povo, nem submeteu a elite social. Apesar dos braços curtos, viveu 67 anos atolado nos problemas fundacionais: escravismo e representação política. Nenhum dos dois partidos (Conservador e Liberal) encontrou saídas consensuais. Resultado: reformas modernizadoras em resposta a crises políticas e crises resultantes das reformas. A tensão resultante desse avanço por solavanco cresceu com o tempo.

Tampouco o Estado nacional monopolizou a violência legítima. Um Exército profissional se configurou apenas nos anos 1870, resultado da Guerra do Paraguai (1864-70) e da reforma das escolas superiores, e a autonomização gerou corporativismo. Desde aí, militares colidiram com governos por salários, promoções e punições. Em 1887, foi criada uma agremiação política, o Clube Militar, com o marechal Manuel Deodoro da Fonseca na chefia.

Republicanos, abolicionistas e parte dos Liberais insuflavam o Exército contra o governo, e atos de insubordinação coletiva se acumularam, dois por causa da abolição, em 1884 e 1887. E, em outubro de 1889, o respeitado militar Benjamin Constant Botelho de Magalhães (1836-91) desfiou um rosário de críticas ao Império em evento público. Em seguida, houve vivas à República nas ruas.

Sem as armas, a monarquia andava sobre fogo. O governo de Afonso Celso de Assis Figueiredo, o visconde de Ouro Preto (1836-1912), jogou novo graveto ao deslocar um batalhão para o Amazonas em 10 de novembro.

A segunda crise foi dos partidos e da representação política. O Império nasceu e morreu em meio a conflitos regionais. Lideranças partidárias vinham sobretudo de famílias dominantes de Pernambuco, da Bahia e do Rio de Janeiro, que decaíram em força econômica, sem perder poder político. O contrário se passou com a nova elite fundiária de São Paulo, que enriqueceu e reclamava da centralização da arrecadação e de sub-representação política.

Já o mundo citadino se ampliou graças à burocracia estatal e à urbanização. Ensino, imprensa, comércio, serviços e empregos públicos geraram um estrato intermediário de educados que, no entanto, não tinham acesso ao sistema político.

Os partidos enxergaram o problema, não a saída. Lutavam entre si, primeiro em revoltas armadas, depois com reformas eleitorais. O Partido Liberal visava incluir a parte da nova sociedade no eleitorado e reduzir a força rural dos Conservadores. Em 1870, uma facção se cansou e se uniu a profissionais liberais em um Partido Republicano. Os remanescentes brigaram acerca da abolição, em 1884, e da federação, em 1889.

Os Conservadores também se dividiram quanto à escravidão, em 1871 e 1888, quando uma ala pedia indenização a ex-proprietários, e a outra, no governo, não tinha fundos para honrá-lo. Além de desunido, o partido se desmoralizou com escândalo de corrupção, em 1889. Passou, então, o poder aos Liberais, se desinteressando do ofício de cão de guarda da monarquia.

Partidos imperiais estavam aos farrapos enquanto o Partido Republicano se nutria de dissidências Liberal e Conservadora e adesão de elites sociais emergentes. Já o sistema eleitoral não se ampliou para incluir a nova sociedade, nem as instituições conseguiram manter a confiança da velha. O Império tinha mais descontentes do que defensores.

Quando o governo Liberal do visconde de Ouro Preto se apresentou ao Parlamento, em junho de 1889, anunciou uma lista de reformas. Era pouco e era tarde. A sessão recheou-se de aclamações republicanas.

A terceira crise foi de legitimação. O Segundo Reinado justificou a monarquia escravista disseminando um liberalismo autorrestrito à elite social, o indianismo romântico (uma nação sem os africanos) e um catolicismo hierárquico (a hierarquia social como vontade divina). A campanha abolicionista, o movimento republicano e a difusão das teorias científicas nas escolas superiores bambearam esse tripé, propagando as ideias de cidadania para todos e da República como o regime político da modernidade. Assim roubaram do monarquismo corações da nova geração.

Até a elite imperial duvidava do futuro. O imperador idoso ocupava-se mais do periférico que do periclitante e, em inícios de 1887, a saúde o expulsou para a Europa, onde foi desenganado, em maio de 1888. Já a futura rainha, de marido francês e ultracatólica, não entusiasmou. Dois gabinetes governaram ao largo dela. Assinou a abolição, mas sem protagonismo quanto ao formato da lei. Isabelistas tentaram usar o fato para promover o Terceiro Reinado, o que desagradou líderes em ambos os partidos.

Cogitou-se Pedro Augusto como alternativa, e o imperador jamais matou as pretensões do neto ao trono. A disputa dinástica alimentou uma guerra de panelinhas palacianas, à espera do óbito imperial. Mas d. Pedro II (1825-91) sobreviveu.

Em julho de 1889, um republicano farto de esperar atirou na direção do carro em que passava o imperador e saudou a República. As aclamações à República foram proibidas. Ato contínuo, uma passeata de estudantes saiu dando vivas às laranjas.

As três crises confluentes geraram um pântano de incertezas. O Império sofria adicionalmente a pressão de mobilizações fora do perímetro dos partidos desde fins dos anos 1860, quando elites sociais emergentes criaram seu espaço político, com imprensa, associações civis e eventos pró-Estado laico, fim da escravidão e democratização das instituições políticas. O movimento abolicionista fora o desaguadouro desse clima de opinião. Feita a abolição, o republicanismo a canalizou, propagandeando-se como o novo movimento modernizador. A abolição polinizou o Partido Republicano ainda pelo outro lado, aceitando ex-escravistas insatisfeitos com o Império.

Houve mobilização também no Legislativo. Em 1888, uma moção da Câmara de São Borja, encaminhada à Assembleia Provincial do Rio Grande do Sul e, de lá, à Câmara dos Deputados, com apoio de paulistas e cariocas, demandou plebiscito sobre a sucessão dinástica.

Em 1889, o Partido Republicano era bem enraizado no Rio de Janeiro, em Pernambuco, em São Paulo e no Rio Grande do Sul, entre professores e estudantes, imprensa, artistas e militares. Associações, jornais e comícios se espalhavam pelas capitais provinciais.

A geração mais agressiva de Antônio da Silva Jardim (1860-91) adensou a propaganda com comícios desabridos e ações ousadas. Aproveitou o aniversário da abolição para acusar a monarquia de desamparar os ex-escravos e, em junho, seguiu o conde d'Eu (1842-1922) em viagem ao Norte. Desciam nas mesmas praças. Um falava pela monarquia, o outro pela República. A dupla excursão só acabou sob violenta repressão. Jardim, então, prometeu uma revolução para julho, no centenário da Revolução Francesa.

A radicalização mais a sobrevida de d. Pedro chacoalharam o Partido Republicano, que aguardava morte conjunta de rei e reinado. Bocaiuva, então, iniciou tratativas com líderes militares e republicanos das províncias, enquanto as imprensas gaúcha, paulista e da Corte exploravam conflitos entre governo e os "cidadãos fardados".

As crises políticas sobrepostas, somadas à mobilização social, produziram a conjuntura propícia para a mudança do regime. A questão em novembro de 1889 não era se a monarquia acabaria, mas como — plebiscito, complô, revolução — e por mãos de qual coalizão civil-militar. O Império era irreformável. Os líderes e a data foram contingentes, a queda, não.

Os maiores grupos republicanos — o da capital, o paulista e o gaúcho — e o Clube Militar negociavam desde o início de novembro. A 11 deste mês, agregaram-se o dissidente Liberal Rui Barbosa (1849-1923) e um líder da Marinha, Eduardo Wandenkolk (1838-1902).

Nem só de cúpula se urdia a ação. Oficiais do Exército e alunos da Escola Militar firmaram pactos de sangue. Os republicanos João Batista de Sampaio Ferraz (1857-1920); Antônio Ennes de Souza (1848-1920), incumbido de mobilizar operários da Casa da Moeda; o líder na Revolta do Vintém, em 1880, José Lopes da Silva Trovão (1848-1925); o líder abolicionista José do Patrocínio (1853-1905); e o diretor da Igreja positivista Raimundo Teixeira Mendes (1855-1927) foram avisados de uma "revolução iminente". Deodoro se entendeu com o ajudante-geral Floriano Peixoto (1839-95), braço militar do gabinete Ouro Preto.

Cartas anônimas sobre "sublevação militar" chegaram aos ministros no dia 12 e ao chefe de governo, no dia 14. O dia amanheceu com uma sessão preparatória do Parlamento, jornais republicanos contra o governo e rumores. O ministério mandou chamar um batalhão de infantaria e a artilharia.

Mas, com Deodoro doente, Benjamin adiou o "movimento". Bocaiuva, pelos republicanos, e o major Frederico Sólon de Sampaio Ribeiro (1840-1900), pelos militares, prosseguiram.

Começou aí sequência vertiginosa de eventos, entre iniciativas republicanas, meio planejadas, meio improvisadas, mas convergentes, e reações monárquicas, caóticas, tardias e malogradas. Esse microprocesso político teve oito episódios independentes, mas entrelaçados, e consumiu 81 horas para efetivar a República.

O primeiro episódio foi *o desencadeamento da sublevação civil-militar*. A República começou com fake news. Às três horas da tarde do dia 14, o major Sólon espalhou na rua do Ouvidor, como combinara com Bocaiuva, notícia falsa da prisão de líderes republicanos civis e militares. O boato gerou adesão. Às oito horas da noite, o general Antônio Adolfo da Fontoura Mena Barreto (1846-1923) sublevou um regimento e arrombou depósitos de munição. Às onze horas, três regimentos e o pelotão da Escola Militar marcharam. Até aí, a iniciativa do chefe do Partido Republicano resultara numa insubordinação militar de pequena escala e sem liderança graduada.

À zero hora de 15, o governo se instalou no Arsenal de Guerra, para reagir. Às três da manhã, Floriano Peixoto detalhou a situação a Ouro Preto, que telegrafou ao imperador, em Petrópolis. Uma hora depois, Benjamin pediu apoio do Clube Naval e de Floriano, para que liderasse, dada a doença de Deodoro, e se juntou à tropa no campo de Santana. Lá estavam Aristides Lobo (1838-96) e Bocaiuva, em gritos pró-República. Arfante, Deodoro chegou e assumiu o comando.

A movimentação atraía cerca de duzentas pessoas, entre republicanos, curiosos e estudantes. Sampaio Ferraz discursou em favor da mudança de regime.

Às cinco da manhã, o governo se deslocou para o quartel-general, no campo de Santana, reforçado pela polícia, pelos bombeiros e por três batalhões de infantaria e um naval. Os rebeldes os cercaram às oito horas e intimaram rendição. O ministro da Marinha, fora do edifício, deu ordem de prisão à tropa e atirou na direção de Deodoro, mas a arma falhou. Acabou alvejado. Ouro Preto se negou a negociar com os sublevados. Floriano o fez. O chefe de governo deu seis ordens de ataque, que Floriano desobedeceu.

O segundo episódio foi a *deposição do gabinete*. Perdidas as armas, Ouro Preto tornou a telegrafar a d. Pedro, demitindo-se. Deodoro mandou prender o visconde e o ministro da Justiça. Elogiou Exército e imperador, a quem indicaria um novo gabinete. Nada disse de República.

Às nove da manhã, José do Patrocínio, não logrando entrar no quartel-general, foi ao seu periódico *Cidade do Rio*, preparou uma edição comemorativa e boletins conclamando o povo a festejar a República. E assim discursou da janela.

O terceiro episódio foi a *reação monarquista*. Às dez horas, alcançaram Isabel (1848-1921) e o conde d'Eu notícias de um governo sitiado e (o falso) relato de um ministro morto. Sem conseguir contato com o Arsenal de Marinha, de Guerra ou com o imperador, convocaram o Conselho de Estado.

Apenas então d. Pedro leu os telegramas e embarcou para a Corte. Ao meio-dia, Isabel obteve apoio do líder Liberal Manuel de Sousa Dantas (1831-94).

À uma hora da tarde, o abolicionista André Rebouças (1838-98) e o Conservador visconde de Taunay (1843-99) desencadearam uma "contrarrevolução". Tentaram contato com o imperador, mas o telégrafo estava tomado. Também foram ao Senado, cujo presidente lavou as mãos. Decidiram sediar a resistência em Petrópolis. Para lá partiu Rebouças com os filhos de Isabel, supondo o imperador ainda na cidade.

Às duas horas, Floriano pediu e Deodoro concedeu a libertação dos ministros detidos. D. Pedro desembarcava nesse mesmo instante e, ao chegar ao Paço da Cidade, Ouro Preto lhe indicou para novo chefe de governo um desafeto de Deodoro.

Passadas 23 horas desde o início da mobilização, não havia República.

O quarto episódio foi a *mobilização no espaço público e a Proclamação da República*. Deodoro saiu do quartel-general entre salvas de tiros dos militares e gritos de ordem de republicanos e de estudantes. Todos desfilaram pela rua do Ouvidor. Aníbal Falcão (1859-1900), do Partido Republicano de Pernambuco, e Lopes Trovão discursaram das sacadas dos jornais. No Arsenal de Marinha, Deodoro recolheu as forças. E foi para casa.

Às 14h30, os republicanos paulistas souberam da República, que, formalmente, não existia. Aníbal Falcão propôs invadir a Câmara ou o Senado para aclamar o novo regime, mas prevaleceu a ideia de Patrocínio, que era vereador, de convocar sessão extraordinária na Câmara Municipal. Com Jardim, Olavo Bilac, Falcão, cerca de mais cem pessoas e a bandeira de um clube republicano, entrou no recinto. E, assim, um civil negro proclamou a República.

Falcão e João Carlos de Medeiros Pardal Mallet (1864-94) redigiram a moção: "o povo, reunido em massa na Câmara Municipal, fez proclamar, na forma da lei ainda vigente, pelo vereador mais moço — após a gloriosa revolução que ipso facto aboliu a monarquia no Brasil — o governo republicano". Rasgada a bandeira do Império, saíram em passeata, cantando *A Marselhesa*.

O quinto episódio foi a *formação do governo republicano*. Às seis horas da tarde, a passeata chegou com a moção à casa de Deodoro. Patrocínio discursou em nome da República Federal Brasileira. Da janela, Benjamin Constant prometeu uma constituinte e um plebiscito sobre a forma de governo. E anunciou o governo provisório, meio a meio entre civis (Rui Barbosa, Ministério da Fazenda e da Justiça; Aristides Lobo, Interior; Quintino Bocaiuva, Relações Exteriores e Secretaria de Estado dos Negócios da Agricultura, Comércio e Obras Públicas) e militares (Benjamin, Guerra; Wandenkolk, Marinha, e Deodoro, o chefe), signatários do decreto nº 1, que instituiu a República Federativa, aboliu o Conselho de Estado e a vitaliciedade do Senado e dissolveu a Câmara — esqueceram do Senado. No dia seguinte, Manuel Ferraz de Campos Sales (1841-1913), do Partido Republicano Paulista, se somaria ao ministério.

Durante a tarde, Rui Barbosa telegrafou aos republicanos gaúchos: "se o Rio Grande não aderir, a República está perdida". Responderam tomando o governo local e indicaram Demétrio Nunes Ribeiro (1855-1931) para completar o governo provisório.

O sexto episódio foi a *tentativa de formação de um gabinete monarquista*. Às cinco horas da tarde, o príncipe Pedro Augusto (1866-1934) chegou ao Paço da Cidade e propôs uma fuga. O avô recusou. Duas horas depois, Dantas informou ao imperador que "a revolução" triunfara: controlava arsenais, fortalezas, navios e telégrafos. D. Pedro, então, chamou o líder Liberal José Antônio Saraiva (1823-95), enquanto o conde d'Eu tentava conversações com Deodoro.

Às 23h20, o Conselho de Estado reunido indicou Saraiva para chefe de governo, sugerindo negociar com Deodoro. Às duas da manhã do dia 16, o emissário retornou com a negativa do marechal.

O sétimo episódio foi o *cerco à família imperial e a posse do governo provisório*. Na madrugada, Ouro Preto foi preso e deportado. Tropas cercaram o Paço. A maioria dos jornais celebrava. *A Provincia de São Paulo* deu na capa o barrete frígio e um "Viva a República". Às 12h30, o governo provisório desfilou e Francisco Rangel Pestana (1839-1903), do Partido Republicano Paulista, discursou, sempre com *A Marselhesa*.

Uma comitiva levou, às duas horas da tarde, uma carta à família imperial dando 24 horas para deixarem o país. Um navio chileno ofereceu asilo, que palacianos cogitaram e d. Pedro recusou.

Por volta de três horas da tarde, Patrocínio abriu nova sessão extraordinária da Câmara Municipal, que empossou o governo provisório, com exceção de Deodoro, acamado. Juraram "manter a paz e a liberdade públicas, os direitos dos cidadãos".

Neste dia 16, empossaram-se novos governadores, com povo nas ruas e banda tocando *A Marselhesa*, em várias províncias e com poucos conflitos.

O oitavo episódio foi a *deportação da dinastia*. Às três horas da manhã do dia 17 de novembro, a família imperial e cinco famílias monarquistas embarcaram no Cais Pharoux. Às seis, juntaram-se Rebouças e os príncipes, mandados buscar em Petrópolis. Aguardaram num navio pelo transatlântico, que, à meia-noite, zarpou para Lisboa.

Na manhã seguinte, uma passeata levou um manifesto da Igreja positivista ao seu ex-membro Benjamin Constant. O ministro respondeu: "A República não podia encontrar melhores luzes" que no positivismo, cuja divisa, excluído o Amor, adotou: "Ordem e Progresso".

Depois dos eventos, entrou em disputa seu sentido. Na crise, Isabel dera falta de defensores do regime. Responderam-lhe que havia no Brasil amigos da dinastia, mas monarquistas, não. E de fato, nos dias subsequentes, conselheiros de Estado, senadores e deputados aderiram à República. Mesmo jornais antipáticos condenaram antes a forma — militarizada — que o fundo — a mudança de regime. Falavam em "insubordinação" e "revolução", não em "golpe".

Mas logo os monarquistas lançaram narrativas de uma República sem povo, conluio das armas com o ressentimento escravista, que matara uma monarquia abolicionista e popular. A leitura não aguenta escrutínio: a abolição nasceu do isolacionismo internacional e da pressão do movimento abolicionista. E, embora longe de revolução popular, a República tampouco foi simples quartelada. Resultou de mobilização social e de crises sobrepostas a que as instituições monárquicas foram incapazes de responder.

Se a República seria democrática ou oligárquica, não era futuro inevitável no dia de sua proclamação. O passado, sim, é certo: derrubou um regime arcaico, excludente e desigual.

INTERESSE E BEM COMUM

Paula Mendes Lima

O INTERESSE É, NA MODERNIDADE, UM PRINCÍPIO DE AÇÃO QUE CONDUZ O homem na esfera individual ou na esfera coletiva. No âmbito individual, trata-se de um momento de subjetividade em que o sujeito realiza um cálculo racional para que o seu agir resulte na satisfação de suas necessidades e de seus desejos. No âmbito coletivo, é um momento de individualidade em que o sujeito realiza uma escolha racional no contexto do espaço público.

Na perspectiva republicana, importa pensar o interesse no âmbito da esfera coletiva. Maquiavel (1469-1527) destaca que, em um espaço político, pensar apenas em interesses privados, em detrimento do bem comum, significaria corromper a própria república.

O bem comum deve ser considerado como uma pluralidade de valores que resultam da relação entre o interesse particular de cada indivíduo com o interesse da sociedade. Não se trata da harmonização de interesses individuais pela sabedoria dos governantes, mas de algo construído a partir do arranjo das instituições e das práticas políticas realizadas entre as pessoas de determinado corpo político.

Maquiavel, ao articular a relação entre interesse e bem comum, parece retomar a acepção mais imediata do termo *res publica* utilizado pelos clássicos da Antiguidade como sinônimo de coisa pública, coisa de todos, da esfera dos interesses comuns e do bem comum. Ensina Sérgio Cardoso que *res publica*, nessa acepção, designa a agregação da comunidade tendo em vista o bem, o direito e o interesse comuns. Ou seja, a ideia de interesse, à luz do pensamento republicano de Maquiavel, passa pela antiga concepção grega de bem comum dos gregos, *koinon sympheron* (ou "benefício comum", em tradução literal). A cidade ou a pátria à qual o homem pertence conformam o objeto de interesse comum e de bem comum.

A questão principal que se coloca em relação a essa articulação é como ela se mantém e de que modo pode ser realizada numa sociedade republicana moderna. O homem nessas sociedades se acostumou a uma busca constante pelo seu bem-estar material e pela satisfação das necessidades de sua vida privada, não dispondo de tempo, tampouco de energia, para participar da vida política, meio em que a construção do interesse e do bem comuns pode ser realizada.

Para buscar uma possível resposta a essa questão, é importante compreender de forma breve a semântica do termo "interesse", cuja evolução o economista Albert O. Hirschman (1915-2012) apresenta em *As paixões e os interesses*. Segundo o autor, esse termo foi convocado para contrabalançar as paixões, e a construção de sua definição deve se iniciar pela recuperação das ideias de glória e de honra. A busca da glória e da honra representava, no período da Idade Média e da Renascença, o móvel da conduta humana.

Para Hirschman — apesar dos escritos religiosos de Santo Agostinho (354-430) e de São Tomás de Aquino (1225-74), que consideravam a busca da glória um pecado —, os autores da Idade Média postulavam que ela "vivificava todas as partes do corpo político", pois propulsionava a atuação de cada homem em prol do bem geral e simultaneamente gerava benefícios individuais. A busca da honra dá-se, no mesmo sentido, durante a Renascença.

Contudo, conforme o economista, os ideais heroicos voltados para a conquista da honra e da glória foram posteriormente considerados como valores de "autopreservação, por Hobbes, de amor próprio por La Rochefoucauld, de vaidade e fuga desesperada do verdadeiro conhecimento por Pascal". Essas perspectivas sobre as ideias de honra e de glória tinham como enfoque a esfera individual e as afastavam da concepção de que se tratava de categorias importantes para a existência de um corpo político.

Na modernidade, autores como Hobbes (1588-1679), Bacon (1561-1626), Espinosa (1632-77) e Hume (1711-76) compreendem, para Hirschman, que o homem se move por impulsos, inquietações e paixões. Eles propõem que, para a construção e para a conservação do corpo político, é essencial contrapor-se as paixões. Ainda segundo o economista, a noção de interesse aparece como um conceito operacional necessário para subjugar paixões consideradas indomáveis.

O interesse, no entanto, não se opõe à ideia de paixão, pois uma categoria política não exclui a outra. Na modernidade, constata-se uma expansão do domínio do interesse que direciona o homem em todas as instâncias da vida social. Na sociedade moderna, há a predominância do interesse como categoria política fundamental, justificando a ação humana no contexto social e político.

Com isso, a principal questão deste verbete é retomada: mas qual é, efetivamente, o interesse que move o homem na sociedade republicana moderna? O homem moderno, focado na sua individualidade, age apenas em prol dos interesses individuais ou é capaz de agir para a construção de um bem comum?

Alexis de Tocqueville (1805-59) traz uma grande contribuição para o tema ao apresentar uma possível resposta para essa mesma questão a partir do que denominou de "doutrina do interesse bem compreendido". Essa doutrina, exposta na segunda parte de *A democracia na América, Livro II*, de 1840, sugere a união do interesse particular com o comum de maneira que seja possível discernir cada um deles, mas que também seja possível que andem lado a lado.

É indubitável que o móvel principal da ação do homem da sociedade moderna é o seu interesse particular, definido por Tocqueville como as suas necessidades e seus desejos mais imediatos. Para o filósofo, o interesse particular é o "único ponto imóvel do coração humano", ou seja, o motivo universal e invariável da ação humana.

Essa seria, como vimos, uma tendência ou uma atitude do homem moderno que pretende viver exclusivamente para si e conforme a sua própria razão. É o que explica Tocqueville, diferenciando individualismo de egoísmo. Para ele, o egoísmo seria um sentimento irrefletido que leva o homem a se priorizar em relação a todas as coisas e pessoas — um "instinto cego", um "vício" que destrói todas as virtudes e que sempre existiu na humanidade. Já o individualismo corresponderia a um sentimento refletido que afasta o homem de seus semelhantes e o insere numa pequena sociedade privada composta de familiares e amigos íntimos. Apenas os mais próximos interessam ao cidadão. Ele não se preocupa com as outras famílias nem com os ausentes, como seus antepassados e os membros de gerações futuras.

Apesar de ser uma escolha racional, para Tocqueville o individualismo é também um vício que advém de uma avaliação errônea a respeito do papel do homem na sociedade: o cidadão julga que, a partir de suas luzes e de sua fortuna, pode se manter por si só em todos os ramos da sua vida. Ele não deve nada a ninguém nem precisa esperar nada dos outros. Tal equívoco decorreria do processo de igualização das sociedades modernas, caracterizado pela ausência das hierarquias sociais fixas comuns nas sociedades aristocráticas, que suscita o sentimento de que o destino do homem só cabe a ele mesmo.

O resultado do individualismo é o total esvaziamento das virtudes públicas, do agir comum, que com o tempo pode, conforme afirma Tocqueville, esgotar todas as outras virtudes e deslocar o sentimento refletido do homem para o egoísmo. Isto é, o grande risco do individualismo é esgotar-se em egoísmo.

Segundo Tocqueville, um possível contraponto a esse risco se dá a partir da noção de liberdade política. O autor argumenta que seria preciso impor ao homem a sua participação nos negócios públicos, afirmando que "quando os cidadãos são forçados a se ocupar dos negócios públicos, são necessariamente tirados do meio de seus interesses individuais e arrancados, de tempos em tempos, à visão de si mesmos". Os homens, na modernidade, posicionam-se um ao lado do outro sem manter nenhum vínculo. Não obstante, quando eles começam a tratar de negócios comuns, percebem a importância e a necessidade de agir junto com os seus semelhantes.

Com base no modelo norte-americano, o filósofo apresenta a possibilidade de esse comprometimento forçado do homem para com a coisa pública surgir a partir do estabelecimento de instituições livres. Elas incentivam o homem a participar da vida política na qual ele está inserido, porque fazem com que tome consciência da importância dessa participação para a satisfação de suas necessidades, interesses e desejos.

Ao tomar parte nos pequenos negócios da vida cotidiana, o indivíduo passa a se interessar pelo bem público e a perceber a necessidade de os homens se articularem entre si para atender as demandas comuns que surgem diariamente.

A despeito dos sentimentos individualistas dos homens modernos, é possível construir o gosto pelo interesse comum. O interesse particular é algo natural na sociedade moderna, e o interesse comum só é criado e construído a partir de um governo livre. Tocqueville afirma que inicialmente a participação do homem na construção do interesse comum pode parecer uma obrigação. No entanto, com o passar do tempo, ela se tornará uma ação voluntária e o indivíduo adquirirá gosto por ela. A participação será concebida pelo homem democrático não só como um dever social, mas como um direito político fundamental.

A razão e a experiência prática dos Estados Unidos, descritas por Tocqueville em sua obra, indicam como, em certas circunstâncias e seguindo o interesse privado, um agente deve se ocupar dos outros. A partir disso, Tocqueville criou a doutrina filosófica do "interesse bem compreendido", em que descreve como alguns interesses privados devem ser sacrificados para que se alcancem interesses de maior amplitude.

Não parece, entretanto, que Tocqueville use o termo "interesse bem compreendido" para se referir a um interesse social ou coletivo nem a um interesse exclusivamente particular. O "interesse bem compreendido" se situa entre as duas esferas — a individual e a coletiva. Seria, então, um cálculo realizado pelo homem democrático para agir conforme o autointeresse, sem deixar de considerar diversos interesses e desejos. O homem democrático sabe que deve abdicar de desejos particulares menores e visar ao interesse comum para satisfazer interesses particulares maiores.

Essa compreensão acerca dos benefícios trazidos pela participação do homem nos negócios comuns se estende para a compreensão desse homem sobre a importância de todos agirem em cooperação. O homem moderno apreende que não pode viver só para si, como inicialmente pretende, pois não conseguiria sozinho satisfazer seus interesses privados. Nesse ponto, é indubitável a existência de um diálogo importante da doutrina do "interesse bem compreendido" de Tocqueville com o pensamento republicano.

A ação fundada no "interesse bem compreendido" direciona o homem ao caminho reto, que é o da união entre interesse particular e participação na construção e na manutenção do bem comum. Essa união é necessária, para Tocqueville, porque nas sociedades modernas não há mais devoções cegas e virtudes instintivas que movam os indivíduos a agir coletivamente para a construção e a manutenção do interesse comum. Só por meio da razão é que se pode motivar o homem à ação, sendo o "interesse bem compreendido" uma forma de egoísmo esclarecido que possibilita a ação virtuosa do homem.

Tocqueville parece, a partir desses argumentos, modernizar um relevante conceito republicano: o da virtude, considerando-o de maneira diferente de importantes pensadores. Montesquieu (1689-1755), por exemplo, define virtude, princípio do governo republicano, como o amor às leis e à pátria. Há um amor pela conservação da república e, segundo o filósofo, "este amor, que exige que se prefira continuamente o interesse público ao seu próprio interesse, produz todas as virtudes particulares". Isso, entretanto, não ocorre na modernidade, em que o homem age sempre em busca da satisfação de seus interesses particulares.

Para Tocqueville, ser virtuoso não é subordinar o interesse particular ao interesse comum, mas compreender a harmonia que existe entre ambos, uma vez que a satisfação do segundo reflete a satisfação do primeiro. O homem virtuoso age no espaço público considerando o seu domínio sobre si mesmo, controlando a tentação de perseguir exclusivamente o próprio bem-estar, a fim de impedir que se viole o direito dos demais cidadãos. Ele age, assim, por uma determinação racional.

O "interesse bem compreendido" auxiliaria, assim, o homem a vigiar suas paixões momentâneas, convencendo-o a fazer pequenos sacrifícios e a satisfazer apenas desejos cotidianos menores. Ele afastaria do homem o impulso para o interesse particular, contribuindo para a harmonia da ordem social composta por ações humanas mais regulares.

A aplicação da doutrina do "interesse bem compreendido" depende do desenvolvimento de algumas condições nas sociedades republicanas modernas. Cite-se, como exemplo, que os povos, e principalmente seus legisladores, devem fazer escolhas morais que direcionem o homem para agir conforme tais interesses. E essas escolhas serão bem realizadas se os cidadãos forem educados nesse sentido.

Dessa forma, a educação do homem moderno é fundamental para a aplicação do "interesse bem compreendido". Além de ter recebido uma boa instrução, para Tocqueville o homem deve completar sua educação com uma prática política efetiva que possibilite o aprendizado da liberdade política por meio da participação. O filósofo Jean-Fabien Spitz (1952-) afirma que, segundo Tocqueville, só a prática desses direitos pode, "quando ela vem apoiada na razão que mostra o liame entre o interesse geral e o interesse particular, constituir um motivo verdadeiro capaz de pousar os homens no civismo e no engajamento virtuoso na gestão dos negócios comuns". Sendo assim, a articulação entre os interesses e o bem comum nas sociedades modernas republicanas não se faz apenas como um produto da razão, mas também pela experiência política de um povo.

Com suas reflexões sobre o "interesse bem compreendido", Alexis de Tocqueville demonstra que o interesse e o bem comum são categorias que propulsionam uma certa dinâmica política para a sociedade moderna. A partir disso, é possível compreender melhor como o interesse é, na perspectiva republicana, um princípio de ação que conduz o homem moderno na esfera pública em direção à construção do bem comum. A direção desse caminho não se produz naturalmente na modernidade, uma vez que precisa ser edificada de forma permanente pelo corpo político.

A sociedade moderna e republicana é um estado social que pressupõe um movimento incessante pela satisfação do interesse particular e pela participação dos homens nos negócios públicos. Instituir a república como forma de governo numa sociedade, ainda que de forma expressa no texto constitucional, por exemplo, não garante por si só o exercício regular das liberdades individuais e políticas — condições indispensáveis para as ações movidas pelo interesse e pelo bem comum.

Na sociedade republicana moderna, o homem deve se deslocar entre duas esferas correlatas: a privada e a pública. Essa dinâmica contínua é capaz de unir os indivíduos à coletividade, podendo ser realizada apenas combinando o respeito à tendência natural desse homem de viver conforme sua vida privada ao exercício da vida coletiva em todos os níveis. O interesse, como um momento da subjetividade ativa, e o bem comum só se constroem de forma efetiva na prática política de uma sociedade que garanta a ação dos indivíduos em prol de si e da comunidade em que estão inseridos.

J

JUSTIÇA E GOVERNO DAS LEIS NO REPUBLICANISMO

Celso Lafer

"REPÚBLICA" É UMA PALAVRA DE MUITOS SIGNIFICADOS QUE, NO entanto, comportam convergências. A sua polissemia é atestada em língua portuguesa no pioneiro *Vocabulário português e latino*, de Raphael Bluteau, de 1728, que, *inter alia*, consigna: "estado governado por muitos"; "nunca teve Roma maior luzimento, do que quando era República", pois "tão grande foi nos antigos o receio da tirania, que sempre procuraram fazer de seu Estado República". Registra que no tempo em que elaborou seu vocabulário, era rara a república verdadeira, já que era o governo de poucos — a oligarquia (o que depois se chamou de governo "stretto") — que caracterizava na Itália a República de Veneza, Gênova e Lucca. Em registro histórico sobre a Antiguidade assinala:

> REPÚBLICA. [...] Na República dos Sículos, faz-se Justiça, trata-se verdade; prezam-se de igualdade. [...] Na República de Lacedemônia, não reina inveja, porque são todos iguais; nem avareza, porque é tudo comum; nem ociosidade, porque todos trabalham. [...]
>
> REPÚBLICO. Zeloso do bem da República. Amigo do bem público.

O verbete de Bluteau menciona vertentes de uma tradição republicana cuja presença Heloisa Starling identificou em movimentos que ocorreram no Brasil colonial e que se alimentaram, nos questionamentos à dominação colonial regida pela monarquia portuguesa, de valores inspirados em várias matrizes europeias. Estes, por sua vez, foram, a partir da experiência de Roma, a base das teorias contemporâneas do republicanismo.

Os teóricos do republicanismo consideram que a tradição republicana e os seus valores possuem autonomia em relação a outras tradições, como a liberal, a democrática e a socialista, e não se cingem apenas à afirmação da liberdade e a uma oposição à tirania.

Nas suas distintas leituras e interpretações, esse é o terreno comum de autores como John Pocock (1924-), Philip Pettit (1945-), Quentin Skinner (1940-), Maurizio Viroli (1952-) e, entre nós, Newton Bignotto (1957-).

Na sua *A teoria das formas de governo, na história do pensamento político*, de 1976, Norberto Bobbio (1909-2004) observa que a teoria das formas de governo comporta esquematicamente tanto o uso descritivo quanto o prescritivo. Na função descritiva, o estudo das formas de governo leva a uma tipologia tendo em vista a reflexão e a observação da experiência histórica. A classificação das formas de governo de Aristóteles (384-322 a.C.) integra essa linhagem, que espelha a variedade de modos com que as cidades helênicas vinham se organizando. As tipologias, no entanto, nunca são exclusivamente descritivas. Comportam uma função prescritiva e axiológica que expressa um julgamento de valor sobre como construir a melhor república no sentido mais abrangente de organização de comunidade política. É o caso de Políbio (*c.* 210/208-126 a.C.), que argui as qualidades do governo misto, reunindo o melhor do governo de um, de poucos ou de muitos.

O republicanismo se amolda, assim, às funções prescritivas e axiológicas. Extrai do amplo corpus teórico e histórico da tradição republicana os ingredientes do bom governo. Tem como inspiração o resgate da dignidade da política e o valor da liberdade. Destila, como propôs Hannah Arendt (1906-75) em *Entre o passado e o futuro* na interpretação crítica do passado, o significado de conceitos tradicionais — inerentes à tradição republicana — para dar-lhe renovada atualidade.

Muitos estudiosos da matéria inserem Arendt no âmbito do republicanismo. Cabe recordar que Margaret Canovan (1939-2018), em seu importante *Hannah Arendt: A Reinterpretation of Her Political Thought*, de 1992, dedica um substancioso capítulo a essa questão, analisando a especificidade da versão arendtiana de republicanismo.

Destaca Canovan, a partir do pensamento arendtiano, como a pluralidade da condição humana, tema recorrente de suas reflexões políticas, pressupõe para o efetivo proceder do agir conjunto de um espaço público, tutelado por instituições, tal como concebidas pela tradição republicana. Valoriza o governo das leis e a importância da virtude republicana como uma expressão do espírito público que também requer coragem. Salienta a importância de Montesquieu (1689-1755), que realça a virtude como um princípio que inspira a ação numa república. Enfatiza que a igualdade não é algo dado, mas uma construção política que o republicanismo enseja. Dá um conteúdo próprio à importância da cidadania, que provém da pluralidade dos cidadãos e da sua inserção no espaço público, pelo qual cabe zelar, pois diz respeito a interesses de longo prazo da *civitas* e não aos interesses privados de seres mortais que têm as urgências de curto prazo do ciclo humano de vida. Realça a diferença entre Rousseau (1712-78) e Arendt: para ela, a vontade geral não leva em conta a pluralidade da condição humana. O que une os cidadãos não é uma vontade comum, mas um mundo comum com instituições republicanas compartilhadas.

Em *Sobre a Revolução*, de 1963/65, Arendt analisa a Revolução Francesa e a Americana. Destas duas proveio a inspiração das repúblicas modernas, que se contrapuseram à monarquia, identificadora do Estado moderno. A distinção monarquia versus república na tipologia de formas de governo resistiu aos tempos, mas se tornou evanescente à medida que os regimes monárquicos foram desaparecendo no século XX. As repúblicas dos nossos dias, presidencialistas ou parlamentaristas, têm variadas características, porém guardam razoável distanciamento do republicanismo, que se assume não apenas como uma importante teoria política, mas também por seu uso axiológico como uma regeneradora proposta de ação política.

Princípios não são, porém, normas que nos proporcionam critérios específicos sobre como devemos, não devemos ou podemos atuar. Princípios, em contraste, são mais abertos e genéricos. Proporcionam-nos critérios para a tomada de uma posição. São orientações e ideias para a condução da política e do direito. Podem ser vistos como mandatos de otimização dos valores neles consagrados. Um dos temas recorrentes que permeia o republicanismo é a valorização axiológica do governo das leis.

O republicanismo extrai a prevalência do princípio do governo das leis em relação ao governo dos homens de uma clássica discussão da teoria política que remonta a Platão (*c.* 428/427-*c.* 348/347 a.C.) e Aristóteles. A superioridade do governo das leis como modo de governo é destacada por Aristóteles pela avaliação de que a lei tem generalidade e não obedece à paixão dos homens. Assim, o governante ao respeitar a lei não pode fazer prevalecer preferências pessoais. É o respeito à lei que impede o governante de exercer o próprio poder parcialmente, em defesa de interesses privados.

Essa matéria adquire alcance adicional no mundo romano, pois o legado do pensamento grego ganhou, na sua recepção em Roma, uma especificidade própria. Uma primeira nota provém do fato de que *populus* em Roma não se baseava no circunscrito de origens comuns e étnicas. Foi o que deu ao Estado romano uma elasticidade, primeiro na lida política com os problemas do relacionamento entre patrícios e plebeus, depois nas relações com outras comunidades da Itália. Trata-se de uma abertura ao que Arendt examina como a pluralidade da condição humana.

Uma segunda nota foi a maneira pela qual o espírito jurídico romano na recepção do legado do pensamento grego deu ao tema do governo das leis uma original especificidade. *Lex* ("lei"), como ensinam Alfred Ernout e Antoine Meillet no seu dicionário etimológico de latim, de 1932/85, é uma palavra que tem como base a ideia de convenção, portanto de relação, que não é a acepção da palavra grega *nomos*. É o que Arendt pontua ao realçar que a *lex romana* é algo que liga os homens entre si e se efetiva não através de um ato de força, mas sim politicamente, através de um arranjo ou acordo mútuo.

Res, rei, etimologicamente "bem, interesse por qualquer coisa", é palavra que no seu uso conserva esse significado na terminologia jurídica romana. Daí a distinção entre *res publica*, bem público, que se opõe a *res privata*. Por isso, no direito romano, *jus privatum* versa sobre a utilidade e os interesses dos particulares, e *jus publicum*, sobre o modo de ser do Estado romano e de seus interesses (*quod ad statum rei romanae spectat*).

No mundo romano, deve-se a Cícero (106-43 a.C.) a clássica reflexão sobre o conceito de república. Diferencia a *res publica* — o comum — do específico que não é comum a todos, como as *res privata, domestica, familiaris*. Para Cícero, o comum é o bem do povo (*res populi*). O *populus* não é uma multidão qualquer de homens, mas sim um grupo numeroso de pessoas associadas pela adesão a um mesmo direito e voltadas para um bem comum (*De re publica*, I, XXV). Daí, em matéria de governo das leis, a convergência republicana entre o *consensus juris* (o consenso do direito) e a *communis utilitatis* (a comum utilidade) que deve alcançar o *populus* como o destinatário do que deve ocorrer na *res publica*.

Cícero destaca, ainda, que a permanência do *consensus juris* do governo das leis requer que elas atendam à justiça e à igualdade. É também dele a conhecida formulação da relação entre o governo das leis e a liberdade: "Devemos ser servos da lei para podermos ser livres" (*Pro Cluentio*, 53).

A liberdade assim assegurada pelo governo das leis só tem morada na república, na qual o poder do povo é maior, e nada pode ser mais doce do que a liberdade. Cícero também ressalta que ninguém pode ser um cidadão privado quando a liberdade da cidadania está posta em questão. Uma coisa é viver numa tirania, outra, *in libera civitas*. Para o direito romano, a liberdade é um bem inestimável e não pode circunscrever-se ao que Benjamin Constant (1767-1830) qualificou no século XIX como a liberdade privada dos modernos. Daí a relevância do *munus publicum*, que é a obrigação de um particular, no exercício de uma função pública, de propiciar o maior bem-estar possível a todos e a cada um dos cidadãos da *res publica*, o que requer virtudes cívicas e a consciência do dever, configuradoras do espírito republicano.

Em síntese, são o legado de Roma e a especificidade própria atribuída ao papel do direito, em matéria de governo das leis, a matriz primeira da sua importância no âmbito da elaboração conceitual do republicanismo.

Os estudiosos do republicanismo enfatizam que a retomada da matriz romana ocorreu pela obra dos humanistas, dando destaque à reflexão de Maquiavel (1469-1527) nos seus *Discursos sobre a primeira década de Tito Lívio*, publicados postumamente, em 1531. Para Maquiavel, circunscrever a suprema autoridade ao império das leis é a melhor garantia para que uma *civitas* seja governada com justiça e moderação. Também considera o império da lei não apenas num sentido formal, pois sublinha que o conteúdo das leis e das instituições contemple o interesse comum da república.

Montesquieu deu ao tema do governo das leis uma feição própria no âmbito do republicanismo, introduzindo a diferença entre distintos princípios (honra, virtude, medo) que, de acordo com as características dos regimes, norteiam o seu modo de governar. Aponta ele que é a virtude que inspira a ação numa república, concebendo-a como uma virtude política que transita pelo respeito às leis e pela devoção do indivíduo à coletividade. Montesquieu também enfatiza, no *Espírito das leis*, de 1748, livro XI, capítulo 6, que não há liberdade se o poder de julgar não for separado do Poder Legislativo e do Executivo, dando assim sua conhecida contribuição ao tema da separação de poderes, ponto de partida da crítica à concentração de poder do absolutismo. A importância da separação dos poderes que Montesquieu colocou na pauta do republicanismo introduz a especificidade técnica de pesos e contrapesos voltados para conter o onipresente risco do arbítrio do governo dos homens.

A função jurisdicional como uma função autônoma, distinta da executiva e da legislativa, permite não apenas a valorização republicana do poder das leis, mas o controle da supremacia das leis na gestão governamental.

O desdobramento conceitual dessa visão foi o constitucionalismo como uma forma institucional de afirmar a superioridade do governo das leis, por meio de uma Constituição escrita, que passou a ser uma das inovadoras consequências das Revoluções Americana e Francesa.

O constitucionalismo valorizou os méritos de uma Constituição escrita, que passou a dispor sobre a distribuição e os limites de competências dos poderes políticos (a separação dos poderes) e a elencar os direitos voltados para assegurar a liberdade. Como diz o artigo 16 da Declaração Francesa dos Direitos do Homem e do Cidadão de 1789: "Toda sociedade na qual a garantia dos direitos não está assegurada, nem a separação dos poderes determinada, não tem Constituição".

O constitucionalismo é parte integrante da tradição política do liberalismo e da democracia, mas tem uma dimensão própria no âmbito do republicanismo em matéria de tutela da supremacia do governo das leis. Nesse contexto, foi inaugural a experiência americana.

Cabe lembrar que ideias e valores do republicanismo permearam o período colonial dos Estados Unidos e tiveram sua influência na Revolução. Benjamin Franklin (1706-90) deu contribuição própria ao que veio a ser a teoria e a prática do federalismo americano. Foi a solução federalista que logrou superar as dificuldades identificadas por Montesquieu para conciliar tamanho, volume e virtudes com um governo republicano. O federalismo, ao assegurar no âmbito da União o pluralismo da diversidade dos Estados-membros, ensejou o *consensus juris* em torno da vigência da Constituição.

Esta conferiu à independência do Poder Judiciário a competência para examinar todos os casos de direito e de equidade surgidos no âmbito da Constituição e das leis dos Estados Unidos. Atribuiu à Suprema Corte a guarda da Constituição, que se tornou explícita quando o juiz John Marshall (1755-1835), no caso Marbury contra Madison, em 1803, consagrou o *judicial review*.

No Brasil, a matriz americana inspirou Rui Barbosa (1849-1923), quando da implantação da República de 1889, na criação do Supremo Tribunal Federal e na modelagem jurídica da Federação. Rui Barbosa dedicou-se à criação do espaço público e de instituições republicanas. Por isso, na sua *Oração aos moços*, de 1921, pôde afirmar que tudo tinha envidado nos seus cinquenta anos de serviço à nação para inculcar "ao povo os costumes da liberdade e à República as leis do bom governo, que prosperam os Estados, normalizam as sociedades, e honram as nações". O programa do civilismo, que norteou as suas campanhas presidenciais, estava voltado para a observância das condições de justiça, o que requer ordem jurídica — ou seja, governo da lei — contraposta ao governo do arbítrio, da força e da espada. Em síntese, também para a boa prata da casa, o governo das leis tutelado pelo direito é um elemento-chave do republicanismo.

Uma palavra final sobre a Justiça e o governo das leis. Justiça é o tema dos temas da filosofia do direito, pois a aspiração de justiça permeia, desde sempre, a vida do direito. A noção de Justiça, no entanto, é polissêmica e comporta mais do que um significado. Por isso, em conclusão, cabe circunscrever a análise ao âmbito do mérito axiológico do governo das leis, que em síntese sustenta a Justiça como legalidade (a conformidade da conduta com a norma jurídica) e pressupõe que as normas estão voltadas para a *communis utilitatis*, que, com base no *consensus juris*, lastreia a convivência coletiva. É o que faz da legalidade uma qualidade no exercício do poder que embasa a liberdade na *libera civitas* de uma república.

A Justiça tem como uma das suas dimensões a virtude ordenadora. Esta possibilita o império da lei, que contém o arbítrio inerente ao governo dos homens. No governo das leis, isso se traduz numa ordem jurídica estruturada por leis e prescrições gerais que alcançam a todos. É o que leva a afirmação da igualdade perante a lei, ou seja, a lei é igual para todos e a todos — governantes e governados — se aplica.

No constitucionalismo moderno — a forma institucional que assumiu o governo das leis —, com a separação dos poderes, a igual proteção das leis se viu sustentada pela autonomia do Poder Judiciário e pelo papel que passou a ter na guarda da Constituição — a lei das leis —, que estipula limites aos demais poderes da república. Daí, com o efeito irradiador da matriz americana do republicanismo, o Estado de direito como modo de governo — vale dizer, o governo *sub lege* e *per leges*, que se contrapõe ao governo dos homens e ao seu potencial de arbítrio não contido por leis e freios. Destarte, por via de consequência, as garantias processuais desse modo de governo que é a *judicial review*.

O republicanismo é axiologicamente uma proposta do bom governo, com base nos méritos da Justiça do governo das leis, o que quer dizer que:

i) bom governo é aquele em que o governante exerce o poder de acordo com as leis e não de acordo com os sempre possíveis caprichos arbitrários do governo dos homens; e ii) bom governo é aquele em que os governantes exercem o poder segundo as leis, dotadas de *consensus juris* porque voltadas para a *communis utilitatis* (a comum utilidade) da qual se beneficia o *populus* numa república.

L

LETRADOS E REPÚBLICA NO BRASIL

Heloisa Murgel Starling

NO INÍCIO DA DÉCADA DE 1880, A PALAVRA "REPÚBLICA" alvoroçava o Brasil. Sobretudo entre intelectuais, literatos, boêmios, políticos e jornalistas interessados em fazer vida literária e em entender melhor o que causava a agitação política no país. Em meio a uma conjuntura capaz de combinar, em altas doses, crise social e econômica com modernização urbana — e ainda regar tudo isso com um imaginário intelectual cientificista e de fundo doutrinário —, uma grande oportunidade se abriu aos grupos politicamente emergentes ou marginalizados do Segundo Reinado; e ela estava em íntima conexão com uma nova maneira de conceber a República.

Quem, no interior da sociedade brasileira, não encontrava seu lugar no Império e dispunha de recursos suficientes para manifestar sua crítica às instituições monárquicas, tratou de fazer isso. Alijados do poder pelos mais variados motivos, esses grupos entraram na briga contra o Segundo Reinado e arrogaram para si uma posição republicana. "República" significava uma alternativa viável ao status monárquico, era compatível com a superação da monarquia em virtude de um imperativo modernizador e, o melhor de tudo, podia se instalar pela via reformista sem a necessidade de submergir o país no caos político revolucionário. Aliás, o "Manifesto republicano", publicado em 1870, propunha exatamente isso: implantar a República a partir de uma Assembleia Constituinte.

No final do século XIX, a palavra "república" representava uma esperança de futuro. Trazia a marca de um tempo novo e acelerado em que modernização era sinônimo de civilização. Além disso, seu significado foi remodelado a partir do conteúdo produzido pelas novíssimas doutrinas em voga na época — positivismo, evolucionismo, darwinismo racial. Contudo, se as possibilidades de fundar a República no Brasil eram reais, os resultados ficaram aquém do desejado — e desse projeto republicano vê-se, ainda hoje, apenas um esboço de feitio precário. Mas é possível identificar seu traço perverso: a República proclamada em 1889 era uma forma de governo conservadora, excludente e sem nenhuma sensibilidade para a questão social. Algo deu errado no nosso desejo de futuro. E os homens de letras estão aí para confirmar.

Em 1882 — sete anos antes da Proclamação da República no Brasil —, Machado de Assis (1839-1908) publicou "A Sereníssima República: Conferência do cônego Vargas", incluída entre os contos de *Papéis avulsos*. O texto, curto, narra a história de uma chácara meio arruinada e esquecida no subúrbio carioca, cujo proprietário, um cônego ambicioso e pedante, num dia de sorte, se depara com uma espécie única de aranha — capaz do uso da fala. Tinham um grande dorso cor de sangue atravessado por listras azuis; se movimentavam rapidamente, alegres, doidas por música. E eram ingênuas a ponto de se deixarem impressionar pelas roupas, pela estatura e pela flauta de um cônego cuja aparição provocou impacto considerável na colônia: ele se precipitara talvez das estrelas para beneficiá-las de alguma forma? O propósito do cônego, porém, era outro e muito humano. Ele queria imitar a potência de Deus para alcançar a glória do conhecimento e do prestígio político. Não se tratava de manipular a colônia, justificava o cônego, mas de civilizá-la; um bom começo seria impor às aranhas uma forma de governo — decidiu-se pela república.

Não sabemos se Machado conhecia um poema satírico publicado anonimamente, em 1705, sob o título "A colmeia ruidosa; ou canalhas feitos honestos", por Bernard Mandeville (1670-1733), um médico holandês radicado na Inglaterra. Nove anos depois, o poema ganhou roupa nova, foi rebatizado de "A fábula das abelhas ou vícios privados, benefícios públicos", e, quem sabe, essa versão tenha chegado às suas mãos. No poema de Mandeville, o excesso de moralidade cívica imposto às abelhas, na sua origem, autoindulgentes, viciosas e trapaceiras, levou a uma colmeia abúlica e estagnada. No conto de Machado, uma colônia de aranhas destinadas a uma existência insípida e medíocre — fiam, tecem e morrem — adotou

1. Alegoria à Proclamação da República e à partida da família imperial

Autor desconhecido

S.D. ACERVO FUNDAÇÃO MARIA LUISA E OSCAR AMERICANO, SÃO PAULO. ÓLEO SOBRE TELA, 0,82 X 1,03 M.

Na tela de um artista anônimo, a Proclamação da República e a partida da família imperial são representadas de forma pacífica e repleta de imaginação. Ao fundo, a família imperial deixa o Brasil por águas baianas, em plena luz do dia. Entretanto, sabe-se que d. Pedro II partiu do Rio de Janeiro e de madrugada. No canto esquerdo da imagem, a nação brasileira, representada por uma mulher calçando sandálias, numa alusão à República romana, recebe a bandeira do Brasil das mãos do marechal Deodoro da Fonseca.

2. Glória à pátria

Pereira Neto

1889. ACERVO FUNDAÇÃO BIBLIOTECA NACIONAL, RIO DE JANEIRO. CONTRACAPA DA *REVISTA ILLUSTRADA*, Nº 569, 16 DE NOVEMBRO DE 1889.

Recebendo a coroa do Império, a República brasileira é representada nesta charge por uma guerreira vestida à romana, ostentando espada, escudo, a nova bandeira do Brasil e um barrete frígio ou barrete da liberdade — espécie de touca originada da Frígia, mas adotada na cor vermelha pelos republicanos franceses que tomaram a Bastilha em 1789. Interessante notar que no desenho, publicado em 16 de novembro, a nova bandeira brasileira já aparece retratada. No entanto, ela só foi oficialmente instituída três dias depois.

3. [O pequeno índio saúda a República]

Rafael Bordalo Pinheiro

1890. ACERVO HEMEROTECA DIGITAL DE LISBOA, LISBOA. REVISTA *PONTOS NOS II*, Nº 281, 15 DE NOVEMBRO DE 1890.

Na obra do português republicano Rafael Bordalo Pinheiro (1846-1905) estão delineadas as duas margens do Atlântico. Nas nuvens, o povo brasileiro comemora a Proclamação da República, enquanto o indígena, que simboliza o Brasil, é guiado pela República nas vestes de uma Marianne francesa. Na parte de baixo, os portugueses não apenas saúdam o novo regime político como convidam a República para fazer morada em território luso.

4. Proclamação da República Federal Brasileira no dia 15 de novembro de 1889

Autor desconhecido

1889. ACERVO FUNDAÇÃO BIBLIOTECA NACIONAL, RIO DE JANEIRO. JORNAL *O MEQUETREFE*, Nº 486, NOVEMBRO DE 1889.

Nesta caricatura é possível identificar as influências de duas importantes matrizes do republicanismo: a francesa e a norte-americana. Desenhada na parte de cima, a alegoria feminina da República brasileira se assemelha à escultura *La Marseillaise* do francês François Rude (1784-1855). Já a bandeira hasteada do lado direito é uma cópia, do lábaro dos Estados Unidos.

5. 8 de dezembro de 1889

Pereira Neto

1889. ACERVO FUNDAÇÃO BIBLIOTECA NACIONAL, RIO DE JANEIRO. *REVISTA ILLUSTRADA*, Nº 571, 14 DE DEZEMBRO DE 1889, RIO DE JANEIRO.

"Após um longo período de desconfianças, a República Argentina e os Estados Unidos do Brasil selam o pacto de uma franca e imperturbável amizade."

A Proclamação da República modificou sensivelmente as relações com a vizinha Argentina. Depois da instauração do novo regime, os dois governos trataram de estabelecer acordos de respeito mútuo, sendo a Argentina a primeira nação estrangeira a reconhecer oficialmente a República de 1889. Na caricatura, duas Mariannes selam de forma simbólica o acordo, cada qual com suas insígnias. Ao centro, o barrete frígio francês.

6. A República francesa. Reconhecimento da República brasileira

Autor desconhecido

1890. ACERVO FUNDAÇÃO BIBLIOTECA NACIONAL, RIO DE JANEIRO. *REVISTA ILLUSTRADA*, Nº 593, 21 DE JUNHO DE 1890.

"Afinal abraçaram-se. Não houve enredos, intrigas, que prevalecessem contra o espírito das duas irmãs. Muito bem!"

A despeito da "naturalidade" que a imagem pretende estampar, não foi fácil à jovem República brasileira receber o reconhecimento da mais "madura" das Repúblicas modernas. A França negociou o seu apoio durante meses e, entre outras condições, exigiu que o Brasil, representado aqui por uma jovem Marianne, retomasse a discussão sobre os limites do Amapá, reivindicando direitos sobre parte do território. Condição aceita, a República seria legitimada apenas no dia 20 de junho de 1890.

7. Estudo para *Libertação dos escravos*

Pedro Américo

1889. ACERVO COLEÇÃO PALÁCIO DO GOVERNO DO ESTADO DE SÃO PAULO, EM COMODATO COM A PINACOTECA DO ESTADO DE SÃO PAULO. ÓLEO SOBRE TELA, 140,5 X 200 CM. REPRODUÇÃO DE WILFREDO R. RODRÍGUEZ H.

Finalizada em 1889, esta obra gerou muita controvérsia. Além de Pedro Américo (1843-1905) ser identificado com a monarquia, a presença alegórica da princesa Isabel, retratada no centro da pintura, não agradou. A tela repassa a falsa imagem da Abolição como um presente da realeza e repisa a representação de escravizados, agora libertos, ajoelhados e "gratos" diante do imponente símbolo feminino da Liberdade e da República ambientado numa espécie de coliseu romano. Ao lado dos recém-libertos, o demônio da escravidão aparece morto e, contraditoriamente, é negro como os africanos.

8. Proclamação da República

Autor desconhecido

1889. ACERVO HEMEROTECA DIGITAL DE LISBOA, LISBOA. REVISTA *O OCCIDENTE*, Nº 396, 12º ANO, V. XI, 21 DE DEZEMBRO DE 1889.

Esta xilogravura foi inspirada no desenho de Camille-Félix Bellanger (1853-1923), publicado anteriormente no periódico francês *L'Illustration*. A imagem cristaliza a enganosa ideia de que a Proclamação da República no Brasil teria sido realizada por meio de um movimento popular. Na obra, uma multidão imaginada de brasileiros toma a rua do Ouvidor aclamando as figuras do marechal Deodoro da Fonseca e de Quintino Bocaiuva.

9. São Simão: Berço da Proclamação da República

Autor desconhecido

S.D. ACERVO CERÂMICA ARTÍSTICA BARBOSA. AZULEJOS INDUSTRIAIS PINTADOS. 140 X 245 CM. PRAÇA DA REPÚBLICA, SÃO SIMÃO, SP.

O interior de São Paulo ferveu nos últimos anos do século XIX. Um dos objetivos fundamentais da propaganda republicana era penetrar nas câmaras municipais paulistas e questionar os termos da Constituição de 1824, que garantiam d. Pedro II como "defensor perpétuo do Brasil". São Simão foi a primeira cidade a realizar esse ato revolucionário — por isso, ainda hoje, é simbolicamente considerada o berço da Proclamação da República.

10. Galeria histórica da Revolução brasileira

Urias Antônio da Silveira

1890. ACERVO BRASILIANA ITAÚ, SÃO PAULO.

Este livro raro apresenta gravuras contemporâneas à Proclamação de 15 de novembro. A imagem da capa traz uma típica representação feminina da República, com uma tocha na mão — como que a iluminar a nova era —, ao mesmo tempo que está enfeitada com um cocar, remetendo ao perfil "tropical" da Nova República. Ao fundo, um sol brilhante ilumina as águas do mar calmo, numa alusão ao caráter pacífico e harmonioso do pretensamente estável novo regime.

11. [Menu comemorativo do primeiro aniversário da Proclamação da República]

Rafael Bordalo Pinheiro

15 DE NOVEMBRO DE 1890. ACERVO COLEÇÃO PARTICULAR EMANOEL ARAÚJO.

Como parte das comemorações do primeiro ano de vigência da República brasileira, o cônsul-geral do Brasil em Lisboa ofereceu um jantar. O menu foi ornamentado pelos desenhos do português Rafael Bordalo Pinheiro, conhecido por seu trabalho como cartunista também no Brasil. Nele, a República surge em forma de mulher erguendo a nação, representada pela figura do indígena, que, por sua vez, se equilibra em dois símbolos: a roda do progresso e a riqueza das indústrias, das artes e do comércio.

12. **Das urnas sairá triunfante, depois de amanhã, a própria imagem da Pátria Republicana**

Angelo Agostini

6 DE SETEMBRO DE 1890. ACERVO FUNDAÇÃO BIBLIOTECA NACIONAL, RIO DE JANEIRO. *REVISTA ILLUSTRADA*, Nº 601, 6 DE SETEMBRO DE 1890.

Havia grande expectativa em torno da eleição do primeiro Congresso e do Senado da República, realizada em setembro de 1890 em todo o território nacional. Disputavam-na nomes importantes, como Joaquim Saldanha Marinho (1816-95), republicano histórico e um dos signatários do "Manifesto republicano" de 1870. Na charge de Angelo Agostini, uma República à francesa irrompe das urnas, brandindo os princípios da Revolução de 1789 — cena um tanto estranha e artificial em um país em que as mulheres ainda não votavam.

13. [Deodoro da Fonseca apresenta a República em seu primeiro aniversário, dia em que foi instalada a Constituinte]

Angelo Agostini

NOVEMBRO DE 1890. ACERVO FUNDAÇÃO BIBLIOTECA NACIONAL, RIO DE JANEIRO. *REVISTA ILLUSTRADA*, Nº 607, NOVEMBRO DE 1890.

O caricaturista Angelo Agostini (1843-1910) teve papel destacado como crítico político e cultural. Nesta imagem, porém, ele se junta às comemorações de um ano da República e se apropria do símbolo de uma menina jovem, portando um barrete frígio francês, referente à juventude da Proclamação brasileira. O desenho é mais verista neste segundo plano, com a alegoria da República nos braços de Deodoro da Fonseca e sendo embalada pelos demais políticos ao fundo. Novamente é uma mulher que resume as esperanças da nação, a despeito de elas não tomarem parte, nessa época, do jogo político brasileiro.

14. 21 de abril

Angelo Agostini

19 DE ABRIL DE 1890. ACERVO FUNDAÇÃO BIBLIOTECA NACIONAL, RIO DE JANEIRO. CAPA DA *REVISTA ILLUSTRADA*, Nº 587, 19 DE ABRIL DE 1890.

"A República brasileira depõe coroas, palmas e saudades à memória de José Joaquim da Silva Xavier, o mártir da Inconfidência Mineira."

Após a Proclamação da República, intensificou-se o culto cívico--religioso a Tiradentes — sendo o dia 21 de abril declarado feriado já em 1890. Na ilustração, a forca se transforma em altar e remete à cruz de Cristo; a paisagem ao fundo mais parece Jerusalém do que o Rio de Janeiro; o Rocio alude ao monte Calvário. Todo esse cenário é observado pela República, que está prestes a depositar uma coroa à sua memória.

15. ***Alegoria da República* no pano de boca da sala de espetáculos do Theatro da Paz**

Crispim do Amaral

1890. BELÉM. PINTADO NA FRANÇA, NO ATELIÊ CARPEZAT. ÓLEO SOBRE TELA, 10,36 X 10,90 X 105 M. FOTOGRAFIA DE ALAMY/ FOTOARENA.

Criada na primeira reforma do Theatro da Paz, a pintura foi, muitas vezes, atribuída a Eugène Carpezat (1833-1912), dono do ateliê parisiense onde foi confeccionado o pano de boca, que corresponde à cena aqui descrita. O cenógrafo Crispim do Amaral (1858-1911), verdadeiro autor da obra, construiu uma alegoria singular, que agrega elementos greco-romanos à figura de uma Marianne morena, exaltada por nativos indígenas e brasileiros. A bandeira nacional surge à direita de Marianne, ao lado de um constrangedor triângulo maçônico, que ganha o centro da ilustração.

16. República

Autor desconhecido

1891. ACERVO BIBLIOTECA PÚBLICA ARTHUR VIANNA, BELÉM. JORNAL *O PIMPÃO*, Nº 25, 15 DE AGOSTO DE 1891.

Esta edição do jornal paraense *O Pimpão* foi consagrada ao 15 de agosto, data comemorativa da adesão do Pará à Independência do Brasil, ocorrida somente em 1823. Relacionando a República, vestida de mulher com barrete frígio francês, ao rompimento do período imperial, o periódico traz em suas linhas editoriais: "É dever d'*O Pimpão* carregar também a sua pedrinha para a construção do alicerce, de onde tem de sair — imponente majestoso — o grande edifício social".

17. A musa republicana. Homenagem à pátria brasileira no seu dia mais glorioso

Luís Demétrio Juvenal Tavares

1892. ACERVO FUNDAÇÃO CULTURAL DO PARÁ E ACERVO BIBLIOTECA PÚBLICA ARTHUR VIANNA, BELÉM.

Em comemoração ao terceiro aniversário da República brasileira, o escritor paraense Juvenal Tavares (1850-1907) publicou um livro de poemas dedicado aos líderes do movimento republicano. A capa da obra mostra a alegoria da República representada a partir de elementos clássicos, como a coroa de louros e as vestes romanas. A musa republicana traz também o barrete frígio e carrega a bandeira do Brasil. Esses eram símbolos misturados que aludiam à antiguidade do regime republicano que, no país, recém se inaugurava e apelava para modelos mais tradicionais e duradouros.

18. Marechal Deodoro da Fonseca

Henrique Bernardelli

C. 1892. ACERVO ACADEMIA MILITAR DAS AGULHAS NEGRAS, RIO DE JANEIRO. ÓLEO SOBRE TELA, 280 X 185 CM. REPRODUÇÃO DE ALAMY/ FOTOARENA.

No começo da República buscou-se transformar os líderes do golpe em figuras carismáticas, também por meio da circulação de vasta produção imagética. O empreendimento, porém, frustrou as primeiras expectativas do novo governo. Bom exemplo disso é este retrato de Deodoro da Fonseca feito por Bernardelli (1857-1936), com base em fotografia tirada pelo próprio pintor. Encomendada pelo barão de Itaipu (1829-1909), a obra deveria imortalizar o marechal em pleno ato. O resultado, entretanto, deixa a desejar: o militar aparece como se fosse uma estátua inerte, apartado da população.

19. **Proclamação da República**

Benedito Calixto

c. 1893. ACERVO PINACOTECA DO ESTADO DE SÃO PAULO. ÓLEO SOBRE TELA, 123 X 200 CM.

O campo de Santana é identificado como palco de grandes eventos políticos na história do Brasil. Local da aclamação de d. Pedro I, volta à baila em 1889. Embora tenha sido projetado para mostrar os heróis de uma revolução e criar uma grande cena em torno do ato da Proclamação, a obra de Calixto (1853-1927) acaba por evidenciar a falta de participação popular no processo.

20. A República

Manuel Lopes Rodrigues

1896. ACERVO MUSEU DE ARTE DA BAHIA, SALVADOR. ÓLEO SOBRE TELA, 230 X 120 CM.

Na época da Proclamação da República, Manuel Lopes Rodrigues (1860-1917) morava na Itália, e talvez por isso esta sua tela cause estranheza. Nela, vemos uma mulher branca portando barrete frígio, numa alusão à República francesa, os pés calçados em sandálias despontando das vestes romanas — entre outras referências a elementos clássicos. Apenas a coroa de louros é aqui "traduzida" nos ramos de café.

PREMIÈRE ANNÉE. — N° 2. Le Numéro : 1 franc. 15 NOVEMBRE 1896

REVUE DU BRÉSIL

BI-MENSUELLE

Labor omnia vincit. Bureaux : 56, Rue Saint-Georges

ABONNEMENTS : Paris et Départements : Un an, 24 francs; six mois, 12 francs. — Union Postale : Un an, 30 francs; six mois, 15 francs.

GOUVERNEMENT PROVISOIRE DE LA RÉPUBLIQUE BRÉSILIENNE

21. [Representação feminina da República]

Alessandro d'Atri

1896. ACERVO BIBLIOTECA NACIONAL DA FRANÇA, PARIS. *REVUE DU BRÉSIL*, Nº 2, ANO 1, 15 DE NOVEMBRO DE 1896.

Fundada após a Proclamação por "eminentes homens públicos", a *Revue du Brésil* anunciava na Europa o desenvolvimento econômico e cultural do Brasil. Nesta edição, a jovem República, rodeada de políticos do governo provisório, empunha uma tocha e um ramo de café. A mulher, de braços abertos, triunfa sobre a monarquia, simbolizada pela coroa destroçada debaixo de seus pés.

22. **Alegoria da República**

Frederico Antônio Steckel

1898. ACERVO MEMORIAL MINAS GERAIS, BELO HORIZONTE. ÓLEO SOBRE TELA, 230 X 120 CM.

A República ergue em seus braços uma palma — símbolo de vitória — sobre uma biga dourada com asas. Em sua cabeça, o barrete frígio compõe com as roupas ao estilo romano uma alegoria que representa respectivamente a República e a Liberdade. Sua mão esquerda se apoia em escudo com um símbolo maçônico e o dístico da bandeira de Minas Gerais. Tudo bastante elevado para fazer do novo regime uma forma de celebração patriótica.

23. ***A glorificação das belas-artes na Amazônia* no teto do Salão Nobre do Theatro Amazonas**

Domenico De Angelis

1899. MANAUS. FOTOGRAFIA DE ALEX ROBINSON/ GETTY IMAGES.

Com a Proclamação da República, Manaus foi elevada a capital do estado do Amazonas. A exploração do látex propiciou progresso econômico, expresso, entre outros eventos, na construção do monumental Theatro Amazonas, inaugurado em 1896. Na pintura do teto do salão nobre, a República figura sobre nuvens, no meio de musas, com as asas abertas, os seios à mostra, uma estrela dourada na testa e os braços estendidos ofertando duas coroas de louros. O teatro se vestia, portanto, com símbolos novos e provenientes da Antiguidade clássica, para assim bem receber a República brasileira.

24. **Paz e concórdia**

Pedro Américo

1902. ACERVO MUSEU HISTÓRICO E DIPLOMÁTICO — PALÁCIO ITAMARATY, RIO DE JANEIRO. ÓLEO SOBRE TELA, 300 X 431 CM.

A complexa alegoria de Pedro Américo mostra a República sendo coroada com louros pela Vitória. Circundada de personificações de nações como a Alemanha e a Itália, é observada por anjos alados e divindades. Ao centro, o "monstro tombado" da escravidão pode ser também uma referência ao "êxito da civilização sobre a barbárie" — todos registros simbólicos que saúdam a chegada da República e o fim do Império, que, nesse momento acirrado de produção de narrativas históricas e imagéticas, ficava definitivamente associado ao passado.

25. ***A influência das artes sobre a civilização* no pano de boca do Theatro Municipal do Rio de Janeiro**

Eliseu Visconti

1908. ACERVO THEATRO MUNICIPAL DO RIO DE JANEIRO. ÓLEO SOBRE TELA DE LONA, 12 X 16 M.

As concepções iconográficas deste pano de boca mostram claras influências da belle époque europeia. Feita em Paris, a obra traz figuras femininas como a maior parte de suas alegorias: a Dança, a Verdade e a Ciência. A Arte é apresentada como a figura central, alada. Para o artista, ela vai à frente de todos, conduzindo atrás de si toda a civilização. A República surge como um grande monumento ao fundo à direita, atoucada com um barrete frígio.

26. ***No mundo dos sóis*, propaganda das Loterias da Capital Federal**

Autor desconhecido

1907. ACERVO FUNDAÇÃO CASA DE RUI BARBOSA, RIO DE JANEIRO. REVISTA *O MALHO*, Nº 274, ANO 6, 14 DE DEZEMBRO DE 1907.

As loterias surgiram no país já em finais do século XVIII. Em 1899, elas passaram, porém, a ter parte da arrecadação incluída no Orçamento Federal. Na imagem, a República é uma jovem branca, de cabelos escuros, barrete frígio e roupas romanas. O sol é calvo, traz a testa enrugada, aparenta meia-idade e enverga um grande sorriso. O motivo da alegria do sol, questionado pela República, é o prêmio de quinhentos contos, anunciado para o concurso de Natal de 1907.

27. A pátria

Pedro Bruno

1919. ACERVO MUSEU DA REPÚBLICA, RIO DE JANEIRO. ÓLEO SOBRE TELA, 190 X 278 CM.

O ambiente doméstico, repleto de personagens femininas, sublinha o caráter de gênero simbolicamente atribuído à jovem República brasileira. Duas mulheres brancas cosem uma grande bandeira do Brasil, cobrindo o bebê que, segurando uma parte da bandeira onde há uma estrela, representa a jovem República. A inspiração do artista remete a um evento no qual a esposa e as filhas de Benjamin Constant (1836-91) costuraram bandeiras nacionais para escolas militares.

28. Gloria Patriae

Carlo de Servi

1914. GRAVURA (CÓPIA FOTOGRÁFICA).
ACERVO INSTITUTO GEOGRÁFICO
E HISTÓRICO DA BAHIA, SALVADOR.

Nesta pintura, a República é uma jovem em vestes vaporosas segurando uma estrela. Com um movimento de braço ela ilumina a tela, que mostra o corpo do barão do Rio Branco (1845-1912), amortalhado com a bandeira do Brasil. A relação entre os dois remete ao legado diplomático do Itamaraty e às políticas de construção da República brasileira.

29. **Posse de Deodoro da Fonseca: Primeiro estudo para o Palácio Tiradentes**

Eliseu Visconti

1925. ACERVO MUSEU DO INGÁ, NITERÓI.
PINTURA A ÓLEO, 81 X 100 CM.

Esta obra corresponde a um esboço de Visconti (1866--1944) para o painel decorativo do plenário da Câmara dos Deputados. Vemos uma figura alegórica alada que abençoa a cerimônia no centro superior da imagem e a bandeira do Brasil na mesa, em destaque. A pintura foi recusada pela comissão que a encomendou, exigindo do artista outro estudo sem mulheres, já que a solenidade de assinatura da primeira Constituição republicana de 1891 não contou com a participação feminina.

30. República

Décio Villares

1927. ACERVO MUSEU HISTÓRICO NACIONAL, RIO DE JANEIRO. ÓLEO SOBRE TELA, 60 X 49 CM. REPRODUÇÃO DE CHICO CERCHIARO. MUSEU HISTÓRICO NACIONAL – IBRAM/ MINC.

O artista acadêmico Décio Villares (1851-1931) ficou conhecido por ter desenhado a esfera da bandeira do Brasil, em que se veem as estrelas e os dizeres "Ordem e Progresso". Na tela intitulada *República* ou *Perfil da República*, ele retrata o novo regime na pele de uma mulher de traços europeus. A inspiração também vem de Clotilde de Vaux (1815-46), musa do filósofo Auguste Comte (1798-1857), que aparece nas obras positivistas personificando a Humanidade. Se o modelo buscava inspiração na simbologia republicana europeia, por aqui deve ter soado um pouco estranho diante de uma população majoritariamente composta de negros e pardos, alguns deles recém-saídos da escravidão.

31. Marianne

Umberto Cavina

S.D. ACERVO MUSEU DA REPÚBLICA, RIO DE JANEIRO. ESCULTURA EM BRONZE, 65 X 53 X 43 CM. REPRODUÇÃO DE ROMULO FIALDINI/ TEMPO COMPOSTO.

A figura da Marianne se consolidou na Terceira República Francesa, inspirada na tela *A liberdade guiando o povo*, de 1830, de Eugène Delacroix (1798-1863). Acredita-se que o nome escolhido para representar o povo venha da junção de Marie e Anne, bastante comuns na França do fim do século XVIII e início do XIX. Mais tarde, a alegoria foi adotada como representação gráfica da República em várias nações do Ocidente. No caso desta escultura de Umberto Cavina, ela lembra um soldado a defender a República. Fácil imaginar a falta de apelo emocional desse tipo de simbologia num país em que apenas a princesa Isabel havia sido projetada como figura feminina nacional. Nesse contexto, porém, sua imagem já estava distante do novo ideário republicano.

32. Marianne, símbolo da República

Paul Louis Émile Loiseau-Rousseau

S.D. ACERVO MUSEU DA REPÚBLICA, RIO DE JANEIRO. BRONZE E MÁRMORE. REPRODUÇÃO DE LUCIANA WHITAKER/ PULSAR IMAGENS.

O busto de Marianne, ícone republicano francês, foi tomado de empréstimo pelos brasileiros. Sua representação não era, porém, uniforme. Em algumas imagens ela parece pacífica, em outras apresenta aspecto belicoso. Costumava surgir trajada à romana, com vestes longas, colo nu, sandálias e barrete frígio, não raro carregando a bandeira ou os emblemas nacionais da nova República. Além do mais, e no Brasil, ela foi em geral retratada com cabelos morenos, cacheados, ressaltando dessa forma a miscigenação brasileira. Mas com um detalhe significativo: sua pele era sempre branca.

33. [Moeda de ouro com a efígie da República, 1889]

CUNHAGEM EM OURO. ACERVO CENTRO CULTURAL DO BANCO DO BRASIL, RIO DE JANEIRO.

Com a Proclamação da República, a moeda nacional passou por transformações iconográficas que buscaram imortalizar e naturalizar o novo regime. Na efígie, destaca-se a representação de uma mulher com barrete frígio, simbolizando a República e a Liberdade. A partir de 1912, as moedas de quinhentos réis trarão estampadas o retrato de uma República que ostenta outros adereços, como um diadema ou uma coroa de louros.

34. [Moeda de prata com a efígie da República, 1889]

CUNHAGEM EM PRATA. ACERVO MUSEU HISTÓRICO NACIONAL, RIO DE JANEIRO. REPRODUÇÃO DE CHICO CERCHIARO. MUSEU HISTÓRICO NACIONAL – IBRAM/ MINC.

Na transição do período monárquico para o republicano, o padrão monetário brasileiro de mil-réis se manteve, porém não a sua iconografia. A efígie do imperador d. Pedro II foi substituída pela figura feminina que representa a República e a Liberdade, envolvida pela inscrição "República dos Estados Unidos do Brasil". No reverso constam os dizeres "Ordem e Progresso", numa referência ao ideal positivista adotado pelo novo regime e estampado ao centro da bandeira nacional.

35. Busto da República dos Estados Unidos do Brasil

Autor desconhecido

S.D. FABRICADO NA CERÂMICA NACIONAL, EM CAETÉ, OLARIA E FÁBRICA DE ARTEFATOS E LOUÇA, DE PROPRIEDADE DE JOÃO PINHEIRO DA SILVA. ACERVO MUSEU HISTÓRICO ABÍLIO BARRETO, BELO HORIZONTE. MOLDAGEM EM GESSO, POLICROMIA, 49 X 33 X 14 CM.

Este busto representa uma Marianne de caráter belicoso, com semblante guerreiro e trajes que aludem ao Exército romano. A faixa com as cores da bandeira brasileira apresenta dois dos três elementos que aparecem no lema positivista formulado por Auguste Comte. Foram adotados pela República do Brasil a "Ordem por base e o Progresso por fim", ficando de fora o "Amor por princípio".

36. [Propaganda de cigarro]

Autor desconhecido

S.D. INSTITUTO SÃO PAULO ANTIGA.

Durante a Primeira República no Brasil era comum encontrar embalagens de cigarros que traziam mensagens de caráter cívico e militar. Em 1917, ano da entrada do Brasil na Primeira Guerra Mundial, surge a marca Alerta Brazileiros. Em sua embalagem, uma jovem República aparece rodeada de símbolos nacionais, termos que ressaltam o sentimento patriótico e alegorias que remetem à participação do Brasil no confronto.

37. [Propaganda da fábrica nacional de balanças Casa Conteville]

Autor desconhecido

S.D. ACERVO MUSEU MARIANO PROCÓPIO, RIO DE JANEIRO.

Fundada em 1854, a tradicional Casa Conteville foi um dos primeiros estabelecimentos a utilizar a representação feminina da República em suas peças publicitárias. Na propaganda, os elementos da fábrica são associados à soberania da República brasileira, que numa das mãos traz um ramo de café e, na outra, o produto mais conhecido da casa comercial: a balança — remetendo aqui também à Justiça.

38 e 39. [Propagandas do Licor Tayuyá]

Autor desconhecido

1904. FUNDAÇÃO CASA DE RUI BARBOSA — COLEÇÃO PLÍNIO DOYLE, RIO DE JANEIRO. O *MALHO*, Nº 68, ANO 3, 2 DE JANEIRO DE 1904. ACERVO FUNDAÇÃO CASA DE RUI BARBOSA, O *MALHO*, Nº 116, ANO 3, 3 DE DEZEMBRO DE 1904.

Com a promessa de curar úlceras sifilíticas, dores musculares, impureza do sangue, moléstias de pele e até mesmo problemas do cérebro, o Licor Tayuyá de São João da Barra foi um dos produtos que, na virada do século XIX, se valeram do forte apelo publicitário da alegoria da República. A marca registrada de suas propagandas era uma Marianne com jeito de amazona, pose de heroína e que agarra, como se fossem chicotes, os ramos da taiuiá.

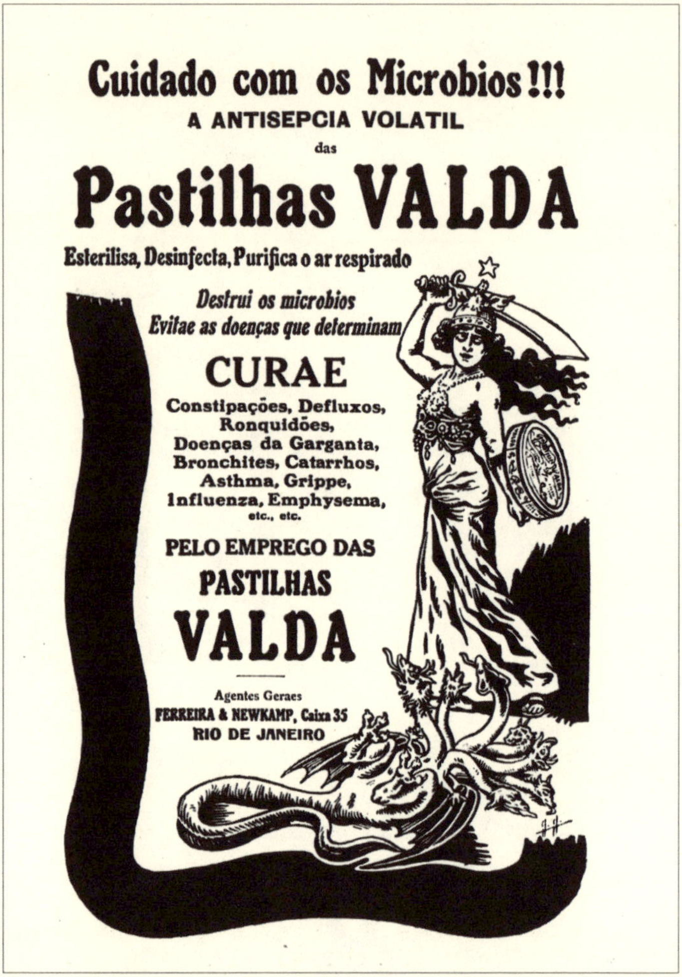

40. **[Propaganda das pastilhas Valda]**

Autor desconhecido

1913. ACERVO FUNDAÇÃO CASA DE RUI BARBOSA, RIO DE JANEIRO. REVISTA *O MALHO*, Nº 555, ANO 12, 3 DE MAIO DE 1913.

Criadas em 1902 pelo francês Henri-Edmond Canonne (1867-1961), as pastilhas Valda foram um dos primeiros fármacos industrializados a desembarcar no Brasil. De origem germânica, seu nome remete à força feminina: "aquela que governa". Não demorou muito para que o produto fosse relacionado à vitalidade da jovem República nas propagandas brasileiras do início do século XX.

41. [Cartaz da comemoração do centenário da Independência do Brasil]

Autor desconhecido

1922. ACERVO INSTITUTO HISTÓRICO E GEOGRÁFICO BRASILEIRO, RIO DE JANEIRO.

A exposição que comemorava os cem anos da Independência do Brasil pretendia transmitir a imagem de um país moderno, aberto ao futuro, porém dono de uma história grandiosa e fundamentada na tradição ocidental. Com elementos da Roma republicana e da França revolucionária, o cartaz mostra a jovem República brasileira oferecendo a Coroa do Triunfo à memória do Grito do Ipiranga.

42. [Cartaz da comemoração do centenário da Independência do Brasil]

Carlos Oswald

1922. ACERVO INSTITUTO HISTÓRICO E GEOGRÁFICO BRASILEIRO, RIO DE JANEIRO.

Concebida inicialmente como uma solenidade local, a exposição do Centenário da Independência do Brasil acabou se tornando um evento internacional, com a participação de países como França, Estados Unidos e Argentina. Além de estabelecer uma continuidade histórica entre 1822 e 1889, a exibição buscava o reconhecimento do Brasil na comunidade de repúblicas ocidentais.

um governo prescrito de cima que descambou em uma república oligárquica, pouco democrática e de cidadania restrita.

"A Sereníssima República" é uma sátira feroz da sociedade brasileira tal como Machado a percebia. O modelo de Veneza indicava a origem de determinadas estruturas de poder que se ajustavam à maneira de conceber a república entre as elites, no país, ao final do século XIX. Veneza conseguiu a proeza de restringir a participação política e o provimento dos cargos públicos a um corpo numeroso, mas limitado, de antigas famílias. Como consequência, a possibilidade de inclusão de novos personagens aos direitos da cidadania permaneceu fechada entre os membros dessas famílias, tornando-se, com o tempo, quase um atributo hereditário. O resultado permitiu conciliar um sistema eleitoral com uma forma de governo fortemente aristocrático — e no final do século XIII, Veneza forjou para si mesma o epíteto famoso de "República Sereníssima".

Entre as aranhas cariocas, a base da República também se sustentava no ato eleitoral. Metiam-se bolas com os nomes dos candidatos num saco caprichosamente tecido com os melhores fios e extraía-se a cada ano certo número de eleitos aptos desde então para as carreiras públicas. "Uns entendem que a aranha deve fazer as teias com fios retos, é o partido retilíneo", escreve Machado. E prossegue mordaz:

> outros pensam, ao contrário, que as teias devem ser trabalhadas com fios curvos — é o partido curvilíneo. Há ainda um terceiro partido, misto e central, com este postulado: as teias devem ser urdidas de fios retos e fios curvos; é o partido reto-curvilíneo; e finalmente, uma quarta divisão política, o partido antirreto-curvilíneo, que fez tábua rasa de todos os princípios litigantes, e propõe o uso de umas teias urdidas de ar, obra transparente e leve, em que não há linhas de espécie alguma.

Machado de Assis podia ter um olho em Veneza e o outro espiando a chácara do cônego Vargas, mas ele estava investigando, também, o momento em que ocorreu a primeira grande mudança de regime político após a Independência. A República instalada em 15 de novembro de 1889 era parecida demais com o modelo adotado pelas aranhas. Não pretendia assegurar pela lei o compromisso com uma concepção de liberdade cuja realização requer, por um lado, a efetiva participação dos indivíduos no processo de autogoverno de sua comunidade política e, por outro, a garantia de que todos os seus membros desfrutem de direitos iguais. A Constituição de 1891, por sua vez, construiu o mecanismo que garantiu voto apenas a quem os vitoriosos de 15 de novembro julgavam poder confiar a preservação da sociedade, e deixou boa parte da população brasileira do lado de fora da República: excluiu libertos e pobres — pela exigência de alfabetização, já que os analfabetos não poderiam votar —, além de mendigos, mulheres, praças de pré, membros de ordens religiosas e menores de 21 anos. As mulheres já estavam excluídas pela Lei Eleitoral de 1890.

Machado não se deixou levar por esse modelo de República. De algum modo ele chegou a dizer isso em seu romance *Esaú e Jacó*, na voz de um personagem, o conselheiro Aires: "Nada se mudaria; o regime, sim, era possível, mas também se muda de roupa sem trocar de pele". Mas podia ser pior: o problema é quando tudo dá errado. É o que deve ter pensado outro escritor, contemporâneo de Machado, Euclides da Cunha (1866-1909), procurando um modo de expressar seu desapontamento diante de um projeto de república que nunca se realiza. A frustração de Euclides da Cunha transparece, em 1902, após a escrita de *Os sertões*, uma narrativa de destruição no interior do Brasil levada a cabo pela República e que ele narrou num livro construído na interseção entre a literatura, a história e o ensaio jornalístico.

Em 1897, Euclides da Cunha foi enviado como repórter do jornal *O Estado de S. Paulo* para o interior da Bahia, encarregado de cobrir o deslocamento das tropas do Exército durante a quarta e última expedição contra o arraial de Canudos. Republicano convicto, ele assumiu a reportagem convencido de que a República iria derrotar uma horda desordenada de fanáticos maltrapilhos, acoitados em um povoado miserável — e, ainda por cima, monarquistas. Desembarcou na Bahia certo de que Canudos era a nossa Vendeia, como, aliás, já tinha escrito em dois artigos publicados pelo jornal — a analogia fazia referência à guerra civil na França, no século XVIII, que opôs os camponeses da Bretanha marchando sob a bandeira branca da monarquia Bourbon à República em Paris. Euclides da Cunha permaneceu na região durante as três semanas finais do conflito, tendo presenciado o dramático desfecho da guerra, com o massacre dos sertanejos.

Voltou para casa atormentado. Estava cheio de dúvidas e incertezas diante do que havia visto: uma República disposta a eliminar o outro e inteiramente diverso habitante do mesmo Brasil. "Era terrivelmente paradoxal", escreveu incrédulo, "uma pátria que os filhos procuravam armados até os dentes, em som de guerra, despedaçando as suas entranhas a disparos de *Krupps*, desconhecendo-a de todo, nunca a tendo visto." Nesse paradoxo, Euclides da Cunha alinhavou seu desencanto em novo argumento: a barbárie não estava confinada num recanto desconhecido e esquecido nos confins da Bahia, o litoral não se opunha ao sertão. O mesmo traço de fanatismo que alimentava a oratória delirante do Conselheiro fazia balançar, no peito dos soldados republicanos, os breves e as medalhas religiosas com a efígie de Floriano Peixoto. "O mal era maior. Não se confinara num recanto da Bahia. Alastrara-se. Rompia nas capitais do litoral."

"O deserto invoca o deserto", concluiu Euclides da Cunha, em artigo escrito para o jornal *O Paiz*, em 1904. A partir dessa constatação, ele construiu tanto uma representação da República marcada por sua abissal dimensão de vazio, quanto confirmou sua convicção de que, sugada por uma perigosa mas atraente barbárie, a própria República corria o risco de recuar no tempo e dissolver sua capacidade política de ação em impunidade, selvageria e tragédia. Seja em *Os sertões*, em artigos de jornal ou ainda em *Um paraíso perdido: Reunião dos ensaios amazônicos*, escrito provavelmente a partir de 1904 e publicado postumamente, Euclides narra a história pouco edificante de uma República sem compaixão, marcada pela indiferença entre os homens e a natureza, entre os homens e as coisas, entre o iluminismo civilizatório, a euforia do progresso técnico e o destino dos brasileiros *párias* — essa gente anônima e insignificante, simples e obscura, que se movimenta, precariamente, no vazio da nação, à mercê de uma República que não os eleva nunca à condição de cidadãos. Brasileiros que não têm nome próprio nem direito à personalidade legal de cidadão, que não são protegidos pela República nem conseguem agir por seu intermédio na cena pública. Que são vítimas, portanto, de uma dupla injustiça: a injustiça da urgência da sobrevivência e a injustiça da vergonha da obscuridade. "A História não iria até ali", compreendeu Euclides da Cunha, diante do destino de uma gente que seguia

> abrindo a tiros de carabinas e a golpes de machetes novas veredas a seus itinerários revoltos, e desvendando outras paragens ignoradas, onde deixariam, como ali haviam deixado, no desabamento dos casebres ou na figura lastimável do aborígene sacrificado, os únicos frutos de suas lides tumultuárias, de construtores de ruínas.

Machado de Assis e Euclides da Cunha escreveram livros de natureza literária diversa, mas compartilharam o mesmo diagnóstico. Nada mudou.

As contradições sobre as quais a República estava sendo construída permaneceram sem solução e, se o projeto republicano instalado em 1889 foi consolidado nas décadas seguintes, o escopo da cidadania continuou estreito. Os homens de letras, porém, insistiram. Quase quarenta anos depois do golpe republicano de 1889, Graciliano Ramos (1892-1953) escreveu "Pequena história da República", um texto construído em blocos narrativos, publicado em 1940 e dirigido aos jovens estudantes da época. Integra o livro *Alexandre e outros heróis*, uma espécie de *Aventuras do barão de Münchhausen*, contendo relatos originários do imaginário nordestino, segundo a definição bem-humorada de Wander Melo Miranda. O livro é secundário no conjunto da obra de Graciliano; mas embute frustração idêntica à de Euclides da Cunha em face de um projeto que nunca se realiza.

Por que a República brasileira corre o risco de fracassar? Graciliano indaga de viés. Uma coisa era uma República que na origem tanto podia dar certo como naufragar; outra coisa é sua incapacidade de mudar de rumo quando seus benefícios não são suficientes. Do seu ponto de vista, a resposta vinha em sequência: desigualdade, miséria, ameaça do uso da força para manter a ordem, desequilíbrio de poder. Em um país como o Brasil, onde a República foi proclamada e consolidada sob um mínimo de expansão da titularidade de direitos e de condições de incorporação popular, o lugar da vida pública é mantido vazio e a sociedade se ajeita no papel de espectador. A frustração de Graciliano remete ao andamento temporal dessa República de história pequena, e não chega a surpreender, portanto, a frivolidade de um tempo em que a lógica dos acontecimentos é curta, monótona, repetitiva. Um tempo que parece sublinhar a apatia política e certo cinismo dos brasileiros diante da marcha de um projeto de país repleto de novidades, mas carente de sentido:

> Em 1889 o Brasil se diferenciava muito do que é hoje: não possuíamos Cinelândia nem arranha-céus; os bondes eram puxados por burros e ninguém rodava em automóvel; o rádio não anunciava o encontro do Flamengo com o Vasco, porque nos faltavam rádio, Vasco e Flamengo; na Estrada de Ferro Central do Brasil morria pouca gente, pois os homens, escassos, viajavam com moderação; existia o morro do Castelo, e Rio Branco não era uma avenida — era um barão, filho de visconde. O visconde tinha sido ministro e o barão foi ministro depois. Se eles não se chamassem Rio Branco, a avenida teria outro nome.

No diagnóstico de Graciliano Ramos, o republicanismo brasileiro não dispunha de uma resposta à altura de seus desafios: modernizar uma sociedade hierárquica e desigual, superar a miséria enraizada por toda parte. A letargia do tempo resulta, em boa medida, desse arranjo político em que "homens novos semeavam ideias novas e abundantes promessas" enquanto "a multidão bocejava". E não é difícil compreender o motivo do bocejo nem sua escala. Afinal, na origem do golpe republicano de 1889, existe um ponto nevrálgico — a escravidão e, após 1888, o conjunto da população de homens livres, pobres e libertos. A lei oficial que aboliu a escravidão trouxe uma última lufada de prestígio à Coroa, encerrou o sistema escravista e silenciou sobre o destino dessa população. Pela força desse silêncio, insiste Graciliano, algo das vitórias da República não convence, e a série delas parece formar uma completa derrota:

> A abolição trouxe, é claro, um grande assanhamento nas senzalas. Os negros dançaram, cantaram, praticaram excessos, depois saíram sem destino, meio doidos. [...] A autoridade soberba do patriarca encolhera. Tudo encolhera — e nesse encolhimento, nessa conformação, os ombros caíam, resignados, os braços moles se cruzavam, os olhos espiavam no fogão as panelas escassas. Pobreza, devastação, indícios de miséria. Desalento, rugas e cabelos grisalhos.

Na "Pequena história da República", de acento amargo e intenção algo irônica, Graciliano Ramos apontou para a visão de uma República em que o processo de exclusão política e social foi levado longe demais — aliás, à semelhança do descompasso identificado por Machado de Assis e Euclides da Cunha. Esses autores têm um modo original de refletir sobre os dilemas e as possibilidades de interpretação do país, e, a certa altura da narrativa, cada um deles oferece um lugar alternativo de intensa visibilidade para enxergarmos algo daquilo que se passa no mundo histórico. Talvez se possa dizer um pouco mais. Quem sabe, o propósito desses autores não seja o de desviar o leitor do percurso convencional para refazer o Brasil com a ajuda da imaginação. Não é que eles consigam ver mais — mas seus escritos ajudam a ver mais intensamente. Permitem enxergar aquilo que de algum modo já está acontecendo — ao nosso lado, e em algum ponto do horizonte distante. Só é preciso dispor de algum tempo para deixar a imaginação voar longe.

LIBERDADE: VIDA ÉTICA E AÇÃO POLÍTICA

Marilena Chaui

DESDE SUA ORIGEM, A FILOSOFIA DEFINIU A LIBERDADE COMO autonomia, capacidade para dar a si mesmo normas e regras de conduta — *auto nomós* —, e por isso oposta à servidão, entendida como submissão tanto a um poder externo (como o escravo) quanto a forças passionais internas (impulsos e paixões) que submetem a vontade de um agente. A ausência de constrangimento externo e interno tornou-se, assim, a ideia nuclear da liberdade como autodeterminação racional de nossas ações.

Já no início da reflexão filosófica sobre a liberdade, a ideia de autonomia levou a uma pergunta fundamental: o que está e o que não está em nosso poder? Devemos a Aristóteles a formulação mais duradoura da resposta. Indaguemos, primeiro, o que não está em nosso poder. Responde Aristóteles: não estão em nosso poder o *necessário* — o que é de uma determinada maneira e não poderia ser de outra, como as leis da natureza — e o *contingente* — o imprevisível, que acontece por acaso e cujo nome é a "caprichosa fortuna", ora benfazeja ora causa de infortúnio.

Um ser humano encontra-se situado entre dois poderes exteriores que o determinam de maneira exatamente oposta: a necessidade (ou a rede causal que liga todos os seres como causas e efeitos necessários) que o obriga a seguir leis (naturais) que não foram feitas por ele, e a contingência, que o lança em direções contrárias imprevisíveis. Por conseguinte, conclui Aristóteles, está em nosso poder o possível, isto é, o que pode existir ou acontecer por nossa decisão como escolha voluntária e racional entre alternativas contrárias. A liberdade se situa, portanto, no campo do possível, como escolha deliberada que define a práxis humana como ética e política, de maneira que, nela, a causalidade cede lugar à finalidade em que o fim é um possível, e é posto pelos próprios agentes. Dessa maneira, podemos compreender que a conhecida definição da política como arte do possível não significa "o que dá para fazer", como imagina o senso comum, e sim "o que podemos efetivamente fazer", graças à deliberação racional, à decisão voluntária e aos fins postos ou escolhidos.

Perante a fortuna, somos passivos: algo nos acontece em decorrência de causas externas que não controlamos e nos controlam. Por isso, Aristóteles se refere à tragédia como catarse, purificação trazida com o horror e o terror contidos na ideia de destino, necessidade cega e brutal da qual o espectador se libera para conceber-se como agente livre. No possível, somos ativos: algo acontece por ação de nossa liberdade como causa desse acontecer. Eis por que Maquiavel propõe a célebre oposição entre *virtù* e *fortuna* e Sartre faz a paradoxal afirmação de que "estamos condenados à liberdade".

Embora não caiba aqui uma discussão sobre divergências e controvérsias filosóficas sobre a liberdade, podemos resumi-las à existência de duas tradições da filosofia nascidas a partir da determinação da fonte da liberdade. De um lado, está a tradição aristotélica, que, passando pela teologia cristã, chega até nossos dias, na qual a fonte é a vontade conduzida pela razão ou o que, a partir de Santo Agostinho, recebe o nome de livre-arbítrio como poder voluntário e racional de escolha entre alternativas possíveis em vista de um fim definido como o bem. Por outro, está a tradição inaugurada no século XVII por Espinosa e retomada por vários filósofos do século XX, na qual a fonte não é a vontade movida por fins, mas sim o desejo racional ou a razão desejante não submetida à servidão das paixões nem à crença na fortuna. Nessa segunda tradição, a liberdade é a ação que segue necessariamente do próprio ser do agente, quando este age como causa interna completa ou total de suas ações. Ou seja, quando o que se passa nele e fora dele pode ser explicado apenas pelo ser do próprio agente e não pelo poderio das paixões, que o dominam interiormente, nem pela operação de causas externas fortuitas, que o arrastam em direções imprevisíveis.

Duas tradições acerca da relação entre liberdade e servidão também continuam em vigência desde o começo da filosofia até hoje: alguns filósofos consideram que nascemos livres e por isso é preciso indagar como nos tornamos servos (tanto ética quanto politicamente); outros, porém, consideram que nascemos submetidos a forças e poderes externos, portanto, nascemos servos, e por isso é preciso indagar como podemos nos tornar livres. Na primeira tradição, a liberdade é algo que pode ser perdido; na segunda, é uma conquista.

Cabe ainda mencionar de modo breve a questão da liberdade sob a perspectiva da teologia judaico-cristã, na qual os humanos foram originariamente criados livres, tendo perdido a liberdade ao desobedecer ao único mandamento que o criador lhes impusera: não comer o fruto da árvore do conhecimento do bem e do mal. Sem dúvida, um problema que tem ocupado os teólogos durante milênios consiste em saber se a liberdade dos primeiros humanos era plena ou inseparável da obediência a uma ordem externa, portanto, a um constrangimento externo. Essa longa discussão teve em seu centro o estatuto da vontade e levou à distinção entre livre-arbítrio (anterior ao pecado) e servo-arbítrio (consequência do pecado). Trata-se do debate entre Erasmo e Lutero em torno da chamada "liberdade do cristão", um dos momentos exemplares dessa discussão centrada na interpretação das epístolas de Paulo, que estabelece a distinção entre o homem exterior (o corpo) e o homem interior (espírito), e na ideia de remissão do pecado original por Jesus Cristo, que restaurou a liberdade humana, desde que, graças à fé, o homem interior (o espírito livre) domine o homem exterior (a carne). A graça divina restaura a liberdade, e a fé é o caminho seguro para praticá-la.

Por fim, é preciso considerar o momento em que a discussão sobre o necessário e o possível ganhou um novo significado com a filosofia da Ilustração, a partir da qual, sobretudo com a obra de Kant, é introduzida a distinção entre Natureza e Cultura. A primeira se define pela necessidade irrevogável das leis naturais — aquilo que, mais tarde, receberá o nome de determinismo. Em contrapartida, a segunda depende de nossa liberdade como a criação do novo nas ações morais, políticas e artísticas. Visto que a liberdade só existe como capacidade de deliberação, escolha e decisão racionais, é de sua essência criar o mundo humano de valores, normas, regras por meio dos quais ela se realiza sem arbitrariedade e sem o risco da servidão. O reino da Natureza é o da causalidade necessária; o da liberdade, o da finalidade ou dos fins postos pelos humanos como valores, regras e normas que guiam as ações: o bem, na ética; o justo, na política; o belo, nas artes; o verdadeiro, no conhecimento.

Todavia, uma surpresa nos espera. No século XIX, com a filosofia de Hegel e a de Auguste Comte, afirma-se que o mundo humano da cultura é histórico e que a História segue leis tão necessárias quanto as da Natureza. No caso de Comte, é conhecida a famosa *lei dos três estados* pelos quais a humanidade passa necessariamente: o estado fetichista, o metafísico e o positivo ou científico, estágios cujo percurso recebe o nome de progresso. A liberdade é a realização necessária do progresso humano. Por sua vez, Hegel considera que a marcha necessária da História é obra do Espírito Absoluto, que se exprime, de início, como Natureza e em seguida como Cultura, efetuando um movimento temporal progressivo no qual conquista a si mesmo, tornando-se consciente de si no ponto final do percurso. Esse movimento de consciência de si na conquista de si é a liberdade, que não é a dos seres humanos tomados individualmente, mas a do Espírito em sua autorrealização, determinando em cada etapa de seu percurso o que, em cada época, os humanos devem entender por liberdade moral, política e artística.

É na esteira aberta pelo pensamento hegeliano que Marx, recusando o idealismo de Hegel — isto é, que a História é a marcha do Espírito —, afirma que ela está determinada pelas condições materiais em que vivem os humanos, levando-o a declarar que os homens fazem sua própria história, mas não a fazem em condições escolhidas por eles, e sim determinadas pelas relações econômicas de produção e reprodução de sua existência. Ora, essas relações materiais ou econômicas se realizaram até agora sob a forma da divisão das classes sociais, em que uma delas — a classe dominante — oprime e domina outra pela exploração de seu trabalho — a classe dominada. Por isso, a História tem sido a história da luta de classes e não a da liberdade. Esta ainda não existe e só existirá quando não mais houver classes sociais, exploração e dominação. O que até agora foi chamado de História é apenas a Pré-História humana, pois o reino da liberdade, ou a História propriamente dita, ainda está por vir como obra revolucionária dos que se erguem contra a servidão. O possível está inscrito na necessidade porque nasce do confronto de forças por meio do qual os dominados tomam consciência de si como classe social, tornando-se capazes de criar o futuro como reino da liberdade, pois a história não é absorvida pela economia, mas esta se torna compreensível graças àquela, quando a política se torna uma força reveladora do sentido do presente e da possibilidade do futuro.

Ora, o alargamento do campo da causalidade necessária não se refere apenas à História Universal, mas, com Freud, alcança as histórias individuais, e não por acaso o pai da psicanálise tomou figuras da tragédia grega para alcançar os meandros assustadores do inconsciente. Surge, então, uma pergunta decisiva: se somos necessariamente determinados por aquilo que nos escapa de todo — pois é isto o inconsciente —, de que forma manter a ideia da liberdade como deliberação racional e decisão voluntária? Merleau-Ponty nos oferece um caminho para a resposta. Qual o equívoco da pergunta? Ela supõe que a liberdade é uma decisão incondicionada e imotivada, um gesto sem raízes em nossa existência.

Assim, o que Freud (e antes dele, Marx) propõe é decifrar os sinais daquilo que nos aparece sem que saibamos de onde e por que surgiu, descobrindo o que nos determina e o que podemos fazer com essa determinação. Em outras palavras, estamos sempre situados, e por isso não há escolha totalmente indeterminada e imotivada. Nossas escolhas são, a um só tempo, nascidas do deciframento do fundo que subjaz à nossa situação de fato e têm a força para mudá-la, dando-lhe um sentido novo que depende apenas de nós. A liberdade é o nosso poder para transcender uma situação dada, necessária, que não foi escolhida por nós — nascemos numa sociedade determinada, numa época, numa classe social e numa família também determinadas, com um corpo determinado —, decifrando-a para compreendê-la e lhe conferir um sentido novo que, agora, depende apenas de nós em nossa relação com os outros e com nós mesmos. O inconsciente não nos rouba o possível, a menos que, pretendendo ignorá-lo, nos tornemos servos arrastados pelo destino. Da necessidade passamos ao fatalismo e perdemos a liberdade.

A ênfase na liberdade como autonomia perpassa o pensamento político. De fato, desde o famoso discurso de Péricles durante a Guerra do Peloponeso, a liberdade política foi definida como autonomia e ausência de servidão: Atenas é uma cidade livre, declara Péricles, porque não está submetida a outras, mas existe graças à autonomia de suas leis e de seus costumes. Essa ideia foi retomada em Roma quando Cícero, por exemplo, afirma a liberdade da *res publica* porque está determinada exclusivamente pelas leis postas pelos fundadores e respeitada pelas decisões do Senado. Essa ideia é reafirmada na Renascença quando, desde o século XIV, as cidades da Toscana e da Lombardia se opuseram ao Império Germânico e ao Papado, declarando-se repúblicas livres porque não submetidas a outros poderes que não o de suas leis e costumes. Também é afirmada, no século XVII, por Hobbes, quando define a liberdade como ausência de constrangimento externo, exigindo, portanto, a elaboração de uma concepção da soberania política compatível com a liberdade dos cidadãos, exigência retomada noutra perspectiva por Espinosa quando afirma a soberania como poder da *libera multitudo* na qualidade de sujeito político.

O ideal moderno da autonomia individual, em ruptura com as hierarquias dos estamentos do mundo feudal e do absolutismo, guiou lutas europeias, como na Revolução Inglesa do século XVII e, sob a égide da Ilustração, na Revolução Francesa, que, não por acaso, em 1789, teve como primeiros gestos a derrubada da prisão da Bastilha e a Declaração dos Direitos do Homem e do Cidadão, que se inicia com a afirmação de que "todos os homens nascem livres e iguais". No Brasil, essa afirmação ressurge, em 1792, no lema da Inconfidência Mineira — *libertas quæ sera tamen*, "liberdade ainda que tardia" — e, no século XIX, no republicanismo da Revolução Praieira, nas lutas abolicionistas e no Hino da Proclamação da República — "Liberdade! Liberdade!/ Abre as asas sobre nós!/ Das lutas na tempestade,/ Dá que ouçamos tua voz".

M

MATRIZ CONTEMPORÂNEA

Newton Bignotto e Heloisa Murgel Starling

A PRIMEIRA METADE DO SÉCULO XX FOI MARCADA, NO TERRENO DA teoria política, pelo enfrentamento entre o pensamento marxista e o pensamento liberal. Embora essa polaridade não resumisse a complexidade do campo das ideias, a cena contemporânea espelhava de maneira fiel a extensão dos embates políticos nos quais a crise das democracias parlamentares europeias e a expectativa gerada pela eclosão de revoluções comunistas para além da União Soviética ocupavam um lugar central. Nesse contexto, referências à tradição republicana eram pouco frequentes, ainda que estivessem presentes nas reflexões de diversos autores. Um exemplo dessa presença da ideia de república na cena intelectual é encontrado nos escritos de Émile Durkheim (1858-1917), que tiveram grande influência na constituição do pensamento político francês contemporâneo. Durkheim não pretendeu ser um arauto do republicanismo nascido com a Revolução Francesa, mas, como mostrou Jean-Fabien Spitz (1952-), ele afirmava a possibilidade de se conciliar uma sociedade individualista, típica da modernidade, com valores do mundo público, como os da solidariedade, fundamentais para a preservação da igualdade de oportunidades entre os cidadãos de uma república.

Contudo, nos dias de hoje, a reapropriação e atualização do ideário republicano têm outro significado — teórico e prático. A construção de uma nova matriz republicana capaz de conservar os ingredientes conceituais da tradição e, ao mesmo tempo, atualizá-los ou mesmo inová-los está associada ao enfrentamento de problemas próprios às sociedades contemporâneas. Atenta ao presente e em diálogo com o passado, essa matriz ganha relevância tanto ao fornecer instrumentos de análise das instituições, quanto ao mobilizar a reflexão crítica para pensar a natureza dos assuntos políticos em pauta, ou até mesmo ao construir as nossas visões de futuro. Além disso, ao atualizar um vocabulário conceitual que contempla a defesa do interesse público, a realização do bem comum, a afirmação da cidadania e a ordenação constitucional da sociedade, o republicanismo contemporâneo se mostra capaz de contribuir para a avaliação do alcance dos processos de diluição da liberdade política nas democracias modernas. Da renovação do ideário republicano decorre um jeito próprio de pensar e de fazer a vida pública que compreende a prática de certos valores, tais como tolerância, amizade, solidariedade, compaixão. São valores de natureza política normativa e, por essa razão, adequados para regular os modos de convivência entre pessoas que têm igual direito de fazer parte da mesma comunidade, apesar das diferenças que possa haver entre elas — status, gênero, classe social, etnia, religião, geração, região e assim por diante.

A reapropriação da tradição republicana — conceitos, vocabulário, ideário — em uma nova matriz tem origem nos movimentos de ideias e em pensadores que surgiram em grande medida depois da Segunda Guerra Mundial (1939-45). O "retorno ao republicanismo", por assim dizer, é resultado do compromisso desses pensadores com a centralidade do papel da liberdade na concepção da nossa vida pública. Cada um a seu modo, todos eles estavam convencidos de que seria preciso liberar a imaginação política contemporânea para o fato de que o republicanismo hoje em dia exige a democracia e a escolha dos aspectos da tradição a serem reapropriados, bem como precisa ser compatível com essa exigência. Por consequência, a liberdade é o eixo norteador de uma matriz ainda em aberto, obra de filósofos, historiadores, cientistas políticos, sociólogos e ativistas de vários matizes dispostos a compartilhar preocupações semelhantes: as diferentes maneiras de garantir uma tomada de posição a favor da liberdade; a identificação dos modos como a democracia pode ser subvertida internamente a partir do seu envelhecimento; a absoluta novidade representada pela emergência de uma nova forma de dominação — o totalitarismo — inscrita na lógica da modernidade.

Hannah Arendt (1906-75) é a primeira e mais importante referência no esforço de retomada do pensamento republicano. Com uma obra composta em grande parte na interseção entre a filosofia, a história e a teoria política, Arendt escreveu intensamente sobre os riscos do aparecimento de formas extremas de dominação brotando no interior das sociedades democráticas atuais. Mas no centro da sua análise existe, além disso, a expectativa de que a liberdade de agir — em conjunto com a nossa capacidade de resistir e de julgar — torne possível a experiência da liberdade, o oposto do fenômeno totalitário.

A compreensão de liberdade de Arendt introduz um ponto de inflexão no percurso da tradição republicana — sobretudo se considerarmos que o problema da liberdade é central ao longo de todo esse percurso. O aspecto fundamental no seu argumento é a quebra com o sentido de funcionalidade que define a expectativa de ser livre, tal como formulada no repertório de princípios da Revolução Americana, inclusive naquele ponto decisivo em que esse vocabulário social foi responsável pelo ingresso da tradição republicana à modernidade política: a ideia de que os interesses, tanto quanto as virtudes, possuem um papel de agregação, e de sua defesa também se pode definir a liberdade política na república. Os revolucionários norte-americanos imaginavam a liberdade à maneira de Montesquieu (1689-1755) — como "um bem que permite gozar todos os outros bens" — e se aproximaram da forma republicana partindo do reconhecimento compreensivo de que os interesses possuem valor de agregação com potencial de formação da vida pública. Para Arendt, contudo, "liberdade [é] para ser livre": dispensa justificativa e não tem em mira nenhum objetivo posterior.

O compromisso de Arendt com uma concepção de liberdade de tamanha intensidade remete à sua disposição de identificar o que considerava ser o único anteparo capaz de frear o experimento totalitário. Mas a forma como ela concebe as condições sob as quais uma política republicana pode ser constituída na modernidade deriva justamente do seu propósito de reconhecer espaços onde seja possível a experiência da liberdade — vale dizer, onde o gosto da liberdade possa aparecer e se manifestar a todos aqueles que não estão interessados apenas em sua fruição privada. Aliás, uma das críticas de Arendt à Constituição norte-americana é precisamente essa: falta, na república, um espaço público e tangível, mais amplo e permanente do que a urna de votação, que proporcione às pessoas oportunidades para que suas vozes sejam ouvidas não só nos dias de eleições e que a liberdade possa ser ativa e diretamente exercida.

A Revolução Húngara, em 1956, confirmou a crença de Arendt na dignidade da ação política. Pela primeira vez, um país do Leste Europeu se levantou em massa contra o totalitarismo soviético e tentou instaurar uma república democrática, sustentada pelo princípio associativo — que assumiu o formato de conselhos populares e operários — e fundada sobre um núcleo de valores do mundo público. Arendt identificou o surgimento desse tipo de espaço autônomo e igualitário — os conselhos — ainda nas revoluções republicanas do século XVIII: na Revolução Francesa chamavam-se "sociedades populares"; na Revolução Americana, "associações voluntárias", tributárias da experiência comunal intensamente participativa e característica do período colonial das Treze Colônias inglesas. Contudo, a forma associativa reapareceu de modo espontâneo, dirá Arendt, nas grandes manifestações revolucionárias dos séculos XIX e XX: desde as seções e o Conselho Municipal, na Comuna de Paris, em 1871, aos sovietes, na Revolução Russa de 1917, e aos *Räte*, na insurreição operária de Berlim, em 1919. No rastro desses eventos caminhariam novos levantes: a Primavera de Praga, em 1968, e a Revolução de Veludo na antiga Tchecoslováquia, em 1989. Todas reproduziram o tipo de auto-organização política que ela defendia como sendo o lugar no qual uma política de fato republicana poderia se instituir — um espaço em que a liberdade lograsse ser ativa e diretamente exercida pelas pessoas. Atualizada no presente, a arte de associar-se, como Hannah Arendt afirmava, confere à república seu sentido mais próprio: instaura novos espaços autônomos para além das fronteiras institucionais de representação, onde cabem a discussão e o esclarecimento político não partidário sobre as questões que dizem respeito a todos. E carrega consigo um programa de ação para o exercício cotidiano da vida republicana. O cidadão percebe depressa que participar dos assuntos públicos vale a pena, o exercício da liberdade se torna rotineiro, a defesa do bem comum se transforma em responsabilidade de cada um.

Quase ao mesmo tempo que a obra de Hannah Arendt era reconhecida em todo o mundo, Claude Lefort (1924-2010) deu uma importante contribuição para o ressurgimento e a ressignificação de temas e problemas clássicos do republicanismo. O ponto de partida de sua obra foi, ainda nos anos 1950, uma crítica feroz de todas as formas de totalitarismo, o que lhe valeu a hostilidade de grande parte da intelectualidade francesa da época, que se recusava a aproximar o nazismo do stalinismo. Se Lefort nunca abandonou a crítica das experiências totalitárias, ela foi se expandindo ao longo dos anos, para forjar um dos pensamentos políticos mais instigantes de nosso tempo. O filósofo nunca se preocupou em reivindicar um lugar na tradição republicana e só veio a usar o termo "republicanismo" nos anos 1990, mas mesmo em sua obra seminal, *Le Travail de l'œuvre Machiavel*, de 1972, já é possível identificar uma teoria republicana completa. Lefort se ancora numa interpretação aguda dos escritos do pensador florentino para construir uma filosofia política sustentada na ideia de conflito, que lhe permitiu mais tarde elaborar sua teoria da democracia como regime no qual o lugar do poder permanece vazio. Esse é o referencial teórico para erigir uma sociedade que, nas condições da contemporaneidade, possa ser considerada herdeira dos valores cultivados pelos humanistas do Renascimento.

No campo da historiografia, foram escritores como Hans Baron (1900-88) e Eugenio Garin (1909-2004) que contribuíram para trazer à tona o republicanismo renascentista. Até os anos 1950, autores como Coluccio Salutati (1331-1406), Leonardo Bruni (1370-1444), Leon Battista Alberti (1404-72) e tantos outros eram conhecidos apenas pelos estudiosos do período e quase nenhum de seus escritos tinha sido reeditado. Graças a esses historiadores, a importância das obras dos humanistas renascentistas para a criação do republicanismo moderno foi reconhecida e influenciou autores como Claude Lefort, Quentin Skinner (1940-) e outros. Uma vez aberta essa verdadeira caixa de Pandora, os estudos sobre a natureza do republicanismo renascentista, seus limites e a herança que legou para a posteridade se espalharam e contribuíram para forjar uma nova historiografia sobre a tradição republicana moderna. Pensadores como Skinner realizaram grandes trabalhos de erudição, que alargaram nossa compreensão da formação do pensamento político moderno, enquanto outros autores, como John Pocock (1924-), estudaram o longo caminho que as ideias dos humanistas italianos tiveram de percorrer até desaguarem nas revoluções modernas. Em ambos os casos, o republicanismo mostrou ser um referencial teórico muito mais complexo do que se imaginava e com um alcance até então insuspeitado.

Já historiadores como Gordon S. Wood (1933-) e Bernard Bailyn (1922-) se encarregaram de reinterpretar o republicanismo originário da Revolução Americana. A Constituição elaborada na Filadélfia entre maio e setembro de 1787 revelou a intensa disputa política entre dois programas republicanos, cada um deles abrigando forças, concepções e opções de organização políticas muito diferenciadas — federalistas versus antifederalistas ou, dizendo de outro modo, mais democracia versus mais representação. Wood concentrou-se nas inovações constitucionais propostas pelos federalistas. A solução apresentada por James Madison (1751-1836) — o "esquema da representação", como ele nomeou — foi revisto por Wood como sendo parte do receituário republicano para manter virtuosa a república, um mecanismo de filtragem capaz de peneirar no universo bruto dos cidadãos um grupo de pessoas eleitas pelas demais para administrar o governo e orientar o exercício da representação ao bem público. Esse artifício constitucional tem a função de moderar os perigos que rondam a república: a voragem dos apetites particulares, a formação de facções, o risco da corrupção.

Bernard Bailyn destacou as consequências da invenção do "esquema da representação" para o exercício da liberdade republicana. No programa antifederalista, ele representa o freio que Madison impôs à democracia. O "esquema da representação" reconhece que o povo é portador da soberania e da legitimidade do poder, mas não é o titular do seu exercício — ao contrário do que ocorre no experimento democrático, nesse caso a soberania é imanente ao povo, mas o povo nunca governa diretamente. Em boa medida, a contribuição do republicanismo originário da Revolução Americana para os nossos assuntos contemporâneos tem origem nesse debate e em seus desdobramentos, sobretudo no campo dos direitos e na admissão do cidadão na esfera dos negócios do governo. Os federalistas acreditavam na ideia de que um corpo de eleitores bem informado, animado pela busca do próprio interesse, atento e incorrupto seria capaz de preservar a liberdade republicana. Os antifederalistas entendiam que isso não era suficiente: temiam uma república em que o povo abdicasse de seu poder em favor de seus representantes.

Seria difícil resumir os debates que se desenrolaram nos últimos anos nos muitos centros universitários, inclusive no Brasil, nos quais a questão republicana teve um papel de destaque. Para ficar apenas num exemplo, vale a pena se referir ao pensamento de Philip Pettit (1945-), conhecido no mundo anglo-saxão como um dos pilares do que se chama de neorrepublicanismo. Diferentemente de intérpretes aos quais nos referimos, seu pensamento se desenvolveu próximo à tradição liberal e fez pouco uso de fontes renascentistas ou de pensadores como Rousseau (1712-78). Seu ponto de partida é a recusa em aceitar a tese tornada célebre por Isaiah Berlin (1909-97) — inspirada pelo pensamento de Benjamin Constant (1767-1830) — segundo a qual na modernidade temos duas formas de liberdade: a positiva e a negativa. A primeira implica a participação dos cidadãos na cena pública e foi herdada da Antiguidade, enquanto a segunda se refere ao fato de que somos livres quando não sofremos interferência ao fazermos algo que não é interditado pelas leis de um país. Para Berlin, apenas a segunda forma é adaptada à condição das sociedades liberais modernas.

Um dos objetivos centrais da obra de Pettit é mostrar que é possível falar de uma terceira forma de liberdade, que se define pela ausência de dominação. Ele caracteriza a dominação como o fato de alguém estar submetido à vontade e interferência de outra pessoa ou instituição. Em seu pensamento, próximo em alguns pontos ao de pensadores liberais como John Rawls (1921-2002), os agentes dominadores são aqueles capazes de interferir na vontade dos outros, de forma arbitrária, quando se pode supor que o agente livre deveria poder agir como desejava sem encontrar obstáculos à sua ação. Na definição do autor irlandês, a noção de arbitrariedade é fundamental, pois, para ele, a lei pode ser uma maneira de restrição, que não recai no campo da dominação. Pettit afirma que a não dominação é o ideal da república, que deve ser buscada por meios reconhecidos como legítimos por todos os membros de uma sociedade democrática atual.

Esse modo de formular a questão da liberdade o conduz a alterar também o jeito como vê a igualdade, como um fator que impacta diretamente na nossa capacidade de resistir ao domínio ilegítimo dos outros. Quanto mais somos iguais perante as leis, mais podemos frear as ações de outros indivíduos e de instituições que pretendem destruir nossa liberdade. A república, segundo Pettit, deve ser dotada de um conjunto de mecanismos institucionais que permitam aos cidadãos contestá-la o tempo todo. A isso ele chama de "democracia contestatória". Para existir ela deve ter bases legais sólidas, que concedam à sociedade civil um papel essencial na vida política, transformando a "república legal" em uma "realidade civil". Com esse pensador, o republicanismo contemporâneo abriu uma nova senda de investigações, que contribui para tornar os debates em torno de sua natureza um referencial essencial do pensamento político contemporâneo. Se não podemos falar de uma matriz republicana uniforme na contemporaneidade, não há como negar a fecundidade dos debates abertos pelos muitos pensadores que se dedicaram a revisitar e a atualizar as terras da longa tradição republicana.

MATRIZ FRANCESA

Milton Meira do Nascimento

UM DOS NOMES MAIS IMPORTANTES DA TRADIÇÃO REPUBLICANA francesa, entre o final do século XVIII e o início do XIX, é sem sombra de dúvida Jean-Jacques Rousseau (1712-78). Como crítico radical da ideia de representação da soberania popular, ao afirmar que os ingleses, porque escolhem os membros do Parlamento como seus representantes, não são livres, não são nada, são escravos, Rousseau apresenta um republicanismo, sob nossa perspectiva, em grau elevadíssimo. Isso porque se baseia em três grandes pilares decisivos para a afirmação do seu ideal: o povo como único detentor do poder supremo; a liberdade política centrada na virtude cívica dos cidadãos; e os cidadãos na qualidade de membros do Poder Legislativo, sem representação, como autores das leis fundamentais.

A radicalização de Rousseau, ao atribuir ao povo o poder soberano, marcaria uma reviravolta sem precedentes e que seria considerada muito perigosa por Benjamin Constant (1767-1830), defensor dos regimes que adotam o modelo inglês de representação política, tal como o fizera antes Montesquieu (1689-1755). As repúblicas modernas, principalmente as que optaram pelo sistema presidencialista, são quase todas devedoras das ideias de Montesquieu e de Benjamin Constant, tanto no que se refere à divisão dos poderes quanto no que diz respeito ao sistema que consagrou a representação política como o símbolo maior das democracias modernas. Para esses dois autores, a elaboração das leis caberia ao Poder Legislativo;

ou seja, aos representantes do povo. Para Rousseau, ao contrário, essa seria a função principal do próprio povo soberano, sem representantes.

O que é uma república, segundo Rousseau? Nada mais do que "todo Estado regido por leis, sob qualquer forma de administração que possa conhecer, pois só nesse caso governa o interesse público, e a coisa pública passa a ser alguma coisa. Todo governo legítimo é republicano". Essa afirmação, que aparece no capítulo VI do Livro I de *O contrato social*, será o fio condutor da nossa abordagem.

Para a compreensão dessa passagem será necessário, antes de mais nada, apresentarmos os pilares da teoria política do cidadão genebrino. E remontarmos também ao primeiro movimento que os homens fazem ao ingressar na sociedade civil. Segundo Rousseau, eles abandonam o estado de natureza, no qual vivem independentemente uns dos outros, obedecendo apenas a si mesmos, e passam a viver sob uma autoridade política por intermédio de um pacto social. A partir desse momento, cada indivíduo se compromete com todos os demais a viver em comunidade, unindo todas as forças para superar as dificuldades apresentadas pelos obstáculos não só do estado de natureza mas também da sociedade nascente, na qual a luta pela propriedade torna a vida insuportável, tamanhas as disputas para a conquista "do que é meu". Nessa condição, nem ricos nem pobres estavam satisfeitos e fazia-se necessário pôr um fim a tantas disputas e estabelecer uma ordem que pudesse se solidificar com base em certos princípios de justiça que assegurassem a todos o gozo da paz e de uma vida mais tranquila.

O pacto social é o primeiro passo para a organização da vida em comum que se apresenta como mais vantajosa do que a anterior, sendo ele todo cheio de incertezas, pois ninguém estava seguro para enfrentar, sozinho, as adversidades que se apresentavam. Tanto no *Contrato social* quanto no *Discurso sobre a origem e os fundamentos da desigualdade entre os homens*, duas obras nas quais aparece o tema do pacto social, o desafio é o de encontrar uma saída para uma situação insustentável de medo e de misérias provocadas pelas disputas em torno da propriedade privada.

No *Contrato social*, de 1762, o início da comunidade política, ou do corpo político, se esboça da seguinte maneira:

> Esse ato de associação produz, em lugar da pessoa particular de cada contratante, um corpo moral e coletivo, composto de tantos membros quantos são os votos na assembleia, e que, por esse mesmo ato, ganha sua unidade, seu *eu* comum, sua vida e sua vontade. Essa pessoa públi-

ca, que se forma, desse modo, pela união de todas as outras, tomava antigamente o nome de *cidade* (*pólis*) e, hoje, o de *república* ou *corpo político*, o qual é chamado por seus membros de Estado quando passivo, soberano quando ativo, e potência, quando comparado a seus semelhantes. Quanto aos associados, recebem eles, coletivamente, o nome de povo e se chamam, em particular, cidadãos, enquanto partícipes da autoridade soberana, e súditos enquanto submetidos às leis do Estado.

Nesse parágrafo do capítulo I do Livro I do *Contrato social* encontram-se os pontos essenciais da teoria política de Rousseau. A comunidade política que se forma pelo contrato social é uma "pessoa pública", um "corpo moral e coletivo". Moral, aqui, significa artificial, já que a unidade é resultado de uma decisão voluntária e que não existia antes quando os homens se achavam em estado de natureza. Esse corpo moral ganha vida própria, um eu comum, e uma vontade, que é a vontade geral. Como se trata de uma construção artificial, resultante do pacto, será necessária muita arte para conservá-lo, ou seja, muita atividade política, não de profissionais da política, e sim do conjunto dos cidadãos, isto é, do próprio povo.

Eis aqui o modelo republicano clássico, ancorado na liberdade dos cidadãos entendida como ação constante de todos para a construção do bem público. Rousseau sem dúvida tem em mente a liberdade dos antigos, que consistia na participação intensiva dos cidadãos na vida pública, sem a qual esta última logo desmoronaria. Uma vez formada a comunidade política, todo esforço para conservá-la será necessariamente um ato de soberania; isto é, uma ação de todos os membros da associação sem a intermediação de nenhum deles. E isso deve ser assim porque, segundo o filósofo, a soberania não pode ser representada, ou seja, não se pode representar a vontade geral sob pena de o povo perder sua autonomia para definir por conta própria os rumos da república.

A defesa do exercício da soberania sem representação levou muitos críticos a considerar que Rousseau defendia a democracia direta. Para tal afirmação, é necessário primeiro nos colocarmos de acordo sobre o que entendemos por democracia. Já em *Histórias*, de Heródoto (485-425 a.C.), o poder político se apresenta em três diferentes modalidades, configurando os três regimes clássicos: a monarquia, quando o poder é exercido por um só; a aristocracia, quando é exercido por um grupo de indivíduos; e a democracia, quando é exercido por todo o povo. A proposta de Rousseau, de que o povo deve exercer o poder soberano sem intermediários, enquadra-se perfeitamente na tradição do regime democrático, mas ele faz questão de introduzir novos elementos nessa discussão, ao apresentar toda e qualquer forma de governo distinto e subordinado à autoridade soberana do povo.

Quando Rousseau estabelece no Livro III de *O contrato social* a discussão a respeito do governo, a democracia ali aparece como uma modalidade, como um regime no qual todo o povo seria capaz de exercer o poder governamental, porém com o detalhe de que esse poder deveria ser subordinado ao poder soberano do povo. E é ali também que ele afirma ser a democracia o regime mais perfeito de todos, e que um governo tão perfeito não convém aos homens, ou, "se houvesse um povo de deuses, governar-se-ia democraticamente". Numa democracia, se colocássemos todos os cidadãos no poder governamental, ou as coisas andariam maravilhosamente bem ou seria um desastre total. No primeiro caso, se fôssemos deuses, poderíamos todos fazer parte do governo sem problema algum. Como não somos, melhor deixar essa tarefa para algumas pessoas, as quais poderão desempenhar melhor essa tarefa. Além disso, poderão ser muito mais bem vigiadas por todos os demais cidadãos, já que, segundo Rousseau a característica fundamental do governo é a de ser uma instância subordinada ao poder soberano do povo, sendo dele um simples funcionário. Na república de Rousseau, o governo deve obedecer ao povo, não o contrário.

A distinção necessária que Rousseau faz entre soberania e governo é crucial para a explicitação de sua teoria política. Para ele, a soberania consiste no exercício da vontade geral, e a vontade não pode ser representada, sob pena de privação da liberdade de quem tornar sua vontade representada por alguém. Assim, do escravo se diz que não possui vontade própria, mas que sua vontade é sempre a vontade do senhor. Da mesma forma, quando um povo inteiro delega sua vontade a seus representantes, acaba abrindo mão de sua autonomia, transferindo-a a um grupo de representantes — o que se caracteriza imediatamente como servidão. No plano da soberania, portanto, não pode haver representação, isto é, não se pode transferir para ninguém o poder de decisão. Porém, no plano governamental de um poder subordinado ao poder soberano, é perfeitamente possível delegar o mando de simples execução, assim como se delegam certas tarefas importantes para o bom funcionamento das coisas.

No modelo de Rousseau, devemos sempre preservar nosso poder de decisão, e transferir, delegar, tão somente o poder de execução daquilo que decidimos sem representação. Além disso, como o exercício da vontade geral incide sobre questões gerais e não particulares, todas as decisões ali serão tomadas sobre temas de interesse geral. O povo soberano tomará decisões, na maioria das vezes, sobre propostas, e não sobre pessoas. É apenas no momento da escolha do Poder Executivo que o soberano poderá escolher uma ou várias pessoas que farão parte da máquina administrativa. Essa é uma ação particular do soberano e é a única exceção.

Há uma grande diferença entre as decisões soberanas tomadas sobre questões gerais, isto é, aquelas que incidirão sobre as propostas a serem implementadas e que estarão esboçadas nas leis fundamentais — nas constituições dos povos —, e aquela decisão que determina a escolha de quem irá governar. Esta última assume um caráter inferior em relação àquelas que tratam das questões gerais e fundamentais. O contrário ocorre nas modernas democracias representativas, em que toda a ênfase recai sobre a escolha das pessoas dos futuros governantes; as propostas são apenas objeto de votação, nas Constituições, como meros apêndices sob a forma de referendos ou plebiscitos.

O legado republicano de Rousseau não logrou êxito, sobretudo durante a Revolução Francesa, da qual muitos protagonistas, que tinham o filósofo na conta de patrono favorito, logo optaram pelo modelo da representação da soberania. O Período do Terror revolucionário francês acabaria por marcar, definitivamente, aquilo que se considerou um lampejo desastroso de vigência da soberania popular, alvo das críticas implacáveis de Benjamin Constant, o responsável por dar feição às repúblicas modernas e optar pelo regime da monarquia constitucional, apresentando a figura do monarca como a de um poder moderador.

Em seu livro *Princípios de política*, de 1815, ao mesmo tempo que assimila muitas das ideias de Rousseau, Benjamin Constant afirma:

> Na época em que o movimento nacional de 1789, desviado de sua tendência natural pela ignorância de muitos homens e pelo egoísmo de vários, degenerou em agitação convulsiva, sem objetivo preciso e sem direção fixa, uma porção numerosa e bem-intencionada da nação deixou-se iludir por alguns axiomas, verdadeiros em si, mas falseados pela aplicação que deles se fazia. O dogma da soberania do povo tornou-se um instrumento de tirania e, por algum tempo, o povo deixou-se oprimir em nome da sua soberania.

Ora, dentre esses axiomas "verdadeiros em si" encontra-se a soberania popular de Rousseau, que é objeto de uma análise rigorosa no capítulo I da referida obra.

Na avaliação de Constant, Rousseau cometeu alguns erros, e, por isso mesmo, seu *O contrato social*, "tantas vezes invocado em favor da liberdade, tornou-se o mais terrível auxiliar de todos os gêneros de despotismo". Um dos erros de Rousseau apontados por Benjamin Constant foi o fato de ter declarado que a soberania não podia ser representada, nem delegada nem alienada. Isso "era declarar, em outras palavras, que ela não podia ser exercida; era aniquilar de fato o princípio que acabava de proclamar". Estabelece-se a partir desse momento o afastamento de Constant em relação a Rousseau, pois, para ele, era perfeitamente plausível e desejável que a soberania fosse representada, delegada e alienada. O motivo dessa decisão teórica para a modernidade está no fato de que a liberdade dos antigos, tão proclamada por Rousseau, não teria mais espaço na modernidade, pois agora os homens estariam interessados em suas liberdades individuais, liberdade de pensamento, de expressão, de imprensa, de religião, de comércio etc., sem dispor do mesmo tempo para cuidar intensamente da vida pública que tinham os antigos.

Esse foi o tema de um discurso pronunciado por Constant intitulado "A liberdade dos antigos comparada à dos modernos". A sorte da política moderna está lançada sobre essas duas linhas teóricas, não necessariamente conflitantes, mas que indicam um dilema difícil. Apostar na liberdade dos antigos na modernidade significa investir tudo na soberania popular à Rousseau, isto é, na participação intensa dos cidadãos nos negócios públicos; e apostar nas liberdades individuais significa jogar todas as fichas na ideia de representação da soberania, em prejuízo da participação intensa. Não resta a menor dúvida para os contemporâneos de que para pensar na possibilidade de uma reforma política profunda será necessário revisitar, com muita atenção, essas questões que tanto preocupavam Rousseau e Benjamin Constant.

MATRIZ HAITIANA

Lilia Moritz Schwarcz

CONTA O HISTORIADOR JULIUS S. SCOTT QUE NO VERÃO DE 1792, TRÊS dias depois do terceiro aniversário da Tomada da Bastilha em Paris, três voluntários do batalhão da Armada esperavam no porto de La Rochelle para embarcar rumo ao Caribe francês. Leais à República francesa e comprometidos com os ideais da Revolução, os soldados possuíam uma vaga ideia da complexa situação que encontrariam.

Desde que a Revolução de 1789 ocorrera, seu barulho soava nas possessões além-mar. Mas a maior movimentação partia dos escravizados e dos negros livres, que compunham a vasta maioria naqueles domínios. Animada pelo dístico "liberdade, igualdade e fraternidade" e inspirada pelas manifestações dos "marrons" (quilombolas que se amotinavam desde o século XVI na região conformando agrupamentos estáveis de poder paralelo), uma rebelião irrompeu em São Domingos, a mais rica e importante colônia escravocrata dos franceses — a "pérola do Caribe".

Os soldados voluntários franceses não sabiam, mas tinham um belo desafio pela frente: reestabelecer a ordem na ilha em nome da Assembleia Nacional. Nas bandeiras que traziam lia-se: "Viver livre ou morrer". Já as autoridades metropolitanas, acreditando não ser uma boa ideia os escravizados adotarem para si esse tipo de mensagem, optaram por um slogan mais conservador: "A Nação, a Lei, o Rei".

Essa pequena cena revela o potencial explosivo que as ideias republicanas ganharam na "Era das Revoluções", famosa expressão de Eric Hobsbawm. Estranho, porém, o historiador inglês não ter incluído a Revolução de São Domingos entre aquelas que elegeu como marcos da modernidade.

Inflamados pelas novas utopias de liberdade, os rebeldes negros iniciariam uma guerra sem paralelo, planejada e liderada por escravizados, e romperiam com um consenso de época que os considerava pessoas incapazes de tamanha proeza. Aliás, tal ausência de registros assombra até os dias de hoje: o evento quase não consta dos compêndios de história, assim como a escravidão *real* não aparece nos ensaios do iluminismo francês ou dos liberais ingleses.

Como mostra a filósofa e historiadora Susan Buck-Morss, a escravidão estava presente nos textos de filosofia política ocidental, mas apenas como metáfora, conotando tudo o que havia de pior nas relações de poder. O sistema escravocrata representava a antítese diante de valores considerados supremos e universais, como a igualdade e a liberdade. Nesse contexto, porém, em que a prática mercantil da escravidão se expandiu quantitativamente, chegando a lastrear o sistema econômico ocidental, a discrepância entre pensamento e prática é digna de atenção. Em vez de a filosofia se voltar contra a exploração de milhões de escravizados coloniais, os pensadores que proclamavam a liberdade como natural e direito inalienável preferiam usar o termo como figura de linguagem.

Thomas Hobbes (1588-1679) aceitava a escravidão "como parte inalienável da lógica do poder". Já John Locke (1632-1704), a despeito de manifestar-se contra "os grilhões que tomavam a humanidade inteira", não estendia seu protesto na direção dos trabalhadores africanos negros presos às plantações do Novo Mundo. Também nesse caso a escravidão funcionava como uma metáfora para designar a tirania jurídica ou, no uso corrente aos debates parlamentares ingleses, uma alusão à tributação do Estado. Jean-Jacques Rousseau (1712-78), em *Do contrato social*, de 1762, escreveu uma máxima que virou símbolo da Revolução: "O homem nasceu livre, e em toda parte vive acorrentado". Na esteira de uma longa tradição ocidental, que remonta à Antiguidade, a república aparece para esse filósofo como um regime de leis fundado na liberdade e na igualdade entre os cidadãos. No entanto, preferiu mencionar o problema dos groenlandeses colonizados pelos dinamarqueses, ou as barbáries da história antiga, a se debruçar sobre o destino de seus contemporâneos acorrentados. Os ativistas norte-americanos também tiveram na abolição da escravidão uma de suas grandes contradições. Numa das cláusulas suprimidas da Declaração de Independência dos Estados Unidos, Thomas Jefferson (1743-1826) achou por bem pôr a culpa da escravidão negra na conta dos britânicos e do rei Jorge III, a incluir a abolição desse sistema nos termos da Constituição.

É interessante lembrar que entre 1805 e 1806, no primeiro ano de existência do Haiti como nação, Hegel (1770-1831) elaborava a *Fenomenologia do espírito*. O filósofo morava em Jena, na Alemanha, quando criou a "dialética do senhor e do escravo". Vários de seus intérpretes, contudo, chamam a atenção para como o problema da escravidão era um "exemplo abstrato" para Hegel. A dialética não era inspirada por escravos reais e no curso da Revolução do Caribe francês, que trazia consigo uma aplicação mais ampla do conceito de liberdade. Hegel há de ter tido conhecimento da situação com a leitura de jornais e revistas, que alegava folhear todos os dias, como "uma espécie de prece matinal realista". Se o texto de Hegel define a oposição entre o senhor (que possui uma superabundância de necessidades físicas) e o escravo (como aquele que delas carece) — o senhor como o "ser-para-si" contraposto ao "Outro", o escravo, cuja essência da vida é o "ser para um Outro" —, o filósofo acaba silenciando, porém, sobre os escravos de São Domingos ou das colônias britânicas. Caso tivesse observado, teria percebido que os africanos do Caribe não se comportavam como "coisas" ou "objetos", mas como "sujeitos" transformadores de sua realidade.

Até mesmo no contexto francês, à época da Revolução, inexistem referências à escravidão presente em seus domínios. Montesquieu, em *O espírito das leis*, de 1748, definia os africanos por seus "narizes achatados", afirmando que seriam desprovidos de "bom senso": "Espíritos débeis exageram demasiado a injustiça feita aos africanos pela escravidão colonial".

A grande exceção era o abade Raynal (1713-96), cujo livro *Histoire philosophique et politique des établissemens et du commerce des européens dans les deux Indes*, de 1780, escrito em colaboração com Diderot (1713-84), já prenunciava a vinda de um "Espártaco negro no Novo Mundo". Há quem acredite que a passagem funcionava mais como advertência aos europeus. Mas o certo é que a ambiguidade da obra permitia várias leituras, com a palavra "escravidão" sublinhando as condições de subordinação política do homem na Europa e na América e permitindo que os revolucionários haitianos também interpretassem o texto como um apelo profético à revolta e à afirmação da liberdade.

De toda forma, o livro representava uma forte reação ao *Code noir* — o código de escravos —, sancionado por Luís XIV em 1685 e só erradicado em 1848. Conforme explica o filósofo Louis Sala-Molins, os maiores objetivos do código eram a afirmação da soberania francesa em suas colônias e a preservação das plantações de cana, essenciais à economia desse país. Para tanto, criava-se um estatuto legal da escravidão, inventando-se protocolos de governo, regras morais religiosas, formas de castigo e uma série de proibições: aos escravos não era facultado o porte de armas, também não tinham o direito de reunião, não podiam vender açúcar sem autorização, testemunhar em juízo ou discutir com seus senhores.

Importa menos "cobrar" desses autores a inclusão em suas obras de referências acerca da escravidão contemporânea a eles; melhor é refletir sobre esse grande silêncio. Interessa sublinhar, ainda, como foi que a imensa riqueza das colônias e os lucros auferidos pelo vultoso tráfico de escravos financiaram a Revolução. O Caribe francês foi "inventado" a partir da linguagem do açúcar introduzida na América colonial no final do Seiscentos. E o açúcar transformaria a realidade das colônias americanas, tomadas pela sanha da protoindustrialização, que causou uma alta vertiginosa na importação de escravizados africanos e uma crescente exploração dessa mão de obra coercitiva, alocada para suprir a demanda pela doçura que se tornava um vício europeu.

Se o Brasil teve papel destacado na produção açucareira até meados do século XVIII, na dianteira do Caribe estava a colônia francesa de São Domingos, que apenas no ano de 1767 produziu 63 mil toneladas de açúcar. Com o aumento da produtividade também se intensificavam as exigências de mão de obra escrava, cujo número cresceu na ordem de dez vezes ao longo do século XVIII, chegando a cerca de 500 mil pessoas escravizadas. Em 1789, São Domingos já era considerada a maior produtora de açúcar e café; sua produção era o dobro das demais colônias francesas e representava 40% do total que circulava no mundo. Era também tida como a colônia mais desigual do mundo, com os escravizados correspondendo à vasta maioria: oito negros para um branco. Na França, 20% da burguesia local estava vinculada ao tráfico e à exploração de africanos.

O tráfico e o sistema escravocrata solidificaram a base econômica da Revolução Francesa, e essa triste ironia geraria uma imensa contradição que estava por estourar — e estourou. Foi necessário derramar muito sangue até que o sistema fosse definitivamente abolido nas colônias francesas que se nutriram dos conceitos europeus, mas os radicalizaram. Os próprios escravizados, embalados pelos símbolos da Revolução, traduziram, amplificaram e modificaram a utopia moderna de liberdade a partir de termos locais: a religião do vodu e a linguagem dos marrons.

Aliás, as formas de resistência escrava eram praticamente endêmicas em São Domingos. No século XVIII, de tão corriqueiras, eram já consideradas tradição. Rebeliões, fugas, abortos, suicídios e a formação de quilombos e de verdadeiras cidades rebeldes nas regiões montanhosas e de difícil acesso eram frequentes. E não por acaso essas sociedades constituídas de escravizados fugidos teriam imensa influência na Revolução Haitiana.

O desejo de liberdade era celebrado nos cultos de tradição africana e do vodu desde o século XVI. Testemunhas registraram a existência de uma canção, também presente na boca dos revolucionários do XVIII: "Ê! Ê! Bomba! Heu! Heu! Canga, bafio té! Canga, mouné de lé! Canga, do ki la! Canga, Li!" ("Prometemos destruir os brancos e tudo o que eles tenham; que morramos se falharmos nessa promessa de manter nossos votos").

Levantes escravos já haviam ocorrido entre 1751 e 1757, liderados pelo sacerdote vodu François Mackandal (?-1758). O vodu era o meio e a forma da conspiração. Contam testemunhos que, a despeito da proibição, escravizados viajavam quilômetros para cantar, praticar seus ritos e conversar sobre liberdade. Em outubro de 1790 foi a vez de Vincent Ogé (1755-91), um mestiço rico e livre, liderar uma revolta exigindo o direito de voto para toda a população. O movimento só foi debelado em agosto do ano seguinte, e, a exemplo dos demais líderes negros, Ogé foi capturado e brutalmente executado.

Em 14 de agosto de 1791 coube a Dutty Boukman (?-1791) dar início a uma insurreição nas províncias do Norte, com os libertos buscando vingança na base da pilhagem, do estupro, da tortura e do assassinato: em poucos dias foram executados mil brancos e queimados 180 engenhos de açúcar e plantações de café e índigo. Boukman, cujo nome vinha de "homem do livro" (*Book Man*), era líder dos marrons e um conhecido sacerdote vodu, um *houngan*. Também conhecido como Papaloi ou Grande Pai, foi autor de um plano audacioso que consistia em envenenar a água dos senhores. Não teve sucesso, mas desde então o projeto de extermínio dos proprietários, combinado com a utopia da posse da colônia, tomou forma definida. O próprio Boukman só deu suas últimas instruções depois da realização de um ritual vodu, após ter retirado o sangue de um porco e pronunciado uma benção na língua créole:

> O deus que criou o sol e que nos dá luz, que controla as ondas e governa a tempestade, e embora escondido nas nuvens nos vê também [...]. O nosso deus que é tão bom para nós nos ordena de vingar nossos erros.

> Ele vai dirigir nossas armas e nos ajudar. Joguemos longe o símbolo do deus dos brancos, que nos têm feito sofrer, e vamos ouvir a voz da liberdade que fala para o coração de todos nós.

Com a alta mortalidade imperante e a contínua importação de escravizados, São Domingos mantinha uma raiz africana muito forte. A religião, que congregava africanos de diferentes nações mas também absorvia símbolos culturais ocidentais, teve papel fundamental na linguagem revolucionária. Boukman, por exemplo, dirigia-se aos escravizados com frases como: "Deitai fora o símbolo de deus dos brancos que tantas vezes nos fez chorar, e escutai a voz da liberdade que fala para o coração de todos". Tratava-se de uma guerra pela liberdade, travada por meio dos símbolos religiosos e tomada pela linguagem da violência: a violência das insurreições, bem como da repressão colonial.

Assim, se rebeliões escravas estiveram presentes no cotidiano de São Domingos desde o século XVII — em 1679, 1713, 1720, 1730, 1758, 1777, 1782 e 1787 —, no contexto da Revolução Francesa elas foram inflamadas pela imaginação europeia. Como dizia o conde Mirabeau (1749-91), um conhecido jornalista e parlamentar à época "os brancos de São Domingos dormem ao pé do Vesúvio", que ameaçava a todo momento entrar em erupção. Liberdade não significava, porém, tornar-se senhor de escravos ou fazer parte da camada mais favorecida, mas criar elementos para a efetivação de uma outra revolução, eivada por referências africanas e conhecimentos adquiridos no Caribe.

As tensões eram muitas quando, em 1791, a colônia de São Domingos, naquela altura a mais lucrativa de todo o mundo colonial, virou epicentro de uma revolta de meio milhão de escravizados. A colônia das Índias Ocidentais correspondia a dois terços do comércio internacional francês e representava o maior mercado para o tráfico de escravos, organizado pelos franceses.

E foi na ilha mais produtiva que a revolução floresceu. Em agosto daquele ano os escravos se revoltaram, num confronto que durou doze anos. Nesse período, os africanos, ao lado de ex-escravizados, livres e "mestiços", se defenderam dos soldados da monarquia francesa, de uma invasão espanhola, de uma expedição britânica de 60 mil homens e de outra expedição francesa chefiada pelo cunhado de Napoleão.

Também a agenda de conquistas foi se consolidando lentamente. Em 1794, os negros armados forçaram a República a aceitar a abolição na ilha e a universalizá-la para as demais colônias francesas. De 1794 a 1800, já como homens livres, lutaram com os invasores ingleses que ali batalhavam pelo restabelecimento da escravidão. Nesse processo se destacou Toussaint Louverture (1743-1803), um antigo escravizado filho de cativos domésticos e descendente da realeza africana, mas criado como católico e educado à europeia, sendo leitor de Raynal e da *Encyclopédie*. Em 1793, ele assim se apresentava: "Sou Toussaint Louverture. Meu nome é talvez conhecido de vocês. Eu fiz vingança. Eu quero liberdade e igualdade para o reino de São Domingos". Em 1801, Louverture se tornou governador de São Domingos e não permitiu que o Diretório francês rescindisse a abolição. Num primeiro contexto, ele ainda se mostrava leal à República francesa. Tanto que escreveu, nesse mesmo ano, uma Constituição em que estabelecia que a escravidão seria "abolida para sempre"; que todo homem poderia se candidatar a empregos e que não haveria distinção de cor. Somente "as virtudes e os talentos" garantiriam o exercício da função pública. Por outro lado, fiel às suas origens, ele se cercava de uma guarda de segurança composta por marrons, apelidada de "os suíços", num paralelo jocoso com a segurança que protegia Luís XVI.

Louverture foi preso pelas tropas francesas, levado à Europa e permaneceu na prisão até a sua morte, em 1803. Na sequência, a liderança foi ocupada por Jean-Jacques Dessalines (1758-1806), um ex-escravizado que reiniciou a luta contra os franceses, derrotando-os definitivamente em novembro de 1803. Em 1º de janeiro de 1804 foi declarada a independência de São Domingos, com os cidadãos haitianos associando a noção de liberdade àquela de emancipação e combinando, assim, o fim da condição colonial com a abolição da escravidão. "Liberdade ou morte", dístico que conhecemos tão bem no Brasil, já aparecia na bandeira azul e vermelha de São Domingos, da qual foi retirada a faixa branca da França tricolor.

Em 1805, Dessalines anunciou uma nação independente e constitucional de cidadãos negros, um império ao qual deram o nome de Haiti (ainda em 1803), antigo nome aruaque da ilha: "devolvidos à nossa liberdade primitiva, asseguramos nós mesmos nossos direitos, juramos de não obedecer a nenhuma força da Terra". Na bandeira, a mistura de culturas é evidente. Ao centro vê-se o dístico da República do Haiti com os dizeres: a união faz a força. Se ao alto surge o barrete frígio, símbolo da Revolução Francesa, já os contornos destoam: acima figura uma palmeira tropical; nos cantos, pés de café; mais ao centro, tambores rituais misturados a canhões, lanças e objetos votivos ao lado de armas de guerra.

Essa não foi a primeira revolução nas Américas, mas foi a mais radical ao garantir a liberdade civil a todos os habitantes. Tratava-se de uma revolução não apenas contra a tirania de um governo específico, mas contra todas as tradições antigas que violavam os princípios gerais da liberdade. A Revolução Haitiana representou uma prova de fogo para os ideais do iluminismo francês e assim foi capaz de subverter paradigmas de época ao defender a liberdade sem travas.

A autoproclamação da abolição e da independência de São Domingos se impôs aos europeus e aos americanos, se não sob outra forma, pelo menos por meio do medo — o medo da violência dos jacobinos negros do Haiti. Mas o medo produziu muita imaginação. Era uma retórica que não colocava a questão racial como decorrência, mas como causa e primeiro quesito. A escravidão, nesse caso, não era metáfora, mas sim prática vinculada com a realidade, como ocorreu com o conceito de república na época dos pensadores romanos.

A partir daquele contexto, o "haitianismo" percorreu as Américas, nos navios, na boca dos africanos traficados que viajavam pelo circuito afro--atlântico. Acabou virando símbolo da rebelião negra e da luta por liberdade.

A Revolução previa, no vácuo das rebeliões modernas, transformações profundas na sociedade que levavam a questionar a legitimidade do sistema representativo; primeiro da monarquia, depois da República francesa. Para os combatentes negros, não bastava aguardar uma "evolução da humanidade"; era preciso ganhar o futuro no presente. Sendo assim, a instalação do estatuto de liberdade e igualdade implicava uma sociedade sem privilégios de castas, classes ou cor. Era uma forma de governo em que os direitos dos cidadãos seriam garantidos, com leis que igualariam todos os indivíduos, alicerçados apenas na distinção do mérito e nas virtudes individuais.

Mas a insurreição de São Domingos foi única também ao vincular o pensamento religioso à dimensão republicana. Ou melhor, o pensamento republicano é que foi filtrado pela experiência religiosa. Infelizmente, porém, essa é uma modernidade não reconhecida. Se a Revolução Francesa pregou a liberdade, a igualdade e a fraternidade, sem incluir os escravos, a Revolução Haitiana seria a primeira e única revolução liderada pelo espírito da liberdade sem pejos e para toda a humanidade. Uma revolução não só para os proprietários, mas para os considerados, até então, "propriedade".

Talvez por isso mesmo, até hoje, essa grande experiência não ocupe o lugar que merece na história e na filosofia política; não apenas como ação, mas enquanto projeto político e intelectual. Aliás, a utopia da igualdade e da violência, ou da igualdade com violência, sempre esteve presente na linguagem das revoluções, haja vista a "invenção" concomitante da Declaração dos Direitos do Homem e do Cidadão e da guilhotina.

A noção de liberdade política como fundamento do melhor regime, a defesa das leis humanas enquanto referência para uma ética cívica são ensinamentos presentes na Revolução do Haiti, que selecionou da tradição ocidental a noção de república como "coisa do povo" e entendeu o povo como um grupo de pessoas associadas pela adesão à mesma lei e pela comunhão de interesses.

Sua radicalidade produziu "esquecimento". Segundo o antropólogo Michel-Rolph Trouillot, o Haiti "entrou na história com a característica peculiar de continuar sendo impensável". A experiência representava uma outra revolução, uma forma extrema de entender a república, que desafiava o eurocentrismo dos conceitos vigentes. Ela seria um direito de todos e não carecia de justificativa fora de si; liberdade era um fim em si mesmo.

MATRIZ INGLESA

Alberto Ribeiro Gonçalves de Barros

ATÉ MEADOS DO SÉCULO XVII O IDEÁRIO REPUBLICANO NÃO SE destacava no debate político inglês, marcado pela inquestionável crença na superioridade do regime monárquico. Mas a crise institucional provocada pelas guerras civis possibilitou a disseminação de novas ideias e práticas políticas. Os conflitos entre o rei Carlos I (1600-49) e o Parlamento, convocado em setembro de 1640, intensificaram-se com a recusa parlamentar de conceder ao rei o comando do Exército reunido para conter uma rebelião na Irlanda. Em janeiro de 1642, as tropas reais tentaram aprisionar os principais líderes da Câmara dos Comuns, que se refugiaram na City londrina e convocaram os cidadãos para formar um Exército parlamentar. O confronto armado foi inevitável e teve início em agosto daquele mesmo ano.

Após seis anos de intensas batalhas e a derrota das tropas reais, o Exército parlamentar aprisionou o monarca inglês e determinou o seu julgamento. Acusado de alta traição, Carlos I foi condenado à morte e executado em 30 de janeiro de 1649. Três meses depois, em 19 de maio, a Inglaterra foi declarada uma Commonwealth, ou Estado Livre. Na defesa do novo regime, alguns publicistas recorreram ao republicanismo clássico e renascentista, combinando-os com a tradição constitucional inglesa, dando origem à matriz inglesa do pensamento republicano.

Duas semanas após a execução do rei, John Milton (1608-74) defendeu o direito de o povo inglês ter deposto, julgado e punido Carlos I em *The*

Tenure of Kings and Magistrates (1649). O seu principal argumento estava sustentado na origem do poder político. De acordo com Milton, em razão da violência desencadeada com o pecado original de Adão, os homens que viviam em plena liberdade e independência decidiram se unir e formar uma comunidade. Como não consideraram suficiente a simples promessa de cada um respeitar seu compromisso, em nome da mútua proteção e defesa, instituíram uma autoridade política capaz de refrear pela força toda violação do direito comum. O poder político teve início, então, na disposição do povo para delegar a reis e magistrados civis seu poder original de julgar e de punir os transgressores do direito estabelecido. Desse modo, ao executar a justiça, eles não exerciam uma nova jurisdição, mas o poder originário do povo, que não havia sido alienado, apenas delegado em confiança para que fosse mantida a ordem pública. Por isso, o povo conservava a liberdade de reassumi-lo quando considerasse necessário. A obediência política estava sempre condicionada à obrigação do magistrado de exercer o poder nos limites legais estabelecidos pelo povo, tendo em vista o bem comum. Se o rei, como qualquer outro magistrado, não cumprisse com a sua obrigação, o povo tinha o direito de depô-lo, julgá-lo e, se necessário, puni-lo.

Ao aceitar o convite para assumir a Secretaria de Línguas Estrangeiras, além de assessorar o novo governo na condução da política externa, Milton foi muitas vezes encarregado de refutar seus adversários. Dessa maneira, foram publicados *Eikonoklastes*, em 1649, *Defensio pro populo anglicano*, em 1651, entre outros panfletos, nos quais o poder do povo continuava a ser descrito como anterior e superior ao poder de reis e magistrados civis, cuja autoridade jamais poderia ser absoluta. Se o poder político fosse exercido fora das condições estabelecidas pelo povo, o seu detentor tornava-se um tirano, um inimigo público que devia ser combatido. Mais radical do que os monarcômacos, com base em valores republicanos, Milton defendia o direito político de resistência do povo quando o governo não cumprisse com a finalidade para a qual havia sido instituído.

A Commonwealth foi também defendida com entusiasmo pelo jornalista Marchamont Nedham (1620-78), que havia oscilado no decorrer das guerras civis entre a causa parlamentar e a realista. Em *The Case of the Commonwealth of England, Stated*, de 1650, recorrendo aos escritos de Maquiavel (1469-1527), ele ressaltava duas razões pelas quais o novo governo sofria tantas objeções: os povos educados e habituados a viver sob um governo monárquico acostumavam-se com seus grilhões e chegavam a estimar sua condição, desconhecendo o valor da liberdade; a corrupção e a depravação dos costumes tornavam os homens escravos da própria luxúria, o que provocava a perda da virtude e facilitava a submissão à vontade arbitrária do tirano. Apoiado em princípios republicanos, Nedham exaltava a ação do Exército parlamentar por ter estabelecido a liberdade e a igual submissão de todos diante da lei, inclusive daqueles que exerciam o governo.

Um mês após a publicação do tratado, Nedham assumiu o cargo de editor do semanário oficial do novo regime, o *Mercurius Politicus*, sendo muitas vezes supervisionado por Milton. Ambos saudaram a instituição do Protetorado, em 1653, e a sua atribuição a Oliver Cromwell (1599-1658). Em *Defensio secunda*, de 1654, Milton justificava a dissolução do Parlamento *Rump* — que havia exercido o governo entre o final de dezembro de 1648 e 1653 — e enaltecia a decisão do novo Parlamento de conferir a Cromwell a função de Lorde Protetor da Commonwealth, com o argumento de que as reformas imprescindíveis à manutenção da liberdade necessitavam da liderança de um homem íntegro e virtuoso. Em *A True State of the Case of the Commonwealth of England, Scotland and Ireland*, de 1654, Nedham também criticava o Parlamento *Rump* por ter concentrado as funções de decretar e de aplicar as leis, exercendo o poder de maneira tão arbitrária quanto o antigo monarca. Já a nova Constituição distinguia a autoridade de legislar, atribuída ao Parlamento, e a de executar as leis, conferida ao Lorde Protetor, eleito entre os membros do Conselho de Estado. Ela não limitava apenas a ação do poder político, mas também partilhava o seu exercício, estabelecendo um controle e equilíbrio interno ao próprio governo.

Os editoriais escritos para o *Mercurius Politicus* foram depois reunidos e publicados em *The Excellence of a Free State*, em 1656. A intenção era influenciar as decisões do primeiro Parlamento reunido no Protetorado, pois havia fortes rumores de que a monarquia seria restabelecida com a coroação de Cromwell. Já no prefácio, Nedham lembrava que os romanos conquistaram e mantiveram sua liberdade quando instituíram e enquanto conservaram o regime republicano, o único capaz de assegurar os direitos do povo.

A discussão de Maquiavel sobre a quem deveria ser dada a guarda da liberdade, entendida por Nedham como o exercício do governo, ocupava a primeira parte do tratado. Eram apresentadas diversas razões para o povo, isto é, a assembleia de representantes do povo, ser o seu guardião. Cada uma delas era sustentada a partir de exemplos, às vezes retirados de Atenas ou de Esparta, entre as cidades antigas, e de Florença ou de Veneza, entre as contemporâneas, mas sempre recorrendo à experiência romana. O recurso à história visava mostrar a superioridade do governo popular, no qual o poder político era exercido pelo povo e para o bem do povo, por meio de seus representantes eleitos periodicamente.

Nas demais partes do tratado, Nedham respondia às tradicionais objeções ao governo popular e sugeria um conjunto de regras a serem seguidas pelo futuro governo, ilustradas com exemplos antigos e modernos, inspiradas nos escritos de filósofos e historiadores, como Aristóteles (384-322 a.C.), Tito Lívio (*c.* 59-17 a.C.), Cícero (106-43 a.C.) e sobretudo Maquiavel. Quase sempre associado ao regime misto enaltecido pelos antigos, o governo popular era considerado o mais adequado para manter a liberdade e os direitos do povo inglês.

No mesmo período e com a mesma intenção, James Harrington (1611-77) publicou *The Commonwealth of Oceana*, em 1656. A proposta constitucional, detalhadamente apresentada na obra, era precedida por um discurso preliminar, no qual se encontravam os seus princípios teóricos. A primeira parte do discurso, dedicada à prudência dos antigos, tratava dos dois fundamentos de todo governo civil: os bens da mente que suscitavam a autoridade; e os bens materiais que estabeleciam o poder ou o império.

De acordo com Harrington, o império era determinado pelo domínio, definido como a propriedade de terras, bens ou valores monetários, que asseguravam ao seu detentor as condições necessárias para governar. Como o império estava sustentado na propriedade, o tipo de império — monarquia ou república — dependia do modo como a propriedade estava distribuída, denominado de balanço do domínio. Qualquer variação no balanço do domínio acarretava uma mudança no império e, consequentemente, na forma de governo. Assim, se a instituição da república na Inglaterra havia sido possível graças a uma distribuição mais equitativa da propriedade entre o povo, ela só seria conservada se fosse estabelecida uma lei agrária que mantivesse o balanço do domínio popular.

Já a autoridade era adquirida quando o governo agia de acordo com a razão, realizando o interesse comum. Harrington enaltecia então o princípio republicano do governo exercido de acordo com as leis promulgadas pelo povo, o único capaz de visar efetivamente o interesse comum. No entanto, reconhecia a dificuldade em estabelecê-lo, uma vez que as leis eram elaboradas e decretadas por indivíduos que tinham seus próprios interesses. O problema estava em extrair de interesses particulares, distintos e muitas vezes concorrentes um interesse comum.

A solução encontrada era ilustrada pela situação de duas garotas que se veem diante de um bolo que ambas desejam. Uma delas diz, então, para a outra: "divida e eu escolherei" ou "deixe-me dividir e você escolherá". Se a proposta for aceita, o interesse particular será realizado, pois cada uma terá sua parte do bolo, e o interesse comum também será alcançado, uma vez que ambas terão um pedaço equivalente. Isso porque a garota que vai dividir sabe que a outra vai escolher antes dela e não vai fazê-lo de maneira desigual, visto que a outra poderá escolher o pedaço maior. O seu interesse particular em ter pelo menos a metade do bolo faz com que ela divida o mais equitativamente possível, para ficar com um pedaço igual ao da garota que vai escolher primeiro.

No exemplo das duas garotas encontrava-se para Harrington todo o mistério do governo, que residia na separação das funções de discussão (divisão) e de deliberação (escolha) no processo legislativo. A lei, para visar o interesse comum, devia ser proposta por uma parte do corpo político e promulgada por outra parte. Desse modo, em seu modelo constitucional, havia um Senado — composto dos mais prudentes e experientes cidadãos, encarregados de debater e propor as leis — e uma Assembleia do Povo, composta dos representantes do povo, designados para deliberar e decretar as leis. A reunião do Senado e da Assembleia do Povo formava o Parlamento, no qual residia o poder soberano da república. A proposta previa ainda um terceiro órgão, responsável por executar a lei estabelecida, denominado simplesmente de Magistratura. O bom funcionamento do arranjo institucional, inspirado no modelo republicano do regime misto, era assegurado pelo livre sufrágio popular pelo voto secreto para todas as funções públicas e pela rotatividade periódica de seus ocupantes. Se, de um lado, a alternância limitava o tempo de participação dos cidadãos no governo, evitando que os representantes se tornassem uma classe de profissionais com interesses específicos, do outro ela possibilitava que todo cidadão tivesse a mesma oportunidade de exercer um ofício público.

Harrington tinha esperança de que sua obra influenciasse as decisões do novo Parlamento. Ao contrário, o Protetorado foi mantido com características ainda mais próximas do regime monárquico. Ele publicou, então, *The Prerogative of Popular Government*, no qual retomava sua proposta constitucional e defendia com vigor o estabelecimento de um autêntico governo popular, caracterizado pela eleição periódica para todos os ofícios públicos, pela separação entre as funções legislativa e executiva e pelo sistema bicameral no processo legislativo.

Com a morte de Cromwell, em setembro de 1658, seu filho Richard (1626-1712) assumiu o Protetorado, numa clara alusão à sucessão hereditária. Sem a mesma habilidade política do pai, ele renunciou após pressão do Exército e do Parlamento, em maio de 1659. A Commonwealth se mantinha, mas não como Harrington, Nedham e Milton haviam almejado. Eles ainda tentaram em seus últimos escritos políticos convencer seus concidadãos a conservar o regime republicano. Em *Interest Will Not Lie*, de 1659, Nedham argumentava que o verdadeiro interesse do povo estava na manutenção do Estado Livre, o único capaz de assegurar a liberdade e de efetivar o interesse público. Harrington apresentava mais uma vez sua proposta constitucional em *The Art of Law-Giving*, de 1659, no derradeiro esforço de ver suas ideias efetivadas. Em *The Readie and Easie Way to Establish a Free Commonwealth*, de 1660, Milton enfatizava os inconvenientes da restauração da monarquia e enaltecia os benefícios da república, principalmente no que se refere à liberdade dos cidadãos.

Depois de sucessivos e frágeis governos temporários, em maio de 1660 o Parlamento recém-reunido decidiu, com o apoio do Exército, restaurar a monarquia. O retorno da dinastia Stuart não representava apenas o fim de um projeto político, mas também um iminente risco de vida para os republicanos. Nedham foi preso em abril de 1660, Milton, em novembro do mesmo ano, e Harrington, em dezembro de 1661, e só obtiveram o indulto real com a promessa de abandonar a vida pública. Outros conseguiram fugir para o continente. No exílio, tentavam explicar as razões do fracasso da Commonwealth e defendiam a resistência armada contra o novo monarca.

No final da década de 1670, a sucessão de Carlos II (1630-85) agitou o debate parlamentar. Em três sucessivos Parlamentos (1679, 1680 e 1681), foi apresentada a proposta de exclusão de seu irmão, Jaime (1633-1701), o primeiro na linha de sucessão, por ser declaradamente católico. A Crise de Exclusão, como ficou conhecida, gerou uma nova onda de escritos republicanos, como *An Account of the Growth of Popery, and Arbitrary Government in England*, em 1677, de Andrew Marvell (1621-78), e *Plato redivivus*, em 1680, de Henry Neville (1620-94). Mas a obra mais relevante do período foi, sem dúvida, o livro de Algernon Sidney (1622-83) — executado em 1683 por suposta participação em um complô contra o rei — publicado apenas em 1698: *Discourses Concerning Government*.

A intenção de Sidney era a mesma de John Locke (1632-1704) em *Two Treatises on Government*, de 1690, e de James Tyrrell (1642-1718) em *Patriarcha non monarcha*, de 1681, ou seja, a de refutar o panfleto intitulado *Patriarcha*, escrito por Robert Filmer (1588-1653) antes das guerras civis e publicado pelos realistas em 1680. Mas ele o fazia com base em valores e princípios republicanos, combinando-os com uma linguagem dos direitos naturais. Sidney enfatizava ao longo de seu tratado o direito natural à liberdade, que não era jamais abandonado, apenas mutuamente restringido com a instituição do governo, cujo propósito era justamente assegurar os direitos naturais — vida, liberdade, propriedade — daqueles que o haviam estabelecido em comum acordo. O princípio geral tantas vezes recapitulado era de que, se todo governo havia sido instituído pelo povo, cabia ao povo avaliar se o governo cumpria com a finalidade para a qual foi instituído, repreendê-lo, quando não cumprisse, e se fosse o caso, destituí-lo.

Embora o povo pudesse escolher a forma de governo que julgasse mais adequada para seus propósitos, já que dispunha do direito inalienável de autodeterminação, Sidney considerava o governo misto, denominado muitas vezes de governo popular — caracterizado pela concessão do poder político a magistrados eleitos periodicamente pelo povo —, o mais apropriado para a promoção da virtude e para a efetivação do bem público. Isso porque, ao ver as honras concedidas aos mais eminentes magistrados, os cidadãos buscariam adquirir a virtude necessária para o exercício das funções públicas; e ao ver seu próprio bem incluído no bem público, eles se esforçariam continuamente para preservá-lo, contribuindo, assim, à prosperidade da república.

O ideário republicano também teve algum destaque no debate político inglês na primeira metade do século XVIII, por exemplo, com as *Cato's Letters* (1720-3), publicadas primeiro no *London Journal* e depois no *British Journal* por John Trenchard (1662-1723) e por Thomas Gordon (1692-1750) e depois reunidas em *Essays on Liberty, Civil and Religious*, de 1737, até ser quase sucumbido pela hegemonia do pensamento liberal. Mas o republicanismo inglês cruzou o Atlântico e foi decisivo na luta dos colonos norte-americanos pela independência, na proclamação da República e na elaboração da Constituição federal dos Estados Unidos da América. A mesma influência pode ser observada na França, onde os escritos desses autores ingleses foram mobilizados na crítica ao absolutismo monárquico e, depois, no processo revolucionário e no estabelecimento da República Francesa.

É possível constatar ainda a presença do republicanismo inglês no debate político contemporâneo. A concepção de liberdade como ausência de dominação, proposta por autores neorrepublicanos como Quentin Skinner (1940-) e Philip Pettit (1945-) para se contrapor à concepção liberal, é claramente inspirada nos escritos de Milton, Nedham, Harrington e Sidney. Diferentemente de Hobbes (1588-1679), para quem a liberdade era definida pela ausência de obstáculos às ações dos indivíduos, eles consideravam que os indivíduos só seriam livres se não estivessem submetidos ou sujeitados à vontade arbitrária de outrem. Para esses autores, não bastava apenas não haver interferência para caracterizar a liberdade — era necessária a segurança de que não haveria qualquer forma de intervenção discricionária por parte de outros agentes. Desse modo, eles nos legaram uma concepção de liberdade que pode ser bastante útil nos tempos atuais.

MATRIZ ITALIANA

Gabriel Pancera

A MATRIZ REPUBLICANA DO RENASCIMENTO ENCONTRA ESPAÇO para se afirmar com o advento do *humanismo cívico*, no final do século XIV e início do século XV. Do ponto de vista político, esse *humanismo* é o resultado da condição de autonomia das cidades italianas frente ao Sacro Império Romano-Germânico e ao papado e da preocupação de se pensar essa nova situação. Do ponto de vista teórico, ele é produto da recepção do republicanismo greco-romano e de sua utilização como ferramenta de reflexão. Assim iniciada, essa matriz tem seu limite final no republicanismo florentino de meados do século XVI.

Há nesse interregno um fundo comum que nos permite reconhecer as características que tipificam a matriz italiana da qual ora se fala. Essas características podem ser apreendidas pela noção de república que os atores e pensadores políticos do período compartilhavam. Tal noção é muito bem captada por Leonardo Bruni (1370-1444), chanceler de Florença nos anos de 1410 e 1411 e, depois, de 1427 a 1444. Sua obra política funciona como uma espécie de catalisador de posições e de valores políticos preexistentes, aos quais o humanista busca dar uma conformação teórica, aprofundando uma tendência que já se desenhava com Coluccio Salutati (1331-1406), seu antecessor na chancelaria florentina.

Mas, se a obra de Bruni exerce um papel de convergência, ela se constitui também num polo de difusão de valores republicanos vinculados a certa formulação de república, em torno da qual outros pensadores irão articular suas reflexões. Poggio Bracciolini (1380-1459), secretário papal e depois chanceler de Florença, e Matteo Palmieri (1406-75) aprofundam certos aspectos de natureza ético-política. Bartolomeo Scala (1430-97) e Aurelio Lippo Brandolini (*c.* 1454-97), já num momento de contestação da experiência republicana, colocam-se contra a noção bruniana de república. Por fim, essa noção é alvo da revisão crítica de Maquiavel (1469-1527), cuja obra produzirá impacto no pensamento republicano de Francesco Guicciardini (1483-1540) e de Donato Giannotti (1492-1573).

Por isso tudo, parece-nos inevitável tomar Bruni como um autor estruturante da experiência republicana italiana. Podemos dizer o mesmo de Maquiavel, que comanda um esforço de revisão desse primeiro humanismo cívico, estabelecendo seu termo e, ao mesmo tempo, constituindo uma abertura para a tradição republicana subsequente. É cuidando desses dois autores, cujas reflexões se estruturam sobre um fundo comum, o qual se faz representar em suas obras, que pretendemos apresentar a matriz italiana do republicanismo.

Um primeiro esforço de elaboração do ideário republicano italiano pode ser identificado em Coluccio Salutati. Ele escreve, em 1403, a *Invectiva contra Antonio Loschi de Vicenza*, em resposta às críticas dirigidas a Florença pelo representante de Milão, que a acusava de tirania. A defesa de sua pátria é estruturada por meio do resgate dos valores políticos difusos no ambiente político-institucional de sua cidade. A liberdade ocupava ali um lugar central e vinha sempre associada à vida cívica e à forma de governo republicana.

Esse amor à liberdade tinha como contraponto a recusa da tirania e da ideia de servidão a ela vinculada, forma de governo e valor político que Salutati atribuía a Milão. Segundo ele, repugnava aos florentinos, ciosos da sua liberdade e da liberdade de outras repúblicas italianas, a possibilidade de sujeição dos homens a um único senhor ou a sujeição de uma cidade a outra. De modo que, tanto interna quanto externamente, lutavam contra qualquer espécie de comportamento político que trouxesse essas marcas.

Leonardo Bruni, seguindo a trilha aberta por Salutati, avança ainda mais na elaboração de uma matriz republicana comum ao período. Na sua obra, ele foi capaz de traduzir teoricamente o substrato republicano preexistente nos meios político-institucionais do período. O seu opúsculo *Elogio da cidade de Florença*, de 1404, representa um ponto de inflexão nessa direção. Seu percurso reflexivo se completa com a sua *História do povo florentino*, cujo primeiro dos nove livros apareceu em 1416 e o último em 1439.

A noção de liberdade ocupa o centro das narrativas e das reflexões políticas de Bruni. No plano externo, refere-se à independência da cidade. No plano interno, à independência dos indivíduos, algo somente possível num regime em que imperam as leis. Trata-se aqui da elaboração de uma percepção corrente nos meios políticos florentinos. Já Bruni irá articular essa noção com as de república e de virtude cívica. No final das contas, elas irão se remeter umas às outras, constituindo, assim, o núcleo do republicanismo do humanista.

O que fica claro na leitura de sua obra é que, se a liberdade é expressão do estado em que se encontram a cidade e seus cidadãos, ela o é graças à forma de governo republicana. Isso porque essa forma se estabelece como a condição necessária para o desenvolvimento da virtude de seus cidadãos, cujos efeitos serão percebidos na qualidade das ações por eles praticadas, tanto interna quanto externamente. Aqui cabe uma precisão: a virtude é sempre uma atividade e é compreendida, num primeiro momento, por oposição ao ócio. A república é sua condição necessária porque garante um lugar para aquela prática. Dessa maneira, Bruni pode dizer, no *Elogio*, que a virtude da cidade é a virtude de seus cidadãos.

A virtude da cidade, resultado de sua forma política, ganha assim tradução no amor à liberdade. Externamente, esse amor é marcado por uma constante preocupação com a preservação de sua própria liberdade e da liberdade das demais cidades italianas. De modo que busca sempre repelir qualquer tentativa de opressão, lutando contra regimes tirânicos, como o de Milão. Internamente, o amor à liberdade se exprime na adesão aos princípios da igualdade entre os cidadãos, condição para um regime de leis, expressão, por sua vez, do bem comum e da liberdade, aqui entendidos como livre participação política necessária à coesão e à conservação da própria forma de governo.

Tal núcleo conceitual encontra um correspondente oposto nos regimes tirânicos. Em contraposição à república, a tirania é, em primeiro lugar, um regime que traz as marcas da servidão. Ela pretende, na relação com os demais *estados*, sujeitá-los aos seus domínios e, na relação com os seus súditos, submetê-los à vontade de um senhor sem a mediação de leis. Mas tirania é, também, uma forma de governo em que a ação fica restrita única e exclusivamente ao tirano. Como não há lugar para os homens exercitarem sua virtude cívica, ela representa ainda o lugar do ócio e, por conseguinte, do vício. Além disso, ela é sempre colocada sob suspeita devido ao temor que um cidadão virtuoso gera no tirano. Os efeitos da tirania são nefastos para a subsistência da própria cidade, pois sem a virtude de seus integrantes não há quem a sustente, de modo que se torna iminente a sua ruína. A diferença em relação à oligarquia é apenas de grau, pois, para esse regime, vale um raciocínio análogo.

A *História do povo florentino* expõe, na sua narrativa, as dinâmicas da virtude cívica e do vício, sempre compreendidas como resultantes das respectivas formas de governo republicana e tirânica, cujos efeitos são as já mencionadas liberdade e servidão. É essa lógica que rege o processo de corrupção dos corpos políticos. A ascensão de Roma à condição de potência ocorreu devido à república e à virtude cívicas; já seu declínio teve como ponto de inflexão a instituição do império, com o domínio de Caio Júlio Cesar (100-44 a.C.), cuja consequência foi a perda da virtude cívica. Há que se notar, porém, que o domínio de uma cidade sobre outra produz o mesmo efeito. Foi a supremacia de Roma que conduziu os etruscos à ruína final, pois eles acabaram caindo no ócio destruidor.

Assim, explicar a sobrevivência de Florença como cidade livre, fundada em tempos romanos, mas mantida sob controle na época imperial, torna-se um desafio para Bruni. Sobretudo porque é na narrativa da origem que Bruni encontra a razão histórica para o amor à liberdade dos florentinos. Se a fundação romana explica esse amor, a lógica político-institucional existente entre liberdade, virtude e república permanece atuante e oferece as razões para sua conservação. No final das contas, os florentinos mantiveram-se ativos graças às instituições de inspiração republicana, conseguindo, desse modo, preservar o apego a um valor político tão fundamental. Florença passou assim razoavelmente ilesa ao domínio tirânico dos imperadores e, tão logo estes enfraqueceram, pôde voltar a se desenvolver.

Isso ocorreu apesar do jogo de facções que surgiram no seu interior. Sem maiores elaborações, Bruni entende quaisquer disputas dessa natureza como perniciosas para um corpo político. Elas são o sintoma de que a corrupção — vale dizer, a perda do horizonte comum das leis — começa a se imiscuir no seio da república. A solução é restaurar a unidade do *consensus iuris*. Esse esforço passa tanto por controlar o exercício do poder, quanto por afirmar o império da lei e do povo. Ambas as soluções são pensadas no horizonte da forma mista de governo, regime segundo o qual Bruni organiza a sua descrição do governo e da *constituição* florentina.

Maquiavel, segundo secretário da república florentina de 1498 a 1512, faz eco às elaborações de Bruni e dos demais pensadores florentinos do século anterior nos seus *Discursos sobre a primeira década de Tito Lívio*, de 1517, e em sua *História de Florença*, de 1525. A então corrente vinculação entre liberdade, república e virtude comparece nas suas reflexões, do mesmo modo como também comparece a veemente condenação da tirania por seus efeitos deletérios para o corpo político. Mas essas tópicas compartilhadas com os pensadores republicanos que o precederam são colocadas em novas bases.

Os fundamentos sobre o quais Maquiavel assenta sua reflexão dizem respeito a uma diversa compreensão da natureza dos *estados*. Segundo o secretário florentino, o ato de fundação de uma cidade institui uma cisão, que é constitutiva de toda e qualquer sociedade política. Essa cisão é resultado da criação de uma relação de autoridade e é descrita em termos de desejos. São dois os desejos: o dos grandes, que se define como desejo de comandar e oprimir, e o do povo, que se delineia como desejo de liberdade, podendo ser compreendido também como recusa da opressão que eventualmente lhe é dirigida. Tais desejos existem numa relação de oposição e estão na origem dos conflitos que emergem ou que estão, ou sempre estarão, na iminência de emergir no interior de uma cidade.

A compreensão da natureza das comunidades políticas como necessariamente conflituosa irá repercutir na formulação que Maquiavel dá aos diversos temas republicanos herdados da tradição humanista. O aspecto fundamental a ser considerado é que, sendo tal conflito inevitável e não podendo ser eliminado, o melhor a se fazer é integrá-lo à vida da cidade. Assim, a inteligência de uma república consiste em conferir ao conflito um sentido positivo. Foi o que se fez em Roma. As eventuais perturbações que ali surgiram tinham sua legitimidade reconhecida. Essa atitude, derivada de uma nova compreensão do político, foi decisiva para o aperfeiçoamento político-institucional da cidade. A criação dos Tribunos da Plebe, instituição voltada para a conservação da liberdade republicana, é exemplar nesse sentido. Os tribunos foram introduzidos na estrutura da república graças aos tumultos provocados pela plebe em reação aos desmandos dos grandes.

Assim como o desejo do povo atuou em favor da liberdade da república no episódio dos tribunos, esse mesmo desejo atua, de maneira geral, na elaboração de leis e ordenações benéficas à vida cívica sempre que busca recusar a opressão. Leis e instituições são o efeito e a expressão do desejo de liberdade do povo, pois colocam óbices à ação dos grandes. É por isso que Maquiavel nos diz que "os desejos dos povos livres raramente são perniciosos". Os efeitos positivos desse desejo de liberdade não levam, porém, à anulação do conflito, mas à conquista de um equilíbrio provisório, prestes a desfazer-se sempre que se fizer presente qualquer suspeita de opressão.

Os resultados do acolhimento do conflito se fazem sentir na coesão da república e na disposição dos cidadãos para defendê-la dos inimigos externos. Ela se torna mais coesa, em primeiro lugar, porque o império da lei se torna objeto de preocupação comum dos homens que buscam preservá-lo. Mas, também, porque os cidadãos podem atuar direta ou indiretamente no processo legislativo, tornando a república mais segura, pois tem a adesão dos cidadãos nas lutas e empreitadas exteriores, de modo que a sua preservação faz com que a cidade que seguir esse caminho se torne poderosa.

Aos olhos de Maquiavel, portanto, o conflito não é pernicioso por si mesmo, como pensava a tradição baseada no consenso, que o condenava pura e simplesmente. A agudeza do pensamento maquiaveliano reside em distinguir o conflito saudável do prejudicial. O conflito saudável ocorre sempre que se recusar a opressão por meio da criação de leis e instituições, ao passo que o prejudicial, que leva à ruptura do corpo político, é o indício de que um processo de corrupção se instalou numa cidade.

O processo de corrupção diz respeito à decadência de uma república. Tal processo não tem conotação moral, nem pode ser simplificado. Suas causas são múltiplas. Um dos seus sintomas, porém, é a presença de facções no interior da cidade. Seu surgimento se dá pela degeneração das instituições e pela pouca efetividade das leis. Com isso, perde-se a noção de pertencimento a algo em comum. Ademais, as partes em conflito pretendem se impor umas às outras. A noção de bem comum a que estava atrelada a vida cívica é, então, dissolvida em favor do interesse de uma das partes do corpo político.

O conflito instalado não é mais capaz de produzir resultados positivos. O que está em disputa passa a ser o poder, o governo. A liberdade é associada a essa conquista e tem como contrapartida o alijamento dos grupos políticos adversários. Dá-se a disputa facciosa que vem marcada por uma incompreensão do sentido da liberdade, pela prevalência dos interesses privados e pela exclusão de parcelas do corpo político da vida política. Esse é o retrato de uma república em vias de dissolução. Decerto, o conflito não possui mais a natureza daqueles primeiros conflitos. Ainda mais que seu aprofundamento coloca a república paulatinamente mais próxima de uma solução tirânica.

A tirania surge no interior da teoria das formas de governo de Maquiavel como o resultado final da luta de facções. Ela se instala quando o grupo vencedor ascende ao poder e confere esse lugar a seu líder. Tal dinâmica ganha figuração histórica na interpretação que o secretário florentino faz da ascensão de Caio Júlio César. Foi ele que saiu vitorioso da guerra civil ocorrida entre a sua facção e a de Cneu Pompeu Magno (106-48 a.C.). O resultado foi a fundação do Império Romano, que se constituiu no marco da decadência da cidade rumo a sua ruína.

Maquiavel, portanto, compreende tanto a ascensão como a queda de uma república a partir da cisão de humores e no conflito daí resultante. É com apoio nesse ponto que o secretário florentino articula noções caras ao republicanismo corrente em seu tempo e da tradição da qual advinha. A noção de liberdade continua sendo central, mas ela não é compreendida como um efeito da unidade. Sem negar que a república é o lugar do exercício das virtudes cívicas, ela é, também, um espaço de acolhimento dos conflitos. Apesar das leis e das instituições se constituírem ainda no bem comum da república, elas são o resultado último da recusa da opressão pelo povo, que se traduz, por sua vez, na afirmação de mecanismos de proteção da liberdade, pertencente, não ao indivíduo, mas ao corpo político como um todo. Além disso, a corrupção é a consubstanciação do conflito numa luta pelo poder. Enfim, sem se furtar aos temas da tradição, o secretário florentino reconfigura completamente seu sentido.

MATRIZ NORTE--AMERICANA

Cristiano Paixão e Renato Bigliazzi

QUANDO SE INICIOU O ACIDENTADO PROCESSO QUE CONDUZIU À independência das colônias britânicas da América, não estava claro, para os atores que viveram aquele período, que o resultado da revolução seria o estabelecimento de uma república. A revolução se desenrolou em diversas fases, desde as primeiras manifestações de contrariedade dos colonos com as decisões tomadas pelo gabinete parlamentar britânico no período posterior ao fim da Guerra dos Sete Anos (1756-63), passando pelas etapas da campanha militar comandada por George Washington (1732-99), até a gradual construção da estrutura institucional da nação independente, com a promulgação, em 1787, da Constituição Federal, como conclusão dos trabalhos da Convenção da Filadélfia. Naquele longo trajeto, foi definida também a forma republicana como condição fundamental da comunidade política.

Convém, porém, recuperar alguns passos dessa jornada rumo à opção republicana. O discurso revolucionário norte-americano foi inspirado por uma linha argumentativa que tinha sua origem na disputa política inglesa posterior ao período da chamada Revolução Gloriosa (1688-9), que culminou na ascensão de Guilherme (1650-1702) e Maria (1662-94) ao trono inglês, em 1689. Com a coroação dos monarcas consortes, modificou-se definitivamente a dinâmica política da Inglaterra, conduzindo a um regime de supremacia do Parlamento britânico e ao desenvolvimento do governo de gabinete, o que consolidou a hegemonia do partido whig (favorável à monarquia constitucional) até pelo menos o estabelecimento de um estado fiscal-militar sob Jorge III (1738-1820), construção que se inicia por volta de 1760.

A consolidação da supremacia do Parlamento — por meio do qual os representantes se tornam membros do gabinete executivo — representou um traço marcante dos escritos de autores como John Trenchard (1662-1723), Thomas Gordon (*c.* 1691-1750) e James Burgh (1714-75), os chamados whigs "radicais". Para esse grupo, os representantes eleitos recebiam uma procuração do povo para cuidar exclusivamente dos interesses dos eleitores e, por essa razão, traíam o mandato popular quando se tornavam parte do governo.

Pelo lado britânico, organizado sob uma perspectiva imperial e calcado em interesses comerciais e tributários, o financiamento do governo vinha sendo progressivamente ampliado com a taxação das colônias, inclusive sobre o comércio entre os estados. Pleitos de autonomia se colocavam contra a política da metrópole, onde as revoluções agrária e industrial tinham provocado crescente financeirização dos interesses da Coroa. Nesse contexto, fazia sentido, para os colonos, reativar a tradição whig radical, contrária ao governo parlamentar, nas disputas com o gabinete de George Grenville (1712-70), primeiro-ministro entre 1763 e 1765, responsável pelas medidas conhecidas como Lei do Selo de 1765.

Para que o argumento tivesse maior impacto, era necessário descrever a relação com a metrópole de uma maneira nova e que salientasse o caráter extorsivo e até mesmo cruel das medidas implantadas pela Coroa. Vem à tona, então, uma fervilhante atividade panfletária, processo social que contribuiu para a mudança da opinião pública e para que as medidas administrativas e tributárias dos ingleses viessem a ser percebidas como verdadeiras afrontas aos colonos. Mas, mesmo nesse espaço de insurreição, muitos dos integrantes do debate permaneceram numa postura leal à Coroa, esperando que essas atividades públicas fossem capazes de convencer o rei a reformar a política adotada pelo Parlamento. Isso porque muitos colonos americanos não queriam a independência e esperavam que as escaramuças levassem apenas a uma reforma da relação entre metrópole e colônia. Insere-se nesse quadro a petição ao rei de 1774 — formulada pelo primeiro Congresso Continental organizado por representantes das colônias na Filadélfia —, na qual o argumento central para o processo revolucionário alegava a falta de representatividade política das colônias no Parlamento britânico e, diante de tal fato, a não aplicabilidade das suas deliberações à esfera colonial.

A trajetória rumo à independência dos Estados Unidos incluiu também interpretações originais sobre as instituições da época. As constituições escritas e a sua adoção pelas colônias revelam uma importância singular no momento anterior à Guerra de Independência dos Estados Unidos (1775-83). O resultado é impressionante sob qualquer perspectiva: em um curto espaço de tempo, a linguagem constitucional e dos direitos foi novamente apropriada pelos colonos norte-americanos. Declarações de direitos e obrigações políticas relacionadas, por exemplo, a uma comunidade religiosa ou a cartas de concessão de determinada colônia foram reinterpretadas como fundamentos da organização política local. Essa mudança de sentido permitiu que a palavra "constituição" passasse a significar mais do que o conjunto das tradições políticas de uma comunidade. As Constituições estaduais — preocupadas com as instituições locais, com a divisão de cargos e com a composição das assembleias — foram essenciais para a consolidação, nos Estados Unidos, da visão política dos direitos individuais e inalienáveis como limites à atuação governamental. Essa visão concernente aos direitos — de que é exemplo a declaração de direitos incorporada à Constituição estadual da Virgínia de 1776 — também se mostrou básica como aspecto da clivagem política entre federalistas e antifederalistas e influenciou James Madison (1751-1836) no desenvolvimento da ideia de um governo nacional, representativo da soberania popular.

Em meados da década de 1780, ganhou força a percepção de que questões importantes — e cujas consequências já eram sentidas pelos norte-americanos — viriam a se tornar graves ameaças caso não fossem adotadas medidas mais efetivas do que aquelas colocadas em prática a partir dos chamados "Artigos da Confederação", documento que selara uma união entre as ex-colônias, redigido em 1777 e ratificado gradualmente pelos treze estados até 1781. Naquele contexto, o medo imperava e se instalara um tom alarmista sobre a eclosão de movimentos de rebelião — a revolta liderada pelo veterano da Guerra de Independência, Daniel Shays (*c.* 1747-1825), em 1786, em Massachusetts, por exemplo — e sobre a degeneração aristocrática e oligárquica das assembleias estaduais. Um conjunto de cartas publicado entre novembro de 1787 e janeiro de 1788, *Letters of The Federal Farmer to the Republican* — cuja autoria a historiografia desconhece, mas consagra como destinatário o governador de Nova York George Clinton (1739-1812) —, descrevia a situação do "povo honesto e substancial" espremido entre "as duas partes sem princípios nos Estados Unidos". De um lado, os "Levellers" e os "Shayites", "endividados, homens sem lei e que querem uma parte da propriedade de outros"; de outro, os aristocratas e os "Morrisites", assim nomeados por sua vinculação a Robert Morris (1734-1806), banqueiro, homem de negócios e superintendente de finanças no Congresso Continental entre 1781 e 1784, e Gouverneur Morris (1752-1816), advogado e seu assistente, que conseguiram amealhar um grupo sólido de seguidores. Estes últimos seriam poucos, mas "muito perigosos" e contrários a governos livres e iguais. De acordo com a crítica do *Federal Farmer*, a partir de 1787 os aristocratas haviam prevalecido, e com "língua" e "pena" tentavam criar, com muita "pressa" um tipo de governo mais "polido", mas não menos ameaçador às liberdades dos ex-colonos.

Nessa manifestação é visível o receio de uma opção aristocrática pelo regime monárquico, possibilidade que passou a ser admitida também por John Adams (1735-1826), até então um fervoroso republicano e um dos líderes do processo revolucionário. O caso de Adams, com sua enfática defesa de um governo baseado em uma constituição mista, no qual estivessem igualmente representadas, e em permanente relação de tensão, as clássicas formas políticas da aristocracia, da democracia e da monarquia, acabou por criar uma divergência importante para o tema republicano nos Estados Unidos da América. Aferrado a uma leitura literal da forma de organização política, o trabalho de Adams se negou a considerar — como Madison e os outros federalistas — que a soberania popular pudesse percorrer os espaços de representação para além da Câmara, tentando preservar o Senado e a presidência como elementos tipicamente vinculados a uma forma política que remetia à monarquia inglesa. Adams advertia contra os perigos do republicanismo norte-americano — a sua potencial dissolução no individualismo e na competição desenfreada — e ressaltava a necessidade de transformar o natural pessimismo sobre a natureza humana em uma estrutura institucional preparada para resguardar os objetivos mais altos da revolução.

Do ponto de vista dos federalistas, surgiu o problema das "facções", brilhantemente exposto por James Madison, que descrevia, em termos bastante objetivos, o desafio representado não apenas pelos movimentos violentos de caráter local, mas também pelas oligarquias regionais. A solução consistia na engenhosa figura do governo republicano representativo e na inversão da lógica política contida nas comunidades políticas exemplares usadas por Montesquieu (1689-1755): repúblicas *maiores* permitiriam filtros políticos representativos *melhores* do que as pequenas repúblicas. Como anotado no número 10 de *The Federalist*, datado de 22 de novembro de 1787, parte de uma série publicada em Nova York por James Madison, Alexander Hamilton (*c.* 1755-1804) e John Jay (1745-1829) sob pseudônimo:

> Sob essa regra, facilmente pode acontecer de a voz pública pronunciada pelos representantes do povo ser mais harmônica com o bem público do que se tivesse sido pronunciada pelo próprio povo reunido para esse propósito [...]. Amplie a esfera e você colherá maior variedade de partes e interesses; tornará menos provável que a maioria do todo tenha uma motivação comum para invadir os direitos de outros cidadãos; ou caso motivo comum exista, será mais difícil para aqueles que pretendem descobrir sua própria força e para agir em uníssono.

Outra construção fundamental que centralizou os debates entre federalistas e antifederalistas foi a necessidade de fazer acompanhar a Constituição Federal de uma declaração formal de direitos (*bill of rights*). A experiência das Constituições estaduais, inspiradas nos princípios dos whigs ingleses, havia considerado tais declarações tão ou mais importantes do que a organização interna das novas repúblicas. A inspiração era contratualista, em uma construção jurídica e política, já que, de maneira geral, o monarca inglês concordava em tolerar ou ceder certos direitos aos súditos em troca de sua subordinação. Como todo contrato, o arranjo podia ser questionado, ou seja, gerava repercussões institucionais na medida em que o povo, titular desses direitos, podia ativá-lo por meio de petições dirigidas ao rei e, a partir da Revolução Gloriosa, pela atuação do Parlamento britânico.

Nesse ponto, a principal inovação do debate sobre a ratificação da Constituição Federal foi a atuação dos federalistas no sentido de desconstruir a importância imediata dessa construção formal por meio da lembrança de que, por seu caráter representativo, a união dos estados era a melhor síntese possível da opinião popular. Assim, superando a lógica contratualista, os federalistas argumentavam pela ausência de sentido de um compromisso formal com um rol de direitos em uma situação na qual o povo representado pudesse facilmente retomar o poder delegado aos representantes no caso de uma eventual violação à constituição.

James Wilson (1742-98), um dos mais ativos federalistas, atuou energicamente para desfazer o argumento antifederalista sob o pressuposto de que, ao contrário da realidade britânica influenciada pelo contrato entre o rei e o povo formalizado na Magna Carta de 1215, a Revolução Americana teria devolvido ao povo seus direitos naturais, o qual no momento da ratificação da Constituição Federal reassumira "sua liberdade independentemente de título ou contrato".

O argumento antifederalista acabou saindo vitorioso após a ratificação das dez primeiras emendas à Constituição Federal em 1791, solução mediada também por James Madison e exposta ainda em 1788 em carta endereçada a Thomas Jefferson (1743-1826) e datada de 17 de outubro do mesmo ano. De acordo com Madison, as declarações de direitos adquiririam o caráter de "máximas fundamentais do governo livre", sendo "incorporadas ao sentimento nacional". Além disso, as declarações seriam úteis nas situações nas quais o perigo de opressão não derivasse das maiorias, mas de dentro do próprio governo — seriam oportunidades que serviriam de apelo ao sentimento da comunidade.

Essas passagens demonstram a persistência, no período posterior à independência, de uma atitude favorável à república como o regime político mais adequado à nação norte-americana. Evidentemente, como toda construção histórica, a opção consolidada pela forma republicana de governo não foi possível sem que se travassem longas batalhas argumentativas em relação à configuração prática de seu conteúdo. E talvez esse seja o ponto de vista privilegiado que oferece o estudo do percurso histórico. Na definição daquilo que viria a se tornar os Estados Unidos da América multiplicaram-se as frentes e os caminhos argumentativos, os quais influenciaram o resultado do ponto de vista local, nacional e até mesmo internacional. Sob esse prisma, o processo de elaboração e ratificação da Constituição pode ser interpretado como uma etapa fundamental da consolidação da opção republicana, que se estabilizou e passou a figurar como modelo para as comunidades políticas em todo o continente americano, o que inclui o Brasil, cuja primeira Constituição republicana, promulgada em 1891, é notoriamente influenciada pelo desenho institucional da Constituição norte-americana de 1787.

O

ORIGENS: *LIBERTAS* *Cicero Araujo*

A HISTÓRIA DE ROMA É TRADICIONALMENTE DIVIDIDA EM TRÊS períodos: a Monarquia (da fundação da cidade em meados do século VIII a.C. a 509 a.C.), a República (de 509 a.C. até cerca de 30 a.C.) e o Império (de cerca de 30 a.C. à queda do Império no Ocidente, em 476 d.C.). Este verbete abrange a época que vai da Monarquia ao fim da República. As fontes em que se baseia são de três tipos: narrativas de historiadores contemporâneos, textos clássicos do período médio e final da República e estudos contemporâneos do pensamento político romano.

Como não poderia deixar de ser, não há consenso entre os estudiosos sobre o caráter do regime político e das instituições descritas a seguir, nem sobre a melhor maneira de dar sentido ao conceito de liberdade subentendido na ideia romana de *libertas*. Em relação a esta última, o verbete apoia-se sobretudo na interpretação dada por Quentin Skinner em *Liberdade antes do liberalismo*, de 1998. Há também controvérsias relacionadas ao que na reflexão sobre a constituição política da cidade é genuinamente romano e o que é resultado de uma mescla desavisada com a cultura e a filosofia gregas — uma vez que os próprios textos clássicos, em particular os de Políbio (*c.* 200-120 a.C.) e de Cícero (106-43 a.C.), já foram escritos sob profunda influência da inteligência grega.

É notável que os romanos tivessem chamado de *libertas* o arcabouço constitucional da cidade. No sentido literal, *libertas* é a palavra latina para "liberdade", um conceito abstrato que, então como hoje, pode abarcar variados sentidos. No entanto, identificada com a própria vida institucional, a liberdade deixa o campo da elaboração normativa abstrata para tornar-se uma condição social e política concreta. Isso ocorre, em primeiro lugar, porque se estabelece uma diferença fundamental na sociedade romana: o status legal que distingue o homem livre do escravo. Não sendo o atributo inato de um indivíduo, a condição de homem livre é, por sua vez, o pré-requisito necessário (embora não suficiente) para o status da cidadania. E ser cidadão é fazer parte de uma comunidade organizada, a *civitas*, feita de um determinado arranjo de leis e instituições que visa promover o bem comum — um valor complexo que integra, aí sim, a própria liberdade individual de seus membros. Há, portanto, uma relação de mão dupla que amarra o "fazer parte" daquela estrutura política e o sentido mais pleno da condição de "ser livre".

Como se sabe, a escravidão nunca foi moral ou culturalmente repudiada na sociedade romana — conforme nas cidades-Estado antigas de um modo geral —, pelo contrário. No mais das vezes, ela é fruto do espólio de guerra; e a própria guerra, um fato mais ou menos corriqueiro da vida nessas cidades. A *civitas* é uma "comunidade de cidadãos em armas": pertencer a ela implica o dever sacrossanto de defendê-la com a própria vida e, em contrapartida, o direito de ser protegido da escravidão ou de qualquer arranjo similar a ela. Viver fora dos muros protetores dessa comunidade organizada significa, assim, expor-se diretamente à predação de uma comunidade hostil e, portanto, à perda da liberdade. Já daí se depreende que, em vez de um reconhecimento estático e incondicional, o direito (*ius*) à liberdade, marca fundamental da cidadania romana, é o resultado de uma prática coletiva exigente e contínua.

Embora seu ponto de partida seja um status legal, *libertas* vai além do simples fato de pertencer a uma comunidade que protege seus membros de uma ameaça externa. Ela requer igualmente a integração a uma estrutura de expectativas, definida por um certo entrelaçamento de instituições históricas da cidade, sua Constituição.

Como na experiência grega, a Constituição remete à imagem do corpo político: a comunidade não é um ente homogêneo, mas constituído de diferentes partes, cujos papéis distintos, porém, de algum modo se complementam. A Constituição é, enfim, o conceito da unidade de uma pluralidade. No entanto, o modo como os diferentes "órgãos" desse corpo exercem suas funções em separado e, ao mesmo tempo, se integram e se limitam uns aos outros remete à questão da "Constituição mista": a ideia — originada na filosofia política grega mas largamente utilizada pelos intérpretes clássicos da estrutura de poder romana — de que a melhor Constituição é uma mistura das três formas "puras", a monarquia, a aristocracia e a democracia. Para os romanos, essa ideia se tornou muito atrativa por oferecer um rico esquema conceitual para refletir sobre o destino de sua política, em particular um problema crucial: a ameaça à liberdade não deriva apenas de fora, do inimigo estrangeiro (*hostis*); ela também pode emergir de relações inadequadas entre os próprios cidadãos, sobretudo entre governantes e governados.

Como? Embora todos os membros da *civitas* sejam juridicamente reconhecidos como livres, não está dado que o exercício concreto desse status, em qualquer circunstância, venha sempre repor a condição que torna a liberdade uma realidade palpável. Afinal, os cidadãos também são governados, ainda que por seus pares. O princípio da paridade (*aequas libertas*), sem dúvida, é fundamental, uma vez que distingue o *dominium*, o poder que tem o senhor sobre o escravo — imposto pela força —, da *potestas*, o poder do cidadão-governante sobre seus pares, resultado de um consentimento. Mas agora se trata de examinar não apenas como cada um desses poderes é estabelecido, como também a qualidade de seu exercício contínuo. Justamente nesse ponto se inscreve a ameaça à liberdade que é interna à *civitas*. Esta reside na percepção de que uma certa dinâmica das relações entre os cidadãos — e, a partir daí, entre governantes e governados — possa precipitar uma degradação do poder civil em algo similar ao poder senhorial: a "dominação" (*dominatio*).

Assim é que a constituição política da cidade, graças ao reexame contínuo de experiências pregressas, visa prevenir tal degradação. *Libertas*, sendo ela mesma um trabalho coletivo incessante, após a rejeição de sua primeira forma histórica — o governo dos reis —, acaba por receber o nome de "república" (*res publica*). Difícil de descrever com precisão, visto que nunca adquiriu uma forma definitiva, essa estrutura iniciou sua trajetória afastando as chances de um poder arbitrário concentrado num só homem (o rei, *rex*), questão que surgiu no final do período da Monarquia.

Eis que, na instauração da República, o *rex* foi substituído por um cargo coletivo composto por dois cônsules, eleitos anualmente por uma das assembleias que reunia o conjunto dos cidadãos (*populus*), a Assembleia das centúrias (*comitia centuriata*), dividida em grupos segundo critérios censitários. Também eram eleitos os demais magistrados — pretores, edis, questores, censores etc. —, embora nem sempre pelo mesmo tipo de órgão popular, uma vez que ao lado da Assembleia das centúrias havia também uma assembleia por distritos ou "tribos" (*comitia tributa*).

Entre as assembleias populares e os magistrados eleitos erguia-se um colegiado que, durante a Monarquia, tinha o papel de aconselhar o rei na tomada de suas decisões. Esse colegiado, o Senado, que originalmente reunia apenas os chefes das famílias de escol (os "patrícios"), teve um papel central na derrubada da monarquia e, por isso mesmo, passou a ocupar um lugar proeminente na condução da república romana.

Reivindicando o zelo da tradição e dos costumes ancestrais sancionados religiosamente (*mos maiorum*), esse colegiado, embora continuasse a se atribuir o papel de aconselhar e não de decidir, na prática nunca teve, ao longo da história da República, suas funções bem delimitadas. O certo é que, enquanto desfrutou o respeito e a deferência (*auctoritas*) do povo, o Senado, a não ser em momentos de grave crise interna, em geral tinha seus conselhos acatados pelos magistrados — que, aliás, participavam de suas sessões — ou pelas assembleias populares. E, uma vez que as assembleias votavam, mas não debatiam, o Senado tornou-se o órgão deliberativo por excelência da República.

Contudo, mal a monarquia foi deixada para trás, a nova estrutura de poder logo passou a enfrentar uma sucessão de crises internas, causadas por aquilo que mais tarde os historiadores romanos chamaram de "conflito das ordens". É que, na primeira fase do regime republicano — que vai até mais ou menos o final do século IV a.C. —, a proeminência do Senado significou a proeminência do patriciado, a classe social que, aglutinando as famílias mais importantes e abastadas, monopolizava não só a composição daquele colegiado como também o acesso aos postos de magistrado, inclusive e especialmente o consulado. Já esse monopólio era sancionado juridicamente, o que fazia do patriciado algo mais do que uma classe: fazia dele uma "ordem".

Tal situação foi sendo contestada por um emaranhado de grupos sociais, as assim chamadas plebes — a arraia-miúda, as classes populares —, cujos membros, mesmo tendo sua participação na *civitas* reconhecida, passaram a perceber naquela proeminência uma ameaça insidiosa à sua liberdade. Dessa vez, tratava-se não de uma ameaça a um poder concentrado num homem (um monarca tornado tirano), mas do poder concentrado num grupo social específico.

Essa contestação, por sua vez, só se tornou relevante por conta do peso fundamental que essa mistura de grupos passou a ter no sucesso das guerras, desde que a viga mestra do Exército romano foi se deslocando da cavalaria — originalmente acessível apenas às famílias mais abastadas — para uma infantaria de plebeus, o grosso da qual composto por fazendeiros independentes, ainda que de posses modestas.

Foi justamente essa transformação de um emaranhado de classes sociais subalternas num grupo articulado e compacto de cidadãos armados — indispensável no campo de batalha, ele próprio uma "ordem" independente da cidade — que deu aos plebeus a força para exigir do Senado algo mais do que a simples participação na *civitas*. Isto é, deu-lhes também a capacidade de pleitear o próprio compartilhamento do governo da República. Além de dividir com o patriciado a ocupação das magistraturas comuns, inclusive o consulado, a ordem plebeia passou a se constituir como um poder político em seu próprio direito, encarnado num órgão coletivo à parte — a assembleia dos plebeus (*concilia plebis*) — e nos magistrados exclusivos por ela eleitos, os "tribunos das plebes", encarregados de proteger seus pares do arbítrio potencial dos demais órgãos da República. Assim, partindo de uma estrutura de poder coletivo, mas fechado num só grupo, *libertas* vem a significar um poder civil socialmente diferenciado, na forma de um condomínio das ordens: o "Senado e o Povo de Roma" (SPQR, *Senatus Populusque Romanus*). Em vez, portanto, de uma comunidade de indivíduos, a república é entendida como uma aliança dos grupos sociais fundamentais da cidade.

É interessante que, mesmo nesse processo, o Senado romano tenha preservado sua proeminência, na medida em que, ao adaptar-se aos novos tempos, logrou incorporar em suas fileiras os chefes mais destacados da ordem plebeia e seus descendentes. Esses chefes, em contato contínuo com os antigos patrícios e graças ao sucesso de suas carreiras políticas, virão a conformar uma nova "ordem" (a *nobilitas*). Uma nova oligarquia, porém agora de um tipo permeável à intervenção das classes populares.

Esta breve exposição da *libertas*, não isenta da controvérsia dos historiadores, abre-se a uma determinada interpretação do conceito de liberdade que, ainda depois do colapso da República romana, inspirou e continua a inspirar atores e pensadores políticos das mais diferentes extrações. Buscou-se aqui apresentar a liberdade como uma parede institucional, socialmente concertada, contra os perigos da dominação, ou seja, das tendências sociais, ostensivas ou discretas, que podem levar o conjunto da cidadania a curvar-se perante uma vontade individual ou coletiva — porém arbitrária e caprichosa —, tal como a tradição clássica que representa o poder senhorial, a despeito do desaparecimento histórico da própria escravidão.

É importante também enfatizar, ainda que reconhecendo a importância das leis e das barreiras institucionais, a questão da qualidade subjetiva com que os cidadãos interagiam com elas, para a qual a elite política romana possuía grande sensibilidade. Porque era do exame severo dessa mediação sutil que se podia flagrar, para além das leis e das regras estabelecidas, as forças que desencadeavam as condutas degradadas (*obnoxiae*) que faziam da dominação uma ameaça permanente, na qual, mesmo quando se observava a "letra" da lei, podia subverter-se seu "espírito". Por conta dessa sensibilidade é que parece tão atual o velho lema de inspiração romana: a lei não protege os sonolentos.

ORIGENS: *POLITEIA* *Sérgio Cardoso*

POLITEIA É O VOCÁBULO GREGO QUE NOS HABITUAMOS A VER TRADUZIDO por *constituição*: as ordenações fundamentais de uma pólis, de uma cidade, o que faz dela (o que a constitui como) uma comunidade política. Porém, o termo "constituição", que nos é familiar — a Constituição de um país, suas leis fundamentais, bem como os princípios e os valores que orientam uma associação política autônoma e historicamente produzida —, em sua origem grega, remete a um registro ainda mais essencial e decisivo que aquele jurídico-político em que o situamos, visto que responde a uma interrogação precisamente filosófica; responde a perguntas radicais: o que faz uma pólis ser considerada como tal? Como defini-la? Como determinar sua essência? O que é a "coisa política"? E buscar, assim, a natureza mesma da cidade é também, como mostraram os gregos, pensar o que as cidades existentes podem ser, ou mesmo devem ser, para realizar sua essência; é inventar, ao lado da filosofia política, os saberes e as práticas da política.

Politeia, desse modo, em sua acepção mais geral, designa tanto os assuntos ou negócios concernentes às *póleis* — práticas e instituições daquela forma de associação e de convivência de homens livres, cidadãos (*politai*), que foi sendo produzida entre os povos helênicos a partir da derrocada do império micênico no século XII a.C. — quanto os saberes relativos a tal objeto: as ciências políticas. Desses sentidos genéricos é que deriva o sentido mais específico e técnico alcançado pelo termo entre os antigos, aquele que levou as traduções modernas a buscar equivalentes à nossa expressão "constituição". Isso se dá porque a indagação prática relativa aos assuntos da cidade remete diretamente à organização das funções de governo e das instituições que articulam e ordenam a vida coletiva, já que são o estabelecimento e a articulação adequados dos poderes soberanos de uma cidade que tornam possível sua ordem e a espelham. A doutrina clássica da política coincide, então, quase que inteiramente com a investigação sobre as "formas de governo" das *poleis* e — considerando seu interesse prático — com as teorias sobre o "melhor regime" (*ariste politeia*), se não à *politeia* ideal, a adequada à definição mesma da pólis, ao menos a mais apropriada para sua realização em cada caso.

Mas, o que é, então, uma pólis? Como definir a *politeia* que a constitui, que lhe dá identidade? Devemos, aqui, começar por lembrar o "finalismo" de base que sustenta a reflexão dos filósofos antigos. Para eles, uma cidade, como todos os seres naturais, é composta de uma pluralidade de "partes", de elementos inscritos em um todo articulado, que organiza e harmoniza as relações entre tais elementos. No caso da pólis, sua articulação num todo, sua "forma", é justamente sua *politeia*, que será adequada e verdadeira se levar à boa realização do fim que a faz existir, ao "bem" que promove a associação de suas partes. Esses filósofos consideram que a natureza opera imprimindo nos diversos seres uma inclinação para seus fins próprios e inscrevendo-os numa cadeia hierarquizada de fins, de modo que cada um se torna um meio para atingir um fim superior. Eles avaliam também que esses "fins intermediários" convergem todos para um termo — um fim supremo e regulador dos demais, o "Bem soberano" —, que é postulado para que a progressão dos meios não vá ao infinito, destituindo de fundamento e de sentido toda a cadeia dos meios que conduz o movimento observado na natureza e nas atividades dos homens. Motor dos movimentos naturais, esse fim supremo — um Bem procurado por todo movimento e não dirigido ele mesmo a qualquer outro, divino na linguagem socrático-platônica — é a condição e a garantia de todo sentido: princípio de razão e de ser de todas as coisas.

No caso das *poleis*, as que o são efetivamente (que não o são apenas na aparência) estarão, portanto, direcionadas ao "Sumo Bem"; deverão ser conformadas por ele e em vista dele. "Deverão ser", enfatizamos; pois, no mundo dos seres dotados de razão e capazes de deliberação, os fins determinados pela natureza não se impõem de imediato, por si mesmos, na determinação dos meios destinados a realizá-los. A natureza aí opera pela mediação da razão e das deliberações humanas, que devem fazer prevalecer a racionalidade dos fins sobre os obstáculos que impedem sua efetivação: as pulsões desagregadoras das paixões (que fixam o desejo em bens intermediários, privando o agente da orientação do "Bem soberano") ou mesmo as limitações da razão para encontrar, em cada caso, os meios adequados para a realização do fim das comunidades políticas — o legislador, o ator político por excelência, nem sempre se mostra capaz de alcançar a fórmula constitucional apropriada ao bom sucesso da cidade.

Lembremos, brevemente, como Platão (*c.* 428-*c.* 348 a.C.), em sua *República*, responde a essa interrogação sobre a boa e verdadeira *politeia* (depois de denunciar a loucura das cidades que, em suas constituições, atribuem à massa popular as decisões sobre fins a serem buscados, que pretendem alcançar o Bem e a Verdade por contagem de votos). O caminho tomado por ele — em completa coerência com o finalismo ontológico de sua cultura filosófica — é o de conferir o poder na constituição àqueles poucos que se mostram capazes de alcançar o saber do Bem supremo e regulador: os filósofos. A ciência do Bem, norma absoluta de toda ação e de todo movimento da natureza, vem, portanto, legitimar o governo do filósofo. Só ele está apto a ordenar a cidade para direcioná-la a seu fim verdadeiro, de modo a fazer dela uma cidade autêntica, justa. E tal justiça — o objeto da investigação da *República* — é definida, no Livro IV, com admirável simplicidade: ela consiste, diz Platão, em que cada cidadão faça sua parte, aquilo que lhe cabe, no sistema funcional que move a vida em comum. Que não avancem uns sobre o terreno dos outros, seja no que diz respeito à divisão do trabalho, dos ofícios técnicos, seja no tocante à necessária divisão das classes funcionais (governantes, guardiões-soldados, produtores), pois "a mistura das três classes causaria à cidade o maior dano". Que cada um exerça seu papel específico, aquele de sua aptidão natural maior; que faça o que está capacitado para fazer melhor no interior do sistema de cooperação que mantém a vida de todos. Sem a maximização da eficiência da divisão do trabalho, as carências de todos não podem ser supridas.

Cabe, então, ao filósofo, por seu conhecimento da verdadeira realidade, as *formas*, e por seu saber do "fim último", ordenar a cadeia dos fins intermediários que alimentam a vida em comum. Em relação aos produtores, ele poderá reprimir os usos desviantes das técnicas — do seu exercício ou do uso inadequado de seus produtos — que vêm perturbar a divisão do trabalho. Poderá ainda impedir o exercício de pseudotécnicas (as de imitação), destituídas de objeto próprio e saber apropriado. E, por fim, poderá, por sua aptidão especializada para o governo (a técnica política), manter ou restaurar a ordem espontânea e as subordinações naturais da cadeia de dependências dos ofícios necessários ao provimento da vida comum. O governo do filósofo proporciona ao corpo político aquela articulação natural que assinala sua saúde, que elimina os conflitos. A ciência do Bem soberano, o saber da boa ordenação funcional da comunidade e do uso correto das técnicas lhe permitem harmonizar a cidade ("cosmicizá-la"), imprimir nela as disposições da justiça — justamente, como vimos, o objeto de investigação da sua *República*.

Como se vê, Platão nos direciona a um tipo bem preciso de *politeia* e de governo ao fundá-los no saber especializado do filósofo, quer o eleve ao comando direto da pólis (como no paradigma monárquico, ou aristocrático, da *República*), quer lhe confira o papel do legislador que grava sua ciência nas leis da cidade, levando-a, então, a um "regime misto": o poder autocrático de Leis perfeitas (princípio monárquico), conservadas e aplicadas pelos melhores (princípio aristocrático), com o apoio de dispositivos de persuasão e participação que produzam o consentimento às Leis por parte da massa (princípio democrático). Esse é o regime configurado no detalhado modelo constitucional proposto, no diálogo *As leis*, para uma colônia imaginada segundo as mais profundas aspirações do velho filósofo. Considere-se, entretanto, que o intento fundamental desse regime, dessa *politeia* — menos que mimetizar o modelo espartano (com seus dois reis, seu conselho aristocrático e os éforos da representação popular), como muitas vezes se pretendeu —, é unir a autoridade da sabedoria (a do filósofo, posta nos enunciados da legislação) e o consentimento popular aos seus comandos. Platão pretende, acima de tudo, garantir a imposição da autoridade do saber, preservando, porém, a liberdade popular, do *demos*. Pela associação de monarquia (visto que a autoridade das leis sábias não pode ser limitada) e democracia (dado que o governo não pode ser tirânico), impede-se que os princípios desses regimes vigorem sem contraponto, num monopólio desastroso. Tal orientação não será mais esquecida em todo o longo trajeto do republicanismo.

Com Aristóteles (384-322 a.C.), o conceito de *politeia* ganha forte inflexão. O filósofo não deixa de postular o finalismo físico-metafísico da ordenação de todos os seres; mantém seu crédito intocado: "tudo o que existe se explica por aquilo em vista do que existe". E tal postulado se impõe de maneira ainda mais nítida no domínio das coisas humanas: "toda arte e toda investigação, bem como toda ação e toda escolha tendem para um bem; pois, declarou-se com razão que o bem é aquilo para o que tendem todas as coisas" (*Ética Nicomaqueia*, Livro I, 1). Mas é necessário atentar bem à modulação da tese assim assumida. No âmbito humano, os movimentos tendem para "um bem", não diretamente para o Bem; não são de imediato referidos ao "Bem em si", soberano. Nas práticas humanas — artes, ações, investigações —, o bem a ser alcançado não é aquele divino, inatingível, que imanta toda a natureza; deve ser um bem à medida dos homens. Postula-se, pois, um fim último, mas propriamente humano e realizável; não só atingível pela ação, mas também, no que concerne à pólis, referido ao seu todo, às suas diversas "partes", e não apenas àquela que detém a hegemonia no governo.

E qual é o bem maior visado pelos homens em suas associações? A aspiração final de suas ações, diz Aristóteles, é por certo a felicidade, a *eudaimonia*, o "bem viver" (*eu zein*) em comum (ainda que reste determinar tal conceito, o que ele busca fazer em seus escritos éticos). A associação política é, assim, aquela que se deixa definir pela aspiração a esse fim superior — o que faz dela a comunidade suprema e englobante de todas as demais associações humanas, cujos fins convergem, então, para a pólis. As outras comunidades humanas alcançam seu sentido pleno a partir do bem superior que se realiza na pólis. Afinal, não basta a cada homem procurar bens que preencham suas carências; e não lhes basta também reunir-se em famílias (*oikos*) para a conservação de suas vidas, para sobreviver. Além de simplesmente "viver" (*zein*) e mesmo viver com os outros (*synzein*), quer-se "bem viver" (*eu zein*), alcançar uma vida bem-sucedida, feliz — o bem maior que subordina e regula todos os outros bens a que os homens visam por suas produções e associações.

Enfim, uma comunidade, mesmo ampla e complexa, não é uma pólis se ela se limita a prover a vida (econômica) e a garantir a segurança dos cidadãos, visto que é tal apenas enquanto mediadora do fim humano mais alto, aquele que eleva as associações ao nível da autarquia, da autossuficiência (sem dependência, sem subordinação aos fins de outros), e que assegura a realização de uma vida em comum bem-sucedida, apontada para a excelência, para a virtude. A pólis é aquela associação que se mostra potencialmente capaz de proporcionar o preenchimento de todas as carências dos cidadãos, e da melhor maneira possível, já que, segundo sugere Aristóteles, ela opera também como princípio de generalização da excelência. Nela não se procura apenas preencher carências, mas responder a elas com o melhor. Nela não se procura apenas agir, mas agir segundo a virtude (*práttein kat'areten*).

Passemos, porém, ao ponto de maior rendimento prático — e com certeza também o de maior interesse especulativo — da doutrina aristotélica da política. Pois se o filósofo "corrige" a interpretação platônica das postulações finalistas, tanto no registro ontológico como naquele das práticas humanas, ele traz uma inovação igualmente radical no que diz respeito aos meios destinados a levar aos fins das associações políticas. Imprime, em seus tratados, uma direção em tudo surpreendente na questão das "formas de governo", que é o objeto central, como já assinalamos, da disciplina prática da política.

Assim, depois de definir, no início do Livro III de sua *Política*, o gênero *politeia* (ela designa, afirma ele, a ordenação das magistraturas soberanas de uma pólis, a distribuição e as relações dos diversos poderes dedicados à realização de seus fins, uma vez que "a *politeia* é o governo", *politeuma*), Aristóteles, através da junção do critério tradicional (abstrato) do número dos governantes — um só, alguns ou todos — com o da finalidade do governo, estabelece a tipologia das especificações do gênero. Teríamos, assim, três regimes de governo que visariam o bem comum (monarquia, aristocracia e democracia) e três desviantes (tirania, oligarquia e governo da massa popular), voltados aos interesses dos governantes, sejam eles os muitos (o povo), alguns ou um só. Considerado, porém, o interesse prático da investigação, parece se impor o exame dos méritos comparados dessas constituições, a questão sobre qual dos regimes retos poderia ser apontado como "o melhor regime" (*ariste politeia*). É verdade que essa indagação pode parecer carente de sentido; afinal, os três regimes retos, enquanto realizam a finalidade da associação, são igualmente bons. Entretanto, ela não deixa de fustigar os leitores, que buscam o saber da Ética e da Política não por interesse especulativo, mas, como pretende o próprio Aristóteles, para tornar melhores eles próprios e a sua cidade. Não seria mesmo possível atribuir um maior valor prático a uma dessas constituições?

Sabemos que é nítida a proeminência dada nos tratados à *politeia*, o regime "constitucional", misto, que logo toma o lugar da democracia como a forma reta do governo de todos. Mas o que faz a originalidade e o interesse dessa forma inédita de governo, de modo a torná-la também tão importante para a tradição do republicanismo? Certamente seu "realismo". De um lado, vê-se que sua legitimidade, sua retidão, não advêm de imediato das qualidades intelectuais ou morais dos governantes (sua sabedoria ou virtude), pois a *politeia* não se define como um amálgama das boas qualidades dos regimes retos (não é governo de sábios e virtuosos), mas de regimes desviantes: a oligarquia (governo dos ricos) e a democracia (governo da maioria pobre). De outro lado, essa mistura visa enredar a todos, ricos e pobres (as partes fundamentais da cidade), na tarefa mesma de realização de uma verdadeira pólis, através da construção de compromissos entre seus interesses particulares, traduzidos em leis que visem o bem comum. Trata-se de um regime empenhado em levar as partes da cidade à integração em um todo, lhes permitindo conviver, mediante limitações legais (pactuadas) de seus apetites. Esse regime constitucional sobressai, portanto, por seu caráter realista (partir de formas mais comuns — desviantes — de governo) e eminentemente prático, pois não recorre ao empenho moral dos governantes em serem justos e governar para todos; confia à eficácia dos dispositivos constitucionais, das instituições, a produção do bem comum, materializado em boas leis.

Enfim, ao definir a *politeia* como mescla de oligarquia e democracia, Aristóteles parte de uma matéria psicossocial e econômica bem determinada (a classe dos ricos e a dos pobres, que recobrem o todo real da cidadania) e lhe confere uma forma bastante original, determinada por seu fim específico: integrar, por seus estabelecimentos, as partes heterogêneas da cidade em um todo político, produzir acordos entre as pulsões antagônicas das duas classes (o desejo de bens dos ricos e o desejo de prazer e segurança dos pobres, segundo uma psicologia social arraigada), em função do interesse superior de todos na necessária convivência em uma cidade. Essa matéria socialmente determinada e essa finalidade integradora não só conferem à *politeia* um desempenho prático eminente, como fazem dela o regime revelador das próprias condições de existência de uma comunidade política. Ela se afasta da definição nominal da democracia (governo de todos os cidadãos em vista do bem de todos) e lhe proporciona sua definição real, produtiva e prática; ela oferece à pólis sua definição genética. Revela-se na *politeia* a natureza real, conflituosa e tensa, de todo composto político.

O vocábulo grego aqui considerado (aquele "regime misto" que os romanos logo designarão por *res publica*) constitui o marco zero lexical, semântico e conceitual de todo o desenvolvimento posterior do republicanismo. Com ele se abre o caminho secular e complexo das reivindicações e reflexões que alimentaram e continuam alimentando a vida e os ideais das repúblicas.

P

PARTICIPAÇÃO E CIDADANIA *Luís Falcão*

A TRADIÇÃO REPUBLICANA SE ASSENTA EM UM CONJUNTO DE DOUTRINAS interdependentes que conformam um todo relativamente coeso, embora, dependendo do autor, do contexto histórico-geográfico ou da família teórica, as ênfases sejam distintas. Em poucas palavras, o republicanismo é ao mesmo tempo uma teoria e uma tradição de pensamento, o chamado antimonarquismo, que destaca em primeiro plano a ilegitimidade do comando e do poder baseado em critérios inatos. Além do mais, interpreta em correlação positiva a interação entre liberdade e igualdade políticas, a partir do "império das leis" e não dos homens, devidamente arranjado em um sistema de governo misto, sendo este compreendido como a união — harmoniosa ou conflituosa — entre os governos monárquico, aristocrático e democrático, sobretudo a partir dos dois últimos. Esses conceitos institucionais são interligados com uma dimensão ética, ou mesmo moral, do comportamento de cidadãos e de grupos, a se centrar na importância da virtude cívica, da cidadania e da participação. Essas duas últimas dimensões, especificamente, não podem ser compreendidas de modo dissociado. De fato, as variantes do republicanismo acabam por repercutir no entendimento da cidadania e do papel da participação do cidadão na "coisa pública" — ou *res publica*. No republicanismo clássico, cujo fundamento oriundo de Cícero (106-43 a.C.) é de concórdia e harmonia entre cidadãos e instituições políticas com vistas ao bem comum, a dedicação desinteressada do cidadão ao bem público se deve à honestidade genuína da compreensão de que a utilidade pública e a privada não são opostas, mas complementares. Por outro lado, no republicanismo pautado em Maquiavel (1469-1527), o conflito, elevado à condição de sustentação da liberdade e do governo das leis, é alternativamente enaltecido. Apesar da cabal diferença dessas duas formulações republicanas, é preciso ter em mente que ambas põem em destaque a participação ativa dos cidadãos.

A origem da noção de cidadania é coexistente à origem da política tal como é entendida no Ocidente, particularmente na Grécia Antiga. Com o surgimento da cidade grega (*pólis*), o seu ordenamento era entremeado com o conjunto de habitantes que desfrutava de direitos políticos. Por isso, a Constituição (*politeia*) dependia de que se definisse quem era cidadão (*politês*). Assim, a unidade entre cidade e cidadão era autoevidente com o surgimento da reflexão e da atividade políticas. O nexo entre cidade e cidadão se faz justamente naquilo que o define: a participação. Coadunados de modo inseparável, a condição de existência da política ocorre a partir da rotatividade entre governantes e governados, entre humanos livres e iguais, como é bem destacado na obra de Aristóteles (384-322 a.C.). Apesar de essa concepção não ser apenas republicana, ela se mantém, como veremos, mais pujante nessa tradição do que em qualquer outra.

Ao chegar a Roma, especialmente no período republicano e na reflexão político-filosófica durante sua decadência, o conceito de cidadania passa a ser elaborado a partir da linguagem dos direitos (*iure*), e, com a participação dos cidadãos, se torna hierarquizada de acordo com a posição social de cada um. Desse modo, ocorre certa dissociação entre cidadania e participação, porque ser romano não significa necessariamente desfrutar de todos os níveis dos cargos públicos. Cada cidadão (*civis*) tem, por direito, seu lugar na cidade (*civitas*) e na comunidade política (*res publica*), sobretudo no período imperial, quando a extensão jurídica da cidadania alcançou níveis inéditos, propiciando, assim, a manutenção de direitos para todas as pessoas livres, não estrangeiras, com a pretensão de universalização. Por outro lado, a imposição de leis oriundas de um centro distante de poder obliterou a realização do autogoverno popular e participativo, tão caro aos gregos. Ao estender a cidadania a todo o Império, Roma garantiu a igualdade perante as leis, ao mesmo tempo que transformou os cidadãos em súditos, dissociando, portanto, cidadania de participação.

O tema é retomado por ocasião da revivescência do mundo urbano no Renascimento e com o resgate dos clássicos da Antiguidade empreendido por esse movimento. O enfrentamento entre as duas organizações predominantes à época — a tirania e a República — reacendeu o debate sobre cidadania e participação, à medida que surgiam defensores de repúblicas populares e aristocráticas, conformando um binômio entre república *larga* e *stretta*. Assim, a questão fundamental passou a ser sobre quem deveria ter o direito de ocupar determinados cargos na estrutura institucional da República.

Não obstante o destaque da institucionalidade, a rotatividade entre governantes e governados, proposta desde Aristóteles, se manteve como elemento central. Chegava-se a cogitar espaços institucionais adequados para cada grupo social. Um tema recorrente, por exemplo, era se aqueles que viviam apenas do comércio ou de trabalhos manuais deveriam ter direito à participação. Ainda que o autogoverno fosse considerado em principados e tiranias, reconhecia-se que o único regime de fato livre e equânime era a República. Nessa esteira, o ideal citadino se tornou um conjugado de diversas características. O cidadão deveria ser pobre (e o Estado, rico); estar sempre armado para defender a cidade (de preferência com armas brancas para compor a infantaria, mais democrática do que a artilharia e a cavalaria); temer a divindade e não os governantes; e, sobretudo, participar das diversas instâncias deliberativas.

Após as revoluções americana e francesa, que configurariam o mundo contemporâneo, e a assunção das constituições escritas em países de grandes extensões, cidadania e participação se consolidaram dentro do universo do direito, não apenas em âmbito privado, mas em oposição ao Estado. Imbricada a essa perspectiva jurídica está a ideia, antes desenvolvida pelo contratualismo britânico e francês, nos séculos XVII e XVIII, de que o governo pelo consentimento do governado é a única forma legítima de comando, uma vez que humanos desfrutam de direitos e nenhum poder é inato. O primeiro elemento a ser destacado é a igualdade perante a lei e as liberdades individuais, o que conforma o direito civil. Em segundo lugar estaria o direito político, que reconhece a participação de cada um com igual importância no exercício do poder, como membro de um órgão governamental ou como eleitor. E em um terceiro plano, o direito social, que garantiria a dignidade individual, educação, um mínimo de bem-estar e segurança. Cada etapa dessas conquistas corrobora e aprofunda a cidadania no Ocidente ao longo dos séculos XVIII, XIX e XX.

Do ponto de vista estritamente político, as democracias de massa emergidas durante as revoluções burguesas do século XVIII, particularmente alarmadas pelo terror jacobino francês e pela alternativa comunista do século XIX, passaram a enfrentar o dilema da cidadania *de iure* mas não *de facto*, isto é, a cidadania ocorria apenas de modo formal, registrada em leis, mas não se efetivava na participação e nas deliberações governamentais. A solução encontrada pelos governos representativos eclipsava quase que por completo a participação como ideal normativo e a associava às coerções do mundo antigo, violentamente revividas pelas revoluções.

Na transição da modernidade para a contemporaneidade, em paralelo com a conquista dos três níveis do direito, havia também a necessidade de apartar o cidadão político da pessoa privada (em sua forma religiosa, familiar, econômica etc.). Tratava-se não de um retorno à divisão aristotélica entre *oikós* (casa, família) e *pólis* (cidade), mas sim da expressão mais bem-acabada da subserviência do público ao privado através do Estado de direito — o qual, com a "profissionalização" da política, acabou por ser tachado de oligarca. A formulação de Rousseau (1712-78) sobre a vontade geral requer, de fato, a distinção entre os interesses privados do homem e os interesses públicos do cidadão e, desse modo, a cidadania republicana desse filósofo exige que se force cada um a ser livre. Nesse caso, fica evidente a precedência da igualdade sobre a liberdade individual. Esse tipo de cidadania participativa objetivava reavivar as pequenas comunidades da Antiguidade, de modo que o cidadão fosse a síntese da identidade entre soberano e súdito.

Hoje, as contendas sobre cidadania e participação se bifurcaram em dois segmentos. O primeiro diz respeito à relação entre um status jurídico compartilhado por uma população de pessoas livres e iguais que desfrutam dos mesmos direitos e deveres em contraste com a concepção de cidadania ancorada em uma unidade cultural, étnica ou histórica dotada de valores e visões de bem iguais ou muito semelhantes. Ainda que a perspectiva jurídico-territorial (*ius soli*) não seja necessariamente oposta à cultural, há situações nas quais elas não se encaixam — por exemplo, em um país que reconheça a cidadania a estrangeiros que não compartilham da língua, dos costumes e da concepção de bem (como França e Estados Unidos) ou em um país que não aceita como cidadão aquele que não possui ascendência sanguínea compartilhada (*ius sanguinis*), embora já esteja integrado de todo àquela sociedade (como a Alemanha). Essas questões se colocam para além de qualquer traço marcadamente republicano, que não cogita tal distinção em toda sua relevância.

O segundo segmento é mais caracteristicamente republicano. Nesse campo, há discordância se a participação política deve existir como fim em si mesma ou como meio para outro valor qualquer, que quase sempre se refere à liberdade. A matriz aristotélica do valor intrínseco conduz a cidadania e a participação à realização da concepção política da natureza humana, na qual afirma que fora do engajamento da *vita activa* não há efetivação plena do ser humano. A boa vida, portanto, é a finalidade da comunidade e requer em si mesma a participação civil de modo a projetar um governo de todos para todos. Essa noção de autogoverno é indissociável do republicanismo, pois lhe serve como um de seus mais importantes alicerces. Nessa versão, a dimensão jurídica, quando existente, é subordinada à política.

Quanto à concepção de bem compartilhada pelos cidadãos, o republicanismo aristotélico divide com o comunitarismo — teoria contemporânea que sustenta que os valores cívicos e morais estão na raiz das comunidades e na compreensão de bem comum compartilhada com o Estado, e que a concepção de bem comum possui precedência sobre os direitos individuais — a perspectiva da natureza política dos humanos (*zoon politikon*) calcada na primazia da virtude sobre o interesse, cuja identidade político-social é a chave para esclarecer os juízos sobre as ações. Assim, uma comunidade política na qual os cidadãos possuem *vita activa* requer um lastro comum quanto à concepção de bem e, portanto, da boa vida em comunidade. Por outro lado, o republicanismo aristotélico destina bastante atenção a temas mais concretos da vida ordinária do que o comunitarismo, como a necessidade da defesa militar e as instituições políticas do governo misto.

Uma vertente crítica do republicanismo aristotélico alega que, desde as origens romanas, o pensamento republicano destina espaço para a participação dos cidadãos tão somente como meio para garantir a liberdade e não como um fim em si mesma. Esses autores, como Philip Pettit e Quentin Skinner, conhecidos como republicanos neorromanos ou simplesmente neorrepublicanos, defendem que o governo das leis de qualquer república e o autogoverno são mecanismos institucionais para a manutenção da liberdade, que deve ser defendida pelos cidadãos apenas quando sob ameaça. Portanto, o neorrepublicanismo se aproxima do liberalismo na medida em que ambos definem a liberdade como conceitos negativos; para o primeiro, como não dominação, para o segundo, como não interferência. A liberdade como não interferência, originada em Hobbes (1588-1679), pode ser definida como ausência de impedimentos físicos ao movimento, enquanto a liberdade como não dominação requer a ausência de arbitrariedade nas relações sociais e políticas — ou seja, a simples possibilidade de interferência, para os neorrepublicanos, é critério suficiente para se dizer que alguém não é livre. Uma metáfora de uso corrente é retirada da relação entre senhor e escravo. Em uma situação na qual o senhor seja benevolente, segundo os neorrepublicanos, o escravo continua sendo não livre, ainda que não seja fisicamente impedido ao movimento pelo senhor. Ao passo que, para os liberais, esse escravo é livre. Porém, neorrepublicanismo e liberalismo compartilham os ideais de que o Estado deve ser neutro, ou seja, não deve incorporar nenhuma concepção de bem, e de que o comportamento humano deve ser entendido como individualista. Nesse sentido, ao contrário do republicanismo aristotélico, o interesse prevalece sobre a virtude, e a cidadania é um status político-social que não necessariamente requer participação. A distinção fundamental entre o neorrepublicanismo e o liberalismo reside na concepção de liberdade. Embora ambos apregoem a liberdade negativa, o fato de ela ser, na versão neorrepublicana, a ausência de dominação e, na liberal, a ausência de interferência, requer relações não arbitrárias entre pessoas e entre indivíduos e o Estado, de tal modo que se aproximam porque concordam que a cidadania exige a constante vigilância de cada um sobre as funções estatais, mas não demanda participação contínua de ninguém. É importante frisar, contudo, que republicanos aristotélicos e neorromanos são peremptórios na defesa do autogoverno coletivo.

Existem, portanto, duas concepções republicanas de participação: como fim em si mesma (aristotélicos) e como meio para se atingir a liberdade (neorromanos). Do ponto de vista do Estado, republicanos e aristotélicos defendem que ele incorpore uma concepção de bem comum, ao passo que neorrepublicanos e liberais defendem o Estado neutro. Esses dois pontos distanciam o neorrepublicanismo do republicanismo aristotélico e os aproximam, respectivamente, do liberalismo e do comunitarismo.

Em contraposição à versão aristotélica, os neorrepublicanos pretendem adentrar no debate contemporâneo sobre a democracia. Para eles, a cidadania vigilante é um modo do que chamam de "democracia contestatória", isto é, os atos de governo devem sempre estar submetidos ao juízo e à crítica dos cidadãos, seja em assembleias representativas, seja na sociedade civil organizada, para aprofundar as relações de não dominação. E isso, afirmam, não exige nenhuma concepção de bem comum ou de valores morais compartilhados.

Em suma, as quatro versões da cidadania política (liberal, neorromana, aristotélica e comunitarista), via de regra, podem ser agrupadas da seguinte maneira: 1) pelo critério de ser ou não republicano (neorromana e aristotélica x liberal e comunitarista) e 2) pelo critério da participação como fim ou como meio (aristotélica e comunistarista x liberal e neorromana). Em paralelo a esse quadro teórico-conceitual, há esforços de sintetização da cidadania em um todo republicano-liberal ao evidenciar os aspectos em comum, tendo por base as dimensões legais, éticas, integrativas e educacionais. Essa síntese visa coadunar as condições necessárias, jurídico-legais, com as suficientes, ético-políticas.

O tripé da cidadania — pertencimento à comunidade política, direitos iguais e participação — continua sendo o arcabouço central do conceito e da prática nos dias de hoje nas democracias ocidentais, nas quais se inclui o Brasil. Todavia, a distinção de ênfase, com relação à participação, como meio ou como fim, tem destacado o status jurídico da cidadania ou a prevalência política da vida ativa, respectivamente. Nas sociedades democráticas atuais, o dilema da participação tem sido um problema cada vez mais recorrente, como apontam, por exemplo, os indicadores de comparecimento eleitoral de países com voto facultativo. Afinal, não obstante desfrutarem de cidadania jurídica (direito), neles a participação (política) tem se arrefecido de maneira preocupante.

PATRIMONIALISMO BRASILEIRO

André Botelho

P

RECENTEMENTE, BERNARDO RICUPERO OBSERVOU COM HUMOR QUE O "patrimonialismo está no ar", referindo-se à profusão de colunas jornalísticas e editoriais da grande imprensa brasileira que mobilizam a categoria para especialmente tentar explicar a corrupção. Embora se associem na prática, patrimonialismo e corrupção não são, porém, sinônimos ou termos intercambiáveis. Parece acontecer agora com o patrimonialismo o que já se passou com outros conceitos. Por um lado, ele tem sido tão amplamente apropriado que vai se tornando inespecífico. Por outro, vai assumindo quase um sentido de categoria de acusação: é um pecado/crime cometido pelo "outro" — não pelo sujeito da enunciação.

O baralhamento entre o público e o privado está no centro do debate sobre patrimonialismo também no pensamento social brasileiro. Como uma apropriação privada do público, o patrimonialismo não apenas borra fronteiras entre o que é comum e o que é particular, como também acaba por distorcer o sentido de público numa trama de relações de dominação que envolve fidelidades pessoais e contraprestação de favores em torno de toda sorte de bens materiais, prestígio, controle de cargos, recursos públicos etc. Por isso, ele pode ser apontado, com razão, como um desafio para a plena realização da república e da democracia.

No pensamento social e político brasileiro, porém, a discussão sobre o patrimonialismo esteve sempre mais relacionada à tradição liberal do que a uma possível tradição republicana. Significaria isso uma fragilidade desse pensamento ou, antes, uma fragilidade da reflexão sobre a república? Seja como for, esse silêncio expressa, por si só, processos históricos e políticos relevantes, podendo reforçar o argumento de que o republicanismo é de fato uma tradição esquecida no Brasil.

O lugar do patrimonialismo não é apenas "no" Estado, embora seja mesmo mais frequente pensá-lo dessa forma, acentuando-se ainda seu peso sufocante sobre a sociedade e o mercado. Todavia, como as instituições políticas não existem apartadas da sociedade, é preciso pensar o patrimonialismo como um movimento de mão dupla, não apenas do Estado para a sociedade, mas também desta para aquele.

"Patrimonialismo", sabemos, é a substantivação de um termo de origem adjetiva: "patrimonial". Foi o sociólogo alemão Max Weber (1864-1920) que o forjou teoricamente de modo mais elaborado e consequente, para qualificar e definir um tipo muito específico de dominação. "Dominação" foi o conceito-chave empregado por Weber em sua sociologia política como uma alternativa à noção de "poder", que lhe parecia demasiado genérica. Derivado de "poder", dominação seria um conceito mais específico e historicamente concreto. Dominação, na verdade, é um poder socialmente legítimo, pois os fundamentos sobre os quais se baseia são conhecidos e aceitos tanto por aqueles que gozam do poder (seus sujeitos), como por aqueles sobre quem o poder se exerce (seus objetos). Estamos diante, pois, da questão da "legitimidade", cuja crença é crucial nas relações de dominação, até porque, para Weber, quaisquer instituições ou outras formações sociais são sempre compreendidas como resultado de ações e do entrelaçamento dessas ações de homens comuns que, ao atribuírem sentidos aos seus atos, não deixam de levar em conta as possibilidades, mas também as próprias restrições da sua situação.

Esse processo social também ocorre com o patrimonialismo que, na sociologia política weberiana, constitui um subtipo da "dominação tradicional". É tradicional a dominação que se baseia na crença da legitimidade de uma autoridade que, digamos, "sempre existiu". Ela é legítima pois está de acordo com o costume. Existem ainda outros dois tipos: a "dominação legal", em que as pessoas sujeitas às ordens são iguais perante a lei e devem obedecê-la — e não às pessoas que a implementam; e a "dominação carismática", em que as pessoas obedecem a líderes acreditando em suas qualidades extraordinárias, mais do que em regras estipuladas ou numa posição consagrada pela tradição. Assim, patrimonialismo consiste numa forma de dominação (uma alternativa à categoria genérica de poder) que é tradicional (pois não se confunde nem com a racional-legal nem com a carismática).

Um elemento complicador ao esclarecimento do conceito de patrimonialismo é que a obra de Max Weber, sobretudo os escritos posteriormente intitulados *Economia e sociedade*, que compreendem a sua sociologia da dominação, é fruto de um processo longo, complexo e descontínuo de redação. Como afirma Carlos Eduardo Sell, a temática do patrimonialismo na obra de Max Weber deve ser reexaminada a partir dos resultados hoje disponíveis na discussão exegética que tem acompanhado a republicação de suas obras. Sell defende que existem dois modelos de patrimonialismo que se sucedem nos escritos weberianos: o "modelo doméstico" e o "modelo organizacional". Na primeira versão da obra de Weber, patrimonialismo foi tratado como uma espécie de prolongamento do poder doméstico no âmbito das relações políticas (modelo doméstico). Em seu uso mais tardio, Weber teria redefinido o patrimonialismo em função de dois critérios distintos: o grau da intensidade do vínculo entre governantes e a tradição e o grau de controle dos governantes sobre os instrumentos de gestão do poder (modelo organizacional).

A história dos usos de "patrimonialismo" no Brasil exemplifica, desde o início, diferentes possibilidades de tradução do conceito que podem, de alguma forma, ser associados aos modelos "doméstico" e "organizacional". Embora algumas vezes assumindo abertamente uma inspiração weberiana, os usos do conceito de patrimonialismo no pensamento social e político brasileiro foram, porém, em geral heterodoxos. Em primeiro lugar, prevaleceu uma associação ao Estado, cristalizando a ideia de um "patrimonialismo estatal". Em segundo, o uso corrente de patrimonialismo entre nós acabou por dar mais ênfase às ideias de obediência pessoal ao senhor por parte do quadro administrativo do Estado. E, por fim, o Estado e o bem público que eram utilizados pelos seus mandatários de modo privado, como se fossem sua empresa, seu patrimônio pessoal. Por certo a história do Estado português, cujos bens se confundiam com os bens pessoais da Coroa, e sua presença na colonização e, mais tarde, sua herança na própria nacionalização da administração pública e criação do Estado após a Independência brasileira, em 1822, ajudam muito a entender essa tradução tão particular do conceito.

Deve-se sem dúvida ao jurista liberal Raymundo Faoro (1925-2003) e, sobretudo, à segunda edição revista e ampliada de *Os donos do poder:*

Formação do patronato político brasileiro, de 1975 (sendo a primeira de 1958), a intepretação mais influente sobre o estado patrimonial brasileiro. Frequentemente tomado como a melhor expressão de uma interpretação institucionalista do Brasil, o livro enfatiza a subordinação da sociedade ao Estado ao longo da história brasileira e portuguesa, em que "a independência sobranceira do Estado sobre a nação não é a exceção de certos períodos, nem o estágio, o degrau para alcançar outro degrau".

Talvez a mudança de contexto político entre as duas edições da obra, mais do que os acréscimos (o livro quase triplicou de tamanho), seja de fato o que melhor explique seu papel na difusão do conceito. Afinal, patrimonialismo parecia um achado feito sob medida para explicar, em meio ao autoritarismo da ditadura militar, tanto o papel preponderante do Estado no Brasil, em diferentes setores — incluindo-se a economia (um capitalismo politicamente orientado) —, quanto o comportamento das Forças Armadas como um verdadeiro estamento burocrático.

Para Faoro, estamento burocrático seria o grupo que se apropriaria do cargo que exerce para definir, com base em seus interesses próprios e particulares, a soberania do Estado. Tão convencido estava o jurista gaúcho da efetividade e da continuidade da ação desse grupo ao longo da nossa história que não hesitou em codificá-la como uma "viagem redonda": "de d. João I a Getúlio Vargas, numa viagem de seis séculos, uma estrutura político-social resistiu a todas as transformações fundamentais, aos desafios mais profundos, à travessia do oceano largo".

Faoro é autor com imensa e relevante fortuna. E a vertente que, de alguma forma, inaugura entre nós tem continuidades, com mudanças, também em outros autores. Leonardo Octavio Belinelli de Brito desenvolveu recentemente um argumento comparando Faoro ao sociólogo mineiro Simon Schwartzman (1939-). Ele mostra que, se Faoro só vislumbrou as possibilidades de transformação capitalista do Brasil por meio de uma ruptura radical com o patrimonialismo estatal, o autor de *Bases do autoritarismo brasileiro*, de 1982, e *São Paulo e o Estado nacional*, de 1973, parece apostar que um setor capitalista moderno, identificado sobretudo com São Paulo, pudesse se contrapor à ordem dominante.

Mas a história do conceito de patrimonialismo no pensamento brasileiro já havia se iniciado em 1936 com *Raízes do Brasil*, de Sérgio Buarque de Holanda (1902-82). E não por acaso esse início se deu pela vertente do patrimonialismo societário, se lembrarmos da presença estruturante do patriarcalismo e da família patriarcal no baralhamento entre público e privado ao longo da nossa formação social. É isso que, com sentidos intelectuais e políticos divergentes, Oliveira Viana (1883-1951) já vinha assinalando desde 1920, em *Populações meridionais do Brasil*, e que Gilberto Freyre (1900-87) consagraria em *Casa-grande & senzala*, de 1933, sem, contudo, mencionarem explicitamente o conceito weberiano de patrimonialismo.

É verdade que, no caso de *Raízes do Brasil*, Sérgio Buarque não deixa exatamente de considerar o outro lado da questão, o do patrimonialismo estatal, quando, por exemplo, lembra a oposição entre "funcionário patrimonial" e o "puro burocrata". Ou seja, quando chama a atenção para aquilo que Weber considerava crucial no processo de formação da dominação racional-legal e que não teria se verificado no Brasil e noutros contextos patrimonialistas: a expropriação do servidor público dos meios privados de administração, que é justamente o que permite separar com nitidez, no âmbito do Estado, os recursos públicos dos recursos privados.

Mas a formulação sobre patrimonialismo realizada em *Raízes do Brasil* trata do patrimonialismo societário. Embora também constate "uma invasão do público pelo privado, do Estado pela família" na formação da sociedade brasileira, Sérgio Buarque não só nega a validade de qualquer gradação entre público e privado, como ainda considera que a ruptura entre esses diferentes princípios de coordenação social representaria condição para a constituição de uma ordem social moderna no Brasil. Entendida fundamentalmente como um legado da colonização portuguesa, a precedência do privado em relação ao público configuraria uma restrição da solidariedade social aos círculos domésticos, cujos laços afetivos seriam "forçosamente restritos, particularistas e antes inimigos que favorecedores das associações estabelecidas sobre plano mais vasto". Sua discussão emblemática sobre a "cordialidade" como forma particularista de orientação das condutas na esfera pública, que tenderia a permanecer rivalizando com outras formas mais universalistas e igualitárias, expressa bem essa posição.

Trinta anos depois o debate sobre patrimonialismo reapareceria no pensamento brasileiro, contrapondo interpretações sobre o moderno no âmbito da sociologia acadêmica. Desta feita, porém, os dois lados do conceito, o Estado e a sociedade, foram considerados de modo mais consequente, promovendo uma visão menos dualista de patrimonialismo. No lugar de sociedade "ou" Estado começa a entrar em cena o "e", expressando a ideia de um movimento mais geral que, em via de mão dupla, vai de um polo a outro. Um momento decisivo dessa história é o debate de Maria Sylvia de Carvalho Franco (1930-), autora de *Homens livres na ordem escravocrata*, de 1969, com Fernando Henrique Cardoso (1931-), autor de *Capitalismo e escravidão no Brasil meridional: O negro na sociedade escravocrata do Rio de Grande do Sul*, de 1962 — ambos os livros originalmente teses de doutoramento orientadas por Florestan Fernandes (1920-95) na Universidade de São Paulo.

A tese de Cardoso busca esclarecer o papel da dominação patrimonialista na formação do Rio Grande do Sul e seus desdobramentos e impasses na constituição de uma sociedade de classes no Brasil. A relação entre escravidão e dominação patrimonialista sugere o estabelecimento de uma sociedade estamental e de castas pouco flexível e de reduzida plasticidade para enfrentar os dinamismos da expansão do capitalismo, bem como enrijecida pelas formas autocráticas de poder que constituíam estruturas tradicionais distintas daquelas necessárias a uma ordem social e econômica competitiva. Para ele, a sociedade rio-grandense-do-sul não apenas se organizou nos moldes de uma estrutura patrimonialista, como também às "posições assimétricas na estrutura social correspondiam formas de comportamento reguladas por rígidas expectativas de dominação e subordinação". O conceito de patrimonialismo assume, assim, teor explicativo na particularização do capitalismo mercantil-escravista no Brasil numa intepretação que apreende o movimento entre sociedade e Estado.

Já Maria Sylvia de Carvalho Franco diverge da caracterização de Cardoso, pois recusa qualificar a sociedade brasileira como tipicamente patrimonial, negando ainda que sua camada senhorial pudesse ser entendida como estamental. Evocando sua compreensão de Weber, Maria Sylvia objeta que não se poderia falar da configuração de uma relação patrimonial entre os homens livres (na ordem escravocrata), pois nela "o amplo e exclusivo aproveitamento da força de trabalho do dependente, que é insubstituível, torna inelutável preservar sua disposição e capacidade de bem servir, o que gera uma sujeição para o senhor, definindo obrigações de sua parte". No Brasil, prossegue a autora, somente no plano político é que se verificaria a conformação de uma solidariedade desse tipo, na qual os serviços do "cliente" são vitais para os grupos dominantes e se conjugam aos deveres que estes devem assumir e cumprir. Quando "estavam em jogo objetivos básicos como apoio político versus auxílio econômico, consolidava-se a interdependência"; do contrário, os compromissos se revestiam de extrema fragilidade. Dessa forma, a autora reforça o entendimento de que conceitos como "patrimonialismo", quando aplicados a diferentes sociedades, devem ser contextualizados historicamente, de modo matizado, para que as diferenças nas configurações de processos gerais possam ser valorizadas e qualificadas da maneira adequada.

Mais do que um conceito "correto", na visão de conjunto esboçada importa ressaltar como cada um dos usos de patrimonialismo permite trazer à tona relações de dominação e de legitimação fundadas na pessoalização das relações sociais, em geral, e das práticas de poder, em particular. Tampouco há aqui a corroboração de uma visão do patrimonialismo e do baralhamento entre público e privado que o acompanha como uma espécie de essência dos brasileiros; ou um impasse cultural intransponível à consolidação de uma vida pública propriamente republicana entre nós, que exige valores e práticas universalistas e igualitários. Mas não se trata, assim, de reforçar oposições simples entre, de um lado, uma sociedade pretensamente virtuosa (ou de setores dela), como aparece inclusive em certas representações contemporâneas de "sociedade civil", e, de outro, um Estado opressor e corruptor das virtudes sociais.

O patrimonialismo existe *entre* sociedade *e* Estado e, como implica numa forma de orientação ética das condutas, se faz presente no cotidiano, nos comportamentos mais rotineiros, da socialização familiar à estruturação das relações sociais e das instituições políticas. Justamente porque não equivale a uma forma de exercício do poder, mas envolve, de maneira decisiva, as formas sociais de sua organização, o patrimonialismo com frequência vaza o espectro ideológico e político e também pode frustrar pretensões mais voluntaristas, se impondo nas práticas rotinizadas na esfera pública. Visto sob essa perspectiva, de um entre-lugar, entre a sociedade e o Estado, o patrimonialismo acaba por exigir uma definição menos institucionalista e minimalista da própria República. A republicanização da República exige hoje ainda mais democracia do que nunca para combater as persistentes desigualdades sociais que enviesam, envenenam e tornam a esfera pública cada vez mais estreita entre nós na atualidade.

PENSAMENTO REPUBLICANO NO SEGUNDO REINADO (1840-89)

José Murilo de Carvalho

P

O TEMA DESTE VERBETE É O PENSAMENTO REPUBLICANO NO Segundo Reinado. Como introdução, dou aqui breve notícia sobre manifestações republicanas anteriores à Maioridade. Marcello Basile, no verbete sobre a imprensa republicana, demonstrou que rastros de república deram sequência, Império adentro, às experiências coloniais estudadas por Heloisa Starling. Esses rastros estiveram presentes no Primeiro Reinado — com destaque para a Confederação do Equador, em 1824 — e ganharam força, agora já em nível nacional, durante o período regencial. Pertinentemente, Paulo Pereira de Castro chamou a década de 1830 de "experiência republicana". Os vestígios de república são aí detectáveis nas revoltas provinciais, nas agitações urbanas, nos clubes políticos, nos debates parlamentares, na imprensa e mesmo nas reformas, como a suspensão do Poder Moderador e a escolha dos regentes pelos eleitores.

A experiência republicana, ou período da ação, como o chamou Justiniano José da Rocha (1812-62) em seu perspicaz *Ação; reação; transação*, de 1855, teve seu auge no Ato Adicional de 1834 e seu maior êxito político na Proclamação da República Farroupilha, em 1836. No resto do país, as aspirações republicanas perderam força com a vitória do regresso iniciado em 1837, após a renúncia do regente Feijó (1784-1843). Seus últimos estertores se deram com o fim da República Farroupilha, em 1845, e com a derrota da Revolta Praieira, em 1849. Seguiu-se, entre 1848 e 1853, um período de pleno domínio conservador, denominado por Ilmar Rohloff de Mattos de "Tempo Saquarema", no qual desapareceram os movimentos e a imprensa republicana, com a única exceção do teimoso *O Republico*, de Antônio Borges da Fonseca (1808-72), que sobreviveu até 1855. Até mesmo os liberais se recolheram.

Tudo mudou com a política de conciliação introduzida pelo governo do marquês de Paraná, que durou de 1853 a 1856. A velha guarda conservadora — composta, entre outros, de Eusébio de Queirós (1812-68), do visconde do Uruguai (1807-66) e do visconde de Itaboraí (1802-72) — foi afastada. A partir de 1857, os liberais passaram a retornar à Câmara novamente. Começava a encher a maré democrática, como observou Joaquim Nabuco (1849-1910). Entre os emergentes estava Teófilo Otoni (1807-69), ícone do liberalismo, sempre beirando as fronteiras da república, que nunca se decidiu a ultrapassar. Novos arranjos partidários surgiram, como a Liga Progressista de 1862, transformada em partido dois anos depois. Ela juntava novos conservadores e velhos liberais, quebrando a divisão bipartida que predominara desde 1837. Grande novidade em relação à Regência foi que liberais e republicanos voltaram com outra postura política. Tinham renunciado ao recurso às armas. A luta agora era com a palavra e com a pena.

Tudo apontava para o surgimento de um novo arranjo partidário, com forte presença de um novo liberalismo reformista. Um evento externo, a Guerra do Paraguai (1864-70) veio interromper a nova tendência. Conflito entre o ministério do progressista Zacarias de Góis (1815-77) e o general conservador Caxias (1803-80), comandante das forças aliadas no Paraguai, levou à fatídica renúncia do presidente do Conselho de Ministros em 1868 e à chamada ao poder, pelo imperador, dos antigos conservadores na pessoa do visconde de Itaboraí. Embora constitucional, a decisão foi taxada de golpe e irritou progressistas e liberais. Um ano depois, fundou-se o Centro Liberal, cujo manifesto falava em golpe de Estado, ditadura, absolutismo, despotismo. O manifesto terminava com a disjuntiva: "Ou a reforma, ou a revolução". O programa do Clube listava uma série de reformas que consideravam importantes. No mesmo ano de 1868, foi criado o Clube da Reforma, com um jornal de mesmo nome. Um passo à frente foi dado, ainda em 1868, com a criação do Clube Radical, composto de jovens bacharéis, que adotou o jornal *Opinião Liberal* como seu porta-voz e inaugurou entre nós a prática de conferências públicas. O jornal também tinha sua lista de reformas, exibida na primeira página. Entre elas estavam a extinção do Poder Moderador, a eleição direta, a eleição dos presidentes de província, o fim do trabalho escravo. Se adotadas, mudariam a cara da monarquia. Só não tocavam no sistema de governo. Em dezembro de 1870, o Clube Radical transformou-se em Clube Republicano, que logo virou Partido Republicano. O Partido publicou um "Manifesto", nesse mesmo ano, e lançou o jornal *A Republica*. Seu alvo principal era a mudança do sistema de governo.

A influência do "Manifesto" foi grande. Ele foi, até o fim, o principal documento doutrinário do grupo majoritário do Partido, tanto no Rio de Janeiro como em São Paulo. Merece atenção especial.

Redigido por Quintino Bocaiuva (1836-1912), com pequena ajuda de Salvador de Mendonça (1841-1913) e assinado por 58 pessoas, o texto foi divulgado a 3 de dezembro de 1870, uma provocação por se tratar do dia seguinte ao do aniversário do imperador. Longo, como era do gosto da época, começava marcando o caráter pacifista do movimento: "não é nossa intenção convulsionar a sociedade". E esclarecia logo a seguir que todos os males do país derivavam "diretamente [d]a nossa forma de governo". Seguia traçando a história da luta pela república desde a independência, quando "a democracia pura, que procurava estabelecer-se em toda a plenitude de seus princípios, [...] sentiu-se atraiçoada pelo consórcio falaz da realeza aventureira". Em 1822, afirmava, referindo-se à adoção da monarquia como sistema de governo, cometeu-se o grande crime que determinou a hégira da liberdade entre nós. A revolução de 1831 fora abafada pela reação de 1837 e pela conspiração da Maioridade. O mecanismo político, em vez de girar em torno do povo, passara a girar em torno da vontade de um homem. Um poder irresponsável controlava o Executivo, o Legislativo e o Judiciário. Prosseguia citando, sagaz e abundantemente, ao longo de quatro páginas, as críticas feitas ao regime por monarquistas liberais, como Nabuco de Araújo (1813-78) e Silveira da Mota (1811-93), e conservadores, como Cotegipe (1815-89), Eusébio de Queirós e José de Alencar (1829-77).

Só então vinha uma parte propositiva, centrada em forte defesa da federação, sob o argumento de que, no Brasil, antes da ideia democrática, a natureza estabelecera o princípio federativo. Desde 1824 até 1848, afirmava, a ideia de federação, de autonomia, perpassara, qual corrente elétrica, as províncias, sempre contida pela reação monárquica. A autonomia das províncias na forma de estados independentes era um princípio cardeal: "centralização — desmembramento; descentralização — unidade", concluía o capítulo.

A parte final do documento dedicava-se a denunciar um vício insanável de nossa Constituição, qual seja, a ideia de um sistema misto de governo embutida nas monarquias temperadas, constitucionais e representativas. O sistema misto, argumentava, era uma utopia porque pretendia juntar elementos heterogêneos, o poder pela graça de Deus (monarquia hereditária) e o poder pela vontade dos cidadãos (democracia/república). Negava qualquer possibilidade de dividir a soberania nacional. Não havia governo representativo, insistia, sem que todos os poderes fossem delegação da nação. Nenhum governo monárquico podia ser democrático. Citando: "o elemento monárquico não tem coexistência possível com o elemento democrático". Na realidade, a Constituição de 1824 não falava em poder pela graça de Deus, mas adotava, sim, um sistema misto que atribuía a representação da nação ao povo e ao rei. Sua definição de Poder Moderador não deixava de ser uma cunha absolutista introduzida no sistema imperial, contra a qual liberais vinham lutando, brandindo a fórmula de Adolphe Thiers (1797-1877) segundo a qual o rei reinava mas não governava. O "Manifesto" terminava pedindo a convocação de uma constituinte e alegando, como último argumento, que a monarquia isolava o Brasil da América, onde era exemplo solitário.

Como se vê, o documento limitava sua proposta à mudança do sistema de governo (monarquia ou república), deixando de lado o elenco de reformas apresentado por liberais e radicais. Na convicção de que a mãe de todos os males era a monarquia, seus redatores julgavam que bastaria eliminá-la para que se fizessem as outras reformas. É possível mesmo que os radicais que aderiram à República o tivessem feito por estarem convencidos desse argumento: a única solução era de fato a troca de sistema de governo. A tática tinha ainda a vantagem de separar claramente o novo partido de seus inimigos mais próximos, os liberais monarquistas. Ao mesmo tempo, dispensava os republicanos de tomarem posição em relação a reformas explosivas como a da abolição da escravidão.

A linha do manifesto foi seguida até o final do Império pela corrente dominante do republicanismo, sobretudo a paulista. Os teóricos do movimento adotaram-na nos seus pontos principais: a identidade entre república e democracia, e o federalismo. Foi o caso de Alberto Sales (1857-1904), Assis Brasil (1857-1938), Quintino Bocaiuva, entre outros. Assis Brasil diria mais tarde que toda república era democrática e que "A república [...] é a forma de governo constituída pela democracia". Quintino escreveria em 1889, no manifesto do Partido, que "o regime do governo republicano é a fórmula prática da democracia". O federalismo era também considerado como parte constituinte da república, não fossem os Estados Unidos o modelo para os autores do "Manifesto". Ele foi defendido por quase todos, com ênfase maior entre os republicanos paulistas e gaúchos. Entre os primeiros destacou-se Alberto Sales que, em *A pátria paulista*, chegou a defender a secessão de São Paulo. Pelo lado gaúcho, Assis Brasil não separava república de federalismo. Seu principal livro chamava-se *A república federal* e o jornal dos republicanos gaúchos era *A Federação*.

Mas não havia consenso. Outros republicanos discordavam da posição do "Manifesto". Concordando com a mudança do sistema de governo, destoavam quanto a sua forma. A divergência mais importante foi a dos positivistas, tanto dos ortodoxos, como Miguel Lemos (1854-1916) e Teixeira Mendes (1855-1927), como dos não ortodoxos, como Aníbal Falcão (1859-1900) e Silva Jardim (1860-91). Para esse grupo, república e democracia (falava-se de democracia liberal, naturalmente) eram incompatíveis. Teixeira Mendes escreveu que implantar uma república democrática era o mesmo que substituir o parlamentarismo burguesocrático monárquico pelo parlamentarismo burguesocrático puro. A forma do governo de transição para o estado positivo da humanidade, como Auguste Comte (1798-1857) ensinara, tinha que ser a ditadura republicana, um governo forte comandado por um ditador vitalício eleito que escolheria seu sucessor, com um Parlamento que tivesse apenas função orçamentária. Silva Jardim e Aníbal Falcão assumiam a mesma posição, só divergindo dos dois apóstolos na tática a ser adotada, por revolução no primeiro caso, por evolução, no segundo.

Essa divergência teve longa história República adentro, embora nem sempre usando a mesma roupagem. Esclareça-se antes, no entanto, que a ditadura defendida pelos positivistas não tinha a conotação dada hoje ao termo. Ela provinha da concepção quase marxista de que o sistema representativo da época, em todos os países que o adotavam, era uma farsa, um disfarce da dominação burguesa. A ditadura, por outro lado, na concepção de Comte, nada tinha a ver com despotismo. Sua inspiração vinha da Roma republicana, quando, em situação de crise nacional, sobretudo durante as guerras, concedia-se poder total a uma pessoa (*dictator*) para conduzir o país. Esse ditador representava a vontade do povo. Tendo em vista que as eleições no século XIX eram falseadas pelo poder econômico, o ditador seria um representante mais autêntico do povo do que os parlamentares eleitos. Ele podia agir independentemente das forças de mercado no interesse da coletividade, a caminho do estado positivo da humanidade.

Uma das características dessa jornada era a incorporação do proletariado à sociedade. Os positivistas levavam a sério essa incorporação.

Provam-no o fato de terem lutado pela abolição da escravidão durante o Império e, proclamada a República, terem sido os primeiros a se aproximar dos operários, a propor uma legislação social, a pregar a proteção aos índios. Na década de 1930, apoiaram a criação do Ministério do Trabalho, Indústria e Comércio e inspiraram o ditador Getúlio Vargas (1882-1954), herdeiro da tradição positivista gaúcha, a introduzir a legislação social. Tratava-se de inclusão social paternalista, feita por cima, embutida no DNA de nossa República.

Divergência mais profunda entre republicanos, e de longa duração, teve a ver com a forma de governo: presidencialismo ou parlamentarismo. Os autores do "Manifesto" e, mais ainda, os positivistas, eram ferrenhos presidencialistas. Na correria em que se fez a Constituição de 1891, o debate foi abafado e saiu vencedor o presidencialismo, sob protesto do parlamentarista Sílvio Romero (1851-1914). Inexistiu também no Rio Grande do Sul, onde foi adotada uma constituição positivista, mas ao custo de guerra civil só apaziguada em 1923. Retornou, agora em nível nacional, na década de 1930, quando da feitura da Constituição de 1934, e em 1988, quando se discutiu a atual Constituição. O presidencialismo venceu a disputa no plebiscito de 1993, mas a pendência está longe de ser resolvida.

Outros temas do "Manifesto" tiveram sortes variadas. O federalismo sofreu pouca oposição. Era consenso entre os republicanos e até entre alguns monarquistas como Joaquim Nabuco e Rui Barbosa (1849-1923). Na Constituinte, foi quase unanimidade, chegou-se mesmo a propor a criação de vinte repúblicas autônomas. Mas o federalismo não fazia parte do tradicional pacote republicano. Ele só aparece como componente da república nos Estados Unidos, cujo exemplo inspirou os autores do "Manifesto". O republicanismo francês era centralizador. A fusão de democracia e república era problemática. Historicamente, representavam coisas diferentes. A democracia, no sentido clássico de governo das massas, não era bem vista nem pelos revolucionários franceses. A fusão promovida por nossos republicanos só se entende levando em conta que falavam de democracia liberal, um produto do século XIX, da liberdade dos modernos, na expressão cunhada por Benjamin Constant (1767-1830), o franco-suíço. Certamente não era às massas que nossos republicanos se referiam. Até a palavra "povo" já era força de expressão num país em que o povo político era quase inexistente.

Outra característica clássica do republicanismo era a da igualdade civil, da ausência de privilégios. O "Manifesto" condenava como o principal privilégio, causa de todos os outros, o que era concedido a uma família para governar o país e contra ele assestava sua artilharia. Após a Proclamação da República, alguns republicanos mais autênticos tentaram pôr em prática a ideia de igualdade, começando pelo tratamento dado às pessoas. Seguindo o exemplo da Revolução Francesa, decidiram que todos os brasileiros, do presidente ao gari, seriam chamados de cidadãos. A prática caiu logo no ridículo quando surgiram os tratamentos de doutor cidadão, senhor doutor cidadão etc. O Brasil não era o país de seus sonhos.

O coração do republicanismo, no entanto, embutido na própria palavra "república", significava a valorização do bem comum colocado acima de interesses individuais; era a virtude cívica, exigida a todos os cidadãos, sobretudo dos governantes. República representava o bom governo de bons cidadãos. O "Manifesto" não tocava nesse ponto, embora não se possa negar que muitos dos propagandistas fossem pessoas dotadas de civismo. Entre os republicanos, quem tinha postura republicana, nesse quesito, eram os positivistas. Seu culto à pátria e à humanidade não se resumia a palavras. Era parte do estilo de vida, como o provaram Miguel Lemos, Teixeira Mendes, o marechal Rondon (1865-1958) e outros. Antes deles, só frei Caneca (1779-1825) defendera essa postura cívica na vida, no seu conhecido texto de 1822, *Dissertação sobre o que se deve entender por pátria do cidadão e deveres deste para com a mesma pátria*. Já o resto era como dissera frei Vicente do Salvador (1564-*c*. 1636): ninguém era repúblico.

Simplificando e concluindo, tivemos na segunda metade do século XIX duas opções de república, uma liberal, outra social-autoritária. A vencedora ficou marcada desde o início pela maneira como foi implantada. Embora o "Manifesto" tivesse prometido uma luta dentro do sistema representativo e uma implantação via Constituinte, o oportunismo político levou os chefes do Partido a pegarem carona em um golpe militar. O fato marcou toda a vida posterior do regime, que passou a oscilar entre o liberalismo e o autoritarismo, com intermitentes intervenções militares e com prejuízo da dimensão democrática e do bom governo. É a república que herdamos.

PRIMEIRA REPÚBLICA (1889-1930): REPÚBLICA OLIGÁRQUICA

Cláudia Viscardi

P

EMBORA OLIGARQUIAS SEMPRE TENHAM EXISTIDO NO BRASIL, entende-se como "República Oligárquica" o período compreendido entre a instituição do regime republicano em 1889 e a Revolução de 1930, que deu fim à primeira fase do regime. Etimologicamente, "oligarquia" tem um significado bastante fluido. Em geral significa governo de poucos, governo dos ricos (que, via de regra, são poucos) ou governo ilegítimo — nesta última acepção, ou por ter sido usurpado, ou por ter funcionado à revelia da lei. De todo modo, o conceito carrega sempre uma carga pejorativa. Para Aristóteles (384-322 a.C.), a oligarquia era a deturpação da aristocracia, também definida como governo de poucos. Em sua divisão tripartite entre formas boas e más, em que as segundas eram o equivalente negativo das primeiras, as oligarquias eram malvistas.

Entre as características dos regimes oligárquicos que estiveram presentes na Primeira República podemos destacar: o parentesco e a lealdade pessoal como critérios para o recrutamento político; a estabilidade baseada na contenção de minorias oposicionistas; o uso de instrumentos extralegais para a manutenção de privilégios e benesses; a prática de relações políticas tradicionais, que não levavam em conta a meritocracia como mecanismo de ascensão política; a presença de expedientes autoritários, usados com o fim de se manter o poder concentrado nas mãos dos mesmos grupos; e, por fim, a presença de uma maioria politicamente apática, que não se interessava em integrar a comunidade política. Todas essas características compunham em parte o universo político da Primeira República, embora, com menos ou mais intensidade, pudessem também ser encontradas ao longo de todo o regime imperial ou de toda a República brasileira. Mas como veremos, a associação de todas elas em um só período funcionava como um poderoso alicerce do regime republicano em suas primeiras décadas, conferindo a ele pertinentemente o epíteto de oligárquico.

Importante destacar que estudos mais recentes têm procurado romper com o caráter valorativo do conceito. Partindo do pressuposto de que todo governo é ocupado por uma elite composta de poucos membros, todo regime historicamente conhecido seria oligárquico per se. Admite-se, inclusive, a possibilidade de haver estratos oligárquicos dominantes em regimes "modernos" e democráticos, conforme aponta o cientista político Maurice Duverger, em *As modernas tecnodemocracias*, de 1975. Segundo tais abordagens, os regimes oligárquicos não seriam necessariamente negativos ou opostos aos regimes liberais europeus ou ao norte-americano. Ademais, investigações atuais têm revelado que na República Oligárquica brasileira havia espaço para experiências democráticas, para a ascensão de algumas minorias e para a expansão da cidadania.

O movimento político e intelectual iniciado ao fim do século XIX com vistas à deposição do imperador revela as dificuldades que os contemporâneos tiveram para construir eixos que agregassem os diversos grupos que dele faziam parte. Temas controversos como o da abolição ou da separação entre Estado e Igreja não unificavam os republicanos de primeira hora. Para que o movimento — já fragilizado pela dispersão territorial, pela ausência de letramento da população e pelas dificuldades de comunicação — não fracassasse, era necessário que a propaganda se concentrasse mais na crítica do passado do que em um projeto de futuro. Os descontentamentos com a monarquia eram muitos, mas o que se entendia por república era ainda muito vago. Observa-se, dessa forma, a criação de um movimento pouco propositivo, mas muito questionador em relação ao soberano e ao regime monárquico.

Por meio da análise dos manifestos republicanos, percebe-se que as propostas podem ser sintetizadas em pelo menos cinco plataformas gerais. O *federalismo* era motivado sobretudo pelo interesse em fortalecer economicamente os estados em detrimento da União, garantindo, assim, a retenção de excedentes econômicos nas províncias exportadoras por meio de uma reforma fiscal. As *eleições diretas* em todos os níveis representavam para os contemporâneos a expressão mais acabada da soberania popular, que viria romper com o "antigo regime absolutista", o qual acreditavam vigorar no Brasil. A *meritocracia* significava o fim dos privilégios hereditariamente transferidos, entre eles os títulos nobiliárquicos. O *fortalecimento do Poder Legislativo* decorreria da extinção do Poder Moderador e do Senado vitalício, além do aumento do número de deputados. E, para terminar, o *fim do voto censitário* buscava assegurar uma distribuição mais equitativa do poder, com vistas à almejada soberania popular.

A Assembleia Constituinte de 1891 era bastante heterogênea, tanto do ponto de vista ideológico como etário, profissional e regional. O resultado foi a tessitura de um texto constitucional largamente negociado entre as partes, mas que contemplou sobretudo as prerrogativas do movimento republicano. Tomando a primeira Constituição republicana como referência para identificar de que forma os propagandistas da república tiveram êxito em viabilizar suas propostas, nota-se que todas elas foram aprovadas, sem muita dificuldade. Destaca-se a proposta de laicização do Estado, encaminhada pelos positivistas, que mesmo pouco representados conseguiram incluí-la no texto. Embora o movimento republicano tenha tido uma composição heterogênea e se agregado em torno de propostas fluidas, sagrou-se vitorioso ao tomar o poder por meio de um golpe civil-militar e aprovar uma Carta Magna condizente com os principais eixos defendidos pelo movimento.

O modelo de federalismo implantado na sequência, ao contrário do que anunciavam certos propagandistas, esvaziou a autonomia dos municípios em prol do fortalecimento dos estados. Nas mãos dos governadores concentrava-se boa parte das rendas fiscais auferidas, sobretudo pelas oligarquias de unidades federadas economicamente promissoras, como foram os casos dos estados cafeicultores — São Paulo, Minas Gerais e Rio de Janeiro. A composição da Câmara Federal era proporcional ao número de eleitores.

Dessa forma, estados mais populosos que detinham um grande percentual de letramento eram mais bem representados. Tal modelo criou sérias distorções, o que contribuiu para a construção de um federalismo desbalanceado, sem que houvesse instrumentos de compensação dos desníveis observados. Claramente, o sistema de freios e contrapesos, que poderia tornar o regime mais equilibrado, não teve a eficácia devida.

Por essas razões, estados mais ricos, em geral exportadores para o mercado interno e externo e de população mais densa, assumiram o controle do regime, tanto no Parlamento, por meio de suas numerosas bancadas, como no Executivo, ao ocuparem a maior parte dos postos presidenciais e dos ministérios. Com a nova representação política, seis estados controlaram ao longo de todo o período quase 63% dos assentos na Câmara Baixa — o número de senadores era igual para cada estado — e mais de 67% dos postos ministeriais. Eram eles: Minas, São Paulo, Rio Grande do Sul, Bahia, Rio de Janeiro e Pernambuco.

Um importante freio à monopolização da tomada da presidência da República por algum estado surgiu com o veto da reeleição. Dessa forma, a cada quatro anos os estados-atores teriam que se mobilizar em torno da disputa pela ocupação dos postos do Executivo. No caso do Parlamento, cuja composição derivava de arranjos que ocorriam no âmbito dos próprios estados, caberia às suas respectivas oligarquias controlarem o processo de renovação, ou abrindo espaço para as minorias ou acatando os resultados das disputas intraoligárquicas, que em alguns casos, como os do Rio de Janeiro ou da Bahia, poderiam gerar bancadas com acirradas dissidências internas. Dados recentes apontam para um índice de renovação de legislatura do Parlamento na ordem de 38%, o que não era pouco para um sistema tão fechado.

Entre os poderes, o Judiciário era o menos estruturado e a sua intervenção sobre o regime se limitava à administração dos conflitos entre os demais poderes, às tentativas de intervenção sobre os processos eleitorais e ao julgamento de pedidos de habeas corpus, estes últimos de uso recorrente pelos cidadãos contra o arbítrio do Estado, sobretudo quando a nação se encontrava sob a vigência do estado de sítio — inovação que a Constituição de 1891 inseriu no Brasil. Uma nova pesquisa do historiador Antonio Gasparetto Júnior aponta que, entre 1891 e 1930, foram registrados 44 decretos ou leis que instituíram o estado de sítio, o que resulta na impetração de pelo menos um decreto por ano. Quando instituído, as garantias constitucionais ficavam suspensas ou em todo território nacional ou em alguma unidade federada específica. Sua prática recorrente tinha por fim perseguir oposições e reprimir movimentos sociais. O uso em massa do decreto se dava pelo Executivo (34 vezes), embora o Legislativo também o tenha ordenado por dez vezes.

A Suprema Corte se eximia de julgá-lo, por ser considerado matéria congressual. Contra o decreto havia apenas uma proteção constitucional, o habeas corpus, que era a única garantia de os indivíduos resguardarem seus direitos, ameaçados pelo Estado republicano. No entanto, a revisão constitucional de 1926 o circunscreveu a garantias de liberdade de locomoção, além de vetar a possibilidade de se recorrer a ele em caso de vigência do estado de sítio.

Para além dos três Poderes, destaca-se no período como ator político relevante o Exército. Fiador do golpe que instituiu a República, os militares ocuparam a presidência por meio de três marechais, Deodoro da Fonseca (1827-92), entre 1889 e 1891; Floriano Peixoto (1839-95), entre 1891 e 1894; e Hermes da Fonseca (1855-1923), entre 1910 e 1914. Ademais, estiveram presentes em vários ministérios e em importantes movimentos políticos que abalaram a estabilidade do regime, a exemplo da política das salvações, do movimento tenentista e da Revolução de 1930. Fortalecidos como corporação desde a Guerra do Paraguai (1864-70), os militares atuaram como guardiães da ordem oligárquica, sem abrir mão do interesse em interferir na escolha de candidaturas e controlar os rumos do regime que ajudaram a instituir.

Em que pesem as comoções políticas provocadas por disputas intraoligárquicas ou pelas mobilizações populares — como as encontradas, entre tantas outras, no movimento de Canudos, na Revolta da Vacina ou do Contestado —, a República Oligárquica se manteve estável, sobretudo quando comparada a outros regimes fora ou dentro do subcontinente americano. Vencido o período da primeira década, disputado por grupos que desejavam o controle do novo regime, a República encontrou seu eixo de equilíbrio mediante um complexo arcabouço institucional e econômico, em que os arroubos das oposições eram contidos, os protestos populares eram reprimidos e o poder era compartilhado entre oligarquias hierarquizadas entre si, cada qual com o seu potencial específico de interferência. A formatação liberal republicana, coadunada com elementos que provinham de uma cultura política gestada na escravidão, no mandonismo, nas relações personalistas e na lealdade parental, resultou em um modelo próprio de negociação e controle, que, embora aparentemente fechado, deixava brechas para intervenção de outsiders.

Nesse sentido, as oposições ou as minorias alijadas do poder tinham assegurados três canais de manifestação de interesses no quadro geral do republicanismo oligárquico: as eleições diretas para todos os níveis, a liberdade de imprensa e o direito à associação. Ainda que o número de eleitores fosse diminuto (2,6% da população em média) e a sua autonomia pudesse ser comprometida pela prevalência do coronelismo, que se manifestava sobretudo pelo controle do voto do eleitor, havia espaço para a eleição de oposições, especialmente em oligarquias mais divididas.

A possibilidade de se candidatar à revelia de um partido político permitiu que alguns candidatos fossem eleitos fora da chapa oficial, ou seja, do partido majoritário. A despeito das inúmeras tentativas de controle, o que se percebe é que os processos eleitorais envolviam uma certa competitividade entre os pares. Para além das disputas, era possível contestar os resultados — às vezes com êxito — em todas as fases do processo, que envolvia desde a apuração no município, realizada pelos mesários, a análise das atas nas capitais, feita pelas juntas apuradoras, até a verificação de poderes, que se dava em nível federal. No entanto, contestações poderiam ocorrer em fases anteriores ao processo de verificação. O sistema em si era complexo e abria brechas para que oligarquias dissidentes conseguissem ser eleitas também por meio das contestações. Todo o processo eleitoral funcionava com base em marcos legais previamente definidos, as leis eleitorais. No exame de todas elas, foi possível identificar uma crescente intervenção do Judiciário, o que torna a criação da Justiça Eleitoral, em 1932, não uma ruptura, mas o corolário de uma série de controles com vistas à coibição de fraudes. Apesar de suas limitações, as disputas eleitorais não consistiam em meras formalidades. O voto servia para legitimar candidaturas, e o eleitor tinha certa margem de manobra para manifestar o apoio às candidaturas de oposição.

A imprensa, livre na maior parte do período, atuava como importante ator político. Em uma sociedade em que a comunicação escrita ou ilustrada era monopólio de alguns grupos hegemônicos, seu potencial de intervenção na política não pode ser subestimado. Cumpria, em alguns casos, um papel pedagógico, ao conscientizar o eleitor sobre a importância de comparecer às seções eleitorais, de escolher seus candidatos com liberdade, não aceitando votar a descoberto (direito previsto na lei) e de combater e repudiar as fraudes. O sucesso das candidaturas, sobretudo as majoritárias, dependia muito das relações de lealdade ou parentesco com os proprietários dos principais jornais, sem as quais o êxito seria difícil.

Por fim, havia espaço para a dissensão através do associativismo, em suas variadas formas. A organização da sociedade civil em sindicatos, em associações científicas e literárias, em ligas esportivas, em associações filantrópicas e em sociedades de ajuda mútua teve grande impulso a partir do fim do século XIX, atingindo seu ápice na década de 1920. Inúmeros eram os repertórios disponíveis para tais agremiações expressarem seus interesses: greves, motins, uso da Justiça, pressão sobre lideranças políticas, reuniões, comícios, conferências, entre outras modalidades de manifestação. Dessa forma, a ideia de uma sociedade apática e desmobilizada, formada por indivíduos apartados, tem sido relativizada ultimamente.

A República Oligárquica brasileira teve início um ano e meio depois da abolição da escravatura. Seu maior desafio era incluir os novos libertos na condição de cidadãos, além de um contingente significativo de trabalhadores livres nacionais e estrangeiros que se encontravam à margem da sociedade. Avançou-se um pouco em relação à ampliação de direitos civis e políticos, mas quanto aos direitos sociais, as iniciativas foram muito modestas. O discurso fundador da República anunciava a inauguração da soberania popular, mas os ideais de um governo para o bem do povo se perderam em meio às disputas de poder por parte das mesmas oligarquias, que remontavam ao período da Independência. A partir da segunda década do regime, as críticas aos fracassos da República ocupariam as páginas dos jornais e as obras de nossos principais intelectuais. De nada valeu. O sonho da soberania popular foi mais uma vez adiado.

R

RELIGIÃO E LAICIDADE *Ronaldo de Almeida*

A REPÚBLICA NO BRASIL FOI PROCLAMADA SOB O REGISTRO LEGAL DA separação entre o Estado e a Igreja católica. A Constituição de 1891 estabeleceu a laicidade do Estado a partir de dois princípios políticos: como direito negativo, ninguém seria obrigado a exercer ou a confessar alguma religião; como direito positivo, o Estado devia garantir e proteger a liberdade religiosa, inclusive a de não ter religião. Em termos normativos, o advento da República resultou na autonomia da sociedade civil em relação ao catolicismo e na garantia de liberdade religiosa e de consciência para protestantes, kardecistas e livres-pensadores.

A laicidade, no entanto, não deve ser vista como um modelo universal, mas como uma construção histórica (política, social, cultural e nacional) que regula a relação entre o secular e o religioso e, mais especificamente, entre o Estado e as religiões. E para estabelecer o Estado laico foi necessário definir o que era o religioso e qual o seu espaço na sociedade. No Brasil, a regulação do religioso teve como referência o cristianismo católico por ser a religião da maioria da população, que até meados do século XX tinha uma diversidade religiosa ainda incipiente.

A Constituição da nascente República deslocou do Estado brasileiro a Igreja católica, mas não o catolicismo. Na Primeira República, a Igreja católica, sob a liderança de d. Sebastião Leme (1882-1942), nomeado arcebispo de Olinda em 1916, empreendeu esforços para oferecer educação católica à elite brasileira. E o catolicismo encontrou um novo impulso na Era Vargas, quando, na década de 1930, foi organizada a Ação Católica Brasileira pelo próprio d. Sebastião Leme, a essa altura já cardeal, com a intenção de influenciar a sociedade por meio da inclusão dos leigos nas ações litúrgicas e pastorais da Igreja. Além disso, o movimento defendia a garantia constitucional do ensino religioso e da criação de escolas e universidades com significativa participação das dioceses e das ordens religiosas.

Se o catolicismo não era a religião do Estado político-burocrático, ele foi celebrado, no entanto, como a religião da identidade nacional, como na proclamação de Nossa Senhora da Conceição Aparecida como rainha e padroeira do Brasil, no Rio de Janeiro, em 31 de maio de 1931. Essa centralidade política e simbólica do catolicismo, em especial na primeira metade do século XX, produziu obstáculos legais às práticas do espiritismo kardecista e das religiões de matriz africana, que foram criminalizadas, consideradas curandeirismo, charlatanismo e superstição, e reprimidas pelos aparelhos de segurança do Estado, sobretudo o candomblé e a nascente umbanda. Tanto o kardecismo como as religiões afro-brasileiras foram regulamentados para ter suas curas espirituais circunscritas no âmbito da religião, e não da saúde. O kardecismo ainda acentuou a ênfase religiosa na prática da caridade, o que resultou também em legitimação legal e social.

O fim da Era Vargas e o início das transformações socioeconômicas pelas quais o país passou a partir dos anos 1950 produziram um cenário religioso mais plural, em especial como efeito da transição demográfica do campo para a cidade. Nos anos 1960, e com uma acentuada aceleração nos anos 1980, os censos demográficos começaram a registrar a crescente diversidade de religiões no país e o aumento das pessoas que declaravam não seguir nenhuma.

A transição religiosa no Brasil nas últimas décadas apresentou pelo menos quatro principais comportamentos demográficos: o acentuado declínio dos católicos, a ascensão dos evangélicos (sobretudo os pentecostais), o aumento da desfiliação religiosa (os denominados "sem religião", o que para muitos dos recenseados não significa ausência de religiosidade) e uma diversificação, ainda pequena, de outras religiões não cristãs. Desses dados resultam mais duas constatações: o predomínio expressivo do cristianismo na pluralidade de alternativas religiosas e, por consequência, a transição religiosa, ocorrida dentro do cristianismo, que acaba se tornando cada vez mais misturado.

O pluralismo cristão se refletiu também em diferentes posicionamentos políticos. Apesar de a linha hegemônica na Igreja católica ser de perfil conservador, alguns setores do catolicismo deslocaram, no final dos anos 1950, a atenção da Igreja das elites para os mais pobres. Destaca-se nesse período a liderança do arcebispo emérito de Olinda e Recife d. Hélder Câmara (1909-99), para quem a Igreja católica deveria buscar atender aos mais necessitados, frutos de uma estrutura social desigual. Em 1952, d. Hélder participou da criação da Conferência Nacional dos Bispos do Brasil (CNBB).

No início dos anos 1960, setores católicos formaram o Movimento de Educação de Base (MEB) e participaram das Ligas Camponesas, atuando na educação popular e no sindicalismo rural. Esses setores da Igreja estavam em sintonia com o Concílio Vaticano II, realizado entre 1962 e 1965, que promoveu o *aggiornamento* da Igreja católica ao mundo secular, com viés crítico nas questões sociais, além do estímulo ao maior protagonismo dos leigos.

Em boa medida, esse ambiente foi o embrião de uma teologia que estava sendo gestada no contexto latino-americano: a teologia da libertação. O livro *Teologia da libertação: Perspectivas*, de 1971, do peruano Gustavo Gutiérrez (1928-), teólogo e sacerdote dominicano, é considerado o marco desse novo movimento religioso, político e social, cuja atuação se deu em pelo menos dois níveis. Primeiro, a ação orgânica entre os mais pobres por meio das Comunidades Eclesiais de Base, que eram formadas a partir das paróquias católicas, tanto no campo como nas periferias dos grandes centros urbanos. A Arquidiocese de São Paulo, chefiada pelo então cardeal d. Paulo Evaristo Arns (1921-2016), abrigou a militância religiosa da teologia da libertação e, de um modo mais amplo, assumiu o discurso dos direitos humanos. Segundo, a construção de um pensamento teológico católico latino-americano e não eurocêntrico influenciado pelo marxismo como chave de leitura socioeconômica. A desigualdade social e o autoritarismo político da região foram os fatos sobre os quais a teologia da libertação debateu.

Ao mesmo tempo que o engajamento social de setores do catolicismo crescia, dos anos 1960 aos anos 1980, o evangelismo no Brasil, sobretudo o segmento pentecostal, também começou a se disseminar entre as populações mais pobres migrantes do campo para a cidade e, em especial, do Nordeste para o Sudeste do país. Mas com raras e pontuais exceções, como a participação de pentecostais da Assembleia de Deus nas Ligas Camponesas de Pernambuco, predominou entre os evangélicos (pentecostais e não pentecostais) a não participação política, cuja justificativa teológica estava no ensinamento paulino em Romanos 13,1: "Obedeçam às autoridades, todos vocês. Pois nenhuma autoridade existe sem a permissão de Deus, e as que existem foram colocadas nos seus lugares por ele". Durante o período militar os evangélicos foram, em sua maioria, omissos, quando não apoiadores do regime.

Se essa foi a posição hegemônica (para católicos e evangélicos), existiram também instituições e personalidades evangélicas, sobretudo do protestantismo histórico, que se opuseram ao regime militar e sofreram perseguições dentro de suas denominações e pelo Estado. Como um dos poucos exemplos, a participação do pastor presbiteriano Jaime Wright (1927-99) no projeto para reunir a documentação sobre a ditadura militar, do qual faziam parte d. Paulo Evaristo Arns e o rabino Henry Sobel (1944-), presidente da Congregação Israelita Paulista, resultou no livro *Brasil: Nunca mais*, de 1985.

Por sua vez, a Assembleia Nacional Constituinte, eleita em 1986, representou o momento de inflexão e de formação de um novo ator político-religioso que não só reivindicou atuar no espaço público como vem postulando um outro entendimento do que seja a laicidade. De "crentes não participam de política" adotaram o "irmão vota em irmão". O ativismo político evangélico recente, antes de tudo, é um dos frutos da redemocratização.

Os evangélicos ascenderam demograficamente e produziram seus canais políticos no Legislativo e no Executivo, mas menos no Judiciário. A presença no Legislativo é mais significativa porque, até o momento, eles têm demonstrado forte capacidade de indução do voto, mais do que qualquer outra religião no país. Muito embora isso não signifique que eles votem apenas nos "irmãos de fé", essa capacidade é expressiva tanto na eleição proporcional como na majoritária. Se voto é confiança, o vínculo religioso entre candidato e eleitor a atesta.

A ascensão no Legislativo e no Executivo se deu por via eleitoral, permitindo o acesso de pessoas com menos capital econômico e social às elites políticas, o que ocorre com mais dificuldade no Poder Judiciário, cujo perfil é mais elitista, tradicional e católico. Como corolário, se os evangélicos e seus interesses são bastante visíveis no Legislativo e no Executivo, o Judiciário deve ser um dos focos centrais para compreender os espaços por onde passam os interesses católicos no Estado.

Essa cristandade oficial católica fica ainda mais evidente no crucifixo que orna a parede principal do Supremo Tribunal Federal, ao lado do brasão e da bandeira nacionais. Como os evangélicos são avessos a imagens religiosas — compreendidas por eles como prática de idolatria —, o crucifixo é mantido naquela parede pela influência da Igreja católica, que o legitima não propriamente pelo caráter religioso, mas pelo seu valor histórico-cultural à identidade nacional. Em contraposição, a frase "Deus seja louvado" no papel-moeda brasileiro, cuja inspiração é a expressão "In God we trust", encontrada no dólar americano, foi resultado da ação da bancada evangélica durante o governo de José Sarney (1930-), logo no início da redemocratização. Assim, enquanto o crucifixo assenta a simbologia católica no sistema jurídico, uma certa ética econômica evangélica sacraliza o dinheiro por meio da inscrição da palavra "Deus" no papel-moeda.

A ação mais significativa da recente conjuntura político-religiosa foi a assinatura da Concordata entre o Governo da República Federativa do Brasil e a Santa Sé, em 2008, durante o governo Lula (1945-), que estabelece um acordo relativo ao Estatuto Jurídico da Igreja católica no Brasil, ratificado pelo decreto nº 7107/2010. O documento, entre outras coisas, concede isenção de impostos às instituições católicas, reconhece seu trabalho na educação e preserva vários bens da Igreja como patrimônio da cultura brasileira.

Em reação, os evangélicos apresentaram, em 2009, o Projeto de Lei da Câmara nº 160 para instituir a Lei Geral das Religiões, que postulava garantias e direitos ao livre exercício da crença e dos cultos religiosos. O projeto foi arquivado em 2018, sem ter sido aprovado em plenário. Em março de 2013, contudo, a Comissão de Constituição e Justiça e de Cidadania aprovou a admissibilidade da Proposta de Emenda à Constituição nº 99/2011, do deputado federal João Campos (1962-), à época do PSDB de Tocantins e presidente da bancada evangélica, que inclui entidades religiosas de âmbito nacional entre aquelas que podem propor Ação Direta de Inconstitucionalidade, iniciativa até hoje restrita apenas às entidades políticas e sindicais.

Assim, na atual conjuntura de pluralidade, apesar de pretender manter sua influência nos patamares mais profundos da estruturação do espaço social, das relações interpessoais e dos sistemas de ordenamento jurídico-político, a Igreja católica se vê obrigada a afirmar sua diferença e se apresentar como um ator religioso entre tantos. Quanto ao evangelismo, interessa-o uma laicidade que o equipare ao catolicismo (feriados, espaços públicos, isenções tributárias, simbologia nacional etc.) e que favoreça a concorrência religiosa. Para tanto, defende o discurso da liberdade religiosa visando à conquista de adeptos.

Da mesma forma, a concorrência entre crenças e a incorporação da ideia de livre manifestação de opiniões como um direito individual multiplicaram as divergências em relação às práticas que podem ou não ser consideradas aceitáveis por um Estado laico. Nas últimas décadas, a principal demonstração de intolerância religiosa em nome da liberdade religiosa tem sido a demonização das religiões afro-brasileiras por parcelas do neopentecostalismo.

Boa parte do pensamento social sobre o Brasil se ancorou em conceitos como os de cordialidade, mesmo com sua violência não explícita; de sincretismo, que definiu a relação entre as religiões afro-brasileiras e o catolicismo; e de acomodação, que pautou o debate sobre a entrada do pentecostalismo ao país. De certa forma, as diferentes ideias pressupunham ajustes, negociações, arranjos; em síntese, mediações. No entanto, a intolerância e a demonização têm sido a tônica dos embates políticos e culturais no Brasil contemporâneo.

Por fim, a conjuntura política e cultural do país durante a década de 2010 tem apontado para críticas às políticas afirmativas e identitárias e à proteção do Estado, além de apelar por maior violência do Estado na segurança pública, entre outros aspectos. Isso tem levado o país a perdas de direitos consagrados na Constituição de 1988. As religiões, como parte da sociedade brasileira, estão envolvidas nesse processo, trabalhando sobretudo em torno de pautas relativas ao corpo, aos comportamentos e aos vínculos primários.

O código genético, o sexo, o aborto, a eutanásia, o casamento e a adoção estão englobados no sacramento "família": são aspectos da reprodução da vida e dos vínculos primários que as religiões cristãs não abrem mão de regular. São pensados como interdependentes, como se se tratasse de questão de moralidade pública, não apenas da do fiel cristão. No caso do aborto, não importa onde a ciência decida ancorar discursivamente o marco inicial da vida humana (no sexo, na concepção, no código genético), sofrerá oposição das igrejas (católica, evangélicas e também espíritas), que defendem a sacralidade daquele momento e a prerrogativa de legislar sobre ele.

Os mais declarados protagonistas do conservadorismo dos costumes nos últimos anos têm sido parcelas significativas dos evangélicos pentecostais e não pentecostais que entraram na disputa da moralidade pública, tratando em especial do aborto, do casamento entre pessoas do mesmo sexo e da adoção de crianças por casais homoafetivos. Para tanto, valem-se do discurso dos direitos humanos e de justificativas científicas, como no Projeto de Lei nº 478/2007, denominado de Estatuto do Nascituro, e o Projeto de Lei nº 4931/2016, que ficou conhecido como "cura gay".

A forte pressão por mudanças legais e comportamentais no campo da família e da sexualidade não advém apenas de um conservadorismo resistente ao mundo em transformação, como poderia ser o caso de setores da Igreja católica. Esse tradicionalismo reativo foi revigorado por uma postura ativa e propositiva de mudança cultural por parte dos evangélicos pentecostais, que não só reivindica a proteção estatal da moralidade dos evangélicos, como tenta inscrevê-la — ou mantê-la inscrita — no ordenamento legal do país. E uma vez que a sociedade brasileira é majoritariamente de tradição cristã, deveria, a seu ver, tê-la como referência para o ordenamento jurídico dos comportamentos.

Já há alguns anos o problema da secularização passou a ser como lidar com a atuação das religiões no espaço público, redefinir os parâmetros para circunscrever o secular e requalificar os limites do que pode ser aceito como religioso, pois quando o pluralismo religioso e seus direitos foram reconhecidos, a disputa em torno da laicidade se exacerbou. Pode-se afirmar que a articulação entre o secular e o religioso, tal como ele se constitui no Brasil contemporâneo, deslocou-se de uma concepção de laicidade que tinha como referência o cristianismo católico para uma laicidade orientada pela pluralidade religiosa concorrencial, que, muito embora ainda seja de maioria cristã, assume cada vez mais um perfil evangélico.

A consolidação dos evangélicos no Brasil se deu sob o discurso de garantia da liberdade e de proteção para sua condição de minoria. No entanto, se o sentido de liberdade religiosa, que emerge com o advento da República, era o de proteção da diversidade de religiões e da liberdade de consciência, entre esses atores ela é entendida, agora, como contenção de minorias, sobretudo as identitárias. Conforme cresceram em termos demográficos e atingiram espaços de poder, vetores do evangelismo brasileiro têm sustentado um entendimento da democracia mais voltado à vontade da maioria que à proteção das minorias ou das diferenças.

O pluralismo religioso no país é ambivalente: por um lado, significa maior pluralidade política; por outro, promove uma concorrência que muitas vezes resulta na intolerância religiosa com certas religiões e com a diversidade de valores e comportamentos. O desafio contemporâneo da República em relação às religiões é garantir, acima de tudo, as bases democráticas que permitem a coexistência das diferenças e a promoção dos direitos humanos como pactuado pela Constituição Federal de 1988.

REPÚBLICA DIGITAL *Ronaldo Lemos*

R

O ADVENTO DA INTERNET NO BRASIL FOI RESULTADO DE INICIATIVAS paralelas do Estado e da sociedade, duas forças que permearam (e ainda permeiam) todo o desenvolvimento da rede no país.

O ano de 1989 foi muito importante para a internet brasileira. Num primeiro momento, por iniciativa do governo, foi instituída a Rede Nacional de Ensino e Pesquisa (RNP), com o objetivo de estabelecer condições para o alcance da internet no Brasil, ao mesmo tempo que universidades de diferentes estados eram conectadas.

Em seguida, de modo independente e se contrapondo à estrutura estatal de telecomunicações e de reserva de mercado determinada pela Política Nacional de Informática então vigente, surgia o primeiro provedor privado de internet do país, o AlterNex, criado pelo Instituto Brasileiro de Análises Sociais e Econômicas (Ibase), uma ONG fundada em 1981 pelo sociólogo Herbert de Sousa (1935-97), o Betinho, em parceria com o engenheiro e economista Carlos Afonso. Operando de forma experimental e com muitas gambiarras, em 1989 o AlterNex já oferecia acesso à internet para os seus usuários, alcançando cerca de duzentos membros no país.

A internet só se consolidou, no entanto, com a realização da Conferência das Nações Unidas sobre o Meio Ambiente e o Desenvolvimento, a Rio-92, também chamada Eco-92. Com isso, a RNP implementou o primeiro backbone (rede nacional de alto desempenho) no Brasil. Em paralelo, o Ibase, que havia começado a unir esforços com a RNP, passou a oferecer acesso à internet para além dos seus usuários.

Outro marco da internet no Brasil foi o início do processo de privatização das telecomunicações, durante o governo de Fernando Henrique Cardoso (1931-), sob a coordenação do ministro das Comunicações Sérgio Motta (1940-98). Na época, discutia-se se o acesso à internet deveria ser considerado um serviço de telecomunicações (sujeito ao monopólio público) ou se deveria ser entendido como um serviço privado, sem ingerência governamental. Então, a norma nº 4, de 31 de maio de 1995, editada pelo Ministério das Comunicações, consolidou a internet em regime privado, abrindo espaço para o setor de provedores.

Em 1995, por meio de portaria interministerial, foi criado o Comitê Gestor da Internet, que institucionalizou as iniciativas públicas e privadas na área, consagrando, dessa forma, o princípio do multissetorialismo, que caracteriza até hoje a "governança" da rede no país. Ou seja, a internet acaba se configurando como uma rede de interesse de todos os setores da sociedade, incluindo o governo, o setor privado, a academia e o terceiro setor. Por fim, em agosto do mesmo ano foi aprovada a emenda constitucional nº 8, que deu abertura para a privatização dos serviços de telecomunicações no Brasil.

Com essas iniciativas, a internet passou a se expandir rapidamente, com uma série de provedores privados sendo criados e uma progressiva expansão da infraestrutura de conectividade.

Apesar do baixo número de usuários, começaram a surgir diversos sites no país, bem como iniciativas empresariais e culturais na rede. Ao mesmo tempo, as pessoas passaram a usar serviços estrangeiros, rompendo com o isolamento do Brasil no setor de tecnologia da informação e de telecomunicações. Entre 1995 e 2000, cresceu o uso de serviços de busca, como Lycos e AltaVista; de navegadores, como Netscape e Internet Explorer; de comunicação pessoal, como ICQ; de e-mail, como Hotmail, entre outros. Apareceram também iniciativas empresariais que desenvolveram versões nacionais, como o buscador Cadê e o e-mail Zipmail. Surgiu, ainda, a primeira geração de start-ups brasileiras, incluindo pequenos provedores de acesso espalhados pelo país. Os veículos de imprensa começaram a criar seus próprios sites, migrando progressivamente seus serviços para a rede. Despontaram também os primeiros portais de internet brasileiros, entre eles UOL, BOL e ZAZ. Além disso, houve um crescimento da cultura hacker e da interação entre grupos de desenvolvedores locais e internacionais, assim como fanzines digitais.

Um dos grandes marcos dos anos 2000 foi a popularização da tecnologia DSL (Digital Subscriber Line), que representava uma nova modalidade de se conectar à internet, havendo, assim, a ampliação de serviços de banda larga. Até então, a principal forma de se conectar à rede era por meio da conexão discada. O DSL inovou a conexão e inaugurou outra possibilidade de uso da rede. Ao mesmo tempo, com a queda vertiginosa da bolsa Nasdaq, conjugada à crise econômica brasileira, a euforia empresarial passou, levando ao fechamento de inúmeras empresas, serviços e portais. O setor privado recuou, mas a sociedade civil abraçou ainda mais forte a internet.

Ainda no início dos anos 2000, um conjunto de iniciativas governamentais e da sociedade civil mais uma vez lançou as bases para um protagonismo brasileiro no pensamento global sobre a internet. No âmbito estatal, houve a consolidação do modelo do Comitê Gestor da Internet como órgão multissetorial de governança da rede. Além disso, o prestígio desse comitê permitiu atrair ao Brasil a reunião global da ICANN (Internet Corporation for Assigned Names and Numbers), realizada em março de 2003, no Rio de Janeiro.

A esfera privada também protagonizou eventos importantes. Em São Paulo, realizou-se o Mídia Tática Brasil, que contou com grupos de hackers, artistas e ativistas relacionados à internet. No Rio de Janeiro, a Fundação Getulio Vargas, em parceria com a Universidade Harvard, organizou o seminário iLaw, reunindo participantes nacionais e internacionais que tiveram papel fundamental no avanço da governança da internet no país nos anos seguintes. Ambos os eventos convidaram o recém-empossado ministro da Cultura Gilberto Gil (1942-) para palestrar sobre a internet. Gil discursou ao lado de John Perry Barlow (1947-2018), norte-americano confundador da Electronic Frontier Foundation, letrista da banda de rock Grateful Dead e autor do texto "Uma declaração de independência do ciberespaço", de 1996, considerado um marco na discussão sobre a governança da rede.

Gilberto Gil passou a exercer um papel importante no debate sobre a rede, se tornando figura de destaque em todos os fóruns globais sobre a internet. O Ministério da Cultura adotou, então, uma série de iniciativas relevantes: o apoio à discussão sobre direitos autorais no Brasil e a adoção das licenças Creative Commons; a criação e a disseminação dos Pontos de Cultura; a participação assídua do país em fóruns internacionais, incluindo a CMSI (Cúpula Mundial sobre a Sociedade da Informação, ou World Summit on the Information Society), a Unesco e a OMPI (Organização Mundial da

Propriedade Intelectual, ou World Intellectual Property Organization). Houve também maior visibilidade da produção cultural das periferias, que passaram a se utilizar da internet para a disseminação da sua arte.

Nesse período, o Brasil construiu as bases para se tornar um dos países mais influentes globalmente em relação à internet — por exemplo, como quando aprovou a chamada "Agenda do desenvolvimento" na OMPI. Além disso, estabeleceu o Tratado de Marraquesh para Facilitar o Acesso a Obras Publicadas às Pessoas Cegas, com Deficiência Visual ou com Outras Dificuldades para Ter Acesso ao Texto Impresso, também na OMPI.

Símbolos da influência internacional brasileira incluem o show que Gilberto Gil fez com o secretário-geral da ONU Kofi Annan (1938-2018) na sede da Organização, em Nova York, em 19 de setembro de 2003, em homenagem às vítimas do atentado à sede da instituição em Bagdá, além das participações e aberturas honoríficas de eventos da ONU e de fóruns sobre a internet pelo então ministro nos anos seguintes.

Outro destaque dos anos 2000 foi o sucesso no Brasil da rede social Orkut. Criado em 2004, o Orkut rapidamente conquistou os brasileiros, nacionalidade com o maior número de usuários na plataforma, ultrapassando o percentual de 50% em 2012.

Foi pelo Orkut que muitos aprenderam o beabá da internet — criação de perfil, upload de fotos etc. Além disso, a rede social funcionou como a primeira plataforma coletiva de larga escala no país em que era possível discutir sobre qualquer assunto, tornando-se, assim, balão de ensaio para técnicas de manipulação e ações que mais tarde se ampliariam e aprimorariam.

A importância do Orkut é enorme. O site registrou de forma multidimensional, por exemplo, a chamada "ascensão da classe C" no Brasil, com a chegada da internet a esse público, sobretudo com a explosão das lan houses (locais que cobravam pelo acesso por hora). Essa memória foi, entretanto, toda perdida. O site até criou um arquivo das suas comunidades, que ficou no ar de 2014 a 2017, quando esse acervo foi definitivamente excluído. O site poderia ter sido preservado pela Biblioteca Nacional, mas até hoje não existe no país um programa de memória para o digital.

O Brasil chegou a meados dos anos 2000 sem qualquer tipo de legislação específica sobre a internet. Esse fato gerou tensões. Primeiro, houve uma explosão de ações judiciais, que, por sua vez, eram decididas de forma arbitrária. Sem lei, juízes e tribunais começaram a dar soluções diferentes para casos similares. Depois, em paralelo, crescia a pressão pela adoção de uma lei criminal draconiana para a internet brasileira. O maior protagonista dessa demanda foi o então senador Eduardo Azeredo (1948-), autor de uma emenda conhecida como Lei Azeredo, que propunha a criação da primeira legislação criminal abrangente sobre a internet no Brasil, capaz de condenar a conduta de milhões de usuários da rede no país. Em 2007, a Lei Azeredo avançou no Congresso Nacional, gerando uma grande mobilização em busca de um marco regulatório civil, e não de um marco criminal.

A proposta do Marco Civil da Internet, lei nº 12965, de 2014, levou a uma intensa articulação nacional da sociedade civil brasileira. Um abaixo-assinado on-line contra a lei conseguiu rapidamente 100 mil assinaturas, número expressivo para a época.

O movimento cresceu, e foi criada uma plataforma para que a redação do Marco Civil fosse realizada on-line, de forma transparente, aberta e colaborativa. A consulta pública nacional foi abraçada pelo Ministério da Justiça e se tornou a primeira experiência brasileira de construção colaborativa de uma lei pela internet e uma das primeiras do tipo no mundo. Em agosto de 2011, por iniciativa do Poder Executivo, o texto final resultado da participação aberta foi enviado ao Congresso, elegendo uma série de princípios para a internet brasileira: liberdade de expressão, não interferência do governo, privacidade, transparência, dados governamentais abertos, a internet como direito essencial para a realização da cidadania, neutralidade da rede, entre outros.

Ao chegar ao plenário, o projeto enfrentou oposição liderada pelo então deputado Eduardo Cunha (1958-). Por conta disso, a pauta levou quase três anos para ser votada, sendo, enfim, aprovada na Câmara em 25 de março de 2014 e no Senado em 22 de abril de 2014.

Tanto o processo que levou à construção do Marco Civil quanto o conteúdo da lei em si são considerados internacionalmente referências positivas sobre a regulação da internet. Construída com base em valores multissetoriais, com a contribuição de todos os setores da sociedade (governo, setor privado, academia, terceiro setor etc.), a lei foi alvo de elogio. Além disso, o Marco Civil, no processo de consulta pública, contou com uma colaboração relevante do Comitê Gestor da Internet, que criou o decálogo de princípios da rede brasileira, também construído de forma multissetorial.

O reconhecimento brasileiro na área se destacou ainda mais com a realização do NETmundial, primeiro grande evento internacional sobre a internet ocorrido após as revelações de espionagem feitas por Edward

Snowden (1983-), em 2014 — exatamente no momento em que o Brasil havia acabado de aprovar o Marco Civil, dando um exemplo muito forte de proteção de direitos na rede. O resultado da conferência foi positivo, com a elaboração de uma Declaração Multissetorial do NETmundial, que surtiu efeitos globais. No entanto, o NETmundial foi a última atuação de larga escala do país no plano internacional em relação à internet. A partir daí, a crise política e econômica se instalou e desestruturou o protagonismo brasileiro nesse campo.

Concomitantemente à discussão nacional do Marco Civil, em 2013, aconteceram as Jornadas de Junho. Com o descontentamento geral da população, o discurso inicial daquelas manifestações — que contestavam o aumento na tarifa dos transportes públicos em São Paulo —, se deturpou, abrindo espaço para um desfile das mais diversas causas: contra a corrupção, por melhores serviços públicos e até mesmo em favor da aprovação do Marco Civil da Internet.

Os protestos de 2013 estão intrinsecamente relacionados à internet — basta lembrar os cartazes anunciando frases como "Saímos do Facebook". Mais do que isso, as manifestações daquele ano consagraram no país uma modalidade de cobertura dos eventos ao vivo pela internet. Essa prática já havia sido utilizada em outras manifestações (como na Marcha da Maconha, em 2 de julho de 2011, em São Paulo), mas foi a partir de junho de 2013 que essas transmissões se tornaram fundamentais.

O uso da câmera do celular propiciou uma nova forma de comunicação pela rede. Esse período, em que havia a possibilidade de transmitir os acontecimentos em tempo real e de se comunicar diretamente com os usuários, ficou marcado por essa estética e prenunciou o papel crucial que a internet iria desempenhar nos processos eleitorais subsequentes de 2014 e 2018.

O poder da internet como ferramenta de mobilização e persuasão foi aos poucos ocupando o primeiro plano do debate político. Vale notar que, em 2014, a base de usuários passou a ser de 56% da população, com mais de 136 milhões de pessoas com acesso pelo celular. Em outras palavras, a rede já alcançava a maioria dos lares, aumentando sua importância como território a ser politicamente preenchido.

As eleições de 2014 se caracterizaram como sendo o primeiro processo eleitoral no país em que a internet exerceu um papel fundamental. Conforme estudo feito pelo pesquisador Daniel Arnaudo, 2014 também foi o ano em que o uso de robôs e perfis falsos se tornou intenso no país. Foram as primeiras eleições nas quais técnicas de manipulação e o uso de poder computacional, traduzidos em infraestrutura, organização e conteúdo, foram empregados em grande escala.

De acordo também com a pesquisa de Arnaudo, passadas as eleições de 2014, os robôs na rede brasileira não foram desligados. Ao contrário, o ritmo de "campanha" permaneceu. A internet se tornou lugar de disputa política por excelência.

No movimento de oposição ao governo Dilma Rousseff (1947-), que culminou no seu impeachment, vários foram os grupos que se valeram da internet e das redes sociais como ferramenta de mobilização, criando novas estratégias de alcance de milhões de pessoas e produzindo conteúdos humorísticos arrojados, com o uso de memes, *lives*, *gifs* etc. Também houve a explosão do número de influenciadores políticos nas redes, em sintonia com o crescimento da figura dos youtubers e dos *digital influencers*.

Essa disputa política na internet acirrou ainda mais a polarização. Grupos de robôs, agentes pagos, *sockpuppets*, *trolls* e outros passaram a produzir grande volume de conteúdo político e a disseminá-lo pelas redes e, em seguida, pouco a pouco pelo WhatsApp. Alavancados pela comoção e pela indignação produzidas pela Operação Lava Jato e pelo processo de impeachment, as ondas de comunicação política on-line aumentaram.

Após o impeachment da presidenta Dilma Rousseff, essas novas formas de comunicação organizada não arrefeceram. Nesse momento, a internet assumiu o principal lugar da comunicação política e atraiu mais pessoas, dinheiro e infraestrutura.

O período que vai da conclusão do processo de impeachment, em 2016, às eleições de 2018 foi fortemente marcado por essa tendência. O uso de *lives* e de outras formas de comunicação direta com os usuários, as redes sociais (como Twitter e Facebook), os robôs e a formação de grupos organizados são aspectos que definem o uso da internet no Brasil nesse momento. Além disso, os youtubers e outros influenciadores que se fortaleceram durante o processo de polarização política continuaram ganhando projeção. Nas eleições de 2018, muitos conseguiram converter o capital de influência na internet em capital político, se lançando como candidatos e sendo eleitos — por vezes com um número expressivo de votos —, levando suas estratégias de comunicação on-line ao Parlamento.

O WhatsApp assumiu um papel predominante nesse processo, através da criação de uma base organizada para articular grupos, com uso de automação e de outras modalidades tecnológicas a fim de ampliar artificialmente o fluxo de disseminação de mensagens instantâneas no aplicativo. Esse tipo de ação se vale de diversas técnicas, entre elas robôs, infiltração em grupos abertos e fechados, uso de números de telefones estrangeiros e spam.

O uso sistemático e progressivo dessas práticas, desde 2014, levou muitas pessoas a orgânica e voluntariamente reproduzir e repassar conteúdos elaborados por grupos organizados. Mas isso não reduz o impacto e a importância estrutural das técnicas de manipulação da esfera pública. Basta lembrar que, hoje em dia, com menos de mil reais, é possível alçar um determinado assunto aos "Trending Topics" no Twitter, passando a impressão de que há um enorme contingente de pessoas falando sobre aquele tema, o que nem sempre corresponde à realidade.

Em outras palavras, a internet brasileira em 2019 é um território politicamente sitiado. Qualquer debate político levantado nas redes por alguém de boa-fé, que seja minimamente do interesse de um grupo organizado que domina aquele universo, levará aquela pessoa a um cerco imediato.

A persuasão na internet se profissionalizou e passou a depender de muita tecnologia. Para isso, além de dinheiro, é necessário haver organização, produção industrial de conteúdo apócrifo, automação, infraestrutura, coordenação e, cada vez mais, diversificação.

Tudo isso leva a um momento de inflamação na rede, que por sua vez acaba por inflamar a sociedade e a política. Se isso irá se agravar ou se haverá mudanças de arquitetura capazes de conter o poder computacional organizado, apenas o futuro irá dizer.

Desse modo, o estado da república digital é marcado neste momento por três características:

a) a posição do Brasil como grande consumidor de tecnologias, serviços e aplicações da internet, mas ainda incapaz de se transformar num produtor de inovações e de serviços tecnológicos globais;

b) o desvanecimento do protagonismo do país nos debates sobre governança da internet e o enfraquecimento do multissetorialismo que caracterizou o pensamento e a atuação bem-sucedida do país nessa área no início dos anos 2000;

c) a reconfiguração da esfera pública por causa da internet, que assume um papel central, ao mesmo tempo que conflagra diversas modalidades de uso de poder computacional e de estratégias de propaganda para disputa, mobilização e manipulação política.

REPÚBLICA JULIANA (1839)

Gustavo Marangoni Costa

EM MEADOS DE JULHO DE 1839, UMA FORÇA ARMADA AVANÇAVA sobre o sul de Santa Catarina. Formado na província do Rio Grande do Sul e composto por elementos do exército farroupilha, esse destacamento militar tinha como objetivo a vila de Laguna, importante porto na região sul da província. Seguindo em duas frentes, uma marítima e outra terrestre, as forças farrapas atacaram a guarnição imperial que defendia a vila e, encontrando pouca resistência (dezessete soldados imperiais foram mortos e 77 foram presos), conquistaram Laguna em 22 de julho de 1839. Uma semana depois, era proclamada a República Catarinense (ou Juliana, em referência ao mês de proclamação). Constituía um estado federado à República Rio-Grandense, já existente desde 1836, e em guerra contra o governo central imperial a partir de então.

Essa história, no entanto, não teve início em 1839. Muito antes já era possível perceber a influência de farroupilhas em território catarinense. A presença de pessoas emigradas do Rio Grande do Sul e estabelecidas em Laguna e suas freguesias contribuía para a disseminação das notícias da guerra e da propaganda republicana. Agentes farroupilhas circulando pela província catarinense eram denunciados pelas autoridades de Laguna já em 1836. Com a intensificação dos combates ocorridos na província rio-grandense, grande número de pessoas acompanhadas de suas famílias buscou abrigo em Santa Catarina. Juntamente com esses primeiros grupos vieram pessoas ligadas aos farroupilhas. Em 1837, o comandante do Forte e Polícia de Torres denunciava ao juiz de paz de Laguna a presença de "rebeldes anarquistas" próximos à divisa das duas províncias realizando reuniões e convites. Diversos foram apontados como agentes "trabalhando no interesse dos rebeldes", propagando "doutrinas subversivas" e buscando apoio junto à população catarinense.

Além de apoio, os esforços desses agentes se davam em relação a questões bem mais concretas. O contrabando de pólvora e armamentos para o Rio Grande do Sul foi largamente denunciado pelas autoridades catarinenses nos anos que precederam a proclamação da República Juliana. São apontados como principais responsáveis por esse comércio ilegal comerciantes locais e os mesmos emigrados rio-grandenses que chegavam a Santa Catarina, muitos deles vinculados aos rebeldes farroupilhas. O general farrapo, Antônio de Souza Neto (1803-66), afirma em correspondência que havia recebido de Laguna 25 arrobas de pólvora, além de inúmeros outros itens de primeira necessidade, inclusive tecidos para uniformes do exército farroupilha. Para evitar que o contrabando continuasse abastecendo os farrapos foram determinadas, pelo governo provincial catarinense, medidas mais rígidas de fiscalização. Revistas em embarcações atracadas no porto de Laguna, e também realizadas em comboios de carretas, eram implementadas para coibir o contrabando. Com o aumento da fiscalização, novos artifícios foram utilizados para driblar a repressão, como carregar pólvora em barris de cachaça ou então embalada em sacos, os quais eram cobertos por sacos de farinha ou por carregamentos de tecidos. Essas estratégias, aliadas às dificuldades de fiscalização propiciadas pelo vasto território do sul catarinense e pela falta de pessoal, ocasionaram a permanência do contrabando até pouco antes da incursão farroupilha em Santa Catarina em 1839.

Outro elemento facilitador ao tráfico foi a existência daquilo que as autoridades provinciais chamavam de "partido interno" em Laguna e seus distritos. Ainda segundo denúncias encontradas nas correspondências oficiais do governo provincial havia um plano acertado para a invasão entre os inimigos externos (farroupilhas) e internos (simpatizantes na vila). A ação dos emigrados, a distribuição de "pasquins incendiários" e interesses comerciais, como o contrabando, ajudaram a formar esse apoio. Pouco antes da invasão farroupilha, boa parte da população de Laguna já era favorável aos rio-grandenses rebelados. Próximo da fronteira com o Rio Grande, o distrito de Araranguá era tido pelas autoridades como praticamente todo favorável ao movimento rebelde. Giuseppe Garibaldi (1807-82) confirma esse apoio em suas memórias, quando relata a invasão a Santa Catarina. Durante o percurso marítimo, o "lanchão *Farroupilha*", comandado por Garibaldi, enfrentou uma tempestade e acabou naufragando. Garibaldi conseguiu nadar até a praia e conta que recebeu ajuda da população que, animada pelo avanço da tropa farroupilha, havia se rebelado contra o Império: "encontramos aliados ao invés de inimigos e fomos festejados, em lugar de sermos combatidos", relata. Com esse auxílio, ele teve condições de se reunir ao restante da tropa e auxiliar no comando da invasão. Porém, nem todos os habitantes de Laguna correram ao encontro dos farroupilhas. Para parte da população, a situação que se apresentava era de incerteza e insegurança. Algumas pessoas se retiraram da vila juntamente com a tropa imperial após os ataques iniciais. Outros permaneceram mas não firmaram posições ideológicas. Dependendo da situação, ora apoiavam os exércitos imperiais, ora farrapos, numa estratégia visando resguardar seus interesses durante esse período atribulado, tentando sobreviver nessa situação. Apesar disso, o ambiente parecia muito favorável aos farroupilhas em julho de 1839, sendo o apoio relatado tanto pelas autoridades quanto por Garibaldi. No entanto, não podemos atribuir essas manifestações apenas à empolgação frente à movimentação dos soldados. Os interesses comerciais relacionados ao porto e as perspectivas de ganhos também tiveram sua contribuição na adesão à República Juliana. A tomada de Laguna deixou praticamente metade da província em mãos republicanas. Laguna abrangia toda a região sul de Santa Catarina, e, com a incorporação da vila de Lages, também sob controle farroupilha, ao novo estado, o território da República Juliana se estendia do extremo meridional até o planalto catarinense.

Apesar do apoio popular, a República Juliana não se desenhou como um governo participativo em sentido mais amplo. Definida como uma república liberal, nos moldes da República Rio-Grandense, a jovem nação não buscou ampliar o acesso à participação política, utilizando o modelo censitário para eleição de seu governo provisório, baseado no decreto imperial de 26 de março de 1824, resultando na votação de 21 eleitores para presidente e 171 votos para o conselho governativo, num universo de cerca de 12 mil habitantes. A necessidade de uma Assembleia Constituinte é mencionada a partir da declaração de independência, exaltando um Estado republicano, livre e constitucional, mas com o breve tempo de existência dessa república, aquela nem chegou a ser formada e o conteúdo de uma carta magna nem sequer foi discutido.

Com a eleição da presidência, foi montada uma estrutura para organizar e dirigir os assuntos de interesse do novo Estado, sendo nomeados um ministro para as pastas da Fazenda, Interior e Justiça, outro para Guerra, Marinha e Exterior e um ministro plenipotenciário. Porém, o encarregado de dar rumo aos negócios da república em Laguna era o italiano Luigi Rossetti (1800-40), companheiro de armas de Giuseppe Garibaldi. Nomeado como secretário de Estado, Rossetti relatou o enfrentamento de diversos problemas pela jovem república, questões econômicas, administrativas e políticas, além das militares de um estado em guerra. Faltavam recursos e pessoal qualificados para conduzir os negócios. O italiano queixa-se da falta de uma tipografia para imprimir decretos e resoluções. Uma coisa com certeza não faltava: trabalho para organizar um Estado que acabara de ser instituído.

Além dos problemas administrativos, o governo da nova república iniciou suas atividades com dificuldades financeiras. Apesar da mercadoria apreendida no porto resultante da tomada de Laguna e do dinheiro abandonado na vila durante a fuga das tropas e de várias pessoas contrárias aos farrapos, uma das primeiras medidas tomadas pelo secretário de Estado foi solicitar ao governo da República Rio-Grandense um empréstimo de cem contos de réis, afirmando que sem esse dinheiro nada ou muito pouco seria alcançado. Havia ainda outra questão enfrentada que causava mais transtornos para a economia local. A Marinha imperial promoveu um bloqueio ao porto de Laguna, estrangulando o comércio e a comunicação da vila com o exterior. Apesar de um dos primeiros decretos da república determinar o porto franco ao comércio das nações estrangeiras, na prática a medida não surtiu efeito, uma vez que embarcações imperiais impediam qualquer movimentação no local e boa parte da economia da região dependia do comércio realizado por ali.

Ao mesmo tempo que o governo republicano buscava se organizar, as tropas farroupilhas seguiram avançando rumo ao norte com o objetivo de tomar Desterro (atual Florianópolis), capital da província. Os farrapos percorreram cerca de setenta quilômetros até a planície do rio Maciambu. O progresso só foi contido por um entrincheiramento das forças imperiais protegido pela geografia do morro dos Cavalos, que dificultava o acesso das tropas farrapas e lhes bloqueava o avanço para o ataque a Desterro.

Durante o período em que a frente de batalha ficou estacionada na planície do rio Maciambu, os farroupilhas receberam reforços em suas tropas. Na noite de 11 de setembro ocorreu uma revolta na fortaleza da

Barra do Sul, localizada no extremo sul da ilha de Santa Catarina. Após diligências realizadas por um destacamento imperial, a fortaleza da Barra do Sul voltou ao controle imperial porém, quase toda a guarnição da fortaleza, composta aproximadamente de cinquenta soldados, entre praças e oficiais, juntaram-se aos farroupilhas, levando boa parte do armamento, da munição e pólvora existentes, inclusive com a participação de moradores da região que cederam canoas aos rebeldes.

A revolta na fortaleza da Barra do Sul é emblemática, pois segundo apontaram as diligências imperiais, soldados envolvidos na Sabinada, revolta ocorrida na Bahia entre 1837 e 1838, foram os líderes do movimento. Era comum na época o deslocamento de tropas de uma província para outra, e Santa Catarina recebeu em janeiro de 1839 soldados provenientes do Pará e da Bahia. Além do alinhamento ideológico, outra questão contribuiu diretamente para a deflagração do movimento. Castigos físicos, em geral chibatadas, como forma de punição por indisciplina e insubordinação, foram comuns em quartéis e embarcações de guerra durante todo o período imperial. E não era diferente na fortaleza da Barra do Sul. Relatos descrevem o excessivo rigor do comandante da fortaleza para com a guarnição e a aplicação de castigos físicos desmedidos nas ocasiões em que ele se embriagava, fato que, segundo as testemunhas, era corriqueiro. Um dos cabeças da revolta, Bento José Roiz, natural da Bahia, foi castigado com chibatadas no dia 10 de setembro, véspera da sublevação.

Os desertores da fortaleza somaram-se a uma força já considerável das tropas farroupilhas. Segundo estimativas levantadas pelo governo provincial, os farrapos em Santa Catarina contavam com cerca de oitocentos a mil homens. Entre agosto e novembro muito pouco mudou em termos de avanços militares, mas foi durante esse período que ocorreu uma grande transformação no ânimo em Laguna. O relacionamento entre catarinenses e rio-grandenses foi se desgastando com o passar do tempo e aquele ambiente favorável que contribuiu para o sucesso da invasão foi dando lugar a um sentimento de antipatia e descontentamento. Um grande número de deserções de catarinenses foi reportado por David Canabarro (1796-1867), bem como hostilidades por parte da população de Laguna para com os farrapos.

O bloqueio do porto e a presença da tropa na vila são fundamentais para explicar essa mudança. Posicionando embarcações de guerra na saída de Laguna para o mar, o governo imperial dificultou a comunicação e impossibilitou o abastecimento da vila por via marítima, criando problemas para o comércio e afetando interesses estabelecidos, além de prejudicar a população de forma geral. Contribuindo para o problema do abastecimento, a impossibilidade de avançar sobre Desterro obrigou os farroupilhas a manterem suas forças estacionadas no município de Laguna. Com a chegada das tropas, Laguna experimentou em poucos dias um crescimento populacional que levaria anos para acontecer. A manutenção de uma força militar demanda recursos para o aprovisionamento das tropas e a alimentação dos soldados. As tropas farroupilhas permaneceram estacionadas, sem possibilidade de avanço por pelo menos três meses. A carestia gerada em Laguna significou um pesado fardo para a vila, minando o apoio demonstrado no início pelos catarinenses e gerando um clima de insatisfação. O descontentamento da população se fez sentir mais explicitamente na revolta ocorrida na freguesia de Imaruí e no levante no distrito de Tubarão.

No início de novembro de 1839, os habitantes da freguesia de Imaruí pegaram em armas e se revoltaram contra os rebeldes rio-grandenses animados com a presença de tropas imperiais que avançavam contra Laguna e se encontravam na região. A resposta farroupilha não poderia ter sido mais brutal. Garibaldi, que liderou a força enviada para reprimir a revolta, relata uma das piores experiências de sua vida. Pilhagem e saques foram a tônica da ação. A farta presença de álcool foi um ingrediente a mais para tornar o quadro de acontecimentos ainda mais problemático. Somando-se então embriaguez, insatisfação, despreparo e indisciplina, temos noção do horrendo espetáculo que se formou na repressão da revolta de Imaruí. O distrito de Tubarão, mais ao sul da vila de Laguna, também experimentou um levante contra o domínio farrapo em novembro de 1839, mas não sofreu as mesmas consequências que Imaruí. Aproveitando a notícia do avanço de tropas imperiais sobre Laguna, forças militares e a população da freguesia de Tubarão se rebelaram, tomando animais, mobilizando soldados e ocupando pontos estratégicos de acesso à freguesia, certamente tentando evitar o mesmo destino sofrido por Imaruí.

A insatisfação se fazia sentir em outras freguesias do município, bem como na sede da vila. Uma conspiração contra os farroupilhas foi sufocada em Laguna, organizada por alguns daqueles que inicialmente apoiavam a República Juliana. Negociantes de Laguna foram apontados como cabeças do movimento, e a igreja matriz de Laguna, onde se havia celebrado uma missa em comemoração à chegada dos farroupilhas, era agora o núcleo de reuniões dos conspiradores. A conspiração foi descoberta e a reação seguiu os moldes do que aconteceu em Imaruí. Diversas pessoas foram presas, sendo o tenente-coronel da Guarda Nacional Francisco Gonçalves Barreiros (?-1839) e o vigário Francisco Villela de Araújo (?-1839) posteriormente mortos de forma violenta, este tendo inclusive seus olhos perfurados. O cenário em Laguna estava se tornando insustentável e a insatisfação atingia pessoas que anteriormente demonstraram apoio ou então participaram de fato da República Juliana. Francisco Gonçalves Barreiros, por exemplo, votou na eleição para presidente da República, além de ser tenente-coronel da Guarda Nacional lutando do lado farroupilha.

A presença da tropa consumindo recursos, a dificuldade nas relações, os abusos cometidos e o bloqueio do porto estrangulando o comércio provocaram a reação da população de Laguna frente aos farroupilhas. Expectativas frustradas e descontentamento certamente promoveram as mudanças de posição aqui relatadas e foram gerando insatisfação da população lagunense contra os farroupilhas, que se materializou nas revoltas de Imaruí e Tubarão e no declínio do apoio dado aos rebeldes, dificultando em grande medida a situação dos farrapos em Laguna e preparando o terreno para a ofensiva imperial que culminaria com a sua derrota em 15 de novembro de 1839, quando se deu a retomada de Laguna pelo Império e o fim da experiência republicana na cidade Juliana.

Com o reestabelecimento do controle imperial, a preocupação foi manter a tranquilidade e o status quo em Laguna. As ordens eram para que aqueles que tivessem envolvimento com os farroupilhas e estivessem retornando à cidade não fossem julgados politicamente pelo crime de rebelião. A isso se seguiu uma anistia geral aos implicados em revoltas, válida em todo território nacional. A decisão de não processar os envolvidos na República Juliana alcançou seus objetivos em acalmar os ânimos em Laguna e a vila não sofreu mais ataques até o final da Guerra dos Farrapos em 1845. Com o avanço das forças imperiais no Rio Grande do Sul, aqueles que ainda mantinham algum laço com os rebeldes serenaram suas posições e procuraram retomar suas vidas beneficiados pela anistia geral. A vila ficaria marcada pelo breve porém notável período da República Juliana.

REPÚBLICA NA ERA DA GLOBALIZAÇÃO

Matias Spektor

ESTE VERBETE EXPLORA A CONEXÃO ENTRE O NASCIMENTO DA República no Brasil e as revoluções transnacionais que varreram o mundo desde a Queda da Bastilha, em 1789, até a deflagração da Primeira Guerra Mundial, em 1914. Seu objetivo é iluminar um aspecto do nosso experimento republicano que raramente recebe a devida atenção: a relação íntima entre República e globalização.

A ideia central é simples. Um conjunto de transformações radicais, originadas além de nossas fronteiras, contribuiu para o declínio de dois pilares que legitimavam a política brasileira: a religiosidade e a autoridade dinástica. Tais revoluções tiveram o efeito cumulativo de quebrar o elo outrora firme entre a soberania e os títulos nobiliárquicos da Coroa imperial. Além disso, propagavam três ideologias — liberalismo, socialismo e racismo "científico" — e apresentavam dois modelos de gestão — o capitalismo industrial e a governança regional. Neste ensaio, oferecemos um panorama da influência dessas transformações e da expressão prática que tiveram no processo que levou à Proclamação da República em 1889.

Comecemos pelo liberalismo. A difusão global da ideologia liberal introduziu no Brasil do século XIX as ideias radicais de que o fim da ação política deveria ser a promoção das liberdades individuais (inclusive o direito ao voto) e de que o livre-comércio entre as nações, sem as velhas preferências coloniais de Portugal e da Grã-Bretanha, abriria caminho para a afluência econômica. Enfatizando o papel do esforço individual e da meritocracia, essa filosofia enfraquecia a velha tese segundo a qual a linhagem familiar seria o melhor indicador de status social.

No entanto, a chegada de tais ideias foi tão lenta quanto sua tradução em prática política foi parcial. Sob a Constituição outorgada pelo imperador em março de 1824, criaram-se uma Câmara dos Deputados e câmaras estaduais e municipais, todas nomeadas pelo voto censitário. O poder real nesses foros, porém, permanecia nas mãos da Coroa. Os ministros e presidentes de província eram indicados pelo imperador, os conselheiros de Estado gozavam de cargos vitalícios, e os senadores eram escolhidos pelo monarca com base em listas tríplices apresentadas pelas províncias. Nesse modelo, o propósito das eleições não era formar um governo legítimo, mas oferecer sustentação política a um governo previamente determinado pelo imperador.

O empecilho à adoção do liberalismo residia em grande medida nas regras eleitorais. Podiam votar os homens com mais de 25 anos de idade (e oficiais militares maiores de 21 anos), nascidos livres e com renda mínima de 100 mil-réis anuais (exceto os clérigos). Na prática, portanto, votava apenas uma fração da população do país. Embora não existam estatísticas precisas daquele período, estima-se que, em meados do século XIX, cerca de 1 milhão de brasileiros (algo como metade da população masculina adulta livre) votasse. Quando a abolição da escravidão passou a se apresentar como uma perspectiva cada vez mais inevitável, o regime aprovou a Lei Saraiva, em 1881, para restringir o direito ao voto àqueles homens alfabetizados, numa sociedade em que as taxas de analfabetismo estavam avaliadas entre 80% e 85% da população. Acontece que, ao contrário do que ocorria em outras nações do mundo pós-colonial, não havia no Brasil um esforço maciço pela educação dos cidadãos, fenômeno que teria efeitos perversos sobre a construção republicana a longo prazo.

Esse desenho institucional concebido pelo Império ajuda a explicar por que o Brasil foi o último país independente das Américas a abolir a escravidão e também o último a declarar-se República.

A exclusão da maioria da população do processo político ajuda a entender ainda por que a proclamação foi resultado de um conchavo entre oficiais do Exército e representantes da oligarquia cafeeira de São Paulo, em vez de ser consequência de um movimento popular. Esse "pecado original da República", na expressão do historiador José Murilo de Carvalho, daria origem a um sistema político repleto de bolsões de autoritarismo.

Sem dúvida, isso não quer dizer que faltasse na sociedade brasileira vigor cívico de cunho reformista. Como revela a historiadora Maria Tereza Chaves de Mello, a segunda metade do século XIX assistiu à proliferação de debates no espaço público sobre a urgência de mudanças inspiradas em princípios liberais. Esse caldo social teria cumprido uma função central para a erosão do Império e o nascimento da República. Isso dito, vale notar que o diapasão republicano permaneceu claramente limitado. Embora a Constituição republicana de 1891 estabelecesse eleições para governadores, prefeitos, câmaras estaduais e municipais, para a Câmara dos Deputados e para o Senado Federal, a evidência histórica sugere níveis de corrupção endêmica análogos àqueles do Império. Além disso, mulheres e analfabetos permaneceram sem direito ao voto, e a maioria do eleitorado continuou analfabeta.

Já o socialismo nasceu no século XIX como ideologia voltada à transformação do indivíduo em sujeito da ação política em prol da redistribuição da riqueza e do poder político, com vistas a eliminar a pobreza, a exclusão e a desigualdade. Na América do Sul, o socialismo chegou com força à Argentina e ao Chile, mas não ao Brasil. Nem suas vertentes utópicas ou "científicas" produziram seguidores organizados antes da Primeira Guerra Mundial — o Partido Comunista do Brasil foi fundado em março de 1922 e, com exceção de um breve período logo após a Segunda Guerra Mundial, sua existência foi ilegal até 1985. Por que uma sociedade tão marcada pela desigualdade provou ser relativamente impermeável ao socialismo, uma das principais forças políticas da época? Não há uma resposta óbvia, mas é plausível supor que a exclusão da maioria dos cidadãos do processo eleitoral ajude a explicar o fenômeno. Outro motivo pode ser a formação algo tardia da organização sindical, que somente ganharia tração política mais tarde — nas greves de operários em São Paulo e no Rio de Janeiro em 1917 e 1918.

Isso dito, o Brasil da Proclamação da República foi receptivo ao anarquismo que aqui chegara principalmente pela mão de imigrantes italianos e espanhóis no fim do século XIX. A expressão local dessa agenda levou à formação dos primeiros sindicatos e às primeiras greves, sobretudo durante a Primeira Guerra Mundial e depois dela. A polícia reprimiu as manifestações com violência, e dezenas de "subversivos estrangeiros" foram presos ou deportados. Nasceu ali o estigma que marcaria quase toda a trajetória política do Brasil face a movimentos de protesto social durante o século XX, alimentando o ciclo de autoritarismo que alcançaria seu ápice nas décadas de 1930, com o varguismo, e de 1960 e 1970, com a ditadura militar.

Assim, ironicamente, embora o socialismo não tivesse criado raízes profundas nem uma rede de atração ampla capaz de mobilizar setores importantes da política brasileira, acabou ajudando a compor o marco intelectual que guiaria o processo nacional durante quase um século. Da chamada Intentona Comunista de 1935 ao golpe dado pelos Estados Unidos na Guatemala (1954) e à Revolução Cubana, em Cuba (1959), sucessivas elites brasileiras alimentaram o que terminaria sendo o experimento profundamente antirrepublicano da Doutrina de Segurança Nacional. Com ela, o Brasil passou a integrar o grupo de nações latino-americanas que viveu e alimentou o processo de difusão autoritária, marca registrada da região durante toda a Guerra Fria.

Outro elemento importante foi a ideologia do racismo "científico", que ganhou tração por meio de rankings classificatórios oriundos da disciplina de biologia, assim como da releitura de *A origem das espécies* (1859), de Charles Darwin (1809-82), e de autores como Ernst Haeckel (1834-1919), Henry Thomas Buckle (1821-62) e Cesare Lombroso (1835-1909). O racismo justificado em bases pretensamente racionais acabou se tornando um dos pilares do ordenamento político global no século XIX, o que deu vazão ao estigma e à hierarquização não apenas entre as nações como também dentro delas. O Brasil não fugiu à regra, adotando projetos variados de "embranquecimento" progressivo da população.

A expressão mais precisa desse projeto foi dada pelo então diretor do Museu Nacional do Rio de Janeiro, João Batista Lacerda (1846-1915), no I Congresso Internacional das Raças, em 1911: "O Brasil mestiço de hoje tem no branqueamento em um século sua perspectiva, saída e solução". A mestiçagem era apontada como causa do atraso nacional e como potencial fagulha de constante instabilidade política. Outra referência central desse período é Nina Rodrigues (1862-1906), com seu *Mestiçagem, degenerescência e crime*, de 1899. A incorporação das teses racistas globais aos centros de ensino e pesquisa no Brasil daria o tom durante décadas e marcaria a fundo as estratégias diplomáticas do Brasil republicano.

Por outro lado, transformações tecnológicas modificaram fundamentalmente o capitalismo ao longo do século XIX. Novas embarcações, redes ferroviárias e o telégrafo encurtaram distâncias, abrindo espaço para a globalização de bens, de pessoas e de informações, num processo que integrou de forma inédita o mundo de então. Pela primeira vez, os fluxos econômicos de fato se tornaram globais. Esse período coexistiu com a globalização das finanças, dos grandes bancos e de suas linhas de crédito, estabelecendo um mercado novo de dívidas soberanas que movimenta a economia global até hoje. Essa mesma mudança tecnológica abriu as portas para uma segunda leva de migrações globais em massa: depois da transferência forçada de escravos africanos, o século XIX assistiu a intensos fluxos oriundos da Europa e da Ásia para a América Latina, em geral, e para o Brasil, em particular.

Constatou-se também uma proliferação de organismos internacionais, tais como a União Internacional de Telecomunicações, criada em 1865; a União Postal Universal (1874); e a Corte Permanente de Arbitragem (1899). Assuntos de governança global passaram a fazer parte do dia a dia da relação entre estados, cuja interdependência cresceria de maneira exponencial até a eclosão da Primeira Guerra Mundial, em 1914. Embora o Brasil se mantivesse relativamente afastado desse mundo e protegido de boa parte desse arcabouço institucional global devido à distância geográfica dos principais centros econômicos globais e da vasta fronteira que separava suas capitais dos seus países vizinhos, o fato é que a circulação global de ideias produziu cisões no seio das elites brasileiras da época em relação a questões tais como a escravidão e a liberdade e, mais tarde, o feminismo e a participação política das mulheres. O fortalecimento de lobbies brasileiros nas áreas de educação, saúde, reforma penal e sufrágio feminino, assim como do próprio movimento antiescravocrata, é incompreensível sem levarmos em conta o papel da sociedade civil transnacional que ganhou forma em torno desses novos tipos de governança para além dos Estados nacionais.

O final do século XIX coincidiu também com a ascensão do regionalismo, a ideia segundo a qual a estabilidade e a afluência dos países são afetadas diretamente pelas regras formais e informais construídas pelos países vizinhos de determinada região. No caso brasileiro, o historiador Leslie Bethell apresentou detalhadamente quão distantes sucessivas gerações brasileiras se sentiam, nesse contexto, da América Latina ou da América espanhola. As diferenças de língua, cultura, laços com as metrópoles imperiais e, acima de tudo, formas de governo faziam com que a única monarquia no entorno regional dominado por repúblicas fosse excluída e preferisse se manter excluída.

No entanto, vale ressaltar quão relevante foi a busca por uma eventual identidade regional na formação e no desenvolvimento dos ideais republicanos no Brasil imperial. Não à toa, o "Manifesto republicano" de 1870 demandava, por exemplo, menos isolamento diante dos vizinhos imediatos e, em especial, dos Estados Unidos da América: "Somos da América e queremos ser americanos".

A tarefa não seria fácil. As relações bilaterais do Brasil com seus vizinhos até a virada do século XIX eram quase inexistentes, com exceção dos países no Prata, onde o Brasil foi à guerra três vezes consecutivas — em 1825-8, contra as Províncias Unidas pelo controle da Banda Oriental; em 1851-2, em aliança com a província argentina de Entre Ríos e o Uruguai, contra o ditador argentino Juan Manuel de Rosas (1793-1877); e em 1864-70, contra o ditador paraguaio Francisco Solano López (1827-70), em aliança com a Argentina e o Uruguai.

A Guerra do Paraguai merece uma nota específica. Avalia-se que o Brasil tenha perdido pelo menos 50 mil homens em combate e outros milhares por doenças e ferimentos, parte relevante de um contingente de quase 150 mil homens enviados ao campo de batalha. O custo financeiro da guerra quebrou as contas públicas, que ficaram desequilibradas durante anos. Isso dito, o esforço de guerra estimulou indústrias-chave, como a do algodão e a de defesa, além de forçar a modernização do Estado, que se viu obrigado a recrutar, treinar, vestir, alimentar, transportar e equipar uma grande tropa dentro e fora do país. A guerra também agudizou as tensões sociais internas, sobretudo no período do pós-guerra, em que a desmobilização impôs dilemas sobre como gerir a situação de dezenas de milhares de veteranos.

Quiçá a mais relevante dessas mudanças tenha sido a atitude geral da sociedade brasileira em relação à escravidão. Aos milhares de escravos que participaram da guerra foi oferecida liberdade. Ao mesmo tempo, as forças pró-escravidão utilizaram a guerra como desculpa para retardar a abolição. Esse choque resultou na Lei do Ventre Livre, aprovada um ano após a derrota do Paraguai. A guerra ainda provocou acaloradas discussões entre conservadores e liberais a respeito do controle civil sobre as Forças Armadas. Como resultado desses dramas, proliferaram centros e clubes radicais e liberais, muitos deles próximos ao conde d'Eu (1842-1922), genro do imperador e comandante das tropas brasileiras no último ano da guerra, e defensor do argumento pelo fim da escravidão. Segundo Angela Alonso, quase 230 associações abolicionistas foram fundadas após a guerra. Manifestos reformistas em maio e novembro de 1869, penúltimo ano do conflito, propunham autonomia para o Judiciário, mandatos fixos para senadores, a redução dos poderes do Conselho de Estado, a emancipação dos escravos, a extensão parcial do direito ao voto, a eleição para presidentes das províncias e o fim do Poder Moderador do imperador. Em 1870 formou-se o Partido Republicano. A Guerra do Paraguai também deu origem a Forças Armadas profissionalizadas e centralizadas, que passaram a aspirar a um lugar de destaque na política nacional. Elas seriam centrais no colapso do Império e no nascimento da República.

Quando os Estados Unidos convocaram a primeira Conferência Internacional dos Estados Americanos, em outubro de 1889, dando origem a um ambicioso processo de regionalização que transformaria para sempre as Américas, o Brasil manteve distância dos vizinhos latino-americanos. A República do Brasil apoiou o intervencionismo de Washington em assuntos regionais, como se viu durante o estabelecimento de um protetorado norte-americano em Cuba, em 1898; na separação do Panamá da Colômbia, em 1903; e com a mensagem do presidente Theodore Roosevelt (1858-1919) ao Congresso em dezembro de 1904: "Transgressões crônicas e uma impotência que resulta do afrouxamento dos laços com a sociedade civilizada podem demandar, na América, assim como em outros lugares, a intervenção de uma potência civilizada, e no Hemisfério Ocidental, [...] os Estados Unidos podem ser forçados, mesmo que com relutância, [...] a exercitar o poder de polícia internacional".

Embora a América Latina da época já desenvolvesse argumentos contra o intervencionismo ianque e buscasse a ele resistir por meio de uma bateria de novas normas de direito internacional, o Rio de Janeiro mantinha uma firme posição pró-americana. "Os países que não sabem se governar", afirmou o barão do Rio Branco (1845-1912) ao jornal argentino *La Nación* em 26 de julho de 1906, "que não têm elementos suficientes para evitar as contínuas revoluções e guerras civis, que se sucedem sem interrupção, não têm razão de existir e devem ceder seu lugar a outra nação mais forte, melhor organizada, mais progressista, mais viril." Durante quase toda a Primeira República, a diplomacia brasileira manteve essa postura. E, não à toa, enquanto Argentina, Chile, Colômbia, México e Venezuela se mantiveram neutros durante a Primeira Guerra Mundial, o Brasil se alinhou aos Estados Unidos para declarar guerra à Alemanha.

No nível das elites de política externa, a atitude nos estertores do Império em relação à República era de ceticismo. No caso do barão do Rio Branco e de Joaquim Nabuco (1849-1912), principais expoentes da diplomacia da República, por exemplo, o significante "república" era, ironicamente, associado à instabilidade e ao caudilhismo que eles entendiam ser a marca distintiva da expressão republicana na América do Sul. Em "Por que continuo a ser monarquista", publicado no *Diario do Commercio* em 11 de setembro de 1890, Nabuco insistia em criticar as repúblicas vizinhas que aceitavam "desistir da liberdade para obter a ordem". Para ele, o caudilhismo típico dos países vizinhos inviabilizava o nascimento de uma cultura realmente republicana, em que a coisa pública tivesse ascendência sobre os interesses particularistas daqueles grupos organizados para cooptar e saquear o Estado. Um ano depois, em seu *Agradecimento aos pernambucanos*, ele criticaria a obsessão de sua geração pela palavra "república". Mais tarde, ao representar o Brasil republicano nas conferências pan-americanas, essa linguagem cairia em desuso, embora permanecesse firme a crença de que a forma republicana de governo, em sua expressão no entorno regional do Brasil, denotava instabilidade.

No entanto, o significado de "república" era outro para o amplo leque de associações populares, movimentos reformistas, grupos de ativistas negros, jornalistas, escritores e intelectuais da época. Tais grupos, tendo defendido princípios republicanos ainda durante o Império, encontraram na proclamação da República uma oportunidade para legitimar e avançar suas respectivas agendas. Nesse sentido, as transformações que deram fim à monarquia constituíram uma mola propulsora para a tarefa árdua de defender direitos iguais para toda a população brasileira diante de elites essencialmente conservadoras. Esse movimento reformista demandou significativa mobilização popular e ativismo para além dos círculos restritos da elite. Trata-se de um fenômeno que somente é compreensível no contexto de uma sociedade transformada pelas ideias e pelas forças políticas resultantes daquele período de intensa globalização.

REPÚBLICA POSITIVISTA DE JÚLIO DE CASTILHOS [1891]

Hélgio Trindade

NA REPÚBLICA BRASILEIRA EMERGE, COMO EXPERIÊNCIA SINGULAR, o modelo positivista de Júlio de Castilhos (1860-1903), cuja compreensão implica uma sucinta abordagem sobre o positivismo como doutrina inspirada no filósofo francês Auguste Comte (1798-1857). A importação desta, no Brasil, em fins do século XIX, foi tardia em comparação a outros países da América Latina, e sua hegemonia fundou-se mais na vertente religiosa e política do que na educacional (como no caso do México) de Pierre Laffitte (1823-1903), discípulo e sucessor de Comte.

Liderado por Miguel Lemos (1854-1917) e Teixeira Mendes (1855-1927), o positivismo à brasileira persiste representado pelo imponente Templo da Humanidade no Rio de Janeiro, de 1897; pela Capela Positivista de Porto Alegre, de 1928, a segunda depois da de Paris, na Rue Payenne, de 1842; e pelas esculturas positivistas de Décio Vilares (1851-1931) (Benjamin Constant na então capital federal; e o túmulo de Júlio de Castilhos, em Porto Alegre).

Não cabe aqui penetrar na filosofia de Comte, nem no seu alcance na América Latina e na vasta literatura interpretativa do positivismo brasileiro. Convém, no entanto, ressaltar que, para além desses estudos nos campos político, religioso e artístico, a República Positivista, fundada por Castilhos, foi a única experiência em nível nacional e internacional. Implantada no extremo sul do país — no estado do Rio Grande do Sul —, sob a vigência da Constituição castilhista de 1891, perdurou até 1930, enquanto vigorava no país a Constituição brasileira, promulgada em 24 de fevereiro de 1891, inspirada no presidencialismo e federalismo norte-americanos.

A compreensão do significado político da República Positivista de Júlio de Castilhos implica, contudo, uma breve incursão nas origens históricas e doutrinárias comtianas. A transição política do jovem Comte, que defendia o "regime misto" de tipo monárquico parlamentar para uma proposta mais elaborada em favor da república romana, esteve presente nos seus escritos entre 1839 e 1842. E essa evolução, segundo Comte, é indissociável da ideia de república. A partir daí começa a se formar a concepção da República Positiva. Ela reconhece que é a moral que deve conduzir a política e que a ela pertence a supremacia social, pela aliança entre a classe intelectual e a classe dos trabalhadores, cujo primeiro objetivo é assegurar para todos trabalho e educação.

A análise da "prática republicana" vai limitar-se a dois tipos de experiências diferenciadas. De um lado, os esforços feitos diretamente por Comte para influenciar os governantes europeus por meio dos escritos dirigidos ao imperador francês Napoleão III e ao tsar Nicolau da Rússia; de outro lado, a expansão do positivismo na América Latina, incorporado pelas elites mexicana e brasileira.

A primeira tentativa de Comte de influenciar um governante — *Apelo aos conservadores*, de 1855 — foi, na realidade, uma convocação ao imperador francês para que se tornasse o "ditador perpétuo da República Francesa". Com o mesmo objetivo dirigiu uma carta em 1853 ao tsar Nicolau da Rússia propondo a preparação da mudança da monarquia para uma ditadura republicana.

O núcleo da argumentação de Comte está centrado na questão da "ditadura republicana", justificada pela necessidade de o poder concentrar-se numa única mão, o que garantiria o caráter exclusivamente temporal do ditador. Enquanto não prevalecer a fase positiva, o verdadeiro conservador deve ser republicano e, sobretudo, a ditadura deve conservar sua supremacia política, até que a organização religiosa esteja bastante avançada para que as rivalidades cívicas não degenerem em conflitos perturbadores.

No Brasil, o Apostolado Positivista centrado na ação de Miguel Lemos e Teixeira Mendes posicionou-se ativa e publicamente frente a questões sociais, políticas e religiosas; em defesa do abolicionismo e da república, dos direitos sociais e trabalhistas (inclusive o direito de greve); da separação entre Igreja e Estado, entre outras. Lemos e Mendes haviam fundado, em 1881, a Igreja positivista sob a influência direta de Laffitte. No Rio Grande do Sul, o "castilhismo" tomou seus contornos mais nítidos ao longo da década de 1890, após a Proclamação da República, quando o Partido Republicano Rio-Grandense (PRR) assumiu o poder no Estado, onde o partido majoritário até então era o Partido Liberal liderado por Gaspar Silveira Martins (1835-1901).

Os dez anos que podem ser chamados de fase de consolidação da República Rio-Grandense correspondem a um período extremamente conflituoso em que Castilhos foi obrigado a criar mecanismos internos para o controle da máquina do Estado pelo PRR e a enfrentar uma guerra civil, iniciada em 1893, desencadeada pela oposição federalista. A interpretação radical feita por Castilhos de que apenas a vertente positivista seria a verdadeiramente republicana provocou cisões dentro do grupo ao longo do tempo. Era a forma de diferenciar seu partido não só dos liberais parlamentaristas, mas também dos republicanos liberais presidencialistas, como Assis Brasil (1857-1938). Por outro lado, aproximou os gaúchos do PRR do jacobinismo do Rio de Janeiro, cuja maior liderança era Floriano Peixoto (1839-95), que além de apoiar os castilhistas na Revolução de 1893 garantiria sua manutenção no poder. Os demais partidos republicanos — organizados em nível estadual — obedeceram a dinâmicas associadas às realidades locais. Não chegaram a um consenso quanto a questões importantes, como a abolição, e focaram a campanha na defesa da descentralização. Isso fez com que, desde 1884, tivessem representantes nas assembleias provincial e nacional. Eles passaram a administrar o conflito entre as várias tendências dentro do próprio partido, mantendo uma unidade nacional em relação às políticas essenciais, principalmente as econômicas. O Partido Republicano Mineiro era fruto de uma articulação tardia que lembrava uma minifederação, com a presença de todos os grupos do período monárquico, mas de minoria republicana. O objetivo era a estabilidade política e o acesso aos ganhos na política nacional. Já Pernambuco teve seu Partido Republicano criado por setores médios urbanos, o que significou grande fragilidade política. A dominação dos grandes coronéis pelos conservadores assegurou o controle político logo no primeiro momento e garantiu sua ocupação no espaço partidário da nova ordem republicana.

O PRR passou a adotar seu viés positivista a partir do retorno, na década de 1880, de um grupo de jovens, a maior parte deles egressos das faculdades de direito de São Paulo e do Recife. Devido ao início tardio do movimento republicano no Rio Grande do Sul, esse grupo era mais jovem que os republicanos das outras províncias. Além de Castilhos, eram presenças importantes no movimento: Assis Brasil, Pinheiro Machado (1851-1915) e Borges de Medeiros (1863-1961). Como mostra Ângela Alonso, o positivismo atraía esses jovens pelo senso de missão social e pela visão de bem-estar coletivo e modernizador que possuía. A propaganda republicana gaúcha ganha um impulso suplementar com a criação do diário *A Federação*, em 1884, e Júlio de Castilhos fará uso cotidiano do periodismo na sua luta ideológica pela implantação da República.

Não se tratava, porém, de mera agitação de ideias — era preciso pensar as alternativas políticas face ao esgotamento do Segundo Reinado e como forma de combater o ecletismo, corrente que até 1860 predominou no Brasil. Fazia-se necessário buscar novas teorias e soluções para os problemas sociais e políticos.

Nesse sentido, e de acordo com Joseph Love, o positivismo foi um modelo de desenvolvimento sem mobilização social, e é nessa atmosfera de ascensão de ideias positivistas que se pode entender a dimensão da influência de Comte sobre a jovem geração de republicanos gaúchos. O grupo do Apostolado, no Rio de Janeiro, já foi caracterizado por José Murilo de Carvalho como uma contraelite, portadora de "um bolchevismo de classe média".

Desde o início de sua inserção na propaganda republicana, a influência de Castilhos será crescente e, desde a época de sua formação acadêmica, transparece a tendência autoritária que será um dos traços marcantes de sua conduta política. Em 1884, no II Congresso do PRR, Castilhos, ao lado do positivista Demétrio Ribeiro (1853-1933), elabora as "Bases do programa dos candidatos republicanos", que postulavam a eliminação gradual da monarquia, posição que se radicaliza, em inícios de 1889, no Compromisso da Reserva (local da fazenda de Castilhos), no qual a ação revolucionária será admitida para derrubar o regime.

Quando eleito deputado para a Constituinte Federal, Castilhos defendeu uma proposta federalista radical, a opção por impostos diretos, um legislativo unicameral, voto dos analfabetos, voto a descoberto ("viver às claras"), liberdade de ensino e liberdade de profissão. O feixe de ideias defendido em nível federal pela bancada positivista foi derrotado, mas serviria de base para a elaboração da proposta de uma Constituição estadual. Apesar de nomeada uma comissão tríplice para redigir o projeto constitucional, na realidade, o documento é obra exclusiva de Castilhos. Os outros dois membros — Assis Brasil e Ramiro Barcelos (1851-1916) — se eximem da responsabilidade pelo texto, com o qual não concordam. Castilhos substituirá o termo "ditador" do projeto do Apostolado por "presidente do estado", mas manterá a ideia do poder concentrado.

Os principais traços da Constituição republicana castilhista (1891) eram: Executivo (presidente do estado) com mandato de cinco anos, com poderes para legislar por decreto sobre questões não financeiras; reeleição do presidente, contanto que obtivesse três quartos da votação total; ampla e estrita separação dos poderes espiritual e temporal; e Legislativo (Assembleia dos Representantes) unicameral, sem competência legislativa, restrito a questões orçamentárias, reunindo-se um trimestre por ano.

A coesão entre os princípios constitucionais articulados com a ação partidária estabeleceram uma dominação política estadual que viabilizou a manutenção política de Júlio de Castilhos (após sua morte, em 1903, tornou-se o "Patriarca da República Rio-Grandense") e, posteriormente, de Borges de Medeiros, que acumularia a presidência do estado e do Partido até 1928, inaugurando uma hegemonia política antes nas mãos da oposição federalista.

O programa do PRR, base do castilhismo, postulava a fraternidade universal, reconhecendo as liberdades; a unidade da nação, que dependia da articulação entre centralização e descentralização; a garantia da ordem social para a evolução e a emancipação do indivíduo e da sociedade; ampla liberdade espiritual sem nenhuma interferência do governo. No plano econômico-financeiro, o desenvolvimento da agricultura e da indústria rurais; a promoção dos meios de transporte para garantir a defesa do território e viabilizar o desenvolvimento industrial; crédito agrícola e hipotecário; política de austeridade e equilíbrio dos orçamentos; estabilidade da moeda; preponderância dos impostos diretos; criação do imposto territorial; protecionismo às indústrias; imigração espontânea, sem participação do Estado; estatização dos serviços essenciais desde que sua destinação seja de interesse público. As teses sociais dizem respeito à educação e à instrução popular; ao ensino técnico profissional; ao apoio oficial do Estado às leis de assistência aos operários urbanos; ao regime de oito horas de trabalho nas oficinas do Estado e nas indústrias; ao regime de férias aos trabalhadores; a harmonizar os interesses do capital e do trabalho; à proteção aos índios, educando-os e incorporando-os ao convívio nacional; à proteção das mulheres, dos menores e velhos; ao direito de greve, com tribunal arbitral; à abolição da pena de morte; à aposentadoria aos funcionários públicos; a assegurar a saúde pública sem ferir a liberdade individual de consciência; e a cancelar as dívidas de guerra ou as datas que recordem lutas fratricidas.

Controlados os poderes Legislativo e Judiciário, o Executivo tornou-se o elemento-chave no funcionamento da *ditadura republicana* de Castilhos. Concentrando o poder nas mãos de um chefe, ele montou, como estrutura de apoio, um partido organizado e coeso com uma ideologia própria, mecanismos articulados de fraude eleitoral, domínio político dos "coronéis burocratas" e a ação coercitiva da força pública estadual (Brigada Militar). Para Comte, a sociedade moralizada por um Estado forte seria educada para aceitar as imposições do interesse coletivo. Mas a realidade não permitia esperar pela evolução natural dos "espíritos". Castilhos inverteu o processo fundando, primeiro, um Estado forte, com base na ordem e na continuidade das instituições políticas, já que as condições que encontrava para sua práxis política lhe eram adversas. Para Comte, o papel de organizadora da sociedade em termos mentais e políticos era da escola positivista. Porém, não havia mais tempo para preparar o cidadão republicano; a República se antecipara ao processo, só restaria, portanto, alterar a sua ordem. Tinha-se a República, construir-se-ia o cidadão.

Apesar do autoritarismo reinante, mesmo os adversários de Castilhos reconheciam a sua moralidade administrativa. Resta acrescentar que, desde a promulgação da Constituição de 14 de julho de 1891 ao término do mandato de Borges de Medeiros, em 1928, quando Getúlio Vargas (1882--1954) assumirá a presidência do Estado, a elite republicana regional atinge seu objetivo estratégico: enfrentar a poderosa classe dominante liberal implantada na região da grande propriedade pampiana ligada às atividades da pecuária. Transforma-se, assim, na nova elite dirigente, construindo sua base de apoio político nas zonas de urbanização crescente, no espaço dinâmico das regiões de colonização italiana e alemã e na pecuária das regiões missioneira e serrana.

Caberia, por fim, a pergunta: como essa constituição política consegue implantar um sistema de dominação autoritária estável durante quase quarenta anos? Uma das chaves da resposta pode ser encontrada no fato decisivo de que a ditadura castilhista, apesar de suas instituições de inspiração positivista, respondia também às exigências de um contexto político conflagrado. A classe dominante rio-grandina, no sentido econômico e político do termo, manifestava uma hostilidade aberta à nova classe dirigente republicana que assume o poder logo após o inesperado golpe que proclama a República. Federalistas e republicanos possuíam uma concepção do jogo político como resultante de um cálculo de soma zero. Nesse sentido, não havia espaço para negociações. Assim, a ditadura republicana se torna ao mesmo tempo ação necessária para modificar os homens e as instituições e para executar, em circunstâncias difíceis, medidas ordenadas para assegurar a ação, protegendo o Estado e criando condições para implementar seu projeto político, como bem recomendava Comte.

A aliança política entre Minas e o Rio Grande, em 1930, recuperará no plano nacional dois eixos centrais do positivismo republicano: de um lado, a importância atribuída ao processo de industrialização e o sindicalismo estatal associado à legislação trabalhista (incorporação do proletariado à sociedade moderna). Essa perspectiva se relacionava à influência de Saint-Simon (1760-1825), do qual Comte foi secretário por vários anos e com quem comungou das experiências da pós-Revolução Francesa. Poderíamos acrescentar a essa herança o que Alfredo Bosi denominou numa arqueologia do Estado-Providência, um "enxerto ideológico de longa duração" herdado do positivismo: a ideia de socialização dos serviços — em nome do interesse público — e a preocupação com a educação — ensino fundamental gratuito e leigo —, além dos já citados direitos sociais e a preocupação com a industrialização. O que já foi chamado por Carlos E. Cortés, de "gauchização da política nacional", em decorrência da ascensão de Vargas ao poder em 1930, terá, no velho ideário do castilhismo positivista, certamente uma de suas fontes de inspiração, articulada a outras agendas pertencentes a elites civis e militares.

REPÚBLICA RIO-GRANDENSE [1836-45]

Alessandro de Almeida Pereira

A REPÚBLICA RIO-GRANDENSE FOI UMA TENTATIVA DE CONSTRUÇÃO de um território independente a partir da retomada da soberania para os municípios, na província do Rio Grande de São Pedro do Sul (atual Rio Grande do Sul), entre os anos de 1836 a 1845, no contexto da Revolução Farroupilha (1835-45). Essa possibilidade foi viabilizada quando parte das câmaras municipais da província proclamaram, progressivamente, a independência e estabeleceram alianças entre as vilas e cidades, separando-se do Império brasileiro.

Os atores sociais da província, atentos como o espectador que contempla a queda das peças de um jogo de dominó, presenciaram e mantiveram presentes, no imaginário social, o processo de independência das Treze Colônias inglesas (1763-83) que resultou na constituição dos Estados Unidos como uma república presidencialista. Assistiram também aos desdobramentos da invasão de Napoleão Bonaparte (1769-1821) na península Ibérica, na primeira década do século XIX, bem como ao desmoronamento das instituições monárquicas na América Hispânica e ao protagonismo das cidades na construção de novas entidades soberanas.

"República", nesse contexto, já assumia o sentido de forma de governo e, em alguns casos, era entendida em contraposição à "monarquia". No entanto, essa concepção não era unânime. Antes mesmo de ocorrer a independência no continente americano — que resultou em um mosaico de novos Estados —, o termo "república" era utilizado como sinônimo de participação do cidadão no governo local, significado que possibilitava sua aplicação mesmo sob um regime monárquico. É importante ressaltar que as diversas compreensões sobre os termos e os acontecimentos políticos circulavam com rapidez pelo continente.

Nas primeiras décadas do século XIX, um sul-rio-grandense, sem ao menos ter viajado para fora da província, tinha a oportunidade de escutar ou ler sobre as ideias de república democrática de Jean-Jacques Rousseau (1712-78), a república federalista de Alexandre Hamilton (1755-1804) e James Madison (1751-1836), os princípios igualitários e democráticos da Jovem Itália e outras obras que circulavam pela Europa e pelos Estados Unidos.

Ideias sobre organização de governo, liberdade, soberania, federalismo e república chegavam constantemente à América desde o período colonial. Além de livros, desembarcavam também estrangeiros que atuaram nos movimentos independentistas desse período, inclusive na Revolução Farroupilha.

Havia também ideias provenientes do *direito das gentes*, doutrina jurídica desenvolvida na Europa, entre os séculos XVI e XVIII, que fundamentaram o processo de independência e a formação de Estados na América. Esse pensamento teórico foi citado tanto por *farroupilhas* (liberais republicanos) como por *legalistas* (defensores da monarquia e da integridade territorial do Império brasileiro). Estes criticavam a atuação do presidente Fructuoso Rivera (1784-1854) na República do Uruguai, acusando-o de postergar o direito das gentes, comprometendo a segurança e a paz da população, sobretudo dos brasileiros residentes naquele território, e também de intervir nos assuntos da província do Rio Grande a fim de prestar auxílio aos farroupilhas. Por outro lado, a maior liderança da Revolução Farroupilha, Bento Gonçalves da Silva (1788-1847), também citava ideias de Emmer de Vattel (1714-67) para justificar o confronto contra as forças do Império brasileiro, que se iniciava em 1835, caracterizando-o como guerra civil, pois, segundo Bento Gonçalves, era protagonizada por "membros de uma mesma sociedade política [quando] estão de um lado os cidadãos e de outro o soberano com aqueles que lhe obedecem".

O contato com essas ideias poderia ser direto, através da leitura das obras, nas sociedades secretas ou nos gabinetes de leitura. Entretanto, mais abrangentes eram as traduções em jornais e as leituras públicas; e, principalmente, as conversas informais.

"República" tornou-se, portanto, a partir do século XIX, uma palavra com forte apelo político no continente americano, estando presente nos debates promovidos na província do Rio Grande do Sul, tanto por aqueles que a defendiam quanto por seus críticos. Proferiam-na não apenas farroupilhas, mas também legalistas que criticavam as experiências na América do Sul, em especial a Confederação Argentina (1835-52) e o Estado Oriental do Uruguai (atual República Oriental do Uruguai). Seus críticos sublinhavam os aspectos negativos, as experiências que resultaram em despotismo militar. Foi um debate constante, durante a década de 1830, porque tanto a Revolução Farroupilha quanto a República Rio-Grandense não apresentavam o apoio unânime dos habitantes da província. Não é menos relevante ressaltar que a proclamação da República não ocorreu nos principais centros municipais: Porto Alegre, capital e sede da Assembleia Provincial; Rio Grande, ponto estratégico de saída para o mar; e Pelotas, centro charqueador.

Mas a República era proclamada por quem? Em termos gerais, acostumou-se a valorizar em demasia as ações individuais, ou seja, os atos de ruptura, como o caso da Proclamação da Independência do Brasil em 1822, que, no imaginário social, está exclusivamente associada à pessoa de d. Pedro I (1798-1834) às margens do Ipiranga. Não obstante, ao se refletir sobre uma ruptura dessa magnitude, pode-se levantar a hipótese de que não basta a declaração dessa sentença por apenas uma pessoa ou por um grupo reduzido de indivíduos. Para tanto, são necessárias, sobretudo, a cooperação e a concretização efetiva de relações sociais. Nesse sentido, tanto a independência do Brasil quanto a proclamação da República Rio-Grandense precisaram de protagonistas advindos de diversos âmbitos da sociedade.

A Revolução Farroupilha não foi promovida apenas por lideranças como Bento Gonçalves, Antônio de Sousa Neto (1803-66) ou Bento Manuel Ribeiro (1783-1855). Sem dúvida tais personagens foram importantes, mas, para a continuidade das ações desse movimento, foi fundamental a cooperação de indivíduos que exerceram cargos nas instituições locais, como os padres, vereadores, juízes de paz, entre outros. Foram esses atores sociais nas vilas e cidades que possibilitaram a organização e institucionalização da República Rio-Grandense.

A província do Rio Grande do Sul, na década de 1830, era composta de catorze municípios. A República Rio-Grandense tinha uma composição territorial que se modificava ano após ano. Foi constituída em meio a uma constante disputa entre os próprios sul-rio-grandenses por espaço territorial, às vezes mais favorável para os legalistas e em outros momentos com conquistas importantes dos farroupilhas.

A República Rio-Grandense teve seu início com a sua proclamação pela Câmara Municipal de Jaguarão, em 20 de setembro de 1836. Nesse mesmo ano, apenas o município de Piratini acompanhou sua congênere. No ano seguinte, foi a vez do município de Alegrete, posteriormente Cruz Alta, e, assim, a República foi sendo proclamada progressivamente em partes da província de São Pedro, tendo seu ápice territorial com oito municipalidades, no ano de 1838. Os vereadores, naquele momento, decidiam os rumos políticos do município, em nome de toda população do termo, pois eram os representantes legítimos dos cidadãos no âmbito municipal. A partir desse ato, os indivíduos juravam defender a República e poderiam tomar posse nas instituições locais.

Além dos municípios existentes, o governo da República Rio-Grandense estabeleceu, por decreto, a possibilidade de instalação de uma Câmara Municipal em Setembrina, localidade estratégica na região de Porto Alegre, bem como de construção de um porto fluvial na região de Uruguaiana.

A partir de 1842, o território dominado pelos farroupilhas estava formado por apenas dois municípios. Durante quase nove anos, os farroupilhas tentaram construir um Estado independente concomitantemente a uma guerra civil, em que ganhos e perdas territoriais não dependiam apenas da força, mas também da política.

Para os farroupilhas, as câmaras municipais estavam reivindicando o exercício direto de soberania — ato garantido pelos direitos das gentes, ou seja, reivindicavam e assumiam o poder completo de decisão e independência para tratar dos interesses locais e para estabelecer alianças com outros municípios. Foi mediante o emprego das próprias leis do Império que os farroupilhas encontraram um caminho, na ação prática, para o processo de retomada da soberania aos municípios e, então, organizaram um território independente.

Aos olhos dos defensores da integralidade do Império brasileiro, a República Rio-Grandense significava um golpe institucional que carecia de legalidade, uma vez que esses atos extrapolavam todas as atribuições previstas na Constituição e nas leis imperiais, representando uma ação não condizente com a imagem do exercício de um poder administrativo como a legislação determinava.

Em 1836, Bento Gonçalves foi eleito presidente, mas estava preso na Bahia, assumindo provisoriamente o vice-presidente Gomes Vasconcelos

Jardim (1773-1854). A partir desse ano, os municípios que proclamaram a República atribuíram amplos poderes ao presidente do Estado que, juntamente com os ministros, formaram um governo central, que criava decretos-lei e os enviava às municipalidades.

No período em que Gomes Jardim esteve na presidência da República — de setembro de 1836 a dezembro de 1837 —, elevou a vila de Nossa Senhora de Piratini à categoria de cidade, justamente por ser capital do Estado, possibilitando o aumento do número de vereadores. Dessa capital, Gomes Jardim organizou a estrutura da República Rio-Grandense a partir de seis pastas ministeriais: Ministério do Exterior, Interior, Fazenda, Justiça, Guerra e Marinha.

A Revolução Farroupilha e a República Rio-Grandense causaram impacto significativo no cotidiano da província do Rio Grande do Sul. Além de todos os conflitos bélicos e da reorganização de instituições, cabe aqui um parêntese para lembrar a concessão de liberdade (*cidadania civil*) aos escravizados que lutassem no Corpo de Lanceiros Negros, um grupo de infantaria criado em 1838 por um decreto-lei que gerou discordância entre os farroupilhas. Tal cidadania nunca foi conseguida, uma vez que a grande maioria foi massacrada na Batalha de Porongos, em 1844, e aqueles que sobreviveram foram levados ao Rio de Janeiro.

A institucionalização da República envolveu a criação de uma nova estrutura para o Estado Rio-Grandense. Após a organização dos ministérios, foram assinados decretos que reorganizavam os poderes locais para a viabilização da República Rio-Grandense: criação do Conselho de Procuradores Gerais dos Municípios (18 de setembro de 1838), composto por um representante de cada município e representantes do governo, que se tornou base para a instalação da Assembleia Legislativa e Constituinte em 1842; criação das coletorias (14 de agosto de 1838), com a finalidade de efetuar pagamentos, realizar cobranças e fiscalizar as rendas do Estado; criação de escolas públicas nos municípios; e criação do cargo de Vigário Apostólico, que reorganizava o âmbito eclesiástico e separava-o do Bispado do Rio de Janeiro, tornando-se responsável pelas paróquias e capelas curadas da República Rio-Grandense.

As câmaras municipais, ao proclamarem a separação dos seus territórios referentes ao Império brasileiro, permitiam uma institucionalização do "Estado Rio-Grandense". Na prática, porém, a atuação dos vereadores por si só não era uma garantia da viabilização da República, pois a institucionalização envolvia a necessidade de cooperação de diversos poderes em âmbito municipal, como o dos juízes de paz e dos juízes municipais, assim como o exercício dos cargos de tabelião e de escrivão de órfãos, que possuíam funções relevantes no âmbito judiciário, pois podiam bloquear investigações criminais e frequentemente redigiam as decisões dos juízes. Portanto, a República consistia no exercício de poder em conjunto, que dependia da confiança e da indicação de indivíduos, muitas vezes com laços de parentesco entre si, para o exercício do poder nas instituições locais além da Câmara Municipal.

A proteção militar era outro aspecto que se tornava baliza para a tomada de decisões das cidades, desde o momento da proclamação da República. Em alguns casos, as câmaras municipais questionavam os decretos enviados pelo governo da República Rio-Grandense, quando tratavam da defesa da propriedade privada, da garantia dos direitos individuais e da atuação dos chefes de polícia militares nas comarcas, pois entravam em conflito com as atribuições dos juízes de paz. E, nesses casos, recorriam a indivíduos cujos recursos fossem capazes de mobilizar grupos armados e de respaldar suas decisões. Além disso, a institucionalização da República Rio-Grandense dependia, obviamente, do sucesso na guerra.

A guerra civil de 1835 e o processo de proclamação das repúblicas nos municípios contribuíram para a instabilidade na manutenção da unidade territorial do Império brasileiro. As características desse processo apresentam semelhanças com o contexto de reorganização territorial e de poder vivenciado na América Hispânica no começo do século XIX. As cidades que protagonizaram a retroversão da soberania e o início das independências passaram por um processo de diminuição dos seus poderes durante o período de construção e de centralização dos novos Estados.

O tema da soberania foi debatido às vésperas da organização da Assembleia Legislativa e Constituinte (1842), quando o periódico oficial da República Rio-Grandense *O Americano* traduzia e publicava, com comentários dos redatores, os textos dos *Princípios de política*, de 1815, de Benjamin Constant de Rebecque (1767-1830), que atuou na política francesa e influenciou o pensamento político ocidental. A preocupação em limitar os poderes foi a chave dos textos selecionados pelos farroupilhas.

Benjamin Constant defendia a criação de um poder neutro e real que impediria o exercício excessivo do poder por alguma esfera do Estado. Esse equilíbrio foi pensado para todos os âmbitos do Estado, inclusive para a organização municipal, defendendo um novo modelo de federalismo. Para tanto, separava os interesses dos cidadãos em três níveis distintos: municipal, regional e geral/ nacional.

Para a construção de um Estado unitário, era preciso atribuir certo grau de autonomia ao município e a decisão sobre os interesses locais aos indivíduos. O Estado deveria manter agentes ligados diretamente ao Poder Executivo (que para Constant deveria ser exercido pelos ministros) a fim de que pudesse agir com mais eficácia caso houvesse necessidade de uma intervenção.

Esse equilíbrio esteve presente na organização municipal do "Projeto de Constituição da República Rio-Grandense", que não foi concluído e muito menos aprovado pelos deputados. Através da criação do cargo de diretor municipal, José Pinheiro de Ulhoa Cintra (1806-83), ministro da Guerra, da Marinha e do Exterior do Estado Rio-Grandense, criava uma alternativa para uma organização local sem a existência dos chefes de polícia militares, proposta semelhante a que foi apresentada pelos liberais em 1832, com o nome de intendente municipal, mas que, naquela ocasião, não obteve aprovação no Senado brasileiro.

Para a conjuntura de 1843, a criação da função do diretor municipal poderia possibilitar o fortalecimento da institucionalização do Estado e a garantia do equilíbrio entre a autonomia local e um Estado unitário, justamente no período em que a República Rio-Grandense começa a perder território de atuação.

Outra novidade que surge no projeto de Constituição, em relação à organização municipal, é o aumento do número de vereadores. Indistintamente todas as câmaras municipais teriam nove membros, não podendo haver menos de sete. Contudo, as municipalidades não poderiam deliberar "sobre interesses gerais da nação; sobre quaisquer ajustes de uns com outros municípios" e sobre imposições cuja iniciativa seria competência exclusiva da Assembleia dos Deputados. Isso impossibilitava que os municípios exercessem a soberania que viabilizou o processo de institucionalização da República Rio-Grandense.

Por fim, as fontes que sobreviveram ao tempo deixaram, como herança, dados sobre as concepções teóricas das repúblicas, um "Projeto de Constituição" viável para a construção de um Estado independente, assim como discursos que justificavam as ações daqueles atores sociais e a experiência de constituição da República Rio-Grandense em parte dos municípios da província. São vestígios do passado que possibilitam a visualização de âmbitos distintos, apresentando o que pode ter significado a república e como foi elaborada pelos farroupilhas.

REPUBLICANISMO E QUESTÃO RACIAL

Silvio Luiz de Almeida

R

OS IDEAIS REPUBLICANOS DA IGUALDADE E DO REPÚDIO AOS privilégios parecem, à primeira vista, incompatíveis com o racismo ou com quaisquer outras formas de discriminação. Todavia, um olhar mais acurado sobre a história da construção das bases conceituais e, mais ainda, sobre as experiências republicanas modernas leva à constrangedora constatação de que o racismo e as demais formas institucionais de discriminação não foram exclusividade das monarquias, contra as quais os republicanos se ergueram. Na verdade, as mesmas condições históricas e filosóficas propiciadoras da República moderna é que fizeram nascer a raça como categoria política. Assim, é possível dizer que a história do republicanismo moderno é também a história de como a raça foi se configurando como fator de legitimação do poder e como tecnologia de controle social cada vez mais sofisticada. Mesmo que possamos argumentar que o ideal republicano de igualdade permitiu a organização de lutas políticas emancipatórias e antirracistas, a forma republicana de governo nunca foi um obstáculo à institucionalização do racismo, de que são exemplos notáveis os Estados Unidos, a França, a Alemanha, a África do Sul e o Brasil.

O significado contemporâneo de raça deita suas raízes nas condições socioeconômicas instauradas pela modernidade. A expansão econômica mercantilista deu aos modernos o fundamento material para uma reflexão sobre a unidade e a multiplicidade da existência humana. A expansão comercial burguesa e a cultura renascentista abriram as portas para a construção do *homem universal*. Raça, categoria antes utilizada para a classificação de plantas e animais, passa a ser aplicada à catalogação das diferenças humanas.

As revoluções liberais marcam a passagem definitiva das sociedades feudais para a sociedade capitalista, em que a liberdade individual, a propriedade privada e o mercado são erigidos em valores universais. No fim do século XVIII e no século XIX, é construído o discurso que dá ao homem europeu e seus descendentes a tarefa de proteger tais valores universais oriundos da razão e de conduzir os "selvagens", "primitivos" ou "atrasados" à "civilização" e ao "progresso". Portanto, dos mesmos ideais do qual se extraem os princípios fundamentais do republicanismo, como a universalidade da razão, a afirmação dos direitos humanos e a igualdade perante a lei, também se originam os fundamentos ideológicos do colonialismo e da versão moderna da escravidão. E é dessa encruzilhada, que contrapõe liberdade, igualdade, privilégio e escravidão, que emerge a relação contraditória entre o racismo e o republicanismo moderno.

A reflexão sobre o vínculo histórico entre racismo e republicanismo se inaugura sobre dois pontos. O primeiro se refere ao fato de a ligação entre escravidão e republicanismo não ser uma novidade, já que este vínculo existia no modelo de república da antiguidade. O que a modernidade traz como inovação é a determinação racial da condição de escravo. O republicanismo clássico foi construído a partir de sociedades escravagistas, de tal sorte que não se pode separar a ideia de um *governo misto* da crença em um direito natural que reserva a cada ser um lugar compatível com a sua "essência". A república é, no sentido clássico, o regime mais apropriado à participação dos cidadãos no governo de acordo com a respectiva natureza. Ora, o direito natural que se relaciona com a *politeia* e a *res publica* é também a chave para a montagem jusfilosófica da escravidão como "condição natural".

O segundo ponto diz respeito à relação entre republicanismo e liberalismo. A república moderna é o resultado das revoluções liberais, sobretudo das chamadas *revoluções atlânticas*. As transformações socioeconômicas ocorridas entre os séculos XVIII e XIX deram origem aos primeiros Estados nacionais estruturados nos moldes republicanos: os Estados Unidos e a França. Foi nesses países que, no século XVIII, o republicanismo moderno surgiu como o arranjo político que visava lidar com a tensão entre liberdade e igualdade. A distinção entre uma tradição republicana e uma liberal no pensamento político dá-se justamente no trato desse conflito entre liberdade e igualdade. Ambas as tradições, tanto a liberal como a republicana, movimentam-se nas fronteiras da sociabilidade capitalista, em que a liberdade individual é condição imprescindível. Mas para o liberalismo, a liberdade se apresenta como *negativa*, no sentido de que sua realização ocorre com a ausência de constrangimentos ao indivíduo, independentemente da forma de governo. Já o republicanismo altera esse entendimento para colocar a liberdade sob uma perspectiva *positiva*, e daí ser fundamental a ideia de "não dominação". Isso quer dizer que a mera existência de um governo que não possa ser controlado, responsabilizado ou mesmo deposto pelo povo é uma ameaça à liberdade individual, ainda que não se apresentem constrangimentos à ação do indivíduo. Por isso, o republicanismo seria, segundo seus defensores, a forma de governo mais apropriada para preservar a liberdade contra qualquer forma de servidão, na medida em que a igualdade é considerada condição sine qua non ao exercício da liberdade.

Mas o republicanismo, enquanto "governo dos iguais", gera ao menos três perguntas que a filosofia política tem se esforçado para responder: 1) quem são os "iguais" que pertencem à república? 2) quem dentre os "iguais" deve exercer o governo? 3) o que fazer com os "não iguais"? Ao se observar as experiências republicanas modernas, constata-se que a raça, direta ou indiretamente, fez parte das respostas a essas questões.

Sobre a primeira é importante destacar que, assim como no caso do liberalismo, o republicanismo não implica, a priori, qualquer oposição à escravidão. Pelo contrário: os séculos XVII e XVIII, em que o moderno republicanismo floresceu, foram marcados pela escravidão relacionada ao processo econômico mercantil e, mais tarde, ao industrial. E uma das principais características da escravidão moderna é o seu *caráter racial*. No caso dos Estados Unidos, a questão da escravidão foi um dos principais pontos de negociação entre os estados após a independência, de tal sorte que se pode dizer que, em alguma medida, os interesses dos senhores de escravo foram preservados para que a República e o capitalismo norte-americano pudessem se constituir. Negros e indígenas foram tidos por séculos como indignos ou inaptos a fazer parte da "comunidade dos livres" e, depois, do "governo dos comuns", em razão de sua *raça*. "Livres" e "iguais" eram adjetivos reservados originalmente a homens brancos e proprietários, de tal modo que se pode afirmar que a raça foi fator decisivo para que as condições de participação na vida republicana pudessem ser estabelecidas.

A questão racial não passou ao largo da experiência francesa. O berço da mais emblemática das revoluções liberais também se prestou a empreendimentos coloniais que redundaram em escravidão e racismo.

No período imediatamente anterior às revoluções da década de 1790 e no Haiti — que fora uma de suas colônias —, a escravidão das *plantations* e o comércio transatlântico associado a ela constituíam o setor mais lucrativo e dinâmico da economia francesa. Depois da perda do Haiti, em 1794, o declínio econômico foi significativo, mas os senhores de engenho de Martinica, Guadalupe e Réunion resistiram à abolição até a Revolução de 1848 conduzir os opositores da escravidão ao poder. A Revolução Haitiana eclodiu justamente no período inicial da Primeira República, e seus eventos escancararam as contradições do postulado da igualdade universal; havia homens e mulheres que não eram iguais e não poderiam reivindicar os mesmos direitos do homem francês ou de seus descendentes porque não eram brancos. O fantasma da Revolução do Haiti assombrou o imaginário político da burguesia em diversos países do mundo e serviu como justificativa para a expansão da escravidão, bem como para o aumento de políticas de controle racial e até de extermínio.

Quanto aos mecanismos de participação no governo, é importante ressaltar que a universalização dos direitos políticos, ou seja, que a democracia, nem sempre fez par com a vida republicana. O encontro entre o republicanismo e a democracia, ainda que esta seja meramente formal, só ocorreu após muitas mortes, greves, protestos, guerras e uma forte mobilização dos movimentos sociais. A condição racial, sexual ou de classe determinava quem poderia ou não participar da vida política, como eleitor ou como candidato, mesmo em contextos de regimes formalmente democráticos ou em que já não havia escravidão.

Apesar da universalização dos direitos políticos, o racismo não se desentranhou da república; na verdade, o racismo é a forma de calibrar as contradições do republicanismo moderno, que se equilibra entre um discurso universalista e a hegemonia política e econômica de certos grupos sociais. A raça sempre foi um dos modos de racionalizar as disputas de poder dentro da república. O racismo naturaliza a ideia de que mesmo em países de maioria negra ou indígena caberia a homens brancos ou a pessoas por eles autorizadas o exercício do governo, uma vez que a raça seria uma comprovação "científica" de inteligência ou de preparo emocional e, nesse ponto, negros e indígenas estariam, segundo esses modelos, em desvantagem. Quando o "racismo científico" caiu em desuso ou foi desmoralizado pela grande maioria acadêmica, a desigualdade na república foi transferida para o campo discursivo da *meritocracia*, concepção individualista que esconde o caráter histórico e político da desigualdade.

A questão de quem são os iguais na república articula-se com o tema do nacionalismo. O nacionalismo é central para a construção de um imaginário social de "unidade do Estado" ou da "unidade de um povo". Trata-se de fornecer as bases ideológicas que permitirão aos indivíduos se reconhecer como pertencentes a uma comunidade política orientada por valores e propósitos singulares. Por isso, a ideia de nação também envolve afirmar quais as características físicas ou culturais, ou qual a "raça", de um membro legítimo da comunidade, qual posição pode ocupar na sociedade ou em que circunstâncias deve ser afastado. É em torno da defesa da nação e, de forma direta ou indireta, da raça que a dimensão ideológica das lutas políticas pela tomada ou pela manutenção do Estado irá se organizar no contexto da modernidade. Nesse diapasão, é possível compreender que o tipo de nacionalismo emergente nas revoluções do século XVIII tenha gerado o republicanismo moderno, em geral categorizado como nacionalismo "cívico" ou "territorial", em oposição ao tipo "étnico" ou "orgânico", originado na Europa do século XIX, sobretudo na Alemanha. O primeiro significava que, pelo menos em teoria, uma pessoa pertencia à nação simplesmente por estar lá e ser humano; já no caso da adesão ao tipo étnico, exigia-se a ascendência correta ou "sangue". Posteriormente, "solidariedade étnica" e "cidadania política" seriam combinadas, embora em proporções distintas.

Portanto, apesar da base universalista exposta nas respectivas declarações de direitos, o republicanismo sempre se viu às voltas com a disputa sobre quem seriam os humanos ou se, mesmo dentre os humanos, todos seriam iguais. E, ainda assim, mesmo nos países em que o questionamento sobre a humanidade dos indivíduos para fins de participação política fora abolido, tornar-se membro pleno da comunidade política exigia a atenção a padrões particulares envolvendo renda, idade, sexo, local de nascimento, ascendência parental ou pertencimento étnico-racial.

No caso brasileiro, é impossível separar o processo de formação da Primeira República do debate racial. Após a abolição da escravidão, em 1888, e o fim do Império, em 1889, iniciou-se uma grande discussão acerca da identidade nacional, na qual a concepção de raça desempenhou um papel fundamental. "Quem eram os brasileiros?"; ou ainda: "como criar o brasileiro?" foram perguntas importantes ao projeto nacional. A construção de um país republicano, economicamente liberal e sem escravidão, levou a uma reflexão sobre os rumos da nação e da nacionalidade, o que não significou um país desigual. A Primeira República brasileira, ao contrário da dos Estados Unidos e da França, não conviveu com a escravidão formal, mas, em compensação, assistiu à reordenação da desigualdade social no país em termos nitidamente raciais, no caso do "racismo científico" e das "teorias de branqueamento", que se tornaram uma espécie de ideologia oficial do país. Na literatura, nos ensaios, nos romances, a raça se estabeleceu como uma categoria essencial para os que desejavam entrar nos debates em torno da cultura nacional. Mesmo que para divulgar, ressignificar ou até negar os discursos advindos do racismo científico, falar do processo histórico de formação do povo brasileiro trazia à baila a questão racial. Assim, a reorganização da desigualdade brasileira pós-abolição foi feita com a participação do Estado e de suas instituições (faculdades de direito, escolas de medicina e museus de história natural), responsáveis pela criação dos mecanismos repressivos e ideológicos que ainda hoje estruturam a desigualdade econômica, o racismo e o autoritarismo brasileiro.

O racismo foi e continua sendo um elemento estrutural das experiências históricas do republicanismo. No caso dos Estados Unidos, vale mencionar que com o fim da escravidão, em 1863, e após uma intensa disputa pela hegemonia do país entre os estados do norte e do sul, entraram em vigor, entre os anos de 1876 e 1965, as leis de segregação racial apelidadas como "Leis Jim Crow". E até hoje a desigualdade entre negros e brancos é uma realidade nos quando são observados os índices de pobreza e a situação da população carcerária do país. No caso da França, as heranças do imperialismo e do colonialismo se apresentam atualmente sob a forma de uma crescente xenofobia e de problemas de integração social de uma significativa comunidade de imigrantes. No Brasil, o racismo fez parte de projetos de nação desde o início da República, de tal sorte que moldou e deu racionalidade às principais formas institucionais de violência, autoritarismo e desigualdade que constituem a vida social brasileira.

A efetividade do republicanismo como forma de governo realmente apta a abrigar a democracia, a repudiar privilégios, a promover a igualdade substancial e a garantir a liberdade tem como única viabilidade a ressignificação histórica da "comunidade dos iguais", a fim de que todos, sem distinções raciais ou sexuais, possam dela fazer parte. Nesta vereda, a mesma história que não permite desvincular racismo e republicanismo também revelou que a radicalização do ideal republicano foi capaz de orientar o imaginário político das lutas sociais, seja para reformas substanciais, seja para revoluções. Ao se definir a política como a possibilidade sempre aberta de rompimento com todas as formas de tirania, o ideal republicano leva, a quem o reivindica para si, a ter na dissolução do racismo uma tarefa que não pode mais ser adiada.

REPUBLICANISMO NA CANÇÃO POPULAR BRASILEIRA

Bruno Viveiros Martins

DESDE A INSTITUCIONALIZAÇÃO DO REGIME REPUBLICANO NO BRASIL, em 15 de novembro de 1889, vários compositores e intérpretes pensaram, debateram e questionaram, por meio da narrativa musical, quais seriam as características, condições e, sobretudo, as dificuldades enfrentadas pelos brasileiros para construir uma república capaz de incorporar a participação popular como um de seus princípios fundamentais. Neste verbete, buscamos compreender a maneira como alguns desses artistas, em diferentes contextos históricos, utilizaram a linguagem híbrida da canção popular que conjuga versos, melodias, ritmos, arranjos, dicções, notas musicais em diálogo com o conhecimento prático do cotidiano para analisar os diferentes aspectos do conceito de República e os contornos por ele adquiridos no país.

Uma das primeiras canções a discutir a República no Brasil foi ouvida em 1892, um ano após a promulgação da primeira Constituição republicana, durante a apresentação do espetáculo *O tribofe*, teatro de revista assinado por Artur Azevedo (1855-1908), que, além de jornalista, poeta e contista, também escrevia operetas e comédias musicais no Rio de Janeiro desde a segunda metade do século XIX. O grande sucesso de sua obra foi conquistado em função do caráter satírico de suas peças teatrais e burletas que debatiam temas da política nacional. Em *O tribofe*, a República recém-proclamada é ironizada em um rondó no qual são recitados os versos:

Na política há muito tribofe,
Muito herói que não sente o que diz,
E o que quer é fazer regabofe,
Muito embora padeça o país.
Quem república ao povo promete
E, mostrando-se pouco sagaz,
No poder velhos áulicos mete,
Faz tribofe, outra coisa não faz.

O tribofe foi um dos muitos teatros de revista publicados por Artur Azevedo. Sua narrativa repassa os principais fatos e eventos do ano anterior sempre de forma bem-humorada, tendo a cidade do Rio de Janeiro como cenário principal. A população que vivenciava os anos iniciais do regime republicano já se ressentia das promessas não cumpridas pelo governo. Na análise de Renato Lessa, o Rio de Janeiro da época era a capital federal de um país sem grandes convicções republicanas. A República, entendida como comunidade autogovernada, evoca a cidade como palco maior do debate político, exigindo por consequência a presença de repúblicos. Porém, a preponderância dos desejos privados sobre o bem comum e a ausência desses personagens no Brasil seriam alguns dos entraves para o aumento da participação popular e para a constituição de referências coletivas necessárias à legitimação republicana. Os versos de Artur Azevedo suspeitam dos reais interesses do grupo político instalado no poder, principalmente em contraposição à situação de padecimento que pairava pelo país. Seria a República uma trapaça, um jogo de cartas marcadas? Nesse descompasso, o povo nas ruas era sempre o maior prejudicado.

Ainda no fim do século XIX, o cantor, compositor e palhaço de circo Eduardo das Neves (1874-1919) ressalta a República na tentativa de fortalecer o patriotismo de um povo sem uma tradição de grandes símbolos, alegorias, mitos e heróis republicanos. Conforme afirma José Murilo de Carvalho, diferentes correntes (liberais, jacobinos, positivistas) disputavam o imaginário popular em torno da construção de uma identidade republicana. É nesse mesmo contexto que Eduardo das Neves compõe um repertório de lundus, modinhas e cançonetas voltado à discussão de temas sociais e políticos que estavam na pauta do dia, como "A Guerra de Canudos", "A carne fresca", "O aumento das passagens", "A conquista do ar (Santos Dumont)". Quando não utiliza da comicidade para cantar o cotidiano urbano, Eduardo das Neves interpreta temas sérios com tons dramáticos semelhantes à sonoridade dos hinos, como em "O Cinco de Novembro", de 1897, um dos maiores sucessos de sua carreira:

Ó minha República,
Prevê tais perigos,
Paralisa o braço
De teus inimigos.
Ó manto sagrado,
Cobre esse caixão,
Não te manche o sangue
Que é do nosso irmão.
Venho dar meus pêsames,
Como brasileiro,
Ao valente Exército,
Ao Brasil inteiro,
À família em prantos.
Queria os receber,
Pela nobre vítima,
Filha do dever.

Na canção, o compositor dignifica a morte do marechal Carlos Machado de Bittencourt (1840-97), durante um atentado contra a vida do presidente Prudente de Morais (1841-1902), em 5 de novembro de 1897. A letra ressalta, não apenas o luto diante do acontecimento trágico, mas também a necessidade de fortalecimento do patriotismo como princípio norteador da política. A atmosfera de temor frente à tentativa de assassinato do primeiro presidente civil retoma o ideal de amor pátrio como defesa da nação, ou seja, revela um sentimento próprio de cidadãos dispostos a agir na cena pública.

Esse é um amor político por natureza que se desenvolve dentro de uma coletividade de pertencimento a todos e que precisa ser construída diariamente pelo exercício de direitos e deveres. Enfrentar o inimigo que ameaça a pátria, morrendo por ela se preciso for, seria expressão maior desse amor voluntário, destinado a cuidar do outro como igual (representado pela metáfora familiar do irmão) e forjar na alma dos brasileiros uma identidade a ser compartilhada por todos — ou, nos termos formulados por Benedict Anderson, uma "comunidade imaginada".

Nessa composição, a República é tida não apenas como berço, origem ou lugar de nascimento. Ela guarda, sobretudo, um sentido de devoção à causa política que reúne o personagem, o narrador e também os ouvintes aos quais essa narrativa se destina. Nesse aspecto, "O Cinco de Novembro" possui a forma de um epitáfio, canto fúnebre que visa preservar a memória do personagem. Eduardo das Neves cantaria a República em outras duas gravações pelo menos: "O imperador da República", de 1913, e "Volta à pátria o imperador", lançada entre 1920 e 1921. Esta última, um epitáfio em memória de d. Pedro II, também associa o conceito de pátria à República idealizada pelo compositor:

Embora República,
Meu Brasil amado,
Não pode olvidar
Seu antepassado,
Da Pátria querida
O filho oriundo
Desse amor que grita
D. Pedro II
Deportado um dia
Para o estrangeiro
Deixou a saudade
No Brasil inteiro
Pois habita agora
Na eternidade.

Na década de 1920, a República já havia se consolidado enquanto forma de governo, mas havia muita gente que, assim como o narrador dessa canção, sentia saudades de d. Pedro II, personagem que sempre gozou de grande popularidade, mesmo após seu banimento logo depois do golpe republicano de 1889. Por outro lado, as mazelas do governo oligárquico acentuavam a nostalgia dos tempos de Império. Em 1930, às vésperas do movimento que levou Getúlio Vargas (1882-1954) ao poder, a descrença em relação a um sistema político marcado pela exclusão se torna evidente na moda de viola "Tempo ruim", gravada em tom saudosista pela dupla caipira Mandi (1901-87) e Sorocabinha (1895-1995), que lamenta:

O nosso tempo tá ruim
Em tudo eu não acho jeito
Sempre mudar de governo

Sempre mudar de prefeito
É coisa que eu não compreendo
E eu não posso achar direito
Foi depois da monarquia
Que houve complicação
Agora com a República
Tudo vai por votação
E a gente que não vota
Diz que não é cidadão.

Ainda em 1930, Catulo da Paixão Cearense (1863-1946) e Henrique Vogeler (1888-1944) celebram a deposição do presidente Washington Luís (1869-1957) com o hino "24 de Outubro", canção de compasso marcial cujos versos são ora cantados, ora declamados em uma interpretação enfática do cantor Gastão Formenti (1894-1974):

Vinde a nós, bravos Getúlios,
Destemidos Florianos,
Vós, Juarezes soberanos,
Generais triunfadores.

Mas trazeis na vossa frente,
Conduzindo a cavalgada,
A liberdade montada
Num corcel cheio de flores.

Derribado o despotismo,
Expulsai num grande exemplo
Esses vendilhões do templo
Da República altaneira,

Até que venham de joelhos
Pedir-nos perdão um dia,
Rezando uma ave-maria
Aos pés de nossa bandeira.

O hino foi composto em forma de elogio, gênero de discurso que ostenta a grandeza de personagens celebrados por seus feitos valorosos. Espécie de canto público, o elogio apresenta, propaga e reforça as virtudes de uma ação a ser louvada, perpetuando-a através dos tempos. Em uma narrativa com forte apelo religioso, inclusive com citação ao texto bíblico, os compositores exaltam a derrubada do governo considerado despótico. Em sua letra, a República é tida como uma instituição que merece devoção cívica fervorosa, mas que foi corrompida por interesses privados.

Já em 1945, ano que marca o fim da ditadura do Estado Novo (1937-45), os compositores Alcir Pires Vermelho (1906-94) e Osvaldo Santiago (1902-76) recordam uma República fundada por escravizados, no interior do atual estado de Alagoas, por volta de 1597, na canção "República dos Palmares". A dicção eloquente do cantor Fernando Barreto (1921-), acentuada pelo acompanhamento de orquestra regida pelo maestro Francisco Sergi, demonstra a visão de grandiosidade com que os artistas retomam a história de Palmares não apenas como o maior e mais famoso quilombo da América portuguesa, mas pelo caráter insurgente de um povo que possui como princípios a luta pela liberdade e o direito de resistência:

Antigos cativos
Cansados de açoite,
Mais mortos que vivos,
Chegavam fugidos
Nas sombras da noite.
Erguiam mocambos,
Faziam seus lares,
Formando quilombos
Nas bordas dos montes
Por entre os palmares.
Palmares, República livre!
Onde não ia o trabuco
Dos capitães do mato
Da capitania de Pernambuco.

A utilização do termo "República" para designar a experiência política dos palmarinos aparece inicialmente na *Relação das guerras feitas aos Palmares de Pernambuco no tempo do governador d. Pedro de Almeida: De 1675 a 1678*, documento reunindo informações que levaram o representante da Coroa portuguesa a encontrar nos arredores da serra da Barriga "todos os elementos de qualquer República". Por certo, o governador não identificou em Palmares uma experiência republicana em função da forma de governo adotada pelos quilombolas. Em outras palavras, aquilo que mais o inquietava era a existência de uma sociedade autogovernada, estruturada por uma administração pública, instituída por um conjunto de leis que estabeleceram uma convivência política, baseada em referenciais associativos norteadores da vida em comunidade dos diversos quilombos com chefias próprias, mas confederados em torno da defesa de um Estado livre em plena colônia.

Se por um lado a história de Palmares foi cantada e decantada por diversas outras linguagens da imaginação, ao longo do século XX poucas são as obras que retomam o conceito de República como traço singular de uma forma associativa que desafiou, por quase um século, o Império português. Além da canção de 1945, a República dos Palmares é ressaltada em outras duas oportunidades: por Dias Gomes (1922-99), no texto de contracapa do LP *Edu canta Zumbi*, lançado em 1968, com a trilha sonora do espetáculo *Arena canta Zumbi*, de 1965: "Canta-se a liberdade sonhada pelos negros da República dos Palmares, sonhada por tantos, ainda hoje, negros e brancos de tantos Palmares". Já em 1988, ano em que é promulgada a chamada "Constituição Cidadã" e se comemorou o centenário da abolição da escravidão, foi a vez da banda Raízes do Pelô gravar a canção "República livre" cujos versos afirmativos são amplificados pela percussão dos tambores da axé-music:

Ilê Aiyê repuxa em mim
Zumbi, Ganga Zumba
Palmares, serra da Barriga
Fica situada na mesma estação
Quilombo, sociedade negra livre
Resistência pela negra luta
E a subsistência contra a opressão
República! Palmares!
Quilombo! Sou Ilê Aiyê!

Pensar o passado como uma herança sem testamento fez compositores de diferentes gerações buscarem no tempo eventos, personagens, ideias e ações com os quais pretendem responder a dúvidas e questionamentos de seu próprio presente, como é o caso dessa canção assinada por Gibi (1925--2008). Alguns, por sua vez, tentaram alinhavar os fios de uma antiga meada lançada por Tiradentes em canções que recordam os ideais da Conjuração Mineira de 1789, como: "Exaltação a Tiradentes", em 1949, de Estanislau Silva (1910-90), Penteado e Mano Décio da Viola (1909-84); "Tiradentes", em 1965, de Ary Toledo (1937-) e Chico de Assis (1933-2015); "Tema de 'Os inconfidentes'", em 1968, de Cecília Meireles (1901-64) e Chico Buarque (1944-); "Sonhos Brasis", de 1984, de Gonzaguinha (1945-91); "Nosso herói", em 1984, de Tavinho Moura (1947-) e Fernando Brant (1946-2015); "Liberdade", em 1994, de João Bosco (1946-) e Cacaso (1944-87); entre outras.

Dessa forma, eles também tomam lugar na "conspiração de poetas" — termo formulado pelo frei franciscano Raimundo da Anunciação Penaforte, um dos frades que assistiram os conjurados mineiros durante os interrogatórios no Rio de Janeiro. Considerando que, entre poetas e compositores, as palavras escritas e cantadas equivalem à própria ação política, essa "conspiração de poetas" perdura no tempo, sendo recriada a cada contexto de crise política em que novas canções se dispõem a recordar o ideário republicano de matriz anglo-saxônica, retomando-o com o objetivo de interpretar a realidade vigente. Não por acaso, é no álbum *Conspiração dos poetas* que Tavinho Moura e Fernando Brant, integrantes do Clube da Esquina, lançam em 1997 uma dessas canções:

Ah, se eu me apanho ali
Vivendo a conjuração
Ah, se eu estivesse lá
Dentro da rebelião
Ah, se eu me pegasse aí
Na Minas que disse não
Ah, se eu dissesse sim
Para a Minas cidadã
Ah, se eu estivesse assim republicano
Ah, se eu me visse enfim independente
Ah, se eu encontrasse em mim o solidário
Se eu realizasse ali o sonho louco.

A canção "Ah, se me apanho em Minas", composição de melodia intimista, gravada por seus próprios autores em dueto com um arranjo de apenas voz e violão, reacende a imaginação em torno de uma "República Florente" que desafia o poder do esquecimento. Seus versos não recorrem a eventos e personagens presos a um tempo perdido, mas a um projeto partilhado de futuro com origens e destinos comuns. Quer dizer, o fato de seus compositores reunirem fragmentos de passado e possibilidades de futuro confere ao conceito de República um sentido de projeto cívico com forte potencial emancipador, que ajuda a delinear uma consciência coletiva. Sendo assim, o republicanismo em circulação no Brasil colonial, entendido por Heloisa Starling como "uma tradição esquecida", é reavivado por essa canção como alternativa crítica a um presente insatisfatório.

O conjunto de canções analisadas no breve espaço deste verbete nos remete a uma característica específica com a qual seus compositores dotaram suas narrativas: a capacidade de intervir no debate político de seu tempo como "atos de fala", ou seja, como uma forma de ação desenvolvida na cena pública com o objetivo de interpretar, criticar, propor soluções, defender e combater pontos de vista e visões de mundo. As composições musicais aqui estudadas apresentam uma marca comum: partilhar informações, contrapor opiniões, comentar fatos recentes, interpretar acontecimentos do passado, discutir as grandes questões da época, colocar ideias em movimento.

Elas não apenas discutiram as formas apresentadas pela experiência republicana inaugurada no Brasil em 1889 até os dias de hoje, como também requalificaram o papel do cidadão comum nesse processo histórico. Seus versos nos interpelam acerca da República que somos e que poderemos vir a ser. Em vista dos desafios a serem enfrentados, Moraes Moreira (1947-), na canção "O Brasil não está pronto", de 2012, afina sua viola e seu canto falado ao ritmo do repente nordestino para lembrar que esse longo caminho a ser percorrido pelos brasileiros não tem, por enquanto, previsão para terminar:

Há mais de quinhentos anos
Ficando abaixo da crítica
Vendo o Império esses danos
Que só te causa a política
Da escravidão que eu aponto
Ao preconceito existente
Quem diz que o Brasil tá pronto
Se engana redondamente
Chora viola, chora
Chora viola, chora
Chora viola, chora

O mal que vem da raiz
Contaminou a República
Não sabem os imbecis
Zelar pela coisa pública
Pra não cair nesse conto
Presta atenção minha gente
Quem diz que o Brasil tá pronto
Se engana redondamente.

REVOLUÇÃO PERNAMBUCANA DE 1817

Evaldo Cabral de Mello

A HISTÓRIA DA FUNDAÇÃO DO IMPÉRIO É AINDA HOJE UMA história contada apenas do ponto de vista do Rio de Janeiro. Ela o foi, à época, pelos publicistas que participaram do debate político da Independência e, depois, por historiadores como Varnhagen, Oliveira Lima, Tobias Monteiro ou Otávio Tarquínio de Sousa, que repristinaram a versão original, visando à maior glória da monarquia e da unidade nacional. Como esta fosse encarada teleologicamente, eles se limitaram a desenvolver, sem os pôr em causa, os pressupostos da ideologia da Corte, reduzindo a Independência à construção do Estado unitário por alguns indivíduos dotados de acendrado patriotismo, geralmente nascidos no triângulo Rio-São Paulo-Minas.

Uma das consequências do rio-centrismo da historiografia da Independência consistiu em limitar o processo emancipacionista aos triênios 1820-2, quando, na realidade, 1823 e 1824, marcados pela dissolução da Constituinte e pela Confederação do Equador, foram anos decisivos para a consolidação do Império, à medida que ambos os episódios permitiram ao Rio resolver a contento a questão fundamental da distribuição do poder no novo Estado, o qual não se reduzia à disputa convencional entre o Executivo e o Legislativo, cara aos historiadores do período, mas dizia respeito sobretudo ao conflito entre o centralismo da Corte e o autogoverno provincial. Mas se as aspirações autonomistas existiam pelo Brasil afora, apenas Bahia e Pernambuco estavam em posição madura para articulá-las consistentemente, graças inclusive à sua posição na economia de exportação e às receitas de suas alfândegas. Ocorreu que o autonomismo baiano ficou privado de protagonismo pela ocupação portuguesa, que reforçou a corrente imperial entre o comércio de Salvador e a grande propriedade do Recôncavo.

Foi assim que Pernambuco se tornou o centro da resistência autonomista ao Rio, e o federalismo constituiu uma sensibilidade política eminentemente pernambucana, tanto mais que, na esteira de Dezessete, a relação de forças era ali mais equilibrada, o liberalismo se aliara à ideia de autogoverno até mesmo entre os partidários de d. Pedro e, no limite, se coloria de republicanismo. O federalismo pernambucano pretendia que, desfeita a unidade do Reino de Portugal, Brasil e Algarves, a soberania revertesse às províncias, onde propriamente residia, as quais poderiam negociar um pacto constitucional e, caso este não lhes conviesse, usar de seu direito a constituírem-se separadamente, sob o sistema que melhor lhes parecesse.

No tocante ao federalismo, não havia ideias precisas ao tempo da Independência. Por um lado, empregava-se como sinônimo de confederação, e, por outro, de república e de democracia, muitas vezes no objetivo *ad terrorem* de confundi-la com o governo popular, quando se tratava de concepções distintas. No seu sentido original, ele é a reunião de unidades políticas autônomas visando à criação, por motivo de defesa principalmente, de uma entidade maior. Esta é a acepção aplicável à criação das Províncias Unidas dos Países Baixos no século XVI na sua luta para se tornarem independentes da Espanha, e ao estabelecimento da Confederação das Treze Colônias Inglesas da costa oriental da América do Norte (1776) na sua guerra contra a Grã-Bretanha, a qual se transformou em República federal em 1787. Mas federalismo veio a adquirir uma segunda significação, etimologicamente bastarda, a da transformação de um Estado unitário preexistente em Estado federal. Foi este o caso do Brasil.

Graças à teoria segundo a qual a soberania residia nas províncias, os doutrinários como frei Caneca (1779-1825), Cipriano Barata (1762-1838) ou Natividade Saldanha (1796-1830) tinham-se na conta de federalistas, embora seja excepcional encontrar-se em seus textos uma afirmação enfática do tipo da que o frade fez certa vez, ao afirmar que “o Brasil tinha e tem todas as proporções para formar um estado federativo”. Se eles não empregaram amiúde o vocábulo “federação”, deveu-se à autocensura linguística observada por Renato Lopes Leite entre os republicanos fluminenses, que tampouco utilizavam o nome de república, o que se explicaria, segundo o autor, por medo ao caráter repressivo do regime que se esboçara no Rio a partir de outubro de 1822.

A independência foi o verdadeiro motor de Dezessete. Pela primeira vez na nossa história estabelecia-se um governo independente em terras brasileiras, rompendo-se não só com o poder colonial estabelecido então no Rio, mas adotando-se um regime republicano e um sistema federativo, conquistas políticas que só vingarão 72 anos depois. Sob outro aspecto, a Revolução de 1817 também constituiu uma novidade quando comparada às agitações republicanas do período colonial. É certo que em Pernambuco mesmo, um punhado de indivíduos havia-se afoitado em 1710 a propor a adoção de um regime republicano à moda de Veneza, isto é, oligárquico; e é certo também que as chamadas "inconfidências" (a mineira, a carioca e a baiana) haviam igualmente sonhado com repúblicas. Todas essas aspirações foram, porém, esmagadas no ovo de suas veleidades ideológicas. Só os revolucionários de Dezessete passaram à ação.

Sob outro aspecto, a Revolução de 1817 destoou das inconfidências de fins do século XVIII, as quais, do ponto de vista doutrinário, inspiraram-se exclusivamente nos valores da revolução americana e da revolução francesa. Se bem que tais valores também fossem atuantes em Pernambuco, ali os revolucionários puderam recorrer ao mito constitucional que seus antepassados haviam forjado na segunda metade do século XVII, à raiz da expulsão dos holandeses. Já em 1710, o secretário do governo da capitania denunciava a el-rei que "muitos anos há que anda introduzida em Pernambuco uma proposição temerária mas abusória: que os naturais daquela conquista são vassalos desta Coroa mais políticos do que naturais, por haverem restaurado seus pais e avós aquele estado da tirânica potência de Holanda".

Decorrido um século, o magistrado encarregado da devassa da Revolução de 1817 fazia idêntica constatação, ao afirmar que, entre as causas do movimento, atuara "o ódio geral, antigo e entranhável dos filhos do Brasil contra os europeus", isto é, os portugueses. Ódio que fora atiçado pelos revolucionários ao invocarem "os fatos da história da restauração passada sobre os holandeses, deduzindo daí direitos de propriedade [sobre a capitania], doação [dela] a Sua Majestade com exclusão de quaisquer impostos" e incutindo nos seus conterrâneos a noção de que "esta terra, sendo conquistada pelos seus antepassados aos holandeses, ficou sendo propriedade sua [i.e. dos pernambucanos] e que a doaram a El Rei Nosso Senhor debaixo de condições que ele não tem cumprido pela imposição de novos tributos; e que os europeus que tem vindo aqui estabelecer-se têm enriquecido à custa deles, patrícios, e se tem feito senhores do país e eles, escravos". Daí que a Revolução de 1817 se proclamasse nos documentos oficiais "a segunda restauração de Pernambuco".

Não há dúvida de que, como costumava afirmar-se ao longo do século XIX, o republicanismo nunca foi majoritário em Pernambuco, mas ao identificar-se, a partir de Dezessete, com a aspiração autonomista herdada do período colonial, logrou apoio político bem mais amplo do que poderia esperar. Daí a ambiguidade que constituiu a marca registrada dos governos provisórios naqueles anos. A aliança, que não era sólida, foi reforçada entre 1821 e 1824 pelo projeto do Rio, só se desfazendo a partir do período regencial, quando, com a Revolução Praieira (1848-9), eliminaram-se as conotações republicanas em favor da descentralização no âmbito do sistema imperial.

Ao rejeitar a alternativa monárquico-constitucional, Dezessete devia contentar-se com base territorial menos ampla. O único texto que se conhece a respeito é a carta do padre João Ribeiro (1766-1817) ao governo provisório da Paraíba, de 31 de março de 1817. O sacerdote era categórico: "Pernambuco [incluindo Alagoas, então comarca pernambucana], Paraíba, Rio Grande e Ceará devem formar uma só república", pois "estas províncias estão tão compenetradas e ligadas em identidade de interesses e relações, que não se podem separar", ao que se somava a escassez de quadros dirigentes, ao menos "enquanto não se propagam as luzes". A ideia de que a área entre o Ceará e o São Francisco, que correspondia ao antigo Brasil holandês, constituía uma latente entidade estatal já fora formulada nas diretrizes constitucionais de 1799, alegadamente redigidas por Arruda da Câmara (1752-1810), João Ribeiro e José Fernandes Portugal (17??-1817), as quais aludiam às "províncias federadas desde Alagoas até as extremidades ao norte do Ceará".

A brevidade da insurreição não deu tempo ao processo constituinte, que ficou truncado, sem que se concluísse nem sequer a primeira etapa. O governo revolucionário tivera duas alternativas. A primeira consistia, como sustentará monsenhor Muniz Tavares, em seguir o exemplo das Treze Colônias norte-americanas, convocando imediatamente um corpo constituinte e legislativo, à maneira do Congresso Continental norte-americano, de modo a formar "uma liga federal", para prover a segurança externa. Destarte, como nos Estados Unidos, o processo constituinte teria caminhado paralelamente tanto ao nível das ex-colônias, transformadas em estados, quanto entre elas, reunidas primeiro em confederação e posteriormente em federação. A essa primeira opção corresponderia o projeto, cujo texto é ignorado, redigido por Pereira Caldas, mas cuja existência se conhece pela defesa do próprio Caldas perante a Alçada. Acusado pelo dicionarista Morais Silva de elaborar projeto de lei constitucional, esclarecia Caldas havê-lo efetivamente mostrado a Morais, sem que tivesse sido oficialmente encarregado da tarefa. Ocorrera apenas que, confidenciando-lhe certo membro da junta a esperança de que Caldas fosse o Benjamin Franklin (1706-90) de Dezessete, ele lhe retrucara não dispor da sabedoria do americano, ocasião em que lhe fora mostrado o *Livro das Constituições* que o mesmo Franklin compusera para as colônias da América inglesa.

O governo provisório optou, contudo, pela segunda alternativa mais prudente, do projeto de lei orgânica de 29 de março de 1817, atribuído a frei Caneca, mas na realidade da lavra de Antônio Carlos Ribeiro de Andrada (1773-1845). Tratava-se aqui exclusivamente do estabelecimento de uma Constituição pernambucana, a ser aprovada por assembleia a ser convocada tão logo obtida a adesão de todas as comarcas da capitania. Até a vigência da carta magna, o governo provisório enfeixaria os poderes Executivo e Legislativo. Como assinalou Oliveira Lima, a lei de 29 de março forma "apenas um conjunto de disposições constitucionais transitórias", representando no máximo as bases da futura Constituição provincial. A junta provisória deve ter calculado que, distando a revolução de estar firmada em Pernambuco, pois as comarcas do sertão e a de Alagoas opunham-lhe resistência, e à espera de que a nova situação também se consolidasse nas três capitanias ao norte, conviria dar tempo ao tempo. A convocação da Constituinte pernambucana, a eleição dos deputados e sua reunião no Recife poderiam levar até um ano, e a discussão e votação do texto, até três. Tal estimativa explica que a lei orgânica valeria até a entrada em vigor da Constituição, mas que, no caso de qualquer dos prazos não ser cumprido, o governo provisório ficaria automaticamente dissolvido, entrando "o povo no exercício da soberania para o delegar a quem melhor cumpra os fins da sua delegação".

No plano da organização constitucional, o exemplo da Revolução Americana devia necessariamente pesar mais que o da francesa. Tollenare (1780-1853), o comerciante francês que então se encontrava no Recife, depararia na sala de sessões do governo provisório com as Constituições francesas de 1791, 1793 e 1795, sendo que a última, a Constituição termidoriana, agradava especialmente aos seus membros. O francês acreditava, porém, que as reticências se explicavam pelo problema de como integrar a população de cor no sistema representativo. Na verdade, havia outro motivo que escapou à sua argúcia. As Constituições revolucionárias da França continham todas um elemento capaz de alienar as simpatias dos membros da junta pernambucana e de seus conselheiros: a concepção unitária com que a Grande Revolução pretendia liquidar os particularismos regionais identificados até então com o poder da aristocracia. Nesse sentido, era o federalismo da Constituição americana que se impunha naturalmente à sua preferência. Nos primeiros dias do movimento, já o cônsul inglês informava ao Foreign Office que se tencionava organizar o novo regime de acordo com "o modelo dos Estados Unidos da América", isto é, segundo o figurino federativo. No mesmo sentido, manifestava-se o Cabugá (1775-1833), enviado da junta a Washington. "Pernambuco, Paraíba, Rio Grande e Ceará devem formar uma só república, devendo-se edificar uma cidade central para capital", escrevia o padre João Ribeiro.

O fato de que os Estados Unidos fossem a única nação de quem os revolucionários de Dezessete podiam razoavelmente esperar auxílio material e político, a Inglaterra sendo suspeita devido à sua velha aliança com os Braganças, e a França, pela restauração dos Bourbons, explica igualmente a preferência pelos "ingleses americanos". Mas, se a independência americana tinha com o que atrair o punhado de elitistas que discutiam fórmulas constitucionais incompreensíveis para a esmagadora maioria dos seus concidadãos, a cenografia da Grande Revolução era passível de inflamar imaginações brasileiras, por ser bem mais rica e atraente que a da sua pragmática antecessora, marcada pela secura emocional e pela carência do senso de espetáculo desses anglo-americanos. Foi assim que Domingos José Martins (1781-1817) e sua mulher incitaram as senhoras da sociedade a se descartarem dos seus barrocos estilos de penteado lusitano, que não condiziam com a "austeridade republicana", sugerindo-lhes que "fizessem cortar os seus cabelos" à maneira de Tito, ressuscitada pela Grande Revolução na sua busca de precedentes romanos. A moda pegou; e, após o fracasso da República, os agentes da Coroa ainda tiveram de reprimi-la. O próprio suicídio do padre João Ribeiro parece um gesto sugerido pelos modelos estoicos da Antiguidade clássica requentados pela Revolução Francesa, não sendo em todo caso de inspiração cristã.

Entre os oficiais, Pedro Pedroso (1770-1849) e Teotônio Jorge (1779-1817) copiaram os comportamentos da época do Terror, ordenando fuzilamentos, sem conhecimento do governo provisório, com o argumento de que "as revoluções se sustentam de sangue". O velho campo do Erário, rebatizado de campo da Honra, tornou-se o equivalente funcional do campo de Marte parisiense, de vez que ali se realizavam as festividades revolucionárias, a primeira vez em que se conferiu conotação cívica às designações de logradouros públicos, numa cidade cujas ruas ainda se chamavam prosaica e lusitanamente de beco das Miudinhas ou de corredor do Bispo. O governo também proscreveu, por considerá-los servis, certos costumes patriarcais que acentuavam as distâncias entre classes ou entre avós, pais e filhos. Assim é que o castiço tratamento de "vossa mercê" foi substituído pelo de "vós"; e que em lugar de "senhor" se dizia "patriota". Muniz Tavares, que publicou sua história da revolução quando seu conterrâneo, o regente Araújo Lima, dera ao regime a guinada conservadora de 1837, considerará retrospectivamente que semelhante política representara um imperdoável equívoco, pois, se "a igualdade em presença da lei é base da prosperidade de um Estado, em presença das pessoas é o germe da anarquia e dissolução social"; e, se os franceses haviam adotado o "tu" num momento de paroxismo revolucionário, logo o suprimiriam, sem que, portanto, se tornassem menos livres. Naturalmente proibidas foram a Cruz da Ordem de Cristo e outras condecorações; e, quando os oficiais mais graduados do Exército arrancaram as armas reais que decoravam suas barretinas, a tropa imitou espontânea e entusiasticamente o exemplo.

Não se podendo a rigor acusar o ciclo 1817-24 (quando os revolucionários da Confederação do Equador são derrotados) de separatista, cabe duvidar de que a unidade do Brasil representasse para ele a grande prioridade, pois não estava preparado, ao contrário do Sul, para sacrificar no altar de uma entidade unitária, que abrangesse toda a América portuguesa, nem suas aspirações de autogoverno nem tampouco os princípios liberais da Revolução portuguesa, precondição do triunfo do autonomismo deste lado do Atlântico. Em 1824, Natividade Saldanha colocou de forma nítida a disjuntiva liberdade ou independência: "Antes ser livre e não ser independente do que ser Independente e não ser livre. E que vantagem tiraríamos nós de tal Independência? Não estarmos sujeitos ao rei d. João 6º e aos caprichos de Subserra, [do] conde, hoje marquês, de Palmela, Salter de Mendonça e Gomes de Oliveira. Que ridícula vantagem? E não ficávamos sujeitos aos caprichos de Maciel da Costa, de Vilela Barbosa e de outros? Antes viver na escravidão de Portugal do que na do Brasil, para que não se diga que os brasileiros foram tão estúpidos que, tendo forças para separar-se da metrópole e tendo ocasião de adotar um governo livre e acomodado às suas circunstâncias, adotaram um governo infame e vil [o do império] como são todos os governos absolutos".

S

SABINADA (1837)

Keila Grinberg

NO DIA 7 DE NOVEMBRO DE 1837 TEM INÍCIO EM SALVADOR, NA Bahia, a Sabinada, uma das maiores revoltas do Império brasileiro, sob a liderança do médico e publicista Francisco Sabino Álvares da Rocha Vieira (179?-1846). O tenso clima político na cidade desde a independência estava a ponto de explodir. A memória das últimas sublevações ainda estava bastante viva entre os habitantes da província da Bahia, em especial o levante federalista de 1832, e a Revolta dos Malês, em 1835. Na primeira, a Câmara de Cachoeira foi ocupada por rebeldes liderados por Bernardo Miguel Guanais Mineiro que, opondo-se à duradoura influência portuguesa na província, pretendiam estabelecer um governo federalista na província; quase três anos depois, africanos malês (muçulmanos) lideraram na capital a maior rebelião de escravizados do país. Ambos os movimentos foram duramente reprimidos.

Mesmo assim, ao longo dos anos 1830, militares insatisfeitos com o valor de seus soldos se revoltavam com frequência, sobretudo aqueles negros e mulatos que, vindos das *fileiras*, frustravam-se com as dificuldades em ascender na corporação. Reuniões em clubes liberais discutiam ideias federalistas, consideradas radicais, que pregavam contra a submissão da Bahia à política centralizadora do Rio de Janeiro, capital do Império. O presidente da província alertava a população para a existência de um "partido desorganizador", simpatizante de outras revoltas que então grassavam no Império. Os temores chegaram ao auge em setembro, quando o líder farroupilha Bento Gonçalves (1788-1847) havia conseguido fugir da cadeia com a ajuda de liberais, retornando ao Rio Grande do Sul.

Um dia antes do início oficial da revolta, o Corpo de Artilharia do forte de São Pedro se amotinou e começou a ocupar as redondezas. Na manhã do dia 7 de novembro, militares e civis se dirigiram à praça do Palácio, mobilizando a seu favor os membros do Corpo de Polícia escalado para proteger os governantes. Vendo-se cercadas, as autoridades fugiram de barco para Cachoeira, no Recôncavo baiano. Os rebeldes mandaram abrir a Câmara Municipal e convocaram uma sessão extraordinária para lavrar a ata fundadora do movimento. No documento, assinado por 105 homens, a Bahia se declarava "inteira e perfeitamente desligada do governo denominado central do Rio de Janeiro", passando a ser um Estado "livre e independente", cujas eleições ocorreriam em breve.

No novo governo, reivindicações de militares seriam acolhidas, uma Assembleia Constituinte seria instalada, o advogado Inocêncio da Rocha Galvão (?-1863) acabaria nomeado presidente da província e Sabino seria empossado como secretário. Estava deflagrada a Sabinada. Rocha Galvão, então exilado nos Estados Unidos, não chegaria a assumir o posto. Indicado por Sabino, o deputado João Carneiro da Silva Rego foi nomeado vice-presidente. Alguns dias depois, temendo o esvaziamento do movimento, um grupo de cerca de trinta cidadãos enviou ao vice-presidente uma representação, solicitando o reparo do que à época denominaram um "lapso de pena" do documento original. O novo texto reforçava a independência, mas ela valeria apenas pelo tempo que durasse a menoridade do imperador d. Pedro II (1825-91). Reunida em 11 de novembro, a Câmara referendou a reformulação do documento original. A independência da Bahia estava transformada em apoio à monarquia e ao imperador.

Enquanto isso, no Recôncavo, o governo provincial mobilizava forças para reagir, solicitando ajuda de senhores do engenho e da Corte, e a Guarda Nacional passava a ocupar os subúrbios de Salvador. No início de 1838, reforços vindos de Pernambuco e de Sergipe iam chegando. Mas a falta de armas e de munição fez com que as autoridades resolvessem, em vez de atacar, cercar a cidade, impedindo a entrada de alimentos. A invasão de Salvador, sob a liderança do senhor de engenho Alexandre Gomes de Argolo Ferrão (1800-70) e do general João Crisóstomo Callado (1780-1857), só ocorreu em 14 de março, quando a população já estava desesperada e as tropas, desanimadas. A batalha final deixou um grande número de mortos pelas ruas e parte da cidade destruída por incêndios. A repressão foi intensa e violenta. A revolta durou menos de cinco meses e foi considerada, à época, a última das revoltas federalistas baianas, abrindo caminho para a consolidação política e centralizadora do *Regresso*.

O que foi, de fato, a Sabinada? Um movimento revolucionário? Um levante militar? Uma revolta federalista? Expressão de apoio ao imperador? Uma revolta de "mulatos e homens de cor"? O que significava a retórica republicana dos jornais editados por Sabino e seus correligionários? A "Sabinada desafia fácil caracterização", como bem escreveu o historiador Hendrik Kraay. Além dos militares, seus membros eram médicos, advogados, jornalistas, funcionários públicos, artesãos e pequenos comerciantes. Unidos pelo antilusitanismo, andavam todos afetados pela crise econômica por que passava a província havia décadas, desde o início da decadência da economia açucareira. Esse descontentamento tinha crescido com a abdicação do imperador d. Pedro I, em 1831, e com o começo das Regências, mas não garantia coesão política entre seus membros.

O Exército e as milícias expressaram, com a revolta, o descontentamento com as reformas militares ocorridas na década de 1830, sobretudo aquelas que, entre 1831 e 1834, foram responsáveis pela criação da Guarda Nacional, que substituiu milicianos e soldados por civis, e pelo desmantelamento de dois batalhões de infantaria e um esquadrão de cavalaria, deixando a província da Bahia com apenas duas unidades militares. A participação de escravizados foi limitada: alguns se alistaram às tropas rebeldes para obter a alforria. Mas o movimento nada tinha de abolicionista. O decreto do governo rebelde previa alforria para aqueles escravizados nascidos no Brasil que aderissem às forças rebeldes — com indenização aos senhores. Eles compuseram o Batalhão Libertos da Pátria, sobre o qual ainda pouco se sabe.

No decorrer do conflito, foram ficando claras as tensões raciais que marcavam a política provincial desde pelo menos o fim do século XVIII, expressa em parte das demandas da Conjuração Baiana, de 1798. Há muito tempo eram conhecidas as reclamações de oficiais negros, insatisfeitos com a falta de reconhecimento de seus méritos e exigindo tratamento igual ao recebido pelos brancos. As expectativas de obtenção de igualdade no tratamento entre os "cidadãos de todas as cores" aumentaram depois da outorga da Constituição de 1824, que estabelecia serem os "talentos, e virtudes" os únicos critérios possíveis de distinção entre os cidadãos.

Assim, reivindicações específicas de negros livres, se não eram compartilhadas por todos, eram certamente estimuladas por Sabino, ele mesmo descendente de africanos que, em dezembro de 1837, publicava no *Novo Diario da Bahia*: "eles nos estão fazendo a guerra, porque são brancos, e na Bahia não devem existir negros, e mulatos, principalmente para subirem a postos [...]". Embora seja difícil caracterizar a revolta como sendo fundamentalmente composta de descendentes de africanos, essa era a percepção dos contemporâneos, que a descreveram como tal. A cidade ficou "totalmente enegrecida, com exceção dos estrangeiros", escreveu o cônsul britânico. O presidente da província Antônio Pereira Barreto Pedroso (1800-83) estimou, da sede do governo em Cachoeira, que dois terços da força rebelde eram negros. E, dos dez prisioneiros que morreram durante a viagem para a prisão em Fernando de Noronha, seis eram "crioulos", três eram "pardos" e um era "cabra". Nenhum branco.

Por fim, enquanto o federalismo republicano norte-americano inspirava alguns rebeldes, não havia consenso sobre o formato do futuro Estado independente e, muito menos, sobre a proclamação de uma república baiana. Ao advogar a autonomia das províncias por meio de uma "comunidade imperial", os rebeldes propunham uma formulação original, a um só tempo federalista-monárquica e republicana que, no entanto, não estabelecia qual seria o projeto a seguir, caso fossem bem-sucedidos.

O que intriga a maior parte dos estudiosos do tema é justamente a dificuldade em conciliar, do ponto de vista político, a lealdade a um monarca com o republicanismo. Para Douglas Leite, "os sabinos não tinham a intenção" de conciliar as ideias, mas concordaram em lutar por um projeto comum de revolta clamando por reformas na administração imperial e por maior autonomia provincial, contra o que Sabino havia denominado a "união recolonizadora do Rio de Janeiro" (*O Sete de Novembro*, 23 de novembro de 1837).

É possível que esteja de fato no pensamento de Francisco Sabino o projeto propriamente republicano e antimonárquico do movimento, expresso por ele em várias edições do jornal *Novo Diario da Bahia*. A "separação perfeita" da província, defendia Sabino, estava fundada na ideia de "revolução permanente, e sabiamente regulada", pois "não há para os povos senão um meio de prevenir grandes revoluções" (4 de dezembro de 1837). A república seria regulada, no sentido de controlada, porque, mais do que uma forma de governo, ela seria o "governo das virtudes" nacionais, ou seja, promotora das "luzes da educação política" e difusora dos "conhecimentos ou cultura". E nisso a república seria, ao contrário dos governos das repúblicas sul-americanas, ideal "para o Brasil" (30 de novembro de 1837).

Talvez não seja possível mensurar o quanto as ideias republicanas de Sabino eram compartilhadas por outros rebeldes. O que fica claro, no entanto, é que seu republicanismo quase sempre abstrato não necessariamente se opõe às ações federalistas defendidas pela maioria. Entre a reforma e a revolução, entre a independência da província e a lealdade ao Império, a Sabinada não deixa de trazer em si a tensão entre motim e sedição, como definiu Paulo César de Souza.

Caso o movimento tivesse logrado e os sabinos permanecido no poder por mais tempo, é possível que as dissensões entre os diversos planos políticos se aprofundassem. Mas não foi o que aconteceu. Ao longo dos meses que se seguiram à tomada do palácio do governo de 7 de novembro de 1837, a Sabinada foi gradualmente adquirindo contornos populares, manifestos nas reivindicações da população pobre e negra. Antes que as elites locais perdessem o controle da situação, as tropas legalistas destruíram o que, depois de meses de cerco à cidade, restava da rebelião.

No dia 15 de março de 1838, avistou-se uma bandeira branca no forte de São Pedro. Os rebeldes depunham as armas e se rendiam, não sem antes clamar por liberdade, rogando que "jamais devem ser tidos como criminosos pelo simples fato de dissentimento de opiniões políticas". A história, como se sabe, foi outra. A violência da repressão igualou republicanos e federalistas. Mas não afetou a todos da mesma maneira. Dados oficiais estimam que teriam morrido em combate 1258 rebeldes e 594 legalistas; quase 3 mil rebeldes teriam sido presos, dos quais aqueles considerados mais perigosos foram aprisionados em porões de navios, como o *Presiganga*; 1520 homens foram deportados para as províncias do Rio de Janeiro e do Rio Grande do Sul; e os africanos livres envolvidos foram enviados de volta à África. Outros foram encarcerados em Fernando de Noronha. Após longo processo, doze militares foram condenados à morte por fuzilamento, seis civis foram condenados à forca — incluindo Francisco Sabino — e três às galés.

Sabino, no entanto, foi beneficiado pelo decreto imperial de 22 de agosto de 1840, anunciado um mês após o episódio conhecido como a Maioridade, que, como queriam os rebeldes, coroou d. Pedro II imperador do Brasil aos catorze anos de idade. Livre da pena de morte, Sabino foi condenado ao desterro no Real Forte Príncipe da Beira, mas acabou transportado para a cadeia de Cuiabá. Em um episódio até hoje nebuloso, conseguiu fugir, refugiando-se na propriedade do então major João Carlos Pereira Leite (1816-80), a fazenda Jacobina, onde acabou falecendo de malária, em 1846.

Depois da Sabinada, não se tem notícia de outras revoltas significativas na Bahia oitocentista. O que teria acontecido com os projetos e ideias republicanos e federalistas até então discutidos tão intensamente? Afinal, o período que se seguiu à Sabinada era até pouco tempo descrito pela historiografia como uma época de "paz e tranquilidade pública", provavelmente repetindo a versão vitoriosa dos contemporâneos legalistas, segundo a qual a província passaria a partir de então por um longo período de estabilidade.

Se essa versão ainda encontra eco entre as interpretações contemporâneas, é hora de descartá-la definitivamente. Quem quiser saber o que aconteceu com o republicanismo e outras ideias dissidentes no Brasil Imperial deve procurar a resposta nos destinos dos próprios indivíduos que as defendiam. Para além da punição imediata, a repressão à Sabinada se estendeu por muitos anos, nos quais proprietários rurais, aristocracia urbana e forças policiais se empenharam em desmoralizar lideranças, reformar militares e perseguir a imprensa liberal. Queriam garantir, como descreveu Pedro Calmon, que eliminariam "o gérmen da rebelião nas ruas". Conseguiram. À base da força e da violência, a província da Bahia foi, enfim, "pacificada".

SEDIÇÕES DE OLINDA (1710) E VILA RICA (1721)

Junia Ferreira Furtado

EM NOVEMBRO DE 1710, A CAPITANIA DE PERNAMBUCO SE LEVANTOU contra o governador Sebastião de Castro e Caldas (1650-1726). A insatisfação devia-se a múltiplas razões, mas o deflagrador foi a criação da Câmara Municipal do Recife, ocorrida em fevereiro do mesmo ano. O embate opôs os membros da nobreza da terra pernambucana, representados na Câmara de Olinda, aos mascates, como chamavam os mercadores recifenses, incluindo aí os de grosso trato. Esses eram majoritariamente cristãos-velhos, reinóis de origem, humildes de nascimento, mecânicos de ofício, cuja elite se enriquecera com o comércio prestamista, contratado em grande parte pelos produtores de açúcar.

A nobreza açucareira se ressentia da mutilação do território sob sua jurisdição e da consequente diminuição de seu poder, já que, com a criação da Câmara de Recife, a de Olinda perdera o domínio sobre essa urbe e as extensas regiões de Cabo, Muribeca e Jaboatão. Eles se queixavam de que, como vereadores, os mercadores de Recife teriam na sua alçada o tabelamento e abastecimento dos gêneros e a arrematação de contratos de impostos, que impactavam seu modo de vida. Alegavam ainda que as relações historicamente pactuadas entre a Câmara e os soberanos portugueses estavam sendo quebradas, pois o órgão devia monopolizar cargos, honras, mercês e patentes em retribuição aos esforços que encetara na conquista e na manutenção da região.

Grandes proprietários de terras, vivendo "à luz da nobreza", isto é, servindo-se "de bestas e criados", a maioria escravos, haviam sido não só os primeiros povoadores da região, como também os grandes responsáveis pela expulsão dos holandeses, restaurando o domínio da Coroa, pelo que esperavam retribuição na forma de privilégios exclusivos. Numa sociedade regida por princípios do Antigo Regime, permitir, como fazia o governador, que os homens de negócio recifenses tivessem acesso aos cargos de vereadores e de juízes da Câmara e aos postos superiores nos regimentos de ordenanças significava conferir honra a indivíduos de baixo nascimento, ligados aos ofícios mecânicos, rebaixava os patamares de acesso à nobreza e tornava indistintas as diferenças entre eles e a antiga nobreza da terra.

Incitados pelos oligarcas do açúcar, os olindenses se amotinaram e marcharam para Recife bradando "Viva el-rei d. João, o Quinto, viva o povo e morra o governador" — como era costumeiro, preservavam o monarca e culpavam a autoridade local pela opressão que julgavam sofrer. Isso também transferia o lugar do poder do rei e de seu representante local ao povo, a quem, em última instância, cabia legitimar os governantes, conforme as concepções da Segunda Escolástica, que sustentavam o poder régio em Portugal desde o período da Restauração, quando d. João IV (1604-56) fora aclamado por seus fiéis súditos em todo o império. Além de apoiar a ascensão dos mercadores recifenses e de agir em favor da instalação da nova Câmara, o governador Castro e Caldas ainda era acusado de imiscuir-se em questões de Justiça, de invadir a jurisdição dos magistrados, de executar arbitrariamente prisões por dívidas e de se apoderar do cofre do Juízo de Órfãos e Ausentes, utilizando seus recursos de forma discricionária em detrimento dos interesses da nobreza da terra. Acuado pela malta e pela deslealdade da tropa, o governador fugiu para a Bahia, e o povo tomou o poder. Mas o que fazer com tal poder?

As ordens previam que, no caso de vacância, o mestre de campo do Terço de Olinda deveria assumir o governo e, na sua ausência, o bispo. Porém, o primeiro estava morto e o segundo ausente, na Paraíba, e custou um pouco a voltar. Enquanto a oligarquia do açúcar retomava as rédeas do levante, pelas ruas se ouvia que o governo deveria ser entregue não ao último, mas "àquela república", revelando as aspirações de autogoverno que começavam a pipocar aqui e ali. Discussões se sucediam e não se chegava a um acordo, até que, entre 12 e 15 de novembro, as lideranças dos *homens bons* — os que formavam o corpo político da república, entendida aqui como a gestão da coisa pública ou do bem comum — se reuniram em Conselho, num evento conhecido como a Reunião de Olinda.

Nela, enquanto os moderados defendiam que o poder deveria ser entregue ao bispo, outros "aconselharam que a isto se não atendesse, confiando-se antes a uma junta de seis ou sete pernambucanos, até que de Lisboa chegasse um governador". Todos concordavam que o poder só seria entregue novamente ao monarca caso o perdão fosse concedido aos amotinados e fosse firmado o compromisso de atender a uma lista de condições ou capítulos (negociações). Seus três pontos principais eram a extinção da Câmara de Recife, a proibição de os mercadores até mesmo servirem na de Olinda e de ocuparem os postos de milícia. Alguns, mais ousados, propuseram buscar proteção e colocar-se sob o governo de outra nação europeia, a França. Não era ameaça vã, visto que, em agosto, uma expedição corsária francesa, chefiada por François Duclerc (16??-1711), invadira o Rio de Janeiro, revelando suas estratégias expansionistas em direção à América portuguesa, após as descobertas de ouro em Minas Gerais.

A Reunião de Olinda foi mais longe. Os mais radicais defenderam que não continuassem "na obediência à mãe-pátria como até aqui" e, dessa forma, atingiram o cerne da condição colonial. Propuseram então que, "quando não, estabeleceriam um governo próprio", em substituição ao regime monárquico, e instalariam uma república nativa. Para tanto, mobilizaram os exemplos históricos da Holanda (1581-1795), de Veneza (1297-1797) e do Quilombo dos Palmares (*c.* 1580-1695). O que queriam dizer os amotinados ao se referirem a esses acontecimentos?

Segundo o dicionário de língua portuguesa do padre Rafael Bluteau, república é o "Estado governado por magistrados, eleitos e confirmados pelo povo; ou mais amplamente, [...] por muitos". Ele cita como exemplos de repúblicas no mundo moderno, as italianas, de Veneza, Gênova, Lucca e San Marino; a de Ragusa, na Dalmácia; a dos treze cantões suíços; a de Genebra; a de Holanda; e uma "República chamada *Brava*, ou *Barraboa*, nas terras de Azania, perto do rio Quilmanco", na costa leste da África, próximo a Melinde, revelando que tal regime político transcendera a Europa. No que se refere à de Veneza e à da Holanda, exemplos acionados pelos rebeldes pernambucanos, o autor adverte que o regime da primeira fora mais propriamente oligárquico e afirma que raras eram as repúblicas verdadeiras. Nas duas, portanto, tinha sido restrita a participação do povo.

A referência à República das Sete Províncias Unidas dos Países Baixos era reminiscência do domínio holandês do Nordeste, cujo conhecimento não fora esquecido pelos pernambucanos, ainda que não estendessem essa forma de governo à América. Ela foi constituída após a ratificação da União de Utrecht, em 1579, que reconheceu sua independência da Espanha e assentou um sistema federativo, com base nos Estados Gerais, preservando as instituições representativas já existentes nas cidades e nas províncias, quando do domínio espanhol. A principal liberdade defendida não era a do cidadão, mas a religiosa, e consubstanciou as aspirações autonomistas de poder da oligarquia mercantil urbana da província da Holanda com as dinásticas da Casa de Orange.

A Sereníssima República de Veneza, em vigor desde 1297, era governada por um órgão representativo, o Conselho Grande, que elegia os que preenchiam os principais cargos da República; pelo Senado, cujo corpo limitado decidia sobre as questões financeiras e a política externa; e pelo chefe de Estado, chamado doge, assessorado pelo Conselho. Os eleitores e os eleitos eram restritos aos membros das principais famílias da cidade na época da sua fundação, e isso nunca foi alterado, constituindo-se o sistema na consolidação das suas aspirações oligárquicas.

Não é de espantar que os amotinados tenham se referido à experiência de Palmares como sendo republicana. As autoridades de Pernambuco, que negociaram várias vezes com as lideranças do quilombo, conheciam muito bem sua organização política e afirmaram que lá havia "todos os arremedos de uma república", já que seu rei, Ganga Zumba (1630-78), governava assentado numa rede de relações familiares, auxiliado por um Conselho e pelos chefes dos diversos mocambos que, juntos, constituíam Palmares. Os rebeldes mimetizavam as relações políticas dos angolanos (ambundos), que constituíam a maioria de seus "súditos" rebelados. No Ndongo africano, com o qual se identificavam, o rei (ou *ngola*) governava com o auxílio de vários conselheiros: o *tendala*, o principal deles; os *xingulas*, que eram o grupo religioso formado pelos sacerdotes *ngangas* (ou gangas); e os *macotas*, chefes das províncias e das *murindas*, todos descendentes das linhagens antigas.

Percebe-se, assim, que os exemplos de Veneza, Holanda e Palmares não eram vãos, mas se ajustavam com perfeição à forma de governo republicana e oligárquica aspirada pela aristocracia pernambucana, assentando-se nas suas redes familiares. Nela, o povo como agente político não coincidia necessariamente com o conjunto da população, pois eram excluídos a plebe — isto é, todos os de baixo nascimento e ligados aos ofícios mecânicos, incluindo aí os mascates — e os escravos, é claro. A república idealizada pelos amotinados seria exclusiva de alguns cidadãos, aqueles com dignidade de votar e de serem votados, mais precisamente os próprios membros da oligarquia açucareira. Como em Veneza, na Holanda ou em Palmares, o corpo político podia ser numeroso, mas restrito a poucas famílias da nobreza da terra, que justificavam seus direitos não só por suas origens, mas pelos serviços prestados na conquista e na manutenção do Brasil. Se a ideia da instalação de uma república em oposição à monarquia vigente parecia apontar para a modernização das relações políticas instituídas, as restrições de participação política nos exemplos evocados revelam que, na verdade, os senhores do açúcar procuravam restaurar seu antigo poder político, social e econômico — aquele que a Coroa portuguesa ameaçava com o apoio concedido às pretensões autonomistas e de ascensão da elite mercantil recifense.

Apesar das aspirações republicanas, a Reunião de Olinda, por votação de seus membros, escolheu opção bem mais moderada: entregou o governo ao bispo, buscando assim salvaguardar algumas das reivindicações principais, mas se submeteu formalmente à monarquia lisboeta. Essa submissão se concretizou no ano seguinte, quando chegou o novo governador, Félix José Machado de Mendonça Eça Castro e Vasconcelos (1677-1731), que sepultou o levante em definitivo e reinstalou a Câmara do Recife.

Se a república não vingou em Pernambuco, seu espírito ressurgiu nas Minas Gerais poucos anos depois. Ali, o levante de 1720 teve como cenário Vila Rica, situada no coração da área mineradora. Ao contrário de Pernambuco, a elite local era fruto de povoamento recente, e sobre suas "pessoas principais" recaíam acusações de serem "facinorosos", "régulos", homens "brutos", "que nunca tiveram mais lei que o seu gosto". Desde os primeiros tempos, os moradores da terra se cindiam em dois grandes grupos.

De um lado estavam os paulistas, que, se não possuíam a estirpe nobiliárquica dos oligarcas olindenses, reivindicavam os direitos, os cargos e as mercês decorrentes da sua primazia na abertura e na conquista das minas. De outro, os portugueses recém-chegados e os vindos das capitanias "de cima", que encontraram na mineração a possibilidade de enriquecimento fácil. Em comum, a falta de estirpe, a baixa origem de nascimento, a associação aos ofícios mecânicos e mesmo as suspeitas de sangue infecto ou mulato. Instalada a Câmara de Vila Rica, em 1711, queixavam-se os governadores da presença em seu corpo de indivíduos vis e pouco qualificados.

Como em Pernambuco, ambos os lados creditavam a si a manutenção e o direito ao território, especialmente depois que, em 1711, formaram um poderoso exército e se dirigiram ao Rio de Janeiro para libertar a praça de uma nova invasão francesa, liderada por René Duguay-Trouin (1673-1736). Mas, para as autoridades, eram homens insubmissos, nos quais era "voz comum" que, "desde o princípio das Minas, que nelas não tinha el-rei mais poder que o que os mineiros lhe quisessem permitir", ou seja, acreditavam que neles residia o poder político que delegaram ao monarca luso.

A partir da Guerra dos Emboabas (1707-9), a política régia favoreceu os portugueses em detrimento dos paulistas, o que, em Vila Rica, permitiu a ascensão dos imigrantes recém-chegados, que passaram a dominar a política local, simbolizados na figura de Pascoal da Silva Guimarães, um dos líderes do levante. O ponto fulcral foi impedir que fossem instaladas as casas de fundição, conforme as ordens régias que o novo governador, o conde de Assumar — d. Pedro Miguel de Almeida e Portugal (1688-1756) —, trouxera consigo em 1717. Isso significaria aumentar o controle da Coroa sobre a produção de ouro, o meio circulante e a tributação do quinto. Mas, conforme a tradição de rebeldia, outras demandas foram apresentadas ao governador numa lista com vários capítulos: a anulação dos registros de entrada da capitania; o fim da ordem de expulsão de clérigos e da obrigatoriedade dos moradores de sustentar as companhias de dragões; o direito da elite aos postos nas ordenanças; a alteração de posturas da Câmara; a concessão de mercês aos camaristas; a limitação dos emolumentos dos oficiais de justiça; a revogação dos contratos e taxações sobre o comércio do gado, do fumo e do sal; a substituição do ouvidor e, por fim, o perdão dos amotinados. Tais reivindicações iam de encontro aos interesses econômicos da elite mineradora, mas também buscavam garantir seu acesso aos postos de distinção social nas ordenanças e na Câmara.

A rebelião começou a 28 de junho, quando um bando de mascarados, acompanhado de escravos e vasta plebe, desceu o morro onde se instalara Pascoal da Silva, gritando "Viva o povo, senão morra!", o que significava tomar o poder do rei nas suas mãos. Nos dias que se seguiram, várias assuadas se sucederam, o ouvidor foi substituído e, apesar das ameaças de morte, o governador se manteve no palácio na Vila do Carmo, de onde organizou a resistência.

O *Discurso histórico e político sobre a sublevação que nas Minas houve no ano de 1720*, escrito para defender Assumar de ter condenado sumariamente à morte um dos agitadores, Felipe dos Santos (1680-1720), o que não estava na sua alçada, revela que os sediciosos pretendiam instalar a forma republicana de governo. Se se trata de puro exercício de retórica não se sabe, mas merece consideração, uma vez que os planos previam matar ou expulsar as autoridades portuguesas, instituindo um novo governo, e, a meio do levante, Pascoal da Silva distribuiu os cargos administrativos entre seus apaniguados. "Falavam publicamente em fazer governador ou chefe da república", pois para eles era "ou governar ou morrer", usurpando o poder régio. O que pretendiam era "sair o governo por el-rei e entrar por sua eleição o mando [...] tratando com infame e escandalosa publicidade erigir uma república nesse governo".

Uma de suas referências era Veneza, que se revela na afirmação de que o poder que instituiriam seria "aristocrático e popular" e que reduziriam "o Estado a uma república de 24, e seu doge", pois viera à "memória de alguns deste governo que havia repúblicas no mundo". Se a menção ao doge remete à República de Veneza, a de serem 24 membros — os "cabeças" da região — alude também à Casa dos Vinte Quatro, conselho formado em Portugal pelo mestre de Avis, em 1384, para dar voz às corporações de ofício urbanas de comerciantes e artesãos. Eleito por seus pares, esse grupo participava das eleições municipais, e seu membro mais velho ganhava o título de "juiz do povo", servindo de canal para as reivindicações dos setores mecânicos junto às Câmaras. Existente nas grandes cidades do reino, era já antiga a aspiração popular colonial de que fosse estendida à América, o que surgira já em Pernambuco.

Se, por um lado, Veneza remetia ao conteúdo aristocrático da forma republicana a ser adotada, por outro, o conteúdo popular se revelava na menção de que nessa "democracia das Minas é mais eficaz a desatenção que o primor, porque na sua república ainda o maior cortesão é plebe; sendo pois todos povo". A frase acentua a pouca qualidade e honra que caracterizava a elite mineradora, mas também se refere às repúblicas grega e romana. De acordo com Bluteau, democracia é "um governo político, diretamente oposto à monarquia, porque é popular, e nele a eleição dos magistrados depende dos sufrágios do povo". Se tal aspiração radical fazia parte dos planos dos amotinados é difícil provar, certo é que, diante de tais ameaças de lesa-majestade, Assumar optou pela repressão imediata. Em meados de julho, prendeu os principais líderes e executou Felipe dos Santos em praça pública, pondo fim ao levante e, pelo menos momentaneamente, às aspirações republicanas coloniais, as quais, em Minas, devido às características mais fluidas e indistintas das suas elites, parecem ter misturado, às aspirações oligárquicas, outras mais amplas e populares.

SEGUNDA REPÚBLICA (1946-64): REPÚBLICA LIBERAL--DEMOCRÁTICA

Angela de Castro Gomes

S

A EXPERIÊNCIA REPUBLICANA VIVIDA PELO BRASIL ENTRE 1946 E 1964 será aqui tratada a partir de duas grandes marcas que atravessam e caracterizam o período como um todo, embora de formas distintas. A proposta é de que esse tempo possa ser enunciado, de um lado, como o da elaboração e implementação de projetos desenvolvimentistas para o país e, de outro, como o momento em que a sociedade brasileira de fato conheceu a expansão de formas de participação e de representação políticas, expressas por diversos associativismos e pelo aumento crescente e sistemático do eleitorado, com regularidade de eleições. Assim, não se quer trabalhar com uma sucessão de governos ou de eventos, mas tratá-los em conexão com essas duas dimensões centrais para o entendimento dessa República.

Vale ponderar que as análises ainda mais correntes sobre esse período realizam uma espécie de valoração positiva dos projetos desenvolvimentistas, em especial aquele resultante do Plano de Metas do governo Juscelino Kubitschek, não casualmente identificado como o dos "anos dourados", porque associando sucessos econômicos com respeito à democracia. Em direção inversa, muitos estudos sobre a República de 1946 a 1964 avaliam de forma negativa essa experiência liberal-democrática, que seria precária e dominada por lideranças carismáticas, partidos políticos conservadores e clientelistas e um eleitorado pouco educado e informado, razão pela qual muito facilmente manipulado pelas elites. A nomenclatura que quer sintetizar essas complexas (e equivocadas) características políticas é a de "república populista", ganhando esse termo o sentido claro de república demagógica, com políticos "profissionais" e partidos "irresponsáveis", ante um corpo de eleitores basicamente objeto de suas ações.

Esse excessivo otimismo em relação aos projetos desenvolvimentistas vem sendo questionado, porém não para esvaziá-los da importância que tiveram para o crescimento econômico do Brasil, mesmo sem produzir resultados que transformassem alguns dos maiores problemas estruturais existentes. Já pesquisas elaboradas a partir dos anos 1980, críticas à simplificação trazida pelo rótulo de república populista, investigaram e valorizaram muito mais o crescimento da presença popular, quer em termos associativos (sindicais, em especial), quer em termos de força eleitoral. O que esse esforço de investigação coletiva demonstra é que o processo de mudanças ocorrido no Brasil ao longo da década 1950 e início dos anos 1960 foi importante demais para ser reduzido a esquematizações. É necessário analisá-lo em suas tensões e até contradições, na medida em que comportava avanços inequívocos, muito embora não enfrentando graves obstáculos já diagnosticados, como as desigualdades sociais e regionais. A despeito desses constrangimentos, é possível dizer que, durante essa experiência republicana, a defesa do valor da democracia — presente no mundo do pós-Segunda Guerra Mundial — passou a ser uma questão debatida, bem como seu alcance e limites em termos de políticas públicas. Ou seja, os projetos modernizadores da sociedade brasileira, experimentados entre 1946 e 1964, em sua face política e socioeconômica, estão imersos em um debate internacional sobre as formas de vencer o colonialismo e o subdesenvolvimento.

Após a Segunda Guerra, vencer o subdesenvolvimento era a palavra de ordem a ser seguida no Brasil e ainda em outros países da América Latina, da África e da Ásia, tanto em termos de escola de pensamento, como de políticas a serem adotadas pelos Estados nacionais. A Guerra Fria é a moldura da teoria da modernização, que postulava o crescimento econômico, devendo os regimes liberais-democráticos capitanear projetos capazes de modernizar a economia de nações que, para prosperar, precisariam se industrializar e urbanizar, pois a manutenção de modelos agroexportadores era comprovadamente um risco de instabilidade. Tais projetos estimulariam o avanço de economias capitalistas, nas quais a iniciativa privada tinha papel essencial, devendo ser estimulada — com proteção e financiamento — por políticas governamentais. Entendia-se, assim, que capitalismo e modernização formavam um par, que alimentava e era ao mesmo tempo alimentado por regimes liberais-democráticos.

O grau de compartilhamento internacional desse paradigma da modernização foi muito grande no pós-1945. Ainda assim, ele não esteve livre de disputas em dois sentidos fundamentais, tomando-se o caso do Brasil. Em primeiro lugar, no que pode ser enunciado como a face nacionalista do projeto modernizador, que tencionava o grau de autonomia a ser conquistado pelas políticas implementadas sob a liderança do Estado. Em segundo lugar, no que se pode chamar de face social das políticas modernizadoras, o que remetia a problemas complexos como: quem lideraria, ao lado do Estado, o encaminhamento de tais projetos? Quem definiria quem se beneficiaria (e quanto) dos ganhos econômicos obtidos com os projetos de modernização?

É claro que estamos enunciando em partes algo que é experimentado em conjunto, na medida em que um projeto político estabelece suas metas, em função de uma concepção que pressupõe atores e sua relação com os objetivos a serem alcançados. Quer dizer, teorias/escolas de pensamento e discursos/políticas públicas se influenciam mutuamente, o que torna o exame de experiências históricas, como a da República de 1946 a 1964, uma resultante quer das ideias quer das práticas políticas compartilhadas naquele momento. De toda forma, estamos falando de ações organizadas para se alcançar determinados fins, ainda que se saiba que os atores nelas envolvidos são heterogêneos e concorrem por posições e ganhos. Por outro lado, ao longo do tempo, pode haver alterações de conjuntura política que produzam novas pressões sobre a delimitação dos objetivos e resultados a serem esperados. É essa a circunstância dos planos desenvolvimentistas que foram desenhados e executados, mesmo que só parcialmente, pelos governos que se estenderam entre os anos 1950 e inícios dos 1960, no marco de uma República que lutava pela manutenção de um regime liberal-democrático, cuja extensão e sentido políticos eram cada vez mais disputados.

Esse, pois, é um ponto fundamental. Ao contrário de muitas interpretações que veem o período como o de um fracasso da liberal-democracia, a tese aqui defendida é a de que a República de 1946 a 1964 foi uma experiência política que estava conduzindo o país ao fortalecimento da democracia representativa. Ou seja, justamente o inverso, na medida em que república e democracia se combinavam, havendo uma extensão da participação política popular, que se exprimia, quer por formas organizacionais quer por demandas sociais. Isso se fazia pela consolidação de um sistema partidário que se nacionalizava e interiorizava e pelo imenso crescimento do número de eleitores, não apenas das camadas urbanas, mas também da população rural. Nesse período, quatro eleições presidenciais e seis congressuais, além de outras para estados e municípios, foram realizadas, com níveis reais de competitividade e alternância do poder. O processo político comportava, pela primeira vez, o acirramento da competição eleitoral com efetivo grau de incerteza, já que aqueles que estavam no governo perderam o controle dos resultados eleitorais, possibilitando a vitória e a chegada ao poder das oposições. Contudo, a dinâmica de tal processo é aparentemente contraditória, na medida em que ele se realiza ao mesmo tempo que inúmeras tentativas para a derrubada da ordem institucional-legal são efetuadas. Ao contrário de ser um período de estabilidade, o fortalecimento da democracia representativa se fez em meio e a despeito de sérios confrontos, envolvendo a aliança entre parcelas de políticos e de setores militares.

Para se avaliar o grau de dificuldades vivido nesse relativamente curto espaço de tempo, vale enumerar que houve uma tentativa de golpe, via impeachment, contra o presidente Vargas, seguida de seu suicídio; como um desdobramento, uma ameaça de golpe pelo questionamento dos resultados das eleições de JK à presidência, vencida pela ação de um "contragolpe preventivo", liderado pelo ministro da Guerra, general Lott; no governo JK, duas tentativas de golpe político-militar, capitaneadas pela Aeronáutica com apoio da União Democrática Nacional (UDN), são afastadas; outra tentativa de golpe desferida pela renúncia do presidente Jânio Quadros, desta feita neutralizada pelo Congresso Nacional; em seguida, a tentativa de impedir a posse do vice-presidente eleito, João Goulart, vencida por uma reação política com amplos apoios sociais (a Campanha da Legalidade) e por uma negociação política delicada, que resultou em sua posse sob um regime parlamentarista. Por fim, o golpe militar e civil que derrubou esse presidente, em abril de 1964, encerrando a experiência republicana que se inaugurara com as eleições do general Dutra (1883-1974) para a presidência em 1945.

A recusa das interpretações que sustentam a inconsistência desse regime liberal-democrático segue, portanto, outro caminho. Ela destaca alguns importantes indicadores políticos, que apontam para a direção inversa. Entre eles, como mencionado, a formação e consolidação de um sistema nacional pluripartidário que, associado ao aumento do eleitorado, transformava a competição política eleitoral feita com voto direto, secreto e obrigatório (para os homens) e fiscalizada pela Justiça Eleitoral. Os três principais partidos, organizados no último ano de Estado Novo — o Partido Social Democrático (PSD), o Partido Trabalhista Brasileiro (PTB) e a UDN —, passaram a atuar ao lado de outras legendas de menor porte, explicitando o acirramento da competição intraelites, que vai se traduzir em mudanças nas preferências dos eleitores. Dessa forma, o PSD, mais votado em 1945, tem uma trajetória de declínio, do mesmo modo, embora em menor intensidade, que a UDN. Já outros partidos, como o Partido Democrata Cristão (PDC) e o próprio PTB, tiveram tendência de ascensão. O PTB era o partido que mais crescia, pois se alcançou 7,6% das cadeiras da Câmara dos Deputados em 1945, em 1962 já controlava 28,4% delas.

Porém, essa afirmação do sistema partidário só é bem dimensionada quando se entende que são os partidos os principais atores que respondem pelo aumento numérico e pela dispersão espacial do eleitorado brasileiro da época, ocupando-se da mobilização eleitoral. Esse amplo processo de crescimento eleitoral não pode ser explicado pela diminuição da idade para votar (de 21 para 18 anos), nem pelo voto feminino, até porque ainda era facultativo, sendo obrigatório apenas para as mulheres que exercessem função pública remunerada (só o Código Eleitoral de 1965 equipara o voto feminino ao masculino). Tampouco pode ser explicado pelos avanços educacionais. Em 1940, só os estados de São Paulo e Rio Grande do Sul, ao lado do Distrito Federal (Rio de Janeiro), tinham a maioria de sua população alfabetizada. Já em 1960, nove estados chegavam a essa marca e os demais se distanciavam dela com variações. Com outro tipo de indicador, observa-se que em 1945, 54% da população brasileira era de analfabetos, enquanto em 1962 a taxa era ainda de 36%. Além disso, avalia-se que a proibição do voto do analfabeto — compartilhada internacionalmente — em função da frouxidão das exigências para a comprovação do saber ler e escrever, quer pelo Código Eleitoral de 1945 quer pelo de 1950, tornou-se quase letra morta, sendo explorada por todos os partidos políticos.

Dessa forma, o que explica esse vigoroso aumento do eleitorado é a atuação dos partidos políticos, na medida em que o alistamento podia ser feito individualmente, mas também por requerimento, através de terceiros e de forma coletiva. Todos os partidos políticos, e com custos cada vez maiores, encarregaram-se de “fazer eleitores” ao longo do período, uma vez que o Código Eleitoral de 1950, sugestivamente, não revogou essa alternativa. Um tipo de prática política de longa tradição no Brasil, pela qual se alistava e transportava eleitores e, até 1955, fornecia-se a cédula de votação, pois só nesse ano foi criada a cédula única. Os partidos desejavam, "fazendo os eleitores", "fazer" também os resultados das eleições. Um objetivo que vai entrando em colapso pela própria competitividade interpartidária, pelo crescimento do eleitorado e pelas mudanças na legislação eleitoral. Um bom índice das crescentes competitividade e incerteza políticas é o avanço da propaganda, cujas mídias (imprensa e rádio, mas ainda não a TV) favorecem o estabelecimento de novos tipos de relações entre eleitores e partidos. Uma tendência reconhecida como decisiva à valoração do voto e ao que se chama de fidelização partidária do eleitorado.

Ainda que convivendo com práticas de controle, o voto dos eleitores encontrava brechas cada vez maiores para delas fugir, estabelecendo a incerteza política como um dado indiscutível do processo eleitoral. Esse fato faz com que situação ou oposição pudessem chegar ao poder, mesmo que o vitorioso nas urnas permanecesse sendo ameaçado por variados tipos de manobras golpistas. Mas tal espaço de liberdade do eleitor ganha ainda mais relevância quando associado à ação de movimentos sociais, entre os quais os que organizavam trabalhadores urbanos e rurais. A partir do segundo governo Vargas (1951-4), assiste-se a uma liberalização do movimento sindical e a muitos protestos e grandes greves (como a dos Trezentos Mil, em 1953, e a dos Quatrocentos Mil, em 1957). Uma politização crescente do movimento sindical transformava os trabalhadores urbanos em agentes que enfrentavam o patronato, mas que também pressionavam os governos e seus planos econômicos, pois entendiam que os problemas que viviam eram inseparáveis da promoção de reformas econômicas mais profundas. Não foi diferente com os trabalhadores rurais. Nos anos 1950, reunidos em sindicatos ou em outras formas associativas, como as Ligas Camponesas, demandavam direitos sociais e trabalhistas e os articulavam a causas mais amplas, como a reforma agrária.

O estabelecimento de vínculos entre as esferas da participação e da representação políticas é uma dimensão constitutiva da democracia representativa de então, plena de tensões e pressões que evidenciam, cada vez mais, como os eleitores e os interesses populares organizados participavam da política e buscavam atuar na formulação dos planos governamentais para se alcançar o desenvolvimento econômico. Embora desde os anos 1930 existissem projetos de incentivo à industrialização e a ideia de planejamento econômico já circulasse, é apenas após o término da Segunda Guerra, com a criação da Comissão Econômica para a América Latina e o Caribe (Cepal, ligada à ONU), em 1948, que se pode falar de projetos desenvolvimentistas para o Brasil. O desenvolvimento era definido como um rápido e forte crescimento econômico, liderado pela ação do Estado, único agente capaz de superar os pontos de estrangulamento de uma economia muito dependente da agroexportação e carente do volume de capitais necessários à modernização. O protagonismo do Estado era uma injunção histórica e se faria por meio da criação de órgãos de diversos tipos, da regulamentação das condições em que se daria a industrialização e ainda de uma participação direta que estimularia todo o circuito privado do processo de industrialização por substituição de importações.

O crescimento econômico antecederia e seria condição de quaisquer outras metas, quer as de caráter mais estrutural (reforma agrária) quer as de alcance social (educação e saúde). Mesmo que subordinado aos objetivos do mercado, o desenvolvimentismo incorporava questões como a do combate à pobreza e às extremas desigualdades, que por serem ameaçadoras à ordem política e social deveriam ser objeto de políticas públicas que as minimizassem. Isso permitia apropriações da agenda desenvolvimentista por setores populares e também por segmentos da burocracia do Estado e da intelectualidade, que discutiam a extensão e a repartição das políticas efetivadas. É o que vai acontecer de maneira sistemática e crescente com os três planos apresentados ao longo dessa república. O Plano Nacional de Reaparelhamento Econômico de Getúlio Vargas é considerado nacional-desenvolvimentista, mirando um processo de industrialização que privilegiava os bens de consumo não duráveis, mas também a indústria de base com propriedade do Estado. A criação da Petrobras e do Banco Nacional de Desenvolvimento Econômico são as principais iniciativas, com destaque para o BNDE que, mesmo só funcionando a partir de JK, seria a instituição encarregada do financiamento da industrialização, sobretudo de setores como energia e transportes.

O Plano de Metas de JK (1956-61) é o mais conhecido, por ser o mais bem-acabado e de fato implementado. Ele é tributário do Grupo Misto de Estudos Cepal-BNDE, que traduz de forma exemplar a disputa entre uma orientação mais reformista em termos político-sociais e outra mais "pragmática". Foram muitas as realizações desses "cinquenta anos em cinco", cabendo notar que o crescimento econômico do país foi de 7,5% ao ano, enquanto o crescimento industrial chegou a 11%. O plano teve sucesso em metas que se voltavam para energia e transportes, privilegiando os bens de consumo duráveis em um processo de substituição de importações ampliado. Mas muitos outros empreendimentos que associavam capital estrangeiro e capital privado nacional tiveram imensa importância, razão pela qual esse é um tempo chamado de desenvolvimentista *tout court* ou de desenvolvimentista associado ou dependente, para se marcar uma distinção com o que veio antes e depois.

O Plano Trienal de Desenvolvimento Econômico e Social de João Goulart tem um diferencial no nome, o que evidencia um compromisso maior com as políticas sociais. Ele retomava a orientação nacional-desenvolvimentista do segundo governo Vargas e se iniciou em 1963, após plebiscito em que o regime presidencialista venceu. A essa altura, já estava claro para setores populares organizados, parcelas da intelectualidade e da burocracia estatal, que apostar no crescimento econômico sem políticas sociais e reformas estruturais não traria os ganhos desse desenvolvimento ao país. Por isso, o plano tinha duas etapas: em primeiro lugar, medidas para o saneamento financeiro e, em seguida, a realização de investimentos em políticas públicas de caráter mais estrutural, para o que era necessário conseguir financiamento, inclusive externo. Mas nada disso chegou a acontecer, e o plano foi abandonado pelo presidente, então alvo de pressões à esquerda e ameaças de golpe à direita. De toda forma, o que o Plano Trienal apontava é que o Brasil havia chegado a um momento em que políticas de efetiva inclusão social eram necessárias para a estabilidade política, pois, sem elas, os ganhos econômicos já obtidos corriam o risco de se perder para a sociedade como um todo. E, de fato, esses ganhos se perderam, ao lado da perda maior, a da liberal-democracia, que vinha sendo experimentada com atropelos, mas com sucesso, que o golpe militar e civil de 1964 interrompeu, sem nos deixar saber que rumo teria.

SENTIDO REPUBLICANO DA AMIZADE

Pedro Duarte

S

NA ÉPOCA MODERNA, FOMOS ACOSTUMADOS A TRATAR A AMIZADE exclusivamente como um sentimento ou uma emoção, isto é, algo de natureza psicológica ou subjetiva. Logo, ela seria de foro íntimo. Entretanto, na Antiguidade, a tradição grega — desde Platão (*c.* 427-347 a.C.) e sobretudo Aristóteles (384-322 a.C.) — conferia à amizade uma conotação política. Os grandes pensadores dos séculos V e IV a.C. conheciam a dimensão pessoal da amizade, é claro. Filosoficamente, contudo, eles formularam um conceito amplo desse fenômeno que aproximaria tudo o que fosse semelhante, na natureza e no mundo humano. Aristóteles — na *Ética a Nicômaco*, escrita perto de 340 a.C. e intitulada em referência a seu filho, Nicômaco — apresenta vários exemplos de amizade, como a relação parental, o contato do marido com a esposa, o comércio entre as cidades e até a política. Isso porque a amizade significava aproximação entre os seres humanos. Era um movimento oposto ao isolamento — e mesmo o isolamento permitia uma *philia*, uma amizade: a dirigida ao conhecimento. Filosofia é, etimologicamente, a amizade pelo saber. O que hoje identificamos como amizade era só um entre diversos tipos de amizade, apenas um entre vários modos de viver junto.

O modelo exato de amizade que hoje em dia é assim denominado ganharia sua especificidade porque, nele, a associação entre as pessoas não é obrigatória: nem por necessidades profissionais ou sociais nem por laços sanguíneos ou sexuais. O amigo não é da família, o que o coloca numa situação peculiar. Os seus vínculos são afetivos ou de cidadania, mas não biológicos (desse ponto de vista, a família contemporânea é atravessada pela amizade, já que deixou de se pautar apenas pela filiação sanguínea em sua formação). Mesmo que haja um impulso natural para a amizade, não se sabe previamente a quem esse ânimo será dirigido. Um grupo de amigos constitui-se com a experiência da liberdade, a qual inexiste numa família tradicional. Escolhemos nossos amigos, mas não nossos pais, filhos, irmãos.

Tampouco exigimos de nossos amigos a exclusividade que instituições como o casamento costumam pressupor — algo diferente da fidelidade, que a amizade pode conter. Por sua vez, a família tradicional, embora ultrapasse o vínculo exclusivo do casal, tem seus membros determinados por relações de natureza biológica ou civil. Há uma limitação no escopo da família que a distingue das outras famílias: a origem biológica comum e o contrato civil restringem a liberdade de sua composição e conferem uma homogeneidade aos integrantes que não existe nas relações de amizade.

Por fim, o que singulariza a amizade resulta também da sua horizontalidade. Se a família é um grupo marcado por relações hierárquicas verticais, como aquela dos pais com os filhos, por sua vez, a amizade define um conjunto de pessoas no qual não há superiores ou inferiores. Ninguém é a priori dotado do poder de mando e ninguém tampouco da obrigação de obediência. Nem há, em princípio, o tipo de dependência que, tradicionalmente, marcava a estrutura familiar, com o chefe — um déspota — que imperava sobre a mulher e os filhos. Nossa linguagem é, a esse respeito, reveladora. Na família, há termos bem precisos que nomeiam os papéis desempenhados: marido, esposa, filho. Na amizade, não. O mesmo termo aplica-se a todos: amigo. Um não é pai e outro filho. Todos são amigos entre si, diferenciando-se só pelo que sentem, fazem e falam.

Há, portanto, três características da amizade que prefiguram o âmbito da política republicana: liberdade, pluralidade e igualdade. Elas se opõem, respectivamente, a: necessidade, homogeneidade e hierarquia. Os gregos falavam de uma *philia*, ou seja, amizade civil, para designar o que era comum além da família. Os romanos acreditavam que a *amicitia* era uma excelência cívica. Pode-se pensar a amizade como um valor do mundo público. Os vínculos de amizade não são determinados pela biologia nem pelo sobrenome nem pela riqueza. São livremente estabelecidos com o reconhecimento e a empatia que se inauguram nos encontros pelo mundo afora. Os laços feitos não contam com um critério ontológico — intrínseco ao ser — a priori que defina os seus limites; eles podem envolver quantas pessoas forem, sem exclusividade familiar, constituindo-se a pluralidade que, no plano coletivo, é a marca da república. Por fim, a condição da liberdade plural é a igualdade, no sentido de que tanto pessoas amigas quanto cidadãos republicanos relacionam-se sem hierarquia que os separe essencialmente. Distinguem-se pelas suas ações e palavras, que aparecem no decorrer de suas existências no mundo presente.

Nesse sentido específico, é surpreendente a inclusão da ideia de fraternidade, ao lado das de liberdade e igualdade, no panorama da política, conforme aconteceu no século XVIII com a Revolução Francesa. Isso porque, a fraternidade, em sua origem, se refere à irmandade, um elemento familiar, e não à cidadania. Tratando-se, ainda mais, do projeto de república da França, para o qual a igualdade era fundamental, supor essa irmandade acarreta uma possível pergunta: quem será o pai da prole? Ou seja, o sentido familiar da fraternidade corre o risco de supor, implicitamente, a necessidade de um governante despótico. O valor humanista traz certa ambiguidade para a república: oferece a solidariedade, mas, em troca, deixa em aberto o perigo de, acima dela, haver dominação despótica.

É provável que os revolucionários franceses tenham buscado na fraternidade o signo de algo que já estava presente na amizade e que distinguia ambas do amor erótico: o desejo desinteressado do bem do outro. Na medida em que a base da amizade é a partilha — não só dos assuntos privados dos amigos, mas do mundo que eles têm em comum, e é essa segunda característica que dá o sentido político da amizade — e a reciprocidade, ela exige independência sem isolamento. Isso é tão presente no contato de amigos, que, entre eles, disputas por prioridades arrefecem, não há ativo e passivo, mas sim benefício mútuo. Logo, a fraternidade, embora mantenha um sentido familiar, traz uma igualdade similar à da amizade, mas esta última com a diferença de se bastar, sem supervisão de pais.

Há, ainda, mais um aspecto politicamente relevante da amizade: sua fragilidade. Filósofos antigos às vezes tiveram dificuldade em conceder dignidade à amizade, exatamente por esse motivo. O bem — que nortearia uma vida humana e nos faria felizes — deveria carregar estabilidade e segurança. Nunca as encontramos, porém, entre os negócios humanos, como na amizade e na república, que estão em constante mudança. Apenas as acharíamos, de acordo com Platão, na ideia, na verdade, no absoluto. Tudo isso só é acessível por meio da vida contemplativa, para a qual a companhia dos outros não é um requisito, sendo até beneficiada pelo isolamento solitário. Daí sua suposta superioridade sobre a vida ativa política, que depende de estarmos acompanhados, o que é instável, pois nos deixa à mercê das pessoas.

Aristóteles, que tem a amizade em mais alta conta que Platão, embora também a situe abaixo da filosofia, sublinhava essa vulnerabilidade da vida prática frente à teórica, ao afirmar que pessoas justas necessitam de outras em relação às quais e com quem possam agir com justiça. De um lado, a dependência dos outros expõe a amizade e a ação à imprevisibilidade do mundo em comum. De outro, a convivência possibilita a ação, em geral, e a ação justa, em particular, nas quais se assenta a política republicana. Se a vida prática permanece abaixo da teórica, sua grandeza, apesar disso, é destacada. Somos animais políticos, e a boa vida exige estar próximo aos outros. Não é suficiente a contemplação de verdades eternas, pois o preço cobrado por essa estabilidade é a traição da nossa natureza comunal.

No caso da família, embora estejamos à mercê de outras pessoas, contamos com um esteio presumivelmente fixo. Minhas ações podem tornar escassos os encontros com o meu pai, mas não me tornam menos filho. Suas ações podem torná-lo bom ou mau pai, não mais ou menos pai. Relações familiares tradicionais, enraizadas biologicamente, teriam uma solidez que falta à amizade. Elas nos protegeriam da "fragilidade da bondade", como nomeou a filósofa contemporânea Martha Nussbaum (1947-), ou seja, da vulnerabilidade que é buscar o bem e a felicidade no mundo externo e em outras pessoas, diferente de objetos de pensamento: ideias, conceitos, ser. Na amizade, há uma grande fragilidade, pois nada, além da livre escolha e das circunstâncias, determina de quem seremos amigos ou define a duração da amizade, que sempre pode acabar. Ela é enraizada no tempo, na contingência — como a política.

O contato entre os seres humanos teria menor autossuficiência na busca da boa vida, pois é relacional. A vida ativa, em que estão a amizade e a política, é instável; a vida contemplativa, em que estão o pensamento e a metafísica, não. Daí vem a ideia antiga, desde Platão, de que a boa companheira do filósofo é a solidão. Contra ela, o ensaísta alemão Gotthold Lessing (1729-81) afirmou que, entre a verdade e o debate, ficaria com o segundo. Para ele, pensar não era um diálogo de mim comigo mesmo, mas um diálogo antecipado com os outros. Em sua peça *Natan, o sábio*, a amizade cumpre papel decisivo. Aristóteles, apesar do preconceito metafísico, já havia admitido a virtude ética da amizade, pois a *philia* seria cidadania:

pertencimento. No caso, à cidade ou ao que os romanos chamariam de *res publica*, república.

Essa afinidade estabelecida entre a amizade e a república conheceria, entretanto, uma tensão na era moderna. Essa tensão foi expressa no século XVI com os ensaios de Michel de Montaigne (1533-92). O que fazer se um amigo nos pede uma ação contrária ao bem comum? Quando o amigo pede para que se incendeie um templo, o que devemos fazer: seguir a sua vontade, que pareceria uma só com a nossa, ou prever uma contradição com o bem público? O dilema está em saber se somos mais amigos dos nossos amigos ou do nosso país. Tal conflito — da amizade pessoal com o pertencimento à cidade — se aguça quando a igualdade de direitos universais dos cidadãos se corrompe na desigualdade de privilégios particulares a amigos. Um sujeito republicano orgulha-se de ser tratado como qualquer outro. Não pretende se destacar dos pares por laços pessoais ou por sobrenomes. No Brasil, a dificuldade de se instaurar um espírito republicano desse tipo é testemunhada pelo provérbio popular, originado nos tempos coloniais, que previa "aos amigos tudo, aos inimigos a lei". Nesses casos, a amizade pode corromper a república.

Por fim, a república se define como uma forma de governo na qual tanto governantes quanto súditos se distinguem pelas circunstâncias, e não por essência. Não há característica essencial ou descendência sanguínea que defina quem estará no governo. Ou seja, uma república conhece só a igualdade entre os seus cidadãos, ao menos a priori. Nenhum deles está acima do outro. Nada é tão errôneo para tratar de uma república, nesse sentido, quanto a metáfora do governante como o pai, uma vez que ela supõe a hierarquia perante os filhos, instaurando uma desigualdade alegadamente natural. Na perspectiva da amizade, há uma convivência na qual uns querem o bem dos outros e, sobretudo, a possibilidade de que essa convivência, em si e por si, torne-se um bem. Não é tão diferente do que poderia ser um ideal de república.

Do ponto de vista das formas de governo, portanto, a afinidade da amizade com a república é muito maior do que com a monarquia ou com a aristocracia. O monarca é, evidentemente, superior aos súditos, mesmo que procure o bem deles. O governo é de um, e apenas um, homem, sobre todos os outros. Na aristocracia, a estrutura de governo é menos centralizada, mas muito estratificada, ou seja, o papel de cada cidadão é bem definido e hierarquizado. Nenhum desses modelos corresponde à relação de amizade, embora os antigos os relacionassem a outros tipos de *philia*: na monarquia, por exemplo, súditos amariam o rei como um pai. Já na república, aparece a afinidade com o que ainda hoje chamamos de amizade, por conter uma horizontalidade igualitária nas relações livres entre pessoas diferentes.

Nesse sentido, a era moderna, no século XVII, ofereceu duas perspectivas sobre a política com consequências opostas para a concepção de amizade. De um lado, o *Leviatã*, de Thomas Hobbes (1588-1679), defende que seres humanos apenas têm prazer na companhia dos outros quando contam com um poder capaz de intimidar todos. Logo, a possibilidade de interação pela qual ficamos amigos depende da segurança que um contrato social institui, eliminando a desconfiança e o medo das relações a partir de sua autoridade. Precisamos de leis — que limitam a liberdade individual natural de cada um e deixam todos seguros — para que possamos ser amigos. De outro lado, Spinoza (1632-77) pensa a política não de maneira negativa, por extirpar o medo, mas sim positivamente na afirmação da alegria. O convívio da amizade é menos uma consequência possível da política e mais uma causa ética para a sua constituição, visto que os encontros entre os seres humanos suscitam lealdade, e não só ameaça. No lugar da representação do contrato social, como em Hobbes, o que chamamos de república, em Spinoza, assemelha-se à democracia direta.

Os homens das revoluções no final do século XVIII, e não os teóricos, deixaram o maior testemunho da alegria da amizade republicana. Thomas Jefferson (1743-1826), um dos fundadores dos Estados Unidos, confessou a John Adams (1735-1826) que desejava, após a morte, reencontrar seus amigos e colegas em congresso. Fazer política não era um fardo, mas sim uma felicidade pela associação com amigos e colegas. Para ele, a república assentava-se sobre os distritos e sobre os conselhos, nos quais o convívio entre as pessoas ocorria constante e diretamente. Tal experiência positiva da liberdade em atos e em palavras, pelos quais o mundo comum seria partilhado, dava razão à vida; era tudo o que Jefferson gostaria de encontrar mesmo depois de morrer.

Se o dilema típico de repúblicas modernas é compatibilizar a busca individual de realização e a participação pública coletiva — como percebeu Alexis de Tocqueville (1805-59) ao relatar, em 1835, o que acompanhou de perto sobre *A democracia na América* —, a amizade pode se tornar uma virtude política, na medida em que o convívio que ela oferece é experimentado como felicidade. Evidentemente, cidadãos não precisam ser amigos para que, entre eles, haja o que o autor francês chamara de "interesse bem entendido" — a partilha de assuntos e decisões que interessam ao mundo em comum no qual vivem. No entanto, sua dimensão pública — livre, plural e igualitária — oferece aos cidadãos uma superação do isolamento individual.

No romantismo alemão, ao final do século XVIII, o dilema já era colocado: como evitar que o Estado seja uma abstração distante do povo? Como edificar uma república na qual as pessoas participem de negócios públicos? Sem relações de amizade parece difícil responder a essas perguntas. Pois a amizade nos iguala e nos diferencia. Distinções naturais e sociais vão para o pano de fundo, a fim de que a singularidade de quem somos, ao agir e ao falar, apareça e possa ser apreciada na pluralidade do mundo humano. Num diálogo entre amigos, cada um se esforça para compreender a verdade da opinião do outro e como o mundo que partilham aparece para o outro que lhe é desigual. Segundo a filósofa Hannah Arendt (1906-75), esse é o insight político por excelência. É que a "boa amizade" considera o outro e, sem confundir o eu com o tu, acrescenta a delicadeza da intimidade, diz Nietzsche (1844-1900).

Contemporaneamente, deve-se sublinhar, enfim, que a seletividade da amizade é desprovida de critérios essenciais e substanciais, como de nacionalidade. Os amigos não o são porque têm uma natureza humana em comum, e sim porque têm um mundo humano comum. Uma república fundada sem laços nacionalistas ou naturais é aberta à pluralidade, como na amizade. Hannah Arendt notou que, em "tempos sombrios", como os que ela vivera com o nazismo no século XX, não bastaria a dois amigos, um alemão e um judeu, afirmarem sua igualdade de seres humanos. Precisariam dizer mais: "um alemão e um judeu, e amigos", insistindo no vínculo que os aproximava na diferença, quando tudo o mais os separava. Onde quer que uma amizade assim tenha existido, afirma a pensadora judia, "alcançou-se um pouco de humanidade num mundo que se tornara inumano".

T

TERCEIRA REPÚBLICA NO BRASIL (1988-): REPÚBLICA DEMOCRÁTICA

Sérgio Abranches

A TERCEIRA REPÚBLICA COMEÇOU COM A PROMULGAÇÃO DA Constituição de 1988. Entre o regime militar e a nova carta política houve o interregno que se chamou de Nova República, ainda sob a Constituição autoritária de 1967. Era o governo José Sarney (1930-), vice de Tancredo Neves (1910-85), ambos eleitos pelo voto indireto do Congresso. Nesse período, a Assembleia Nacional Constituinte escreveu e votou a carta democrática de 1988. Embora trouxesse em si fragmentos não descartados da Constituição imposta ao país em 1967, a Carta de 1988 definiu, em muitos casos de forma inédita, direitos civis e políticos próprios de democracias avançadas. Manteve, ampliado e reformulado, o modelo político da Segunda República, o "presidencialismo de coalizão". A presidência da República ganhou poderes legislativos que lhe deram grande capacidade de controle de agenda no processo legislativo. Passou a ter a iniciativa exclusiva de propor projetos de lei orçamentária e sobre matéria tributária, de legislar por medida provisória e de pedir urgência para projetos de lei em votação. A Constituição concentrou o controle do processo legislativo na presidência das duas Casas do Legislativo e nas lideranças partidárias. Essa mudança fez muita diferença em relação à Segunda República, na qual os líderes tinham papel menor e os parlamentares podiam exercer expressiva liderança individual. O Senado passou a ter todas as competências da Câmara e várias outras, a ele privativas, como a de julgar e de impedir o presidente da República. O novo status do Senado, que passou a poder iniciar legislação, é outra marca do presidencialismo de coalizão "reformado" da Terceira República. O Judiciário adquiriu maior robustez institucional e independência. O Ministério Público ganhou autonomia e novas responsabilidades. As instituições de vigilância constitucional, peças centrais do mecanismo de freios e contrapesos indispensável à democracia presidencialista, receberam estatuto de autonomia plena. Os constituintes não criaram, todavia, regras de transparência e de responsabilidade compatíveis com essa autonomia.

Entre 1990 e 2018, a Terceira República mostrou resistência, maleabilidade e estabilidade institucional. Passou pelo trauma de dois impeachments, um de Fernando Collor (1949-), primeiro presidente eleito pelo voto popular direto desde 1960; outro, de Dilma Rousseff, a última presidente do ciclo político-eleitoral iniciado em 1994. Enfrentou dois grandes escândalos de corrupção que atingiram praticamente toda a estrutura partidária. Provou-se eficaz em assegurar aos presidentes efetividade decisória. Os três presidentes do seu primeiro ciclo político-eleitoral conseguiram aprovar quase todas as matérias por eles consideradas indispensáveis à sua agenda governamental. Particularmente notável foi a reforma, em poucos meses, do capítulo econômico da Constituição, no governo Fernando Henrique Cardoso (1931-).

A principal alteração no modelo político se deu com a promulgação, em junho de 1997, de emenda constitucional que permitiu a reeleição de presidentes. O país venceu a hiperinflação e enfrentou várias crises econômicas globais, desde o início desse novo período republicano. Passou por crises políticas, muitas delas associadas a comissões parlamentares de inquérito que operaram com liberdade e forte participação da oposição. Foi abalada por investigações de corrupção que levaram à ação penal 470, do chamado "mensalão", e condenou, pela primeira vez, políticos e empresários a penas de prisão por corrupção. Também foi afetada pela operação Lava Jato, que culminou com a controversa prisão do ex-presidente Lula (1945-), de alguns dos maiores empresários do país e de várias outras lideranças políticas. A Terceira República também se mostrou eficaz na inclusão política e social.

No período de 1994 a 2013, houve reduções significativas e sustentadas da pobreza e da desigualdade. O Ensino Básico foi universalizado e o Ensino Médio e Superior teve expansão significativa. A inclusão política permitiu a eleição de lideranças populares para o Executivo e para o Legislativo e o aumento da participação política na vida social. Graves problemas de qualidade persistiram, porém, sem solução, nos campos político, social e econômico. Esse percurso de vitórias e dissabores testou diversas vezes a institucionalidade democrática da Terceira República. Se não é possível dizer que ela passou incólume por esses traumas, tampouco se pode negar que, apesar de pequenas fraturas, o seu arcabouço institucional resistiu sem rupturas relevantes. Essa trajetória mostrou que ainda não se conseguiu realizar na plenitude os valores e princípios da "boa república", de supremacia do interesse coletivo, respeito à coisa pública e igualdade de direitos e oportunidades para os cidadãos republicanos.

As eleições de 2018 foram disruptivas. O país dividiu-se emocional e politicamente. Foi o fim do ciclo político-eleitoral iniciado em 1994, com a escolha de Fernando Henrique Cardoso para presidente, no primeiro turno. O processo de realinhamento partidário, em curso desde 2010, se acelerou. Rompeu-se o eixo político-partidário que organizou governo e oposição nas seis eleições gerais anteriores. Ele era movido pela disputa bipartidária pela presidência da República entre o PT e o PSDB. A competição multipartidária se dava por posições no Congresso, em busca de assento na coalizão de governo ou da liderança da oposição. Não se deu, todavia, um processo de realinhamento clássico, em que um novo sistema de partidos substitui o anterior. Houve progressivo desalinhamento do sistema partidário, com mudança clara e forte no equilíbrio de forças entre os partidos e uma troca radical no poder governamental, da esquerda tradicional para a direita ultraconservadora.

As rupturas de 2018 se deram em dois planos. No primeiro turno acelerou-se o desalinhamento partidário, com declínio do tamanho médio das bancadas na Câmara e no Senado e com o aumento da fragmentação partidária. O PSDB foi alijado da disputa pela presidência. O partido ganhou as eleições presidenciais no primeiro turno, com Fernando Henrique Cardoso, em 1994 e 1998, e esteve no segundo turno, contra o PT, em 2006, 2010 e 2014. No segundo turno de 2018, o PT perdeu a presidência. A exclusão da presidência dos dois partidos que monopolizaram a competição pela chefia de governo desde 1994, por Jair Bolsonaro (1955-), um candidato com uma sigla partidária improvisada e sem estrutura de campanha, encerrou o ciclo PT-PSDB do presidencialismo de coalizão na Terceira República.

O fim desse ciclo na presidência da República e a hiperfragmentação das bancadas desorganizaram completamente o jogo político-partidário que assegurou a estabilidade democrática e o funcionamento do "presidencialismo de coalizão" por quase um quarto de século. Esse ciclo dava sinais de estar no seu ocaso, com a perda acelerada de qualidade das políticas públicas, o desalinhamento partidário, a contaminação generalizada do sistema político pela corrupção partidário-empresarial e a rotinização da judicialização da política.

Pela primeira vez, a direita teve uma candidatura explícita no Brasil. Embora assumindo o papel de candidatos contra a esquerda, nem Jânio Quadros (1917-92), na Segunda República, nem Fernando Collor, na abertura da Terceira República, aderiram de forma tão ostensiva a um ideário de direita como Jair Bolsonaro o fez. A existência de um polo bem definido e mobilizado à direita pode ter papel importante no realinhamento partidário em processo e eventualmente forçar melhor definição dos valores e das ideias dos partidos ao longo do espectro ideológico.

As instituições de amortecimento das tentativas mais extremadas de uso do poder político e de freios e contrapesos da democracia brasileira amadureceram muito nesses trinta anos de vigência da Constituição. Passarão, agora, por um teste de resistência política bastante mais significativo e direto, com o fim do primeiro ciclo político-partidário. A observância dos limites democráticos e constitucionais do poder presidencial pelo novo governante será, também, submetida a teste.

Não está claro se o novo governo terá força e liderança para dar início a um outro ciclo político-partidário. É provável que o país viva um período mais prolongado de transição e que o novo ciclo do "presidencialismo de coalizão" só comece a se definir a partir das eleições gerais de 2022.

Os momentos mais marcantes do primeiro ciclo da Terceira República traçam um roteiro rico, tenso e movimentado de amadurecimento democrático. A primeira eleição direta se caracterizou por grande fragmentação e divisão das forças políticas. Disputaram a presidência 22 candidatos, dos quais pelo menos doze já haviam exercido mandatos políticos ou eram lideranças reconhecidas na sociedade. O segundo turno foi disputado por Fernando Collor de Mello, que obteve 30,4% dos votos válidos e, Luiz Inácio Lula da Silva, com 17,1% dos votos válidos. O grau de fragmentação revelou-se no percentual relativamente baixo do segundo colocado e no empate entre Lula e Leonel Brizola, que obteve 16,5% dos votos. O presidente eleito, apoiado por uma frágil e minoritária coalizão, não resistiu até o final do mandato. Ficou com a dúbia marca de ter sido o primeiro presidente eleito pelo voto direto desde 1960 e também o primeiro a ter seu impeachment aprovado nas duas Casas do Congresso. Itamar Franco (1930-2011), seu vice-presidente, assumiu o mandato e deu início ao processo de estabilização monetária com o Plano Real.

O sucesso inicial do plano anti-inflacionário permitiu a eleição de Fernando Henrique Cardoso (PSDB-SP), em 1994, no primeiro turno, com um sistema partidário já mais alinhado. A evidente diferença entre os pleitos revela o início do ciclo político-partidário em 1994. Foram sete candidatos, mas Fernando Henrique, eleito no primeiro turno, com 54,24% dos votos e Luiz Inácio Lula da Silva (PT-SP), com 27,07%, concentraram mais de 80% dos votos. Fernando Henrique governou com uma coalizão majoritária e enxuta, cujo núcleo eram o PSDB e o PFL. Pôde, dessa forma, completar o trabalho de estabilização que começara como ministro da Fazenda de Itamar Franco e ser hiperativo no plano legislativo, reformulando o capítulo econômico da Constituição. Criou a estrutura regulatória do Estado como parte do processo de privatização de empresas estatais. Aprovou a reeleição para os cargos de presidente, governador e prefeito. Em 1998, reelegeu-se presidente, também no primeiro turno, com 53,06% dos votos contra 31,71% para Lula. Em 2003, passou o cargo para Luiz Inácio Lula da Silva. Foi a primeira vez, desde 1961, que um presidente eleito terminou o mandato e passou o cargo para outro presidente eleito.

As eleições de 2002 confirmaram a estabilização do ciclo político-partidário. Seis candidatos disputaram o primeiro turno das eleições. Lula obteve 46,44% dos votos e José Serra (1942-) (PSDB-SP), 23,2%, concentrando quase 70% dos votos. Lula venceu o segundo turno com 61,2% dos votos válidos, elegendo-se presidente após três derrotas. O país se orgulhou de ser uma democracia que elege um militante sindical para 17º presidente da história brasileira escolhido pelo voto direto. A posse de Lula na presidência da República foi um fenômeno de massa. O presidente eleito foi recebido por ruas cheias, milhares de bandeiras vermelhas e volumoso contingente de pessoas sem as cores do PT. Nascia, naquele cortejo, o lulismo, que se tornou um fenômeno distinto e maior que o petismo. A trajetória da popularidade de Lula não tem paralelos na história republicana brasileira. Era garantida por sua enorme capacidade de comunicação, pelo talento invulgar para o palanque e pelos resultados concretos de seu governo para a população.

O final de seu primeiro mandato foi perturbado pelo escândalo do chamado "mensalão", envolvendo o PT e os demais partidos da coalizão lulista. Mas Lula conseguiu ficar ileso e reeleger-se em 2006. O primeiro turno contra o ex-governador de São Paulo, Geraldo Alckmin (1952-) (PSDB-SP), foi bem apertado. Ele obteve 48,6% dos votos, contra 41,64%, de Alckmin, e ganhou o segundo turno com 60,8%.

No segundo governo Lula, o escândalo do mensalão se transformou em inquérito policial e desembocou na ação penal 470, relatada no Supremo Tribunal Federal pelo ministro Joaquim Barbosa, que conquistou grande popularidade por seu desempenho. O mensalão derrubou, ainda no primeiro mandato de Lula, a segunda grande estrela do PT, José Dirceu (1946-), homem de grande poder na máquina partidária. Sua queda abriu espaço para a ascensão de Dilma Rousseff, que Lula escolheria para sucedê-lo, em 2010.

Dilma teve 46,9% dos votos, no primeiro turno, e José Serra (PSDB-SP), 32,6%. Ela se elegeu no segundo turno com 56,05% dos votos. A coalizão lulista ficou majoritária no Senado e na Câmara. Mas faltavam a Dilma Rousseff (1947-) as habilidades de Lula. Começou o governo já tropeçando na política e provocando reações irritadas do PMDB, o partido pivô de sua coalizão. As relações entre a presidente e os partidos aliados foi tensa todo o tempo. A presidente enfrentou, também, vários escândalos envolvendo ministros, desde o início do governo. Foi no seu período que se iniciou o julgamento da ação penal 470, do "mensalão", e saíram as primeiras condenações de empresários e políticos, entre os quais lideranças petistas como José Dirceu e José Genoino (1946-). Apesar dos tropeços, dos dissabores com os julgamentos no STF e uma crise econômica que se agravaria nos próximos anos, em fevereiro de 2013, Lula lançou Dilma Rousseff à reeleição. Dilma seria assombrada na campanha pela economia em declínio e pelo início de investigações sobre irregularidades com empreiteiras que desaguariam na operação Lava Jato.

Foi uma campanha dura e com muitos golpes desleais. No primeiro turno, Dilma obteve 41,6% dos votos e Aécio Neves, 33,5%. Estava dado mais um segundo turno polarizado entre PT e PSDB. Marina Silva, que não conseguira registrar seu partido, a Rede, decidiu candidatar-se a vice na chapa de Eduardo Campos (1965-2014) (PSB-PE). Campos morreu em acidente de avião no início da campanha, e Marina Silva o substituiu e conseguiu a expressiva votação de 21,3%. O resultado do segundo turno foi apertado. Dilma Rousseff foi reeleita com 51,6% e Aécio Neves teve 48,4% dos votos.

Dilma Rousseff tomou posse no seu segundo mandato prisioneira de uma conjuntura irremediável. No final de 2014, a Lava Jato cresceu e apareceu. O volume de ações e evidências era grande. Os nervos do Congresso estavam à flor da pele. A Lava Jato investigava dezenas de parlamentares envolvidos na rede de corrupção. A popularidade da presidente claudicava. O quadro econômico piorava e as medidas do governo açulavam a inflação. Dilma aplicou políticas que negara durante a campanha e decepcionou a sociedade. A presidente, que havia demonstrado, desde o início do primeiro governo, não ter as aptidões e o traquejo para resolver impasses políticos, tornou-se impopular. Era incapaz de comandar seu próprio partido, enfrentou bloqueios incontornáveis no Legislativo, além de entrar em conflito com seu vice, Michel Temer (1940-) (PMDB-SP). Nesse ambiente contencioso, perdeu em definitivo o apoio do PMDB, pivô indispensável de sua coalizão. Dilma Rousseff terminou como a segunda pessoa eleita à presidência na Terceira República a perder o mandato por processo de impeachment aprovado pela maioria das duas Casas do Congresso. Foi um processo mais longo, controverso e conflituoso que o de Collor, porém com desfecho similar.

Michel Temer tornou-se o segundo vice-presidente confirmado no cargo de presidente sob a Constituição de 1988 após o afastamento do titular por impeachment. Foi presidente interino durante 112 dias e tomou posse definitiva no dia 31 de agosto de 2016. Terminou o governo, em 2019, mais impopular que Dilma Rousseff. Fracassos sucessivos de governança, os dois grandes processos judiciais por corrupção política e a crise econômica produziram desencanto e descrédito na população. Esses sentimentos negativos refletiram-se na campanha, que foi ultrapolarizada, e no voto, que rompeu os padrões anteriores. As eleições legislativas revelaram ampla rejeição aos partidos tradicionais. As taxas de renovação na Câmara e no Senado foram muito significativas e inéditas. Todos os partidos tradicionais tiveram suas bancadas reduzidas. O PSL, partido do candidato presidencial vitorioso, saiu do nada para fazer a segunda bancada na Câmara dos Deputados. Mesmo assim, uma bancada média. A disputa presidencial foi a mais fragmentada desde 1989. Treze partidos apresentaram candidatos. Jair Bolsonaro (PSL-RJ) obteve 46,03% dos votos no primeiro turno e Fernando Haddad (1963-) (PT-SP), 29,28%. Bolsonaro se elegeu no segundo turno com 55,13% dos votos. Terminou, assim, o primeiro ciclo político-partidário da Terceira República.

O ideal republicano implica em um cidadão virtuoso, isto é, autoconsciente, independente e autocontrolado. A formação desse cidadão virtuoso requer uma república constituída de forma a promover o desenvolvimento das virtudes republicanas em uma comunidade de iguais. Esse é o sonho republicano. O princípio fundador mínimo é a autonomia do cidadão, a não dominação. É o mínimo de liberdade indispensável. Regimes constituídos por imposição, logo não contratuais, ferem esse pressuposto da independência, que assegura a discordância e, no limite, a desobediência. Toda república nasce de um momento constituinte, no qual uma assembleia autorizada pelos cidadãos formaliza, sob a forma de lei impessoal e geral, o contrato político coletivo, com base na interpretação possível desse sonho no seu tempo. Um contrato político que define o desejo comum de conviver segundo os valores republicanos.

O momento constituinte da Terceira República foi emulado pelo sonho de uma democracia plena. Ela deveria ir além da oligarquia e do republicanismo liberal, incorporando em seu contrato político o projeto de uma cidadania ativa, no exercício de sua independência plena. Essa independência se realiza completamente apenas com a universalização das liberdades e com a eliminação dos limites à realização humana impostos pela pobreza e desigualdade extremas.

O fim do primeiro ciclo político da Terceira República pôs em teste os fundamentos de seu contrato constituinte e a continuidade da efetivação de seu projeto democrático.

TIRANIA E REPÚBLICA

Newton Bignotto

A TIRANIA NASCEU NA GRÉCIA ANTIGA NUM PERÍODO DE TRANSIÇÃO, quando as velhas estruturas de poder, que haviam dominado as cidades gregas nos séculos VIII e VII a.C. colapsaram. O vocábulo *tyrannos* apareceu primeiramente num texto de Arquíloco, um poeta dado a polêmicas que viveu em torno de 650 a.C. e registrou a palavra ao dizer que não tinha ciúmes dos deuses nem aspirava a uma grande tirania. O certo é que no século seguinte o termo era plenamente conhecido por escritores e poetas e fazia parte do vocabulário ordinário das conversações sobre política, que ocorriam nas praças públicas de muitas cidades. O tirano foi, assim, ao mesmo tempo, a causa e o produto de um lento e complexo processo de transformações das estruturas políticas, que resultou na criação de instituições e regimes, como a democracia, e de teorias políticas das quais somos ainda hoje devedores. Ele nasceu, assim como os governantes democráticos do século V a.C., do confronto entre uma parcela considerável da população, que se sentia excluída e pagava por isso, e as diversas famílias aristocráticas, que de maneira por vezes radical, mas sempre baseadas no princípio da diferença, exerciam o poder de forma exclusiva. Se desde o início a violência no exercício do mando esteve associada às tiranias, o traço que as definia mais profundamente era o fato de que o tirano ocupava o poder de modo ilegítimo. Ou seja, no lugar de obedecer às leis e de lutar por elas, ele se colocava no lugar dos legisladores e fazia de suas vontades a origem de todas as leis, às quais ele mesmo não era obrigado a obedecer.

A imagem negativa da tirania se consolidou nas filosofias de Platão (*c.* 428-*c.* 348 a.C.) e de Aristóteles (384-322 a.C.). Em *A República*, de *c.* 380 a.C., Platão mostra que o regime tirânico nasce da democracia e de seus arautos — poetas trágicos e sofistas —, que nas brechas de um regime defensor da liberdade destilam o veneno da servidão. O tirano é o personagem extremo da vida política, capaz dos atos mais torpes e vergonhosos. Aristóteles pintava o tirano com cores menos radicais, mas chegava a conclusões semelhantes às de seu mestre quando se tratava de apontar o lugar que a tirania ocupava na vida política das cidades. Também para ele, o tirano não é o exemplo de um meio-termo entre a virtude e o vício, mas um extremo que coloca os desejos do governante e sua vontade de satisfazê-los por quaisquer meios no centro do exercício do poder. Nesse sentido, podemos dizer que a tirania não é um regime como outro qualquer. Ela é o ideal negativo da vida política, marcando a fronteira na qual o animal político se converte em besta, ao acreditar ter se feito deus.

As teorias gregas sobre a tirania influenciariam o pensamento político ocidental por muitos séculos, ajudando pensadores republicanos a definir o escopo sobre qual seria o melhor regime. Negativamente, o tirano é aquele que, em sua desmedida, aponta para o papel fundamental da lei na constituição dos regimes fundados na liberdade e no bem comum. O tirano é, assim, em primeiro lugar, um governante que ocupa o poder de forma ilegítima. Em segundo, que transforma seus desejos, ou aqueles de um grupo social restrito, no centro das ações do governo, impedindo que o interesse comum seja contemplado nas decisões sobre o presente e o futuro das cidades. Para os pensadores gregos citados, a tirania é o contraponto perfeito ao melhor regime: a *politeia*. Reino do mais forte, ele abre as portas para a violência dos governantes e impede que as virtudes políticas, como a justiça, floresçam.

A república é a denominação romana para o regime fundado na liberdade e na defesa do interesse comum, que herdou, em parte, as características da *politeia* grega. Herdou apenas parcialmente porque, se foi considerada por muitos como o melhor regime possível, ela nasceu num contexto histórico e político diverso daquele das cidades gregas. Para Cícero (106-43 a.C.), homem político e filósofo que ajudou a criar uma das matrizes do que viria a ser a grande tradição republicana, a república se define como a "coisa do povo (*res publica*)". Deve-se entender a noção de povo como a de um grupo numeroso de homens associados uns aos outros pela adesão à mesma lei e pela comunidade de interesses. Essa maneira de definir república nos lembra que Cícero visava definir uma comunidade política em sua generalidade e não um tipo de regime específico. A solda para a reunião dos homens são, segundo ele, a lei e a comunhão de interesses. Se é evidente que ao falar de leis ele falava de valores e virtudes, é também verdade que o que estava em jogo era um conjunto de leis no sentido estrito do termo, o ordenamento jurídico e as tradições legais. Por outro lado, a referência aos interesses era fundamental para marcar o fato de que os homens não se associariam se não fossem capazes de identificar seus interesses pessoais num referencial coletivo. A república era o melhor regime possível, mas não era nada abstrata. Ela havia existido em Roma. Passava por momentos difíceis quando o filósofo escrevia, mas nem por isso deixava de ser a referência principal para os que desejavam compreender a vida política em toda a sua complexidade.

Nesse universo teórico, definido por um conjunto de ideais e de práticas, a tirania era pensada como o oposto simétrico do regime republicano. Em sua desmedida, o tirano mostra no que pode se transformar um regime que perde suas referências fundamentais e cede aos desejos particulares. Os romanos temiam a tirania e nos legaram, junto com os gregos, uma maneira de pensá-la a partir da polaridade república-tirania. Esse será um par conceitual essencial da filosofia política ocidental nos séculos seguintes.

Durante a Idade Média, a tirania continuou a aterrorizar os pensadores políticos, mas seu oposto não era mais a república, que havia desaparecido com a implantação do Império Romano em 27 a.C., mas a monarquia, considerada a forma política ideal. Isso não impediu muitos autores de investigar a natureza da tirania e mesmo se seria legítimo matar o tirano em algumas ocasiões. Esse foi o caso de João de Salisbury (*c.* 1115-80), que em seu livro *Policraticus*, de 1159, chegou a detalhar as ocasiões nas quais o tiranicídio podia ser praticado. Mas ele não foi o único pensador que se ocupou da natureza do tirano e suas mazelas. São Tomás de Aquino (1225-74), Egídio Romano (1243-1316) e Guilherme de Ockham (1285-*c.* 1347) foram exemplos de como o pensamento medieval atribuía um lugar importante à figura do tirano, mesmo quando as referências empíricas aos bons regimes tinham o Império e a monarquia no horizonte e não o regime republicano.

Será preciso esperar até o nascimento do humanismo na Itália renascentista para que a polaridade que nos interessa ressurja. Um elemento essencial para o aparecimento no curso do século XIV de uma nova matriz do pensamento republicano foi que as principais obras de autores como o historiador da antiguidade Tito Lívio (59 a.C.-17 d.C.) e de pensadores como Cícero começaram a ser redescobertas ou simplesmente revisitadas por homens de letras que não se sentiam mais motivados pelos temas fundamentais da filosofia política medieval, que encontrava seus limites na afirmação da superioridade da vida contemplativa sobre a vida ativa de participação nos negócios públicos. Contribuiu para esse "renascimento da Antiguidade" o fato de que várias cidades italianas, como Florença e Veneza, pouco a pouco foram se tornando independentes das estruturas imperiais e precisavam encontrar um novo assento jurídico, mas também uma nova maneira de pensar a vida em um corpo político particular e autônomo. Num contexto como esse, a noção romana de república caía como uma luva.

Essa busca por novos referenciais teóricos tinha um preço. Afinal, tratava-se de abandonar o ideal medieval da vida contemplativa como forma superior de vida para se fixar numa forma sujeita às contingências das cidades, com suas mazelas e flutuações, a vida ativa. Talvez por essa razão Petrarca (1304-74), considerado pelos humanistas italianos do século XV o fundador da filosofia humanista, hesitava em assumir todas as consequências do movimento que ele mesmo havia colocado em marcha. De um lado, ele ajudara a valorizar e a redescobrir o passado greco-romano. Foi graças a ele que muitos textos ignorados ou abandonados foram resgatados do esquecimento e passaram a influenciar outros pensadores. Ao mesmo tempo, ele ainda se via como um cristão agostiniano, ou seja, como alguém que valorizava a contemplação das coisas eternas e dava pouco valor às terrenas. Essa tensão interna de seu pensamento exerceu efeito estimulador em sua criação poética, mas o impediu de abraçar de forma total os novos ideais cívicos.

Esse movimento de virada em direção a um novo mundo de ideias e realizações será obra dos humanistas dos séculos seguintes. No tocante à polaridade república-tirania, ela foi exposta em um texto de um autor hoje pouco conhecido mas que marcou várias gerações de humanistas: Coluccio Salutati (1331-1406). Ocupando por muitos anos a chancelaria da República Florentina, um alto posto da administração da cidade, ele tinha acesso não apenas aos negócios internos, mas sobretudo às negociações com outras cidades, que muitas vezes ameaçavam a existência de Florença. Foi a partir dessa posição privilegiada de observação e ação que escreveu um pequeno tratado inteiramente dedicado ao problema da tirania, o *De tyranno*, de 1400. Naquele momento sua preocupação não tinha nada de abstrata. Como importante figura do governo de sua cidade, sabia que ela estava ameaçada pela cobiça de vários tiranos da época. Por vezes ele chamava de tirano governantes que eram apenas adversários de Florença, mas a força de sua argumentação era tamanha que alguns diziam temê-lo mais do que aos exércitos da cidade. A tirania era caracterizada a partir de uma mistura de referências medievais, desde João de Salisbury a Bartolus de Sassoferrato (1313-57), com os problemas de seu tempo. Como seu mestre Petrarca, Salutati tinha dificuldade em aceitar um rompimento radical como os autores cristãos, mas acabou dando uma guinada fundamental no pensamento político de seu tempo quando deixou de lado a oposição entre monarquia e tirania e passou a focar sua atenção na disputa entre república e tirania. O elemento central dessa oposição era conhecido desde a Antiguidade: o respeito às leis. A novidade estava no resgate da ideia do regime republicano como aquele que melhor correspondia à ideia de uma forma política fundada no respeito às leis. Opor assim república e tirania era uma maneira de afirmar a superioridade da vida ativa, vivida no interior das cidades, sobre a vida contemplativa, que conservava todo o seu prestígio quando se tratava de religião, mas não quando o assunto era a vida em comum.

A contraposição entre os dois regimes serviu para deslocar o eixo das reflexões políticas para temas que nos séculos anteriores surgiam apenas na margem dos sistemas de pensamento: a ideia da liberdade política como fundamento do melhor regime, a defesa das leis humanas como referência para uma ética cívica, a noção da importância da participação dos cidadãos nos negócios públicos, a percepção de que a corrupção era um fenômeno que conduzia a vida pública da república à tirania. Nasceu no século XV o que Hans Baron (1900-88) caracterizou como humanismo cívico, cuja principal característica era a de dar um tratamento "realista" à política. Nas décadas seguintes à morte de Salutati, esse movimento se expandiria por toda a Itália e mesmo para fora dela, até ver seus frutos mais preciosos aparecerem no século XVI nas obras de pensadores como Maquiavel (1469-1527) e Francesco Guicciardini (1483-1540).

República e tirania são os marcos extremos que constituem o pensamento político moderno no momento de seu surgimento durante o Renascimento italiano. É claro que entre um e outro existiram regimes que pendiam ora para um lado, ora para o outro. As monarquias europeias esposaram traços dos regimes republicanos, quando se instituíram como monarquias constitucionais, e adotaram características das tiranias, quando se tornaram despóticas. No terreno dos conceitos, os regimes contrapostos forneceram as balizas para a constituição da filosofia política moderna, que se abriu para uma série de temas forjados pelas modificações cada vez mais radicais sofridas pelas sociedades mercantis e depois industriais.

Os dois conceitos tiveram, no entanto, destinos diversos nos séculos seguintes. Enquanto a república serviu de referência para muitos pensadores interessados em pensar um mundo em frequente mutação — gerando uma série de matrizes de pensamento (italiana, inglesa, francesa, norte-americana, contemporânea) —, a tirania paulatinamente migrou para o campo do simbólico, deixando de designar os regimes radicais para apontar para seus defeitos no campo dos valores e das práticas políticas, sem se referir a uma ordenação institucional específica. Um exemplo interessante é a maneira como o historiador Timothy Snyder (1969-) se serve do conceito de tirania para descrever o que ocorre nas sociedades atuais quando a democracia entra em colapso e perde seus referenciais. A vida política e a esfera da vida privada se veem profundamente alteradas, sem que falemos de instalação de um regime tirânico, tal como no passado o compreendíamos.

Rousseau (1712-78) talvez tenha sido um dos últimos autores que se serviu da contraposição entre as repúblicas e as tiranias para estruturar seu pensamento. Em *Do contrato social*, de 1762, ele define, na esteira de uma longa tradição, a república como um regime de leis, fundada na liberdade e na igualdade entre os cidadãos. Quanto à tirania, ela é o produto da dissolução do Estado. O escritor de Genebra reconhece, no entanto, que com o tempo o conceito havia se desgastado e precisava ser bem formulado para evitar equívocos. Para ele, no sentido mais comum, a tirania era o regime daquele que governava com violência e sem respeito às leis. No contexto moderno, em que a monarquia era uma referência importante para todos os que pensavam sobre as diversas estruturas de poder estatal, o tirano "é um indivíduo que se arroga a autoridade real sem ter direito a ela". Rousseau se liga, assim, à longa tradição de pensamento político, que desde a Grécia Antiga havia aproximado o tirano do usurpador, que se opunha a todos os habitantes da cidade ao impor seus desejos como lei. No contexto do século XVIII, ele tinha que lidar com uma nova realidade: a dos despotismos régios. Para solucionar essa dificuldade, ele alarga o campo dos significados das palavras gregas, propondo uma interpretação original para a diferença entre tirano e déspota. Na Grécia, este último era sobretudo o governante oriental, que comandava a cidade como se fosse a sua casa. Rousseau se serve disso para dizer que o tirano é, antes de tudo, um usurpador do poder, enquanto o déspota "é aquele que se põe acima das leis". Desse ponto de vista é que ele pode afirmar que, embora o tirano não seja necessariamente um déspota, "o déspota é sempre tirano".

Ainda que sua intenção não tenha sido produzir um deslocamento conceitual definitivo na compreensão da tirania, é fato que, a partir de sua obra, república e tirania tomaram caminhos diferentes na teoria política, sem que a polaridade tenha perdido sua força de explicação da dinâmica das forças que visam a posse do poder. Desde a Revolução Francesa, em 1789, a república se tornou a maior referência para os que entendem que nas condições modernas só se pode viver livremente num regime de leis que faça valer a igualdade entre os cidadãos e que permita a participação de todos nos negócios do Estado e na elaboração das leis, atributo essencial da soberania popular. Quanto à tirania, ela aos poucos deixou de fazer referência a um regime político específico para designar uma maneira de ocupação do poder, que nega todos os valores associados à tradição republicana e põe os desejos particulares no centro do exercício do poder político. Por isso, passou a designar a forma de exercício do poder sem limites em regimes que podem ser caracterizados por vários vocábulos, como "ditaduras", "monarquias despóticas" ou "totalitarismo". Nos dias de hoje, podemos dizer que república e tirania continuam a designar polos opostos da vida política. A república tem como eixo os valores aos quais nos referimos e o fato de que coloca a busca do interesse comum no centro das ações de todos os atores políticos. Quanto à tirania, ela designa uma forma de ocupação do poder e das instituições que o estruturam a partir do ponto de vista da particularidade. Pouco importa se agora nos referimos a ela como uma metáfora, pois continua a nos atemorizar como uma alusão ao mal a ser evitado na vida em comum.

TOTALITARISMO E REPÚBLICA

Helton Adverse

T

NA HISTÓRIA DO PENSAMENTO POLÍTICO ENCONTRAMOS CONCEITOS muito diferentes para definir república e totalitarismo. Contudo, para cada um desses termos, há um ponto que parece consensual: a república, entendida como a "coisa pública", é o regime das leis (como afirma uma longa tradição de pensamento que vai de Cícero a Rousseau), ao passo que o totalitarismo, entendido como o regime da dominação total, implica a destituição da ordem jurídica ou a dissolução daquilo que se convencionou chamar de "Estado de direito". Para explicitar algumas das principais distinções entre essas duas formas de experiência política, uma boa estratégia será analisar de modo mais pormenorizado a relação que elas estabelecem com a lei.

Em um texto capital na história do pensamento político romano, Cícero (106-43 a.C.) define a república como a "coisa do povo", observando, porém, que o "povo" não deve ser confundido com a simples agregação dos seres humanos, mas um "agrupamento da multidão" possibilitado por seu "consenso de justiça", tendo em vista a utilidade comum e motivado por uma inclinação natural à sociabilidade. É importante destacar, desse conjunto de ideias, a noção "consenso de justiça", pois ela não apenas vertebra a concepção ciceroniana de república, mas será, certamente, um de seus maiores legados para o pensamento político atual.

A noção se refere a um sentido de justiça partilhado entre os membros de uma comunidade política, que deve se refletir tanto em sua vida moral quanto no arranjo de suas instituições políticas. É sobretudo este último aspecto que permite compreender a natureza política e jurídica do consenso de justiça, visto que o arranjo institucional envolve o conjunto de leis que ordenam a vida da república e são, por isso, imprescindíveis para a qualificação política de um povo.

Se a república é a "coisa do povo", apenas pode sê-lo onde as leis imperam, mantendo os cidadãos na condição de igualdade e instaurando o horizonte do bem comum em que sua existência coletiva se desenvolve. Para Cícero — e o mesmo dirá Jean-Jacques Rousseau (1712-78) em *Do contrato social* —, a lei revela seu caráter propriamente político na medida em que sua instituição coincide com a criação de um espaço onde os seres humanos comparecem na condição de iguais, isto é, o espaço público. Menos do que ressaltar a natureza coercitiva da lei, importa enfatizar sua capacidade de unir os cidadãos em torno de um projeto comum, a saber, a constituição de um regime político em que eles possam, juntos, exercer a liberdade.

Vale lembrar que a associação entre regime de leis, igualdade e liberdade já se encontrava estabelecida na Grécia Antiga. Nos escritos de Platão (*c.* 428-*c.* 348 a.C.) e Aristóteles (384-322 a.C.), nos textos literários ou na obra dos historiadores, o termo grego *nomos* indicava a existência do regime político no qual os cidadãos eram definidos em relação à lei. Não causa surpresa o fato de os atenienses denominarem seu próprio regime "isonomia", em vez de "democracia". Mais do que denotar uma igualdade formal diante da lei, a isonomia corresponde a uma prática política na qual cada cidadão tinha a possibilidade de participar dos negócios públicos.

E se essa experiência implicava a igualdade jurídica que garantia o acesso ao espaço público (expressa pelo termo "isegoria"), ela estava condicionada pela criação do espaço comum, formulada na célebre expressão — que remonta a Homero — "*es meson*", isto é, "no centro, no meio". A ideia de "meio" deve ser compreendida como o lugar público em que é possível a constituição do bem comum, muito bem explicada por Marcel Detienne no célebre estudo *Os mestres da verdade na Grécia arcaica*, publicado originalmente em 1967. Referindo-se à primeira forma de constituição do espaço público, quando as cidades gregas passam pela transformação política que irá conduzi-las à experiência democrática, Detienne descreve a invenção do *meson* como a criação de um "ponto comum a todos os homens colocados em círculo". Assim, todos os bens depositados nesse ponto central são "coisas comuns" (*xuneia*), que podem ser opostas aos objetos de apropriação individual (*ktémata*). Diz ainda Detienne que as palavras que aí se pronunciam são todas do mesmo tipo: elas concernem ao interesse comum e, por esse motivo, o *meson* é o lugar público por excelência.

A mera existência desse "meio", desse "espaço entre" os cidadãos, assinala uma transformação em sua condição política. Trata-se da presença daquilo que Hannah Arendt denominou de "mundo", ou seja, a construção de um lugar que simultaneamente liga os seres humanos (pois ele é "comum") e os separa (pois ele está "entre"). Ora, a construção do mundo é imprescindível para — ou ainda inerente à — cidade se constituir como uma estrutura política, o que é expresso na língua latina com o termo "república". E não se deve perder de vista que essa construção não é possível sem as leis, o que nos conduz mais uma vez a Cícero. Embora o romano procure enraizar a lei em geral em uma normatividade natural que transcende a particularidade de uma cidade, o que de fato a lei civil realiza é a união entre os seres humanos em uma comunidade política determinada, isto é, a república. Portanto, o poder associativo da lei desvela a natureza da república como modo de vida político.

Definindo a república como associação política fundamentada em um *iuris consensus*, Cícero fixa seu significado no vocabulário político ocidental. Malgrado as enormes diferenças que separam a experiência política da Antiguidade daquela que conhecemos nos dias de hoje, a fórmula ciceroniana demonstra sua força, sendo incessantemente retomada pelo pensamento político e constituindo-se como uma categoria obrigatória. As oposições conceituais que estruturam o pensamento político, em diferentes épocas, não podem dispensá-la, como vemos na oposição *república* versus *tirania* ou *república* versus *monarquia*. No primeiro caso, a república é confrontada por um regime que se define pela arbitrariedade, pela recusa em submeter o poder político aos limites estabelecidos pela lei. A tirania, já sabiam os gregos, é o regime do excesso, da desmesura e, por isso, necessariamente resvala na violência. No segundo caso, a oposição se refere menos à presença ou à ausência da lei e mais à presença ou à ausência do povo na cena política. O regime monárquico, por definição, é aquele da concentração do poder nas mãos de um só, indicando com clareza a separação entre o lugar de seu exercício e a comunidade política que a ele está submetida.

Por outro lado, o advento dos sistemas totalitários coloca em termos muito específicos as possíveis oposições à república, e assim podemos tornar a evocar o problema da lei para pensarmos suas diferenças. Com esse propósito, vale a pena recordar uma passagem de *Origens do totalitarismo*, de Hannah Arendt, publicado originalmente em 1951, em que ela afirma que a política totalitária "não substitui um conjunto de leis por outro", ou seja, ela "não estabelece seu próprio *consensus iuris*, não cria, por uma revolução, uma nova forma de legalidade". Nessa medida, ao afrontar as leis (inclusive suas próprias leis positivas), o regime totalitário demonstra seu desprezo por qualquer *consensus iuris*, mas isso não significa que ele se transforme no estado tirânico da ausência das leis, da arbitrariedade e do medo. O sistema totalitário pode dispensar o *consensus iuris* "porque promete liberar o cumprimento da lei de toda ação e vontade do homem", declarando a justiça sobre a terra ao reivindicar "fazer da própria humanidade a encarnação da lei".

A primeira observação que devemos fazer, a partir da passagem acima, é que o totalitarismo, ao negar o *consensus iuris*, ao desafiar toda a legalidade, não se coloca, como ocorre com a tirania, do lado da pura arbitrariedade. Arendt acredita que se a política totalitária rejeita a legalidade (*legality*), ela não pode dispensar uma referência à lei (*lawfullness*). Isso significa que o sistema totalitário é, em um sentido muito preciso, um sistema legal. Portanto, sua identificação com a tirania decorre do desconhecimento de seu aspecto essencial, isto é, o desejo de fazer prevalecer uma legalidade. Contudo, essa legalidade não se deixa confundir com o ordenamento jurídico positivo, criado no âmbito do exercício do poder político. A lei na qual o sistema totalitário quer fundamentar seu poder é de ordem transcendente. Mas essa transcendência é distinta daquela que durante séculos alicerçou a política sobre uma base teológica. Como Arendt esclarece, trata-se da lei da história ou da lei da natureza. Em ambos os casos, a lei não é entendida como uma construção humana nem como a manifestação da vontade divina: ela expressa uma ordem inexorável, que determina o sentido da existência de um povo em particular (pois lhe é incumbida a missão de realizar a "justiça sobre a terra") e que afeta a existência dos seres humanos em geral (pois a realização dessa justiça não pode deixar de envolver a relação com os demais povos).

No que concerne à lei da história, Arendt, obviamente, tem em vista o totalitarismo soviético (sobretudo o período stalinista), enquanto a lei da natureza orienta a política nazista. Para melhor compreender as consequências políticas da adoção dessa legalidade (*lawfullness*) e como ela resulta na antítese ou na negação da república, uma boa estratégia consiste em examinar de maneira um pouco mais pormenorizada a natureza dessas leis.

Vamos nos concentrar no caso nazista, uma vez que ele nos oferece uma visão nítida dos fundamentos e das consequências da escolha dessa forma de legalidade. Durante o regime nazista, que se estendeu de 1933 a 1945, as leis positivas, como Arendt observou, perderam sua força normativa em favor de uma legalidade enraizada na natureza. Em termos práticos, quer dizer, no âmbito do exercício do poder político, a desqualificação das leis positivas se manifestava na recusa de Adolf Hitler (1889-1945) em submeter sua autoridade a qualquer restrição legal ou institucional. Como afirmou o jurista oficial do partido nazista, Hans Frank (1900-46), em um discurso reproduzido por Ian Kershaw em *The Nazi Dictatorship*, "a lei constitucional do Terceiro Reich é a expressão jurídica da vontade histórica do Führer, mas a vontade histórica do Führer não tem de cumprir as pré-condições jurídicas para se realizar".

Porém, o efeito mais profundo da adoção da lei da natureza é sentido no nível dos fundamentos da comunidade política, pois que a sociedade nazista compreende a si mesma como imbuída da missão de realizar no mundo a verdade desvelada em seu pertencimento a uma mesma raça. Nesse sentido, como sublinhou Arendt, a política nazista estava assentada em um pressuposto biológico que se expressava "legalmente" como a injunção a efetivar a *lei do sangue*. A esse respeito, o estudo realizado por Johann Chapoutot em 2014 é elucidativo ao extremo. De acordo com suas análises, "a vida da raça" e o pertencimento a um mesmo sangue tornam-se um princípio abertamente normativo na Alemanha sob o domínio hitlerista. E essa normatividade atingiu as mais diversas dimensões da existência coletiva, incluindo não apenas a esfera política, mas a moral e a religião. Todas elas são compreendidas em vista da "função biológica vital que regula e irriga o corpo, o *Volkskörper*".

Por fim, é a vida que dita a norma, mas não se deve esquecer que esse fundamento biológico não pode ser universalmente estendido: afinal de contas, trata-se da vida e do sangue da raça germânica, o que resulta em duas consequências mutuamente implicadas. Em primeiro lugar, a obediência à lei do sangue acarreta a exclusão de toda mistura e a proteção contra qualquer ameaça à pureza alemã. Sendo assim, a conservação da raça a coloca em conflito com as demais, consideradas inferiores. E a aplicação da lógica nazista torna necessária e natural a eliminação das raças inimigas. Em segundo lugar, o pertencimento à raça confere unidade à comunidade política.

E se essa unidade não resulta do fortalecimento de vínculos de natureza jurídica, mas sim de fatores biológicos, ela fatalmente se transforma em "uniformidade". Isso quer dizer que a inscrição de cada integrante dessa comunidade não deriva em absoluto de um ato voluntário de adesão, mas de um destino comum definido de antemão pela natureza. Por outro lado, enquanto a individualidade da vontade não é necessária para se compreender a origem desse corpo político, ela é de todo dispensável para se compreender seus fins.

Não surpreende, portanto, a ideologia nazista reiteradamente preconizar o sacrifício pela pátria, mas com uma dramaticidade que em muito supera a tradicional injunção *pro patria mori*, isto é, o patriotismo exaltado por Cícero. Morrer pela pátria, no regime nazista, não é sacrificar-se em prol do bem comum, mas exaurir todas as forças para a preservação do sangue puro alemão. Não é de admirar também que Hitler, em seus derradeiros dias (mais especificamente, em 19 de março de 1945), tenha assinado uma ordem de destruição das infraestruturas do Reich, não para impedir que os inimigos dela se servissem, como ocorre na estratégia da terra arrasada, mas para que o próprio povo alemão não sobrevivesse à sua derrota.

A lei do sangue, portanto, pouco tem em comum com a lei política manifesta no *consensus iuris*. Como podemos ver, ela não cumpre uma função política, mas submete uma comunidade a um imperativo que é de outra natureza. Por conseguinte, ela não é capaz de assegurar um espaço comum ou preservar os vínculos entre os cidadãos na formação de um *mundo*. Incapaz de promover a estabilidade no corpo político, como faz, via de regra, a lei política, a lei biológica condena a comunidade a um movimento incessante até que seja alcançado, em um tempo indefinido, a realização de seu objetivo.

A esse respeito, as análises de Arendt são sempre esclarecedoras. Ela dizia que sob o totalitarismo nós assistimos a uma destruição do mundo comum, o que resultava em uma desertificação do espaço público. A contrapartida dessa desertificação é a redução dos seres humanos a um único "grande homem", o que só é possível graças à força de contenção de um "cinturão de ferro", isto é, as formas mais extremas de coerção e violência implementadas sob o domínio do "terror". Segundo ela, o terror substitui "as fronteiras e os canais de comunicação entre os homens individuais por um cinturão de ferro". E este cinturão "os une tão apertadamente que é como se sua pluralidade tivesse desaparecido em um Homem Único de dimensões gigantescas". Para Arendt, o terror, entendido como a implementação de todas as formas de violência para conduzir à realização da lei de natureza, é a essência do totalitarismo. É importante reter esta última afirmação para enxergarmos com toda clareza a oposição entre república e totalitarismo.

Se a dominação totalitária corresponde à eliminação — assegurada pelo terror — de toda distância entre os homens, se ela suprime o espaço público, criado e delimitado pela lei, se ela elimina as condições de exercício da liberdade política, então ela pode ser considerada a radical negação da república. Até o advento do totalitarismo, a república se deparou com seus outros dentro de um espectro que poderia, com bons motivos, ser considerado político. Mesmo a tirania, classicamente identificada como a pior forma de regime político, como regime afeito à animalidade e ao excesso, não foge ao horizonte da política, pois que o tirano apenas tem seu status definido em relação à lei. Ele a infringe, a fere, a desvirtua, pode fazer-lhe concessões, mas não eliminá-la do horizonte político. A condição para tanto é a substituição da legalidade jurídica por uma normatividade que tem suas raízes em um domínio não político. Sob essas circunstâncias, desaparecem, juntamente com a legalidade, a cidade, o mundo, o espaço entre os indivíduos, em favor do aparecimento do *homem gigantesco* de que fala Hannah Arendt.

Em nome da unidade e da uniformidade, a pluralidade é sacrificada no sistema totalitário; em nome da homogeneidade biológica, abre-se mão da capacidade criadora dos seres humanos e de seu desejo de se associarem para, juntos, construírem o sentido de suas vidas. Apenas com o surgimento dos regimes totalitários a república encontrou seu outro radical, seu inimigo mais ameaçador, pois que a ataca em seus próprios fundamentos, isto é, os princípios basilares da vida em comum.

V

VÍCIOS DA REPÚBLICA > 423

Fernando Filgueiras

VÍCIOS DA REPÚBLICA

Fernando Filgueiras

UMA REPÚBLICA TEM A SUA EXISTÊNCIA ASSENTADA NO IMPÉRIO DA LEI e nas virtudes dos cidadãos. Encontramos na filosofia diversos argumentos que tomam essa direção. De um lado, a preocupação com as estruturas mais amplas das leis e instituições, como nos diversos argumentos de Aristóteles (384-322 a.C.). De outro, na potencial decadência decorrente de vícios republicanos que corroem o império da lei, como em Maquiavel (1469-1527).

Diversos pensadores republicanos apontarão esses dois elementos como pilares centrais da vida na pólis. No jargão mais contemporâneo, o império da lei deve configurar instituições sólidas, que delimitam estruturas de governo que busquem o bem comum. As virtudes representam microfundamentos do governo, tendo em vista uma moralidade que delimita comportamentos e ação pública.

Os vícios corrompem as instituições, promovem a decadência e criam contextos de crise e imprevisibilidade. A história da grandeza de Roma, por exemplo, que tanto mobilizou pensadores republicanos, é a história de um povo motivado pela fortuna, que cultivava as virtudes de uma vida pública. Os vícios, no entanto, representam aqueles momentos em que os microfundamentos da vida republicana se esvaem e corrompem o império da lei.

Salústio (86-34 a.C.), escrevendo sobre a decadência romana na *Conjuração de Catilina*, apontou essa relação entre virtudes e vícios: “Sendo eu jovem, no princípio fui arrastado como a maioria pela paixão à política e nela muitas coisas me foram adversas, pois no lugar da temperança e da integridade prevaleciam o despudor, o suborno e a avareza. E ainda que meu espírito desconhecedor das más artes depreciasse tudo isso, não obstante entre tão grandes vícios, minha tenra idade se corrompia com a ambição. E ainda que discordasse dos maus costumes dos demais, a ânsia por honrarias me deixava não menos que aos outros com a maledicência e com a inveja".

Os vícios não representam um conjunto determinado de ações. Essas ações são diversas, complexas e têm natureza própria. Salústio, por exemplo, fala da avareza, do despudor, do suborno e da corrupção pela ambição. As consequências da extensão dos vícios são corromper o império da lei, esvaziar de sentido a vida pública e promover crises. Os vícios, assim como as virtudes, representam uma potência na vida pública. As virtudes alimentam a grandeza, a capacidade de ação coletiva e o direcionamento para uma concepção de bem comum. Já os vícios potencializam a corrupção, as crises e as mudanças.

A corrupção, no pensamento republicano, não é um caso isolado ou uma ação específica. É um conjunto complexo de vícios que promovem a degeneração da República. A virtude é o elemento estabilizador da ação pública, que permite identificar o critério de legitimação do governo com base na busca da felicidade. Aristóteles, por outro lado, considerava que a potência dos vícios promoveria naturalmente a corrupção da República. Já Maquiavel atribui aos vícios uma natureza humana.

Neste verbete, portanto, não pretendemos conferir aos vícios um sentido moralista e totalizante, nem um acordo moral da comunidade que se sobreponha aos indivíduos. Sendo da ordem da natureza humana, as virtudes e os vícios da República representam um conflito motivado por valores, em uma natureza conflitiva, ambígua e ambivalente dos homens.

Os vícios, por conseguinte, estão na ordem de uma potência. Fazem parte de uma potência permanente, que pode ser mitigada — ou adiada — pela ação pública dos cidadãos na pólis. Os vícios são por vezes contidos pela capacidade de as instituições imporem o império da lei e de uma cultura política reproduzir os valores, sentidos e histórias que configuram a ação humana. Essa é a grande lição dos pensadores republicanos: a política é a arte de construir ações coletivas e o bem comum, ao passo que a corrupção é a degeneração das instituições motivada pelos vícios.

Os vícios, ao corromperem a República, compõem o manancial complexo da corrupção. Examinada por pensadores como Maquiavel e Aristóteles, a corrupção faz parte da natureza humana. Homens são seres imperfeitos, ambivalentes e ambíguos; não se pode esperar uma moralidade totalizante que os proteja da potência dos vícios. Essa moralidade é construída a partir de valores compartilhados e de diferentes perspectivas acerca das virtudes. A virtude da República romana, como destaca Maquiavel nos *Discorsi* (1519), residia no conflito entre o Senado e o povo. O conflito não teria degenerado a República, mas avivado as virtudes da vida pública e impedido a corrupção dos tribunos.

Os vícios, no sentido republicano, promovem, dessa forma, a corrupção, que, por sua vez, degenera a República. A corrupção coloca a política em um movimento degenerativo, produzindo patogenias no âmbito da comunidade. A vida comum se degenera pela avareza, suborno e despudor. E a autoridade política se corrompe à medida que os vícios potencializam a fraqueza dos homens e destroem o bem comum. A corrupção, portanto, por ser a prática recorrente de uma ação pública viciosa e degenerativa, configuraria o mundo dos vícios.

Sendo assim, ela é pensada como um comportamento de autoridades públicas que se desviam das normas formais e informais a fim de servir a interesses particulares. De fato, os cidadãos identificam a corrupção na dimensão do Estado e dos cargos públicos e a compreendem como um tipo de comportamento desviante. Além disso, há na dimensão do cargo público uma concretude da corrupção que se mede pelo dinheiro. Ações ilegais e movidas por puro interesse privado têm no dinheiro o seu elemento essencial — e é algo concreto que todos conseguem entender. O dinheiro indevido — e sua monta — representa a concretude da corrupção.

Contudo, compreender a corrupção nessa chave conceitual pode levar a alguns problemas. Em primeiro lugar, essa definição se concentra na ação de servidores públicos, sem observar o papel de corruptores, tanto na dimensão pública quanto na privada. Ademais, essa definição centrada nos cargos públicos situa a corrupção na dimensão do Estado, sem dar conta das relações deste com a sociedade como um elemento importante para se compreender seu alcance e suas causas. Agentes privados também podem ser corruptos e corromper agentes públicos.

A corrupção tem um aspecto comportamental. Exige-se dos agentes públicos *compliance* (observância) aos princípios e normas da administração. Como comportamento, a corrupção é um vício plástico e flexível. Um dos problemas para o mundo jurídico é caracterizá-la como tal e não como ações específicas — por exemplo, lavagem de dinheiro, clientelismo, patronagem, influência indevida em decisões políticas, nepotismo, prevaricação ou superfaturamento de obras. A corrupção, no fundo, é um conjunto complexo de diversas ações — ou de diversos vícios. A lavagem de dinheiro é um crime de natureza própria. O nepotismo também o é. São vícios perturbadores da vida republicana. Mas quando é que se tornam corrupção?

A corrupção não deve ser compreendida apenas como um único tipo de comportamento, porque reúne diversas formas de ação contra o interesse público. Não podemos, também, descartar o elemento valorativo envolvido no conceito e na compreensão da corrupção por parte da sociedade. O desvio de recursos públicos, por exemplo, é um crime que envolve instrumentos contábeis e má gestão dos governos para que agentes maximizem benefícios em detrimento do interesse público. Enquanto tal, os desvios de recursos públicos representam um curso de ação, de natureza própria, que pode se converter em corrupção.

O elemento que distingue a corrupção é o fato de ser um juízo moral, emitido pela sociedade contra ações que degeneram o interesse público. Por isso a corrupção é um conjunto complexo de vícios. Mas não saberemos quais são os vícios se não soubermos quais são as virtudes. E para entendermos o que é o vício da corrupção precisamos entender quais são as virtudes pretendidas em um arranjo institucional republicano. E precisamos, também, compreender o contexto histórico no qual essas instituições se inscrevem. Instituições não são alheias à história, assim como não são alheias à moralidade. A moralidade nos coloca o desafio das virtudes pretendidas em uma sociedade.

O desvio de recursos públicos é uma ação criminosa, mas recebe o status de corrupção em função dos juízos emitidos pela sociedade, considerando o conjunto de valores e de normas pressupostas que definem o interesse público. Trata-se de um vício específico, de natureza própria, mas que ganha o status de corrupção uma vez que subverte normas pressupostas do interesse público, tomando como base que essas normas compreendem regras e valores.

O que deslinda o vício da corrupção é o fato de esse conjunto de ações afetar a comunidade como um todo, promovendo exclusão econômica e política. Econômica porque a corrupção é causa de desigualdade, de ineficiência nos serviços públicos e de mau funcionamento da gestão pública. Política porque degenera os procedimentos eleitorais e sistêmicos, suprimindo da cidadania e do sistema representativo a capacidade de decidir coletivamente.

Sendo um conceito normativamente dependente, o juízo moral que delimita e define a corrupção está sujeito ao processo de justificação e de aplicação de normas. No plano da moralidade, o que se espera no trato com o interesse público é que os agentes — tanto privados quanto públicos — se comportem de maneira correta, tendo em vista o cumprimento dos deveres, a honestidade, a confiança pública e os costumes da comunidade. Uma vez que se espera correção no plano da ação de agentes públicos e privados, não é possível descartarmos a interface do conceito de corrupção com o problema da Justiça.

A corrupção, dessa forma, é o *conjunto dos vícios* na vida pública. É a imoralidade de uma vida institucional alheia aos cidadãos e, ao mesmo tempo, por eles confrontada.

Na vida pública contemporânea carregamos, porém, um paradoxo. A corrupção se dá em um contexto institucional que delimita comportamentos e práticas, plasticidade e complexidade. Na ordem das democracias liberais, a vida pública deve coexistir com uma vida privada marcada pela racionalidade instrumental, orientada ao sucesso individual.

O paradoxo reside justamente na ideia liberal do século XIX de que os vícios privados podem produzir benefícios públicos. A democracia, nesse sentido, deveria em tese conviver com certo grau de corrupção para poder produzir o progresso material da sociedade. Também paradoxal é saber como conjugar uma estrutura política republicana, demandada pelos sistemas políticos democráticos, com uma vida privada marcada pela busca do sucesso.

A democracia liberal implica alguma tolerância à corrupção. O limite dos valores pode ser ultrapassado se o resultado da ação beneficiar a comunidade. Porém, se o limite das necessidades for ultrapassado pela corrupção, os vícios se tornam degenerativos, e o movimento da vida pública será buscar alternativas em uma nova ordem. A corrupção mobiliza os sistemas políticos, azeita relações públicas e promove os interesses ou degenera a ordem política, criando contextos de crise.

As democracias têm sido profícuas em produzir esse tipo de movimento que aqui definimos como paradoxal. A luta internacional contra a corrupção alimenta a desconfiança dos cidadãos em relação ao funcionamento das instituições políticas, mas a tentativa de moralização da vida pública nos conduz a maniqueísmos fáceis, como no Brasil. Se esse momento chegou, foi porque as instituições dos sistemas políticos democráticos nos levaram a ele. O paradoxal é que, para moralizar a vida pública, necessitamos mudar a ordem da democracia.

A vida pública é certamente uma grande ironia: a República requer instituições funcionais e atuantes, uma governança robusta e políticas públicas resilientes. A vida virtuosa descrita por Maquiavel depende da força e do conflito das instituições. Se não podemos confiar nas virtudes dos indivíduos, são as instituições que precisam ser virtuosas. E serão tão mais virtuosas quanto maior for sua capacidade de se tornarem solidárias, se desenvolverem, aprenderem com os próprios erros, se adaptarem e prestarem contas aos cidadãos.

O trabalho de construção institucional tem apostado na democracia. A ironia é que a moralização da vida pública, tão desejada e apregoada na política democrática, pode dissolver os fios institucionais. A luta contra a corrupção se tornou um mote de ação pública nas democracias contemporâneas — e também de mudança das ordens políticas.

A corrupção, como apontavam intelectuais romanos como Políbio (203-120 a.C.), Cícero (106-43 a.C.) e Marco Aurélio (121-180 d.C.), coloca a ordem política em movimento. Este, no entanto, não é contínuo: é paradoxal, como apontou Zenão de Eleia (*c.* 490-*c.* 430 a.C.), e não se sabe que direção ele toma quando é feito no vácuo da liderança política.

As democracias ocidentais e o Brasil têm buscado uma nova ordem política, mobilizada pelo enfrentamento da corrupção, hoje um problema global. Essa ordem se apoia em uma nova política, em novos hábitos e em novas práticas, com liderança incerta e desconhecida e com a haste da bandeira contra a corrupção levantada. Mas esquecemos que a ordem do político, em qualquer lugar e em qualquer contexto histórico, é feita de ambiguidades, ambivalências e negociação. A corrupção produz desigualdade e exclusão do processo democrático, mas será que *alguma* corrupção precisa ser tolerada para que o edifício institucional não venha abaixo? Na vida pública, a busca pelo "novo" pode resultar na passagem da corrupção *na* democracia para a corrupção *da* democracia. E as virtudes cantadas pelos oradores romanos podem resultar na dissolução da ordem. Os cidadãos, por si sós, não são plenamente virtuosos.

A moralidade da democracia está na capacidade de seus fios institucionais sustentarem a pluralidade da vida social a partir de princípios universalizáveis e de tolerância recíproca dos atores. A questão recai sobre o fato de que o fortalecimento das instituições possibilitou desvelar a corrupção existente. Mas esse desvelo pode levar à desinstitucionalização.

O problema é de difícil solução. A aposta, antes de qualquer coisa, deve ser na democracia. Sustentar os fios institucionais não significa romper com todo o edifício democrático, e a aposta no novo deve ser impulsionada pela força de (re)institucionalização da prática democrática, no contexto de uma sociedade plural e complexa, movida pela liberdade e pela igualdade.

A corrupção alimenta perspectivas populistas e autoritárias, que degeneram os vínculos institucionais e promovem a corrupção *da* democracia. O combate à corrupção, portanto, não depende de uma nova ordem, mas de um edifício institucional sólido, pois são o império da lei e o cultivo de virtudes democráticas que proporcionam o alicerce de governos efetivos e abertos, com plena vigilância dos cidadãos para o enfrentamento dos vícios que assolam a vida pública.

Examinando o caso brasileiro, a corrupção *na* democracia está proporcionando a corrupção *da* democracia. Somos uma democracia em busca de uma nova ordem, no contexto de ambiguidades e ambivalências as mais variadas, com a incerteza da caminhada. Este processo demandará (re)institucionalização da prática democrática em uma perspectiva de maior imaginação e inovações institucionais, de maneira a reconstruir os fios institucionais num mundo em profunda mudança.

REFERÊNCIAS BIBLIOGRÁFICAS

INTRODUÇÃO: EM BUSCA DA REPÚBLICA

ALONSO, Angela. *Ideias em movimento: A geração 1870 na crise do Brasil-Império*. São Paulo: Paz e Terra, 2002.

ARAUJO, Cícero. "República e democracia". *Lua Nova*, Cedec, São Paulo, n. 51, pp. 5-31, 2000.

ARENDT, Hannah. *Entre o passado e o futuro*. 8. ed. São Paulo: Perspectiva, 2016.

BIGNOTTO, Newton (Org.). *Matrizes do republicanismo*. Belo Horizonte: Ed. UFMG, 2013.

CARDOSO, Sérgio (Org.). *Retorno ao republicanismo*. Belo Horizonte: Ed. UFMG, 2004.

CARVALHO, José Murilo de. *Os bestializados: O Rio de Janeiro e a República que não foi*. São Paulo: Companhia das Letras, 1987.

CUNHA, Manuela Carneiro da. *Cultura com aspas*. São Paulo: Ubu, 2017.

POCOCK, John Greville Agard. *The Machiavellian Moment: Florentine Political Thought and the Atlantic Republican Tradition*. Princeton: Princeton University Press, 1975.

SCHWARCZ, Lilia Moritz. *O espetáculo das raças: Cientistas, instituições e questão racial no Brasil — 1870-1930*. São Paulo: Companhia das Letras, 1997.

______. *Sobre o autoritarismo brasileiro*. São Paulo: Companhia das Letras, 2019.

______; **STARLING, Heloisa M.** *Brasil: Uma biografia*. São Paulo: Companhia das Letras, 2015.

SKINNER, Quentin. *Visions of Politics*. Cambridge: Cambridge University Press, 2002. v. 2: Renaissance Virtues.

STARLING, Heloisa M. *Ser republicano no Brasil Colônia: A história de uma tradição esquecida*. São Paulo: Companhia das Letras, 2018.

ASSOCIAÇÕES REPUBLICANAS DOS HOMENS LIVRES DE COR

CAMPOS, Vanessa Gomes de; MOREIRA, Paulo Roberto Staudt. "'Evitar o circunlóquio e chamar-me pelo que sou, mulato ou negro': O professor e deputado Alcides de Freitas Cruz (1867-1916)". In: Instituto Histórico e Geográfico do Rio Grande do Sul: Memorial do Legislativo (Orgs.). *Alcides Cruz: Perfil parlamentar*. Porto

Alegre: Assembleia Legislativa do Rio Grande do Sul, 2017, pp. 44-87.

DOMINGUES, Petrônio. "Cidadania levada a sério: Os republicanos de cor no Brasil". In: GOMES, Flávio; DOMINGUES, Petrônio (Orgs.). *Políticas da raça: Experiências e legados da abolição e da pós-emancipação no Brasil*. São Paulo: Selo Negro Edições, 2014, pp. 121-54.

JARDIM, Antônio da Silva. *Memórias e viagens: I. Campanha de um propagandista 1887-1890*. Lisboa: Typ. Comp. Nacional, 1891.

JESUS, Matheus Gato de. "Negro, porém republicano: Investigações sobre a trajetória intelectual de Raul Astolfo Marques (1876--1918)". In: SCHWARCZ, Lilia Moritz; MACHADO, Maria Helena Pereira Toledo (Orgs.). *Emancipação, inclusão e exclusão: Desafios do passado e do presente*. São Paulo: Edusp, 2018, pp. 305-17.

MELLO, Maria Tereza Chaves de. *A República consentida: Cultura democrática e científica do final do Império*. Rio de Janeiro: Ed. FGV, 2007.

MORAES, Evaristo de. *A campanha abolicionista (1879-1888)*. 2. ed. Brasília: Ed. UnB, 1986. (Coleção Temas Brasileiros).

PINTO, Ana Flávia Magalhães. *Escritos de liberdade: Literatos negros, racismo e cidadania no Brasil oitocentista*. Campinas: Ed. da Unicamp, 2018. (Coleção Várias Histórias).

QUEIROZ, Suely Robles Reis de. *Os radicais da República. Jacobinismo: Ideologia e ação (1893--1897)*. São Paulo: Brasiliense, 1986.

CABANAGEM (1835-6)

BARATA, Manoel. *Formação histórica do Pará: Obras reunidas*. Belém: Ed. da UFPA, 1973. (Coleção Amazônia).

RAIOL, Domingos Antônio (Barão do Guajará). *Motins políticos*. 2. ed. Belém: Ed. da UFPA, 1970. 3 v.

RICCI, Magda Maria de Oliveira; SARGES, Maria de Nazaré dos Santos (Orgs.). *Os oitocentos na Amazônia: Política, trabalho e cultura*. Belém: Açaí, 2013.

SALLES, Vicente. *Memorial da Cabanagem: Esboço do pensamento político-revolucionário no Grão-Pará*. Belém: Cejup, 1992.

CÂMARAS MUNICIPAIS NO BRASIL (SÉCULOS XVII E XVIII)

ARQUIVO HISTÓRICO ULTRAMARINO. Projeto Resgate Barão do Rio Branco. *Capitanias: Bahia*. (Coleção Castro e Almeida e Coleção Luísa da Fonseca). Disponível em: <https://bndigital.bn.gov.br/dossies/projeto-resgate-barao-do-rio-branco/acervo-digital/capitanias/bahia-castro-e-almeida/>. Acesso em: 6 jul. 2019.

______. Projeto Resgate Barão do Rio Branco. *Capitanias: Rio de Janeiro*. (Coleção Castro e Almeida). Disponível em: <https://bndigital.bn.gov.br/dossies/projeto-resgate-barao-do-rio-branco/acervo-digital/capitanias/rio-de-janeiro-castro-e-almeida/>. Acesso em: 16 jul. 2019.

CALDEIRA, Arlindo M. A. "Sociedade: O arquipélago do Golfo da Guiné: Pó, São Tomé, Príncipe e Ano Bom". In: MATOS, Artur Teodoro de (Org.). *Nova história da expansão portuguesa: A colonização atlântica*. Lisboa: Editorial Estampa, 2005. t. II, pp. 389-424.

ELLIOTT, John H. "A Europe of Composite Monarchies", *Past and Present*, Oxford, v. 137, n. 1, pp. 48-71, nov. 1992.

GREENE, Jack P. *Negociated Authorities: Essays in Colonial Political and Constitutional History*. Charlottesville: University of Virginia Press, 1994.

HESPANHA, António Manuel. *As vésperas do Leviathan: Instituições e poder político em Portugal — séc. XVII*. Coimbra: Almedina, 1994.

KRAUSE, Thiago. *A formação de uma nobreza ultramarina: Coroa e elites locais na Bahia seiscentista*. Rio de Janeiro: PPGHIS-UFRJ, 2015. Tese (Doutorado em História Social).

MAGALHÃES, Joaquim Romero. *O Algarve económico (1600-1773)*. Lisboa: Editorial Estampa, 1988.

MONTEIRO, Nuno Gonçalo. "Elites locais e mobilidade social em Portugal nos finais do Antigo Regime". *Análise Social*, Lisboa, v. XXXII, n. 141, 1997, pp. 335-68.

SIMÕES, Mariane Alves. *A Câmara de Vila do Carmo e seus juízes ordinários (1711-1731)*. Juiz de Fora: PPGHIS-UFJF, 2015. 129 pp. Dissertação (Mestrado em História).

SILVA, Antonio de Moraes. *Diccionario da lingua portugueza: Recopilado dos vocabularios impressos até agora, e nesta segunda edição novamente emendado, e muito acrescentado.* Lisboa: Typographia Lacerdina, 1813. Disponível em: <https://archive.org/details/diccionarioda lino2mora/page/n3>. Acesso em: 29 mar. 2019.

CANUDOS (1893-7)

BENICIO, Manoel. *O rei dos jagunços.* Brasília: Senado Federal, 1997. v. 8. (Coleção Memória Brasileira).

CALASANS, José. "Canudos: Origem e desenvolvimento de um arraial messiânico". *Revista USP*, São Paulo, n. 54, pp. 72-81, jun./ago. 2002.

CARVALHO, José Murilo de. *O pecado original da República: Debates, personagens e eventos para compreender o Brasil.* Rio de Janeiro: Bazar do Tempo, 2017.

CUNHA, Euclides da. *Os sertões: Campanha de Canudos.* Estabelecimento do texto por Ana Maria Skinner. 38. ed. Rio de Janeiro: Francisco Alves, 1997.

DOSSIÊ CANUDOS. *Revista USP*, São Paulo, n. 20, 1994.

DOSSIÊ BRASIL REPÚBLICA. *Revista USP*, São Paulo, n. 59, 2003.

GALVÃO, Walnice Nogueira; PERES, Fernando da Rocha. *Breviário de Antônio Conselheiro.* Salvador: EDUFBA, 2002.

MARTINS, Paulo Emílio Matos. *A reinvenção do sertão: A estratégia organizacional de Canudos.* Rio de Janeiro: Ed. FGV, 2001.

NOGUEIRA, José Carlos Ataliba. *Antônio Conselheiro e Canudos: Revisão histórica. A obra de Antônio Conselheiro e que pertenceu a Euclides da Cunha.* 2. ed. São Paulo: Atlas, 1997.

STARLING, Heloisa M. *Ser republicano no Brasil Colônia: A história de uma tradição esquecida.* São Paulo: Companhia das Letras, 2018.

CONJURAÇÃO BAIANA DE 1798 E REPÚBLICA BAHINENSE

APPLEBY, Joyce. *Capitalism and a New Social Order: The Republican Vision of the 1790s.* Nova York: NYU Press, 1984.

JANCSÓ, István. *Na Bahia, contra o Império: História do ensaio de sedição de 1798.* São Paulo: Hucitec; Salvador: EDUFBA, 1976.

MATTOSO, Kátia M. de Queirós. *Da revolução dos alfaiates à riqueza dos baianos no século XIX: Itinerário de uma historiadora.* Salvador: Corrupio, 2004.

SKINNER, Quentin. *Liberdade antes do liberalismo.* São Paulo: Ed. Unesp, 1999.

STARLING, Heloisa M. *Ser republicano no Brasil Colônia: A história de uma tradição esquecida.* São Paulo: Companhia das Letras, 2018.

TAVARES, Luís Henrique Dias. *História da sedição intentada na Bahia em 1798.* 2. ed. Salvador: EDUFBA, 2016. (Coleção UFBA 70 anos).

VALIM, Patrícia. *Corporação dos enteados: Tensão, contestação e negociação política na Conjuração Baiana de 1798.* Salvador: EDUFBA, 2018.

CONJURAÇÃO DO RIO DE JANEIRO (1794)

ALMEIDA, Anita Correia Lima de. *Inconfidência no Império: Goa de 1787 e Rio de Janeiro de 1794.* Rio de Janeiro: 7 Letras; Faperj, 2011.

AUTOS da Devassa: Prisão dos letrados do Rio de Janeiro — 1794. Rio de Janeiro: Eduerj, 2002.

CAVALCANTE, Berenice. "Os 'letrados' da sociedade colonial: As academias e a cultura do iluminismo no final do século XVIII". *Acervo: Revista do Arquivo Nacional*, Rio de Janeiro, v. 8, n. 1-2, pp. 53-66, jan./dez. 1995.

HIGGS, David. "O Santo Ofício da Inquisição de Lisboa e a 'luciferina assembleia' do Rio de Janeiro na década de 1790". *RIHGB*, Rio de Janeiro, ano. 162, n. 412, pp. 239-384, jul.-set. 2001.

NEVES, Guilherme Pereira das. "Rebeldia, intriga e temor no Rio de Janeiro de 1794", Comunicação apresentada na XXIV Reunião Anual da SBPH, realizada em Curitiba entre os dias 26 e 30 de julho de 2004.

SANTOS, Afonso Carlos Marques dos. *No rascunho da nação: Inconfidência no Rio de Janeiro.* Rio de Janeiro: Secretaria Municipal de Cultura, Turismo e Esportes, 1992.

STARLING, Heloisa M. *Ser republicano no Brasil Colônia: A história de uma tradição esquecida.* São Paulo: Companhia das Letras, 2018.

TUNA, Gustavo Henrique. *Silva Alvarenga: Representante das Luzes na América portuguesa.* São Paulo: FFLCH-USP, 2009. Tese (Doutorado em História Social).

VILLALTA, Luiz Carlos. *Usos do livro no mundo luso-brasileiro sob as Luzes: Reformas, censura e contestações.* Belo Horizonte: Fino Traço, 2015.

CONJURAÇÃO MINEIRA (1789)

ALMANAQUE da Cidade de São Sebastião do Rio de Janeiro: 1792 e 1794. Revista do IHGB, v. 266, pp. 212 e 284, jan.-mar. 1965.

AUTOS de devassa da Inconfidência Mineira. Belo Horizonte: Impressa Oficial do Estado de Minas Gerais; Brasília: Câmara dos Deputados, 1976-1983. 11 v.

BOSCHI, Caio C. *Exercícios de pesquisa histórica.* Belo Horizonte: Ed. PUC Minas, 2011.

______; QUINTÃO, Regis Clemente. *Minas Gerais nos arquivos históricos de Portugal.* Belo Horizonte: PUC Minas, 2019.

CAMPOS, Rafael Dias da Silva. *Os 15 de Montpellier: Medicina, política e relações de poder nas luzes entre Montpellier, Coimbra e o Brasil* (ca. 1770-ca. 1820). Lisboa: Universidade Nova de Lisboa, 2018. Tese (Doutorado em História).

GONÇALVES, Adelto. *O reino, a colônia e o poder: O governo Lorena na capitania de São Paulo* (1788-1797). São Paulo: Imprensa Oficial do Estado de São Paulo. No prelo.

MAXWELL, Kenneth (Org.). *O livro de Tiradentes: Transmissão atlântica de ideias políticas no século XVIII.* São Paulo: Companhia das Letras, 2013.

______. *A devassa da devassa: A Inconfidência Mineira, Brasil e Portugal 1750-1808.* São Paulo: Paz e Terra, 2010.

PROENÇA FILHO, Domício (Org.). *A poesia dos inconfidentes: Poesia completa.* Rio de Janeiro: Nova Aguilar, 2002.

RODRIGUES, André Figueiredo. *A fortuna dos inconfidentes: Caminhos e descaminhos dos bens de conjurados mineiros* (1760-1850). São Paulo: Globo, 2009.

CONSTITUIÇÕES BRASILEIRAS (1891 E 1934)

BARBOSA, Rui. *República: Teoria e prática.* Petrópolis: Vozes; Brasília: Câmara dos Deputados, 1978.

CARVALHO, José Murilo de. *Cidadania no Brasil: O longo caminho.* 23. ed. Rio de Janeiro: Civilização Brasileira, 2017.

FAORO, Raymundo. *Os donos do poder: Formação do patronato político brasileiro.* 3. ed. São Paulo: Globo, 2001.

FERREIRA, Waldemar Martins. *História do direito constitucional brasileiro.* 2. ed. Rio de Janeiro: Forense, 2019.

FRANCO, Afonso Arinos de Melo. *Curso de direito constitucional brasileiro.* Rio de Janeiro: Forense, 1960. 2 v.

LEAL, Victor Nunes. *Coronelismo, enxada e voto: O município e o regime representativo no Brasil.* São Paulo: Companhia das Letras, 2012.

LOEWENSTEIN, Karl. *Brazil under Vargas.* 2. ed. Nova York: Macmillan, 1942.

MANGABEIRA, João. *Em torno da Constituição.* 2. ed. Rio de Janeiro: Forense, 2019. (Coleção Constitucionalismo Brasileiro).

MAXIMILIANO, Carlos. *Comentários à Constituição brasileira de 1891.* Ed. fac-sim. Brasília: Senado Federal, 2005.

RODRIGUES, Lêda Boechat. *História do Supremo Tribunal Federal.* Rio de Janeiro: Civilização Brasileira, 1991.

CONSTITUIÇÕES BRASILEIRAS (1946 E 1988)

ARAUJO, Cicero Romão Resende de. *A forma da República: Da constituição mista ao Estado.* São Paulo: WMF Martins Fontes, 2013.

BARROS, Alberto Ribeiro G. de. "Liberais, comunitaristas e republicanos: A questão da liberdade". *Síntese: Revista de Filosofia*, Belo Horizonte, v. 41, n. 131, pp. 345-58, 2014.

BELLAMY, Richard. *Political Constitutionalism: A Republican Defense of the Constitutionality of Democracy*. Cambridge: Cambridge University Press, 2007.

GAZMURI, Susana. "La lectura de los autores romanos y la construcción del discurso republicano: Citas, traducciones y adaptaciones. Chile, 1810-1833". *Historia*, Santiago, v. 2, n. 49, pp. 429-53, 2016.

MARTIN, Bernard. "Checks, Balances and Boundaries: The Separation of Powers in the Constitutional Debate of 1787". In: FONTANA, Biancamaria (Org.). *The Invention of the Modern Republic*. Cambridge: Cambridge University Press, 1994. pp. 27-62.

NEGRETTO, Gabriel L. "Repensando el republicanismo liberal en América Latina: Alberdi y la Constitución argentina de 1853". In: AGUILAR, José Antonio; ROJAS, Rafael (Orgs.). *El republicanismo en Hispanoamérica: Ensayos de historia intelectual y política*. Cidade do México: Centro de Investigación y Docencia Económicas: Fondo de Cultura Económica, 2002. pp. 210-43.

NOGUEIRA, Octaciano. *A Constituinte de 1946: Getúlio, o sujeito oculto*. São Paulo: WMF Martins Fontes, 2005.

PETTIT, Philip. *Republicanism: A Theory of Freedom and Government*. Oxford: Oxford University Press, 1999.

SILVA, José Afonso da. *O constitucionalismo brasileiro: Evolução institucional*. São Paulo: Malheiros, 2011.

SKINNER, Quentin. "Freedom as the Absence of Arbitrary Power". In: LABORDE, Cécile; MAYNOR, John W. (Orgs.). *Republicanism and Political Theory*. Oxford: Blackwell, 2008. pp. 83-101.

DESPOTISMO E REPÚBLICA

ARON, Raymond. *As etapas do pensamento sociológico*. São Paulo: Martins Fontes, 1982.

BIGNOTTO, Newton. *As aventuras da virtude: As ideias republicanas na França do século XVIII*. São Paulo: Companhia das Letras, 2010.

CONDORCET, Jean-Antoine-Nicolas de Caritat. *De la nature des pouvoirs politiques dans une nation libre. Œuvres de Condorcet*. Org. de A. Condorcet O'Connor e M. F. Arago. Paris: Firmin Didot Frères, 1847. Tomo X.

DIDEROT, Denis; D'ALEMBERT, Jean le Rond. *Verbetes políticos da Enciclopédia*. Trad. de Maria das Graças de Souza. São Paulo: Discurso Editorial; Ed. Unesp, 2006.

KOEBNER, R. "Despot and Despotism: Vicissitudes of a Political Term". *Journal of the Warburg and Courtauld Institutes*, Londres, v. 14, n. 3-4, pp. 275-302, 1951. Disponível em: <https://www.jstor.org/stable/750343>. Acesso em: 12 mar. 2009.

MONTESQUIEU. *Cartas persas*. Trad. de Renato Janine Ribeiro. São Paulo: Nova Alexandria, 2005.

______. *Do espírito das leis*. Intr. e notas de Gonzague Truc. Trad. de Fernando Henrique Cardoso e Leôncio Martins Rodrigues. São Paulo: Abril Cultural, 1979.

PAINE, Thomas. *Rights of Man*. Nova York: Penguin, 1984.

VOLTAIRE. *Cartas inglesas ou Cartas filosóficas*. Trad. de Marilena Chaui. São Paulo: Abril Cultural, 1978.

DIREITOS: DE INDIVÍDUOS A CIDADÃOS

ACEMOGLU, Daron; ROBINSON, James A. *Por que as nações fracassam: As origens do poder, da prosperidade e da pobreza*. Rio de Janeiro: Elsevier, 2012.

BOBBIO, Norberto. *A era dos direitos*. 2. ed. Trad. de Carlos Nelson Coutinho. Rio de Janeiro: Elsevier, 2004.

BOTELHO, André; SCHWARCZ, Lilia Moritz (Orgs.). *Cidadania, um projeto em construção: Minorias, justiça e diretos*. São Paulo: Claro Enigma, 2012. (Coleção Agenda Brasileira).

BRASIL. Constituição da República Federativa do Brasil: Texto constitucional promulgado em 5 de outubro de 1988, com as alterações determinadas pelas Emendas Constitucionais de Revisão n°s 1 a 6/94, pelas Emendas Constitucionais n°s 1/92 a 91/2016 e pelo Decreto Legislativo nº 186/2008. Brasília:

Senado Federal, Coordenação de Edições Técnicas, 2016.

INSTITUTO DE PESQUISA ECONÔMICA APLICADA. *A contribuição dos ricos para a desigualdade de renda no Brasil.* Brasília; Rio de Janeiro: Ipea, 2018. Disponível em: <http://repositorio.ipea.gov.br/bitstream/11058/8695/1/td_2411.pdf>. Acesso em: 22 jul. 2019.

LEVITSKY, Steven; ZIBLATT, Daniel. *Como as democracias morrem.* Rio de Janeiro: Zahar, 2018.

MARSHALL, T. H. *Cidadania, classe social e status.* Rio de Janeiro: Zahar, 1967.

OXFAM. *País estagnado: Um retrato das desigualdades brasileiras.* 2018. Disponível em: <https://www.oxfam.org.br/pais-estagnado>. Acesso em: 22 jul. 2019.

VILHENA, Oscar Vieira. *A batalha dos poderes: Da transição democrática ao mal-estar constitucional.* São Paulo: Companhia das Letras, 2018.

EXPERIÊNCIA CAMPONESA DE FORMOSO E TROMBAS (1950-64)

AMADO, Janaína. "Eu quero ser uma pessoa: Revolta camponesa e política no Brasil". *Resgate: Revista Interdisciplinar de Cultura*, Campinas, v. 4, n. 5, pp. 47-69, 1993.

ARENDT, Hannah. *Sobre a Revolução.* São Paulo: Companhia das Letras, 2011.

______. *Ação e a busca da felicidade.* Trad. de Virgínia Starling. Rio de Janeiro: Bazar do Tempo, 2018.

BIGNOTTO, Newton (Org.). *Pensar a República.* Belo Horizonte: Ed. UFMG, 2000.

BRAGA, Pauliane de Carvalho. *Entre sertões: Comunismo e campesinato na obra de Bernardo Élis.* Belo Horizonte: Ed. UFMG, 2019.

CARNEIRO, Maria Esperança Fernandes. *A Revolta Camponesa de Formoso e Trombas.* 2. ed. São Paulo: Anita Garibaldi; Fundação Maurício Grabois, 2014.

CUNHA, Paulo Ribeiro Rodrigues de. *Aconteceu longe demais: A luta pela terra dos posseiros em Formoso e Trombas e a Revolução Brasileira (1950-1964).* São Paulo: Ed. Unesp, 2007.

ESTEVES, Carlos Leandro da Silva. *Nas trincheiras: Luta pela terra dos posseiros de Formoso e Trombas (1948-1964) — Uma resistência ampliada.* Niterói: UFF, 2007. Dissertação (Mestrado em História).

MARTINS, Bruno Viveiros. *Som imaginário: A reinvenção da cidade nas canções do Clube da Esquina.* Belo Horizonte: Ed. UFMG, 2009.

STARLING, Heloisa M. *Ser republicano no Brasil Colônia: A história de uma tradição esquecida.* São Paulo: Companhia das Letras, 2018.

GÊNERO E O BRASIL REPUBLICANO

BIROLI, Flávia; MIGUEL, Luis Felipe (Orgs.). *Teoria política e feminismo: Abordagens brasileiras.* Vinhedo: Ed. Horizonte, 2012.

BUTLER, Judith. *Undoing Gender.* Nova York: Routledge, 2004.

DUARTE, Constância Lima. *Nísia Floresta: Vida e obra.* Natal: EDUFRN, 1995.

FLORESTA, Nísia. "Direitos das mulheres e injustiça dos homens". In: DUARTE, Constância Lima (Org. e apres.). *Nísia Floresta.* Recife: Fundação Joaquim Nabuco; Massangana, 2010. pp. 81-107. (Coleção Educadores).

HARAWAY, Donna J. "'Gender' for a Marxist Dictionary: The Sexual Politics of a Word". In: ______. *Simians, Cyborgs, and Women: The Reinvention of Nature.* Londres: Informa, 1991. pp. 127-48.

LUTZ, Bertha. *Treze princípios básicos de direito constitucional.* Rio de Janeiro: Departamento de Estudos Jurídicos da Federação Brasileira para o Progresso Feminino, 1934. Museu Virtual Bertha Lutz (http://lhs.unb.br/bertha/).

PRIORE, Mary del (Org.) *História das mulheres no Brasil.* São Paulo: Contexto, 1997.

REIS, Maria Firmina dos. *Úrsula.* São Paulo: Penguin Classics Companhia das Letras, 2018.

SCOTT, Joan Wallach. *Gender and the Politics of History.* Nova York: Columbia University Press, 1999.

SOIHET, Rachel. *Feminismos e antifeminismos: Mulheres e suas lutas pela conquista da cidadania plena.* Rio de Janeiro: 7Letras, 2013.

SOUSA, Lia Gomes Pinto de; SOMBRIO, Mariana Moraes de Oliveira; LOPES, Maria

Margaret. "Para ler Bertha Lutz". *Cadernos Pagu*, Campinas, n. 24, pp. 315-25, jan.-jun. 2005.

SOUZA LIMA, Antonio Carlos de (Coord.). *Antropologia e direito: Temas antropológicos para estudos jurídicos*. Brasília: ABA; Rio de Janeiro: Laced; Blumenau: Nova Letra, 2012. (Verbetes de Maria Luiza Heilborn e Elizabeth Zambrano, "Identidade de gênero"; Maria Filomena Gregori, "Limites da sexualidade: violência e transgressão"; e Adriana Piscitelli, "Sexo e gênero".)

WOLLSTONECRAFT, Mary. *A Vindication of the Rights of Woman*. 3. ed. Nova York: W. W. Norton, 2009.

HAITIANISMO NO BRASIL

GOMES, Flávio. "Experiências transatlânticas e significados locais: Ideias, temores e narrativas em torno do Haiti no Brasil escravista". *Tempo*, Niterói, v. 7, n. 13, pp. 209-46, jul. 2002.

MOREL, Marco. *A Revolução no Haiti e o Brasil escravista: O que não deve ser dito*. Rio de Janeiro: Paco Editorial, 2017.

_____; **GOMES, Flávio dos Santos.** "Trajetórias atlânticas: Dois brasileiros no Haiti no início dos oitocentos". In: PESAVENTO, Sandra Jatahy (Org.). *História cultural: Experiências de pesquisa*. Porto Alegre: Ed. da UFRGS, 2003. pp. 37-64.

MOTT, Luiz R. B. "A revolução dos negros do Haiti e o Brasil". In: ______. *Escravidão, homossexualidade e demonologia*. São Paulo: Ícone, 1988. pp. 11-8.

REIS, João José; GOMES, Flávio dos Santos. "Repercussions of the Haitian Revolution in Brasil, 1791-1850". In: GEGGUS, David Patrick; FIERING, Norman (Orgs.). *The World of the Haitian Revolution*. Bloomington: Indiana University Press, 2009. pp. 284-313.

SOARES, Carlos Eugênio; GOMES, Flávio dos Santos. "Sedições, haitianismo e conexões no Brasil: Outras margens do Atlântico negro". *Novos Estudos Cebrap*, São Paulo, v. 2, n. 63, pp. 131-44, jul. 2002.

ICONOGRAFIA DA REPÚBLICA

ANDERSON, Benedict. *Comunidades imaginadas*. São Paulo: Companhia das Letras, 2008.

CADAVA, Eduardo; CORTÉS-ROCCA, Paola. "Papeles furtivos". In: BRODSKY, Marcelo et al. (Orgs.). *Correspondencias visuales*. Madri: La Marca, 2010. pp. 274-319.

CARVALHO, José Murilo de. *A formação das almas: O imaginário da República no Brasil*. São Paulo: Companhia das Letras, 1990.

CELAN, Paul. *Collected Prose*. Manchester: Fyfield, 2003.

CUNHA, Manuela Carneiro da. *Cultura com aspas*. São Paulo: Cosac Naify, 2009.

DERRIDA, Jacques. *La Vérité en peinture*. Paris: Flammarion, 1978.

DIKOVITSKAYA, Margaret. *Visual Culture: The Study of the Visual after the Cultural Turn*. Cambridge, MA: MIT Press, 2005.

MITCHELL, W. J. T. *Teoría de la imagen*. Madri: Akal, 2009.

NAVES, Rodrigo. *A forma difícil: Ensaios sobre arte brasileira*. Ed. rev. e ampl. São Paulo: Companhia das Letras, 2011.

SCHWARCZ, Lilia Moritz. *As barbas do Imperador: D. Pedro II, um monarca nos trópicos*. São Paulo: Companhia das Letras, 1998.

IGUALDADE, DEMOCRACIA E CIVILIDADE

BOBBIO, Norberto. *Liberalismo e democracia*. Trad. de Marco Aurélio Nogueira. São Paulo: Edipro, 2017.

______. *A era dos direitos*. Trad. de Carlos Nelson Coutinho. 2. ed. Rio de Janeiro: Campus, 2004.

______. *Igualdade e liberdade*. Trad. de Carlos Nelson Coutinho. Rio de Janeiro: Ediouro, 1996.

DI GIOVANNI, Geraldo; NOGUEIRA, Marco Aurélio. (Orgs.). *Dicionário de políticas públicas*. 3. ed. São Paulo: Ed. Unesp, 2018.

DWORKIN, Ronald. *A virtude soberana: A teoria e a prática da igualdade*. Trad. de Jussara Simões. 2. ed. São Paulo: WMF Martins Fontes, 2011. (Coleção Filosofia do Direito).

SEN, Amartya. *Desigualdade reexaminada*. Trad. de Ricardo Doninelli Mendes. São Paulo: Record, 2001.

VACCA, Giuseppe. *Por um novo reformismo*. Trad. de Luiz Sérgio Henriques. Brasília: Fundação Astrojildo Pereira; Rio de Janeiro: Contraponto, 2009.

IMPRENSA REPUBLICANA NO BRASIL (SÉCULO XIX)

ARAUJO, Rodrigo Cardoso Soares de. *Pasquins: Submundo da imprensa na Corte imperial (1880-1883)*. Rio de Janeiro: Multifoco, 2012.

BASILE, Marcello Otávio Neri de Campos. *O Império em construção: Projetos de Brasil e ação política na Corte regencial*. Rio de Janeiro: PPGHIS-UFRJ, 2004. Tese (Doutorado em História Social).

______. "Inventário analítico da imprensa periódica do Rio de Janeiro na Regência: Perfil dos jornais e dados estatísticos". In: CARVALHO, José Murilo de; NEVES, Lucia Maria Bastos P. (Orgs.). *Dimensões e fronteiras do Estado brasileiro no oitocentos*. Rio de Janeiro: Eduerj, 2014. pp. 37-62.

BOEHRER, George C. A. *Da Monarquia à República: História do Partido Republicano do Brasil (1870-1889)*. Rio de Janeiro: Ministério da Educação e Cultura, Serviço de Documentação, 1954.

FONSECA, Silvia Carla Pereira de Brito. *A ideia de República no Império do Brasil: Rio de Janeiro e Pernambuco (1824-1834)*. Jundiaí: Paco, 2016.

LEITE, Renato Lopes. *Republicanos e libertários: Pensadores radicais no Rio de Janeiro (1822)*. Rio de Janeiro: Civilização Brasileira, 2000.

MELLO, Maria Tereza Chaves de. *A república consentida: Cultura democrática e científica do final do Império*. Rio de Janeiro: Ed. FGV; Edur, 2007.

PESSOA, Reynaldo Xavier Carneiro. *O ideal republicano e seu papel histórico no Segundo Reinado: 1870-1889*. São Paulo: Edições Arquivo do Estado, 1983.

SODRÉ, Nelson Werneck. *História da imprensa no Brasil*. 4. ed. atual. Rio de Janeiro: Mauad, 1999.

STARLING, Heloisa M. *Ser republicano no Brasil Colônia: A história de uma tradição esquecida*. São Paulo: Companhia das Letras, 2018.

INSTAURAÇÃO DA REPÚBLICA NO BRASIL

CAMPOS PORTO, Manoel Ernesto. *Apontamentos para a história da República: Um registro centenário*. Sel. de José Sebastião Witter. São Paulo: Brasiliense, 1990.

CASTRO, Celso. *A Proclamação da República*. Rio de Janeiro: Zahar, 1999.

FIALHO, Anfriso. *História da fundação da República no Brasil*. Brasília: Ed. UnB, 1983. (Coleção Temas Brasileiros).

FREYRE, Gilberto. *Ordem e progresso*. São Paulo: Global, 2004.

HOLANDA, Sérgio Buarque de. *História geral da civilização brasileira*. Rio de Janeiro: Bertrand Brasil, 1992. t. II: O Brasil Monárquico. v. 7: Do Império à República.

MAGALHÃES JR., R. *A vida turbulenta de José do Patrocínio*. Rio de Janeiro: Sabiá, 1969.

MONTEIRO, Tobias. *Pesquisas e depoimentos para a história*. 2. ed. São Paulo: Edusp, 1982.

SENNA, Ernesto. *Deodoro: Subsídios para a história. Notas de um repórter*. Brasília: Senado Federal, 1999. (Coleção Biblioteca Básica Brasileira).

SILVA, Ciro. *Quintino Bocaiuva, o patriarca da República*. Brasília: Ed. UnB, 1983.

SILVA, Hélio. *1889: A República não esperou o amanhecer*. Rio de Janeiro: Civilização Brasileira, 1972.

INTERESSE E BEM COMUM

CARDOSO, Sérgio. "Que República? Notas sobre a tradição do 'governo misto'". In: BIGNOTTO, Newton (Org.). *Pensar a República*. Belo Horizonte: Ed. UFMG, 2000. pp. 27-48.

HIRSCHMAN, Albert O. *As paixões e os interesses: Argumentos políticos a favor do capitalismo antes do seu triunfo*. Rio de Janeiro: Record, 2002.

MAQUIAVEL, Nicolau. *O príncipe*. São Paulo: Penguin Classics Companhia das Letras, 2010.

MONTESQUIEU. *O espírito das leis*. São Paulo: Martins Fontes, 2005.

SPITZ, Jean-Fabien. *La Liberté politique: Essai de généalogie conceptuelle*. Paris: Presses Universitaires de France, 1995.

TOCQUEVILLE, Alexis de. *De la Démocratie en Amérique I*. Paris: J. Vrin, 1990a.

______. *De la Démocratie en Amérique II*. Paris: Vrin, 1990b.

JUSTIÇA E GOVERNO DAS LEIS NO REPUBLICANISMO

BOBBIO, Norberto; MATTEUCCI, Nicola; PASQUINO, Gianfranco. *Dizionario di politica*. Turim: UTET, 2004. (Verbetes "Reppublica", de Nicola Matteucci; "Repubblicanesimo", de Maurizio Viroli).

BOBBIO, Norberto; VIROLI, Maurizio. *Diálogo em torno da República: Os grandes temas da política e da cidadania*. Trad. de Daniela Beccaccia Versiani. Rio de Janeiro: Campus, 2002.

BOCK, Gisela; SKINNER, Quentin; VIROLI, Maurizio (Orgs.). *Macchievelli and Republicanism*. Cambridge: Cambridge University Press, 1991.

CANOVAN, Margareth. "A New Republicanism". In: ______. *Hannah Arendt: A Reinterpretation of Her Political Thought*. Cambridge: Cambridge University Press, 1992. pp. 200-52.

CICERO, Marcus Tullius. *De re publica; De legibus*. Trad. de Clinton Walker Keyes, Cambridge, MA: Harvard University Press, 1977.

HAMILTON, Alexander; MADISON, James; JAY, John. *The Federalist Papers*, edited by Clinton Rossiter, with an introduction and notes by Charles R. Kesler. Nova York: Signet Classics, 2003.

MACHIAVELLI, Niccolò. *Tutte le opere. A cura di Mario Martelli*. Florença: Sansoni, 1971.

MONTESQUIEU. *De L'Esprit des lois*. Org. de Victor Goldschmidt. Paris: Garnier-Flammarion, 1979. 2 v.

SKINNER, Quentin. "Political Philosophy". In: *The Cambridge History of Renaissance Philosophy*. Ed. de Quentin Skinner, Eckhard Kessler, Jill Kraye. Cambridge: Cambridge University Press, 1988. pp. 387-452.

LETRADOS E REPÚBLICA NO BRASIL

ASSIS, Machado de. *Esaú e Jacó*. In:______. *Obra completa*. Rio de Janeiro: Nova Aguilar, 1986. v. 1.

______. "A Sereníssima República: Conferência do cônego Vargas". In:______. *Obra completa*. Rio de Janeiro: Nova Aguilar, 1986. v. 2.

CARVALHO, José Murilo de. *Os bestializados: O Rio de Janeiro e a República que não foi*. São Paulo: Companhia das Letras, 1987.

CUNHA, Euclides da. *Os sertões: Campanha de Canudos*. Rio de Janeiro: Francisco Alves, 1923.

______. *Um paraíso perdido: Reunião dos ensaios amazônicos*. Petrópolis: Vozes; Brasília: Instituto Nacional do Livro, 1976.

MANDEVILLE, Bernard. *The Fable of the Bees: or, Private Vices, Publick Benefits*. Oxford: Oxford University Press, 1924.

MIRANDA, Wander Melo. *Graciliano Ramos*. São Paulo: Publifolha, 2004. (Coleção Folha Explica).

RAMOS, Graciliano. "Pequena história da República". In: ______. *Alexandre e outros heróis*. São Paulo: Livraria Martins, 1970.

MATRIZ CONTEMPORÂNEA

ARENDT, Hannah. "Imperialismo totalitário: Reflexões sobre a Revolução Húngara". In: ______. *Ação e a busca da felicidade*. Rio de Janeiro: Bazar do Tempo, 2018. (Coleção Ensaios Contemporâneos).

______. *Liberdade para ser livre*. Rio de Janeiro: Bazar do Tempo, 2018.

______. *Sobre a Revolução*. São Paulo: Companhia das Letras, 2011.

BAILYN, Bernard. *As origens ideológicas da Revolução Americana*. Bauru: Edusc, 2003.

BARON, Hans. *The Crisis of the Early Italian Renaissance: Civic Humanism and Republican Liberty in an Age of Classicism and Tyranny*. Princeton: Princeton University Press, 1966.

CARDOSO, Sérgio (Org.). *Retorno ao republicanismo*. Belo Horizonte: Ed. UFMG, 2004.

LEFORT, Claude. *Le Travail de l'œuvre: Machiavel*. Paris: Gallimard, 1972.

PETTIT, Philip. *Republicanism: A Theory of Freedom and Government*. Oxford: Oxford University Press, 1997.

POCOCK, John Greville Agard. *The Machiavellian*

Moment: Florentine Political Thought and the Atlantic Republican Tradition. Princeton: Princeton University Press, 1975.

SPITZ, Jean-Fabien. *Le Moment républicain en France*. Paris: Gallimard, 2005.

WOOD, Gordon S. *Empire of Liberty: A History of the Early Republic, 1789-1815*. Nova York: Oxford University Press, 2009.

MATRIZ FRANCESA

BIGNOTTO, Newton. *As aventuras da virtude: As ideias republicanas na França do século XVIII*. São Paulo: Companhia das Letras, 2010.

CONSTANT, Benjamin. *Escritos de política*. São Paulo: Martins Fontes, 2005.

______. *A liberdade dos antigos comparada à dos modernos*. Org. e trad. de Emerson Garcia. São Paulo: Atlas, 2015. v. 3. (Coleção Clássicos do Direito).

DERATHÉ, Robert. *Jean-Jacques Rousseau e a ciência política de seu tempo*. São Paulo: Discurso Editorial; Barcarolla, 2009.

NASCIMENTO, Milton Meira. *A farsa da representação política: Ensaios sobre o pensamento político de Rousseau*. São Paulo: Discurso Editorial, 2016.

ROUSSEAU, Jean-Jacques. *O contrato social*. São Paulo: Abril Cultural, 1974.

______. *Discurso sobre a origem e os fundamentos da desigualdade entre os homens*. São Paulo: Abril Cultural, 1975.

SALINAS FORTES, Luiz Roberto. *Paradoxo do espetáculo: Política e poética em Rousseau*. São Paulo: Discurso Editorial, 1997.

MATRIZ HAITIANA

BUCK-MORSS, Susan. *Hegel e o Haiti*. São Paulo: n-1 edições, 2017.

COSTA E SILVA, Alberto da. "Os iluministas e a escravidão". In: ACADEMIA DAS CIÊNCIAS DE LISBOA; ACADEMIA BRASILEIRA DE LETRAS (Org.). *O iluminismo luso-brasileiro*. Lisboa: Imprensa Nacional-Casa da Moeda, 2007. pp. 81-9.

DAVIS, David Brion. *O problema da escravidão na cultura ocidental*. Rio de Janeiro: Civilização Brasileira, 2001.

JAMES, Cyril Lionel Robert. *Os jacobinos negros: Toussaint L'Ouverture e a Revolução de São Domingos*. São Paulo: Boitempo, 2000.

JORDAN, Winthrop D. *White over Black: American Attitudes towards the Negro, 1550-1812*. 2. ed. Chapel Hill: University of North Carolina Press, 2012.

KELLY, George Armstrong. "Notes on Hegel's 'Lordship and Bondage'". In: O'NEILL, John (Org.). *Hegel's Dialetic of Desire and Recognition: Texts and Commentary*. Albany: State University of New York Press, 1996. pp. 253-72.

MINTZ, Sidney W. *Sweetness and Power: The Place of Sugar in Modern History*. Nova York: Penguin, 1986.

SALA-MOLINS, Louis. *Le Code Noir ou le calvaire de Canaan*. 5. ed. Paris: Presses Universitaires de France, 2018.

SCOTT, Julius S. *The Common Wind: Afro-American Currents in the Age of the Haitian Revolution*. Londres; Nova York: Verso, 2018.

TROUILLOT, Michel-Rolph. *Silencing the Past: Power and the Production of History*. Boston: Beacon, 1995.

MATRIZ INGLESA

BARROS, Alberto Ribeiro Gonçalves de. *Republicanismo inglês: Uma teoria da liberdade*. São Paulo: Discurso Editorial; Fapesp, 2015.

______. *Republicanismo inglês: Sidney e a semântica da liberdade*. São Paulo: Discurso Editorial; Fapesp, 2018.

HOUSTON, Alan Craig. *Algernon Sidney and the Republican Heritage in England and America*. Princeton: Princeton University Press, 1991.

SCOTT, Jonathan. *Commonwealth Principles: Republican Writing of the English Revolution*. Cambridge: Cambridge University Press, 2004.

SKINNER, Quentin. *Liberdade antes do liberalismo*. São Paulo: Ed. Unesp, 1999.

WOOLRYCH, Austin. *Britain in Revolution 1625-1660*. Oxford: Oxford University Press, 2002.

WORDEN, Blair. *Literature and Politics in Cromwellian England: John Milton, Andrew Marvell, Marchamont Nedham*. Oxford: Oxford University Press, 2007.

MATRIZ ITALIANA

ADVERSE, Helton. *Maquiavel: Política e retórica*. Belo Horizonte: Ed. UFMG, 2009.

BARON, Hans. *The Crisis of the Early Italian Renaissance: Civic Humanism and Republican Liberty in an Age of Classicism and Tyranny*. Princeton: Princeton University Press, 1966.

BIGNOTTO, Newton. *Origens do republicanismo moderno*. Belo Horizonte: Ed. UFMG, 2001.

______ (Org.). *Matrizes do republicanismo*. Belo Horizonte: Ed. UFMG, 2013.

BRUNI, Leonardo. *Opere letterarie e politiche*. Turim: UTET, 1996.

CARDOSO, Sérgio. "Em direção ao núcleo da 'obra Maquiavel': Sobre a divisão civil e suas interpretações". *Discurso*, São Paulo, v. 45, n. 2, pp. 207-47, 2015.

MACHIAVELLI. *Opere, a cura di Corrado Vivanti*. Turim: Einaudi-Gallimard, 1997.

MATRIZ NORTE-AMERICANA

ARENDT, Hannah. "Revolução e liberdade, uma palestra". In: ______. *Ação e a busca da felicidade*. Trad. de Virgínia Starling. 2. ed. Rio de Janeiro: Bazar do Tempo, 2018, pp. 157-206.

BAILYN, Bernard. *As origens ideológicas da Revolução Americana*. Trad. de Cleide Rapucci. Bauru: Edusc, 2003.

FEDERAL FARMER. "Letters of The Federal Farmer to the Republican, November 8, 1787: Letter v, October 13, 1787". In: ALLISON, Robert J.; BAILYN, Bernard (Orgs.). *The Essential Debate on the Constitution: Federalist and Antifederalist Speeches and Writings*. Nova York: Library of America, 2018, pp. 102-8, 464-5.

MADISON, James. "The Federalist Number 10, [22 November] 1787", National Archives, *Founders Online*. Disponível em: <https://founders.archives.gov/documents/Madison/01-10-02-0178>. Acesso em: 6 maio. 2019.

MADISON, James. "From James Madison to Thomas Jefferson, 17 October 1788", National Archives, *Founders Online*. Disponível em: <https://founders.archives.gov/documents/Madison/01-11-02-0218>. Acesso em: 6 maio. 2019.

WILSON, James; SMILIE, John. "James Wilson and John Smilie Debate the Need for a Bill of Rights, November 28, 1787". In: ALLISON, Robert J.; BAILYN, Bernard (Orgs.). *The Essential Debate on the Constitution: Federalist and Antifederalist Speeches and Writings*. Nova York: Library of America, 2018. pp. 272-5.

WOOD, Gordon S. *The Radicalism of the American Revolution*. Nova York: Vintage, 1993.

______. *Revolutionary Characters: What Made the Founders Different*. Nova York: Penguin, 2006.

______. *The Creation of the American Republic: 1776-1787*. Chapel Hill: University of North Carolina Press, 1998.

ORIGENS: *LIBERTAS*

CICERO, Marcus Tullius. *On the Commonwealth and On the Laws*. Ed. e trad. de James E. G. Zetzel. Cambridge: Cambridge University Press, 1999.

FINLEY, Moses I. *Política no mundo antigo*. Lisboa: Edições 70, 1997.

FLOWER, Harriet I. (Org.). *The Cambridge Companion to the Roman Republic*. Cambridge: Cambridge University Press, 2004.

FRITZ, Kurt von. *The Theory of the Mixed Constitution in Antiquity: A Critical Analysis of Polybius' Political Ideas*. Nova York: Columbia University Press, 1954.

GRIMAL, Pierre. *A civilização romana*. Lisboa: Edições 70, 2001. (Coleção Lugar da História).

PETTIT, Philip. *Republicanism: A Theory of Freedom and Government*. Oxford: Oxford University Press, 1997.

POLYBIUS. *The Histories*. Trad. de William Roger Paton. Cambridge, MA: Harvard University Press, 1954. v. III, livro VI.

ROLDÁN HERVÁS, José Manuel. *Historia de Roma*.

Salamanca: Ediciones Universidad Salamanca, 1995. t. I: La República Romana.

SKINNER, Quentin. *Liberdade antes do liberalismo*. Trad. de Raul Fiker. São Paulo: Ed. Unesp; Cambridge: Cambridge University Press, 1999.

WIRSZUBSKI, Chaim. *Libertas as a Political Idea at Rome During the Late Republic and Early Principate*. Cambridge: Cambridge University Press, 1960.

ORIGENS: *POLITEIA*

ARISTÓTELES. *Política*. Ed. bilíngue. Lisboa: Vega, 1998. (Coleção Biblioteca Clássica).

FINLEY, Moses I. *Democracia antiga e moderna*. Ed. revista. Rio de Janeiro: Graal, 1988.

JAEGER, Werner. *Paideia: A formação do homem grego*. São Paulo: WMF Martins Fontes, 1995.

PLATÃO. *A República*. 3. ed. Belém: EDUFPA, 2000.

TRABATTONI, Franco. *Platão*. São Paulo: Annablume, 2010.

WOLFF, Francis. *Aristóteles e a política*. São Paulo: Discurso Editorial, 1999.

PARTICIPAÇÃO E CIDADANIA

ARENDT, Hannah. *On Revolution*. Nova York: Penguin, 2006.

CRICK, Bernard. *Essays on Citizenship*. Londres: Continuum, 2005.

DAGGER, Richard. *Civic Virtues: Rights, Citizenship, and Republican Liberalism*. Oxford: Oxford University Press, 1997. (Oxford Political Theory).

FALCÃO, Luís. "Republicanismo neorromano e liberalismo: Para além das proximidades declaradas". *Revista Brasileira de Ciência Política*, Brasília, n. 24, pp. 115-58, set.-dez. 2017.

MARSHALL, Thomas Humphrey. "Citizenship and Social Class". In: ______; BOTTOMORE, Tom. *Citizenship and Social Class*. Londres: Pluto Classic, 1992. (Pluto Classics Series).

PETTIT, Philip. *Republicanism: A Theory of Freedom and Government*. Oxford: Oxford University Press, 1997.

POCOCK, J. G. A. "The Ideal of Citizenship since Classical Times". *Queen's Quarterly*, Kingston, n. 1, v. 99, pp. 33-55, 1992.

SKINNER, Quentin. "States and the Freedom of Citizens". In: SKINNER, Quentin; STRÅTH, Bo (Orgs.). *States and Citizens: History, Theory, Prospects*. Cambridge: Cambridge University Press, 2003. pp. 11-28.

WALZER, Michael. "Citizenship". In: BALL, Terence; FARR, James; HANSON, Russell L. (Orgs.). *Political Innovation and Conceptual Change*. Cambridge: Cambridge University Press, 1989. pp. 211-20. (Ideas in Context).

PATRIMONIALISMO BRASILEIRO

BOTELHO, André. "Público e privado no pensamento social brasileiro". In: ______; SCHWARCZ, Lilia Moritz (Orgs.). *Agenda brasileira: Temas de uma sociedade em mudança*. São Paulo: Companhia das Letras, 2011. pp. 418-29.

______. *O retorno da sociedade: Política e interpretações do Brasil*. Petrópolis: Vozes, 2019. No prelo.

______; **SCHWARCZ, Lilia Moritz.** "Patrimonialismo". Entrevista no Canal Futura, em 2016. Disponível em: <http://www.futuraplay.org/video/patrimonialismo-andre-botelho/80196/>. Acesso em: 30 jul. 2019.

BRITO, Leonardo Octavio Belinelli de. *Os dilemas do patrimonialismo brasileiro: As interpretações de Raymundo Faoro e Simon Schwartzman*. São Paulo: Alameda, 2019.

RICUPERO, Bernardo. "Patrimonialismo: Usos de um conceito". In: BOTELHO, André; STARLING, Heloisa M. (Orgs.). *República e democracia: Impasses do Brasil contemporâneo*. Belo Horizonte: Ed. UFMG, 2016. pp. 263-76.

SCHWARCZ, Lilia Moritz. *Sobre o autoritarismo brasileiro*. São Paulo: Companhia das Letras, 2019.

SELL, Carlos Eduardo. "The Two Concepts of Patrimonialism in Max Weber: From the Domestic Model to the Organizational Model", *Sociologia & Antropologia*, Rio de Janeiro, v. 7, n. 2, maio-ago. 2017, pp. 315-40.

STARLING, Heloisa M. *Ser republicano no Brasil Colônia: A história de uma tradição esquecida*. São Paulo: Companhia das Letras, 2018.

VIANNA, Luiz Werneck. "Weber e a interpretação

do Brasil". In: SOUZA, Jessé (Org.). *O malandro e o protestante: A tese weberiana e a singularidade cultural brasileira*. Brasília: Ed. UnB, 1999, pp. 173-93.

PENSAMENTO REPUBLICANO NO SEGUNDO REINADO (1840-89)

ALONSO, Angela. *Ideias em movimento: A geração de 1870 na crise do Brasil-Império*. São Paulo: Paz e Terra, 2005.

BOEHRER, George C. A *Da monarquia à República: História do Partido Republicano do Brasil (1870--1889)*. Rio de Janeiro: Ministério da Educação e Cultura, Serviço de Documentação, 1954.

BRASILIENSE, Américo. *Os programas dos partidos e o Segundo Império*. Brasília: Senado Federal; Rio de Janeiro: Fundação Casa de Rui Barbosa, 1979.

CARVALHO, José Murilo de. "República, democracia e federalismo: Brasil (1870-1889)". In: CARVALHO, José Murilo de et al. (Orgs.). *Linguagens e fronteiras do poder*. Rio de Janeiro: Ed. FGV, 2011, pp. 15-35.

COSTA, João Cruz. *O positivismo na República: Notas sobre a história do positivismo no Brasil*. São Paulo: Companhia Editora Nacional, 1956.

ELIAS, Daiane Lopes. *A guerra das palavras: O discurso político dos republicanos liberais na queda da monarquia no Brasil (1870-1889)*. Rio de Janeiro: PPGH-UERJ, 2017. Tese (Doutorado em História).

PESSOA, Reynaldo Carneiro. *A ideia republicana no Brasil através dos documentos*. São Paulo: Alfa-Omega, 1973.

STARLING, Heloisa M. *Ser republicano no Brasil Colônia: A história de uma tradição esquecida*. São Paulo: Companhia das Letras, 2018.

TRINDADE, Hélgio (Org.). *O positivismo: Teoria e prática*. Porto Alegre: Ed. UFRGS, 2007.

PRIMEIRA REPÚBLICA (1889-1930): REPÚBLICA OLIGÁRQUICA

DUVERGER, Maurice. *As modernas tecnodemocracias: Poder econômico e poder político*. Rio de Janeiro: Paz e Terra, 1975.

GASPARETTO JÚNIOR, Antonio. *Recursos extremos da administração estatal: As declarações de estado de sítio na Primeira República brasileira*. Juiz de Fora: PPGH-UFJF, 2018. Tese (Doutorado em História).

MAC CORD, Marcelo; BATALHA, Claudio H. M. (Orgs.). *Organizar e proteger: Trabalhadores, associações e mutualismo no Brasil (séculos XIX e XX)*. Campinas: Ed. da Unicamp, 2014.

PINTO, Surama Conde Sá. *Só para iniciados... O jogo político na antiga capital federal*. Rio de Janeiro: Mauad, 2011.

RESENDE, Maria Efigênia Lage de. "O processo político na Primeira República e o liberalismo oligárquico". In: FERREIRA, Jorge; DELGADO, Lucilia de Almeida Neves (Orgs.). *O tempo do liberalismo excludente: Da Proclamação da República à Revolução de 1930*. Rio de Janeiro: Civilização Brasileira, 2018. v. 1: Primeira República (1889-1930). (Coleção O Brasil Republicano). pp. 81-110.

RICCI, Paolo; ZULINI, Jaqueline Porto. "Partidos, competição política e fraude eleitoral: A tônica das eleições na Primeira República". *Dados*, Rio de Janeiro, v. 57, n. 2, pp. 443-79, 2014.

SANTOS, Wanderley Guilherme dos. "O sistema oligárquico representativo da Primeira República". *Dados*, Rio de Janeiro, v. 56, n. 1, pp. 9-37, 2013.

VISCARDI, Cláudia Maria Ribeiro. *O teatro das oligarquias: Uma revisão da "política do café com leite"*. Belo Horizonte: Fino Traço, 2012. (Coleção História).

______. *Unidos perderemos: A construção do federalismo republicano brasileiro*. Curitiba: CRV, 2017.

RELIGIÃO E LAICIDADE

FERNANDES, Rubem César. *Os cavaleiros do Bom Jesus: Uma introdução às religiões populares*. São Paulo: Brasiliense, 1982.

GIUMBELLI, Emerson. *O fim da religião: Dilemas da liberdade religiosa no Brasil e na França*. São Paulo: Attar, 2002.

LEITE, Fábio Carvalho. *Estado e religião: A liberdade religiosa no Brasil*. Curitiba: Juruá, 2014.

MICELI, Sergio. *A elite eclesiástica brasileira*. São Paulo: Companhia das Letras, 2009.

MENDONÇA, Antônio Gouvêa; VELASQUES FILHO, Prócoro. *Introdução ao protestantismo no Brasil*. São Paulo: Loyola, 1990.

PAIVA, Angela Randolpho. *Católico, protestante, cidadão: Uma comparação entre Brasil e Estados Unidos*. Belo Horizonte: Ed. UFMG, 2003.

PIERUCCI, Antônio Flávio; PRANDI, Reginaldo. *A realidade social das religiões no Brasil: Religião, sociedade e política*. São Paulo: Hucitec, 1996.

SANCHIS, Pierre. *Religião, cultura e identidades: Matrizes e matizes*. Orgs. de Mauro Passos e Léa Freitas Perez. Petrópolis: Vozes, 2018.

REPÚBLICA DIGITAL

ABRAMOVAY, Pedro Vieira. *Sistemas deliberativos e processo decisório congressual: Um estudo sobre a aprovação do Marco Civil da Internet*. Rio de Janeiro: UERJ, 2017. Tese (Doutorado em Ciência Política).

ARNAUDO, Dan. "Computational Propaganda in Brazil: Social Bots During Elections". WOOLLEY, Samuel; HOWARD, Philip N. (Eds.). Working Paper 2017.8. Oxford: Project on Computational Propaganda. 38 pp. Disponível em: <www.oii.ox.ac.uk/blog/computational-propaganda-in-brazil-social-bots-during-elections>. Acesso em: 5 jul. 2019.

CARVALHO, Marcelo Sávio Revoredo Menezes de. *A trajetória da internet no Brasil: Do surgimento das redes de computadores à instituição dos mecanismos de governança*. Rio de Janeiro: UFRJ, 2006. Dissertação (Mestrado em Ciências de Engenharia de Sistemas e Computação). Disponível em: <www.nethistory.info/Resources/Internet-BR-Dissertacao-Mestrado-MSavio-v1.2.pdf>. Acesso em: 5 jul. 2019.

COSTA, Eliane. *Jangada digital: Gilberto Gil e as políticas públicas para a cultura das redes*. Rio de Janeiro: Azougue, 2011.

LEMOS, Ronaldo. "Internet brasileira precisa de marco regulatório civil". UOL Notícias, São Paulo, 22 maio 2007. Disponível em: <https://tecnologia.uol.com.br/ultnot/2007/05/22/ult4213u98.jhtm>. Acesso em: 5 jul. 2019.

LEMOS, Ronaldo; SOUZA, Carlos Affonso. *Marco Civil: Construção e aplicação*. Juiz de Fora: Editar, 2016.

KONOPACKI, Marco; MACHADO, Caio. "Poder computacional: Automação no uso do WhatsApp nas eleições". ITS Rio, 25 out. 2018. Disponível em: <https://feed.itsrio.org/poder-computacional-automa%C3%A7%C3%A3o-no-uso-do-whatsapp-nas-elei%C3%A7%C3%B5es-e969746d231f>. Acesso em: 5 jul. 2019.

PAPP, Ana Carolina. *Em nome da internet: Os bastidores da construção coletiva do Marco Civil*. São Paulo: ECA-USP, 2014. Trabalho de conclusão de curso (Graduação em Jornalismo). Disponível em: <https://issuu.com/annacarolinapapp/docs/em_nome_da_internet>. Acesso em: 5 jul. 2019.

SITES:

Comitê Gestor da Internet: <https://cgi.br>
Rede Nacional de Pesquisa: <www.rnp.br>
Ilaw — Internet Law Program 2003: <https://cyber.harvard.edu/ilaw/faculty.html>
Instituto de Tecnologia e Sociedade: <https://itsrio.org/pt/home>

REPÚBLICA JULIANA (1839)

BOITEUX, Henrique. *A República Catharinense: Notas para a sua história*. Rio de Janeiro: Xerox, 1985.

CAGGIANI, Ivo. *David Canabarro: De tenente a general*. Porto Alegre: Martins Livreiro, 1992.

CARVALHO, José Murilo de. *A construção da ordem: A elite política imperial; Teatro de sombras: A política imperial*. 4. ed. Rio de Janeiro: Civilização Brasileira, 2007.

COSTA, Gustavo Marangoni. *Entre contrabando e ambiguidades: Outros aspectos da República Juliana Laguna/SC — 1836-1845*. Florianópolis: UFSC, 2006. Dissertação (Mestrado em História).

DUMAS, Alexandre. *Memórias de Garibaldi*. Porto Alegre: L&PM, 1998.

GARIBALDI, Anita. *Anita Garibaldi: A mulher do general*. São Paulo: WMF Martins Fontes, 1989.

MOREL, Marco. *O período das regências (1831--1840)*. Rio de Janeiro: Zahar, 2003. (Coleção Descobrindo o Brasil).

NASCIMENTO, Álvaro Pereira do. *A ressaca da marujada: Recrutamento e disciplina na Armada Imperial*. Rio de Janeiro: Arquivo Nacional, 2001.

PESAVENTO, Sandra Jatahy. *A Revolução Farroupilha*. São Paulo: Brasiliense, 1990. (Coleção Tudo É História).

RUDÉ, George. *A multidão na história: Estudo dos movimentos populares na França e na Inglaterra, 1730-1848*. Rio de Janeiro: Campus, 1991.

REPÚBLICA NA ERA DA GLOBALIZAÇÃO

ACHARYA, Amitav; BUZAN, Barry. *The Making of Global International Relations: Origins and Evolution of IR at its Centenary*. Cambridge: Cambridge University Press, 2019.

ALONSO, Angela. *Flores, votos e balas: O movimento abolicionista brasileiro (1868--1888)*. São Paulo: Companhia das Letras, 2015.

BETHELL, Leslie (Org.). *The Cambridge History of Latin America*. Cambridge: Cambridge University Press, 2008; 2009. v. 4: *c.* 1870 to 1930; v. 5: *c.* 1870 to 1930; v. 9: Brazil since 1930.

______. *Brazil: Essays on History and Politics*. Londres: Institute of Latin American Studies, School of Advanced Study, University of London, 2018.

BUZAN, Barry; LAWSON, George. *The Global Transformation: History, Modernity and the Making of International Relations*. Cambridge: Cambridge University Press, 2015.

CARVALHO, José Murilo de. *O pecado original da República: Debates, personagens e eventos para compreender o Brasil*. Rio de Janeiro: Bazar do Tempo, 2017.

MAXWELL, Kenneth. *Naked Tropics: Essays on Empire and Other Rogues*. Nova York: Routledge, 2003.

OSTERHAMMEL, Jürgen. *The Transformation of the World: A Global History of the Nineteenth Century*. Princeton: Princeton University Press, 2015.

SCHWARCZ, Lilia Moritz. *O espetáculo das raças: Cientistas, instituições e questão racial no Brasil (1870-1930)*. São Paulo: Companhia das Letras, 1993.

______; STARLING, Heloisa M. *Brasil: Uma biografia*. São Paulo: Companhia das Letras, 2015.

REPÚBLICA POSITIVISTA DE JÚLIO DE CASTILHOS (1891)

ALONSO, Angela. "De positivismo e de positivistas: Interpretações do positivismo brasileiro". *Boletim Informativo e Bibliográfico de Ciências Sociais* (BIB), Rio de Janeiro, n. 42, 2º semestre de 1996. pp. 109-34.

BOSI, Alfredo. "A arqueologia do Estado--Providência: Sobre um enxerto de ideias de longa duração". In: ______. *Dialética da colonização*. São Paulo: Companhia das Letras, 1992. pp. 273-307.

CARVALHO, José Murilo de. *A formação das almas: O imaginário da República no Brasil*. São Paulo: Companhia das Letras, 1990.

COMTE, Auguste. *Appel aux conservateurs*. Rio de Janeiro: Igreja Positivista do Brasil, 1899.

CORTÉS, Carlos E. *Gaúcho Politics in Brazil: The Politics of Rio Grande do Sul, 1930-1964*. Albuquerque: University of New Mexico Press, 1974.

FRANCO, Sérgio da Costa. *Júlio de Castilhos e sua época*. Porto Alegre: Globo, 1967.

LOVE, Joseph L. *O regionalismo gaúcho*. São Paulo: Perspectiva, 1975. (Coleção Estudos).

SAINT-SIMON, Claude-Henri de. *Oeuvres de Claude-Henri de Saint-Simon: Catéchisme des industriels (1er, 2e et 3e cahiers)*. v. 4. Paris: Éditions Anthopos, 1966.

TRINDADE, Hélgio (Org.). *O positivismo: Teoria e prática — Sesquicentenário da morte de Augusto Comte*. 3. ed. Porto Alegre: Ed. da UFRGS, 2007.

______; NOLL, Maria Izabel. *Subsídios para a história do parlamento gaúcho (1890--1937)*. Porto Alegre: CORAG, 2005. v. 2: Os 170 anòs do Parlamento Gaúcho.

REPÚBLICA RIO-GRANDENSE (1836-45)

CHIARAMONTE, José Carlos. *Cidades, províncias, estados: Origens da nação argentina (1800--1846)*. Trad. de Magda Lopes. Rev. e notas de João Paulo Garrido Pimenta. São Paulo: Hucitec, 2009.

FLORES, Moacyr. *Modelo político dos farrapos: As ideias políticas da Revolução Farroupilha*. 4. ed. Porto Alegre: Mercado Aberto, 1996.

GUAZZELLI, Cesar Augusto Barcellos. *O horizonte da província: A República Rio-Grandense e os caudilhos do rio da Prata (1835-1845)*. Rio de Janeiro: UFRJ/IFCS, 1997. Tese (Doutorado em História Social).

KLAFKE, Álvaro Antonio. *Antecipar essa idade de paz, esse império do bem: Imprensa periódica e discurso de construção do Estado unificado (São Pedro do Rio Grande do Sul, 1831-1845)*. Porto Alegre: UFRGS, 2011. Tese (Doutorado em História).

PADOIN, Maria Medianeira. *O federalismo no espaço fronteiriço platino*. Porto Alegre: UFRGS, 1999. Tese (Doutorado em História).

PEREIRA, Alessandro de Almeida. *O poder local e a institucionalização da República Rio--grandense (1836-45)*. Santa Maria: UFSM, 2015. Dissertação (Mestrado em História).

PESAVENTO, Sandra Jatahy. "A invenção da sociedade gaúcha". *Ensaios FEE*, Porto Alegre, v. 14, n. 2, 1993. pp. 383-96.

PICCOLO, Helga I. L. "O federalismo como projeto político no Rio Grande do Sul". In: TARGA, Luiz Roberto Pecoits (Org.). *Breve inventário de temas do sul*. Porto Alegre: Ed. da UFRGS; Fundação de Economia e Estatística, 1998, pp. 195-206.

SCHEIDT, Eduardo. *Concepções de República na região platina à época da Revolução Farroupilha*. São Leopoldo: Unisinos, 1999. Dissertação (Mestrado em História).

REPUBLICANISMO E QUESTÃO RACIAL

ALMEIDA, Silvio Luiz de. *Racismo estrutural*. São Paulo: Sueli Carneiro; Pólen, 2019. (Coleção Feminismos Plurais).

BAPTIST, Edward E. *A metade que nunca foi contada: A escravidão e a construção do capitalismo norte-americano*. Rio de Janeiro: Paz e Terra, 2019.

FERREIRA, Lígia Fonseca (Org.). *Com a palavra, Luiz Gama: Poemas, artigos, cartas, máximas*. São Paulo: Imprensa Oficial, 2011.

GOLDENBERG, David. *Collective Degradation: Slavery and the Construction of Race*. Proceedings of the Fifth Annual Gilder Lehrman Center International Conference at Yale University, New Haven, pp. 1-21, 7-8 nov. 2003. Disponível em: <http://glc.yale.edu/sites/default/files/files/events/race/Goldenberg.pdf>. Acesso em: 4 mar. 2019.

LOSURDO, Domenico. *Contra-história do liberalismo*. 4. ed. São Paulo: Ideias e Letras, 2017.

OHLINE, Howard A. "Republicanism and Slavery: Origins of the Three-Fifths Clause in the United States Constitution". *The William and Mary Quarterly*, Williamsburg, v. 28, n. 4, pp. 563-84, out. 1971. Disponível em: <https://www.jstor.org/stable/1922187?read-now=1&seq=1#page_scan_tab_contents>. Acesso em: 4 mar. 2019.

SCHWARCZ, Lilia Moritz. *O espetáculo das raças: Cientistas, instituições e questão racial no Brasil do século XIX. São Paulo*: Companhia das Letras, 1993.

______. *Sobre o autoritarismo brasileiro*. São Paulo: Companhia das Letras, 2019.

SILVA, Ana Cristina Nogueira da. *Liberalismo, progresso e civilização: Povos não europeus no discurso liberal oitocentista*. Lisboa: Almedina, 2008. v. 1: Estudos comemorativos dos dez anos da Faculdade de Direito da Universidade Nova de Lisboa.

SKIDMORE, Thomas E. *Preto no branco: Raça e nacionalidade no pensamento brasileiro (1870-1930)*. São Paulo: Companhia das Letras, 2012.

TISE, Larry E. *Proslavery: A History of the Defense of Slavery in America, 1701-1840*. Athens: University of Georgia Press, 2004.

REPUBLICANISMO NA CANÇÃO POPULAR BRASILEIRA

ABREU, Martha. "O 'crioulo Dudu': Participação política e identidade negra nas histórias de um músico cantor (1890-1920)". *Topoi*, Rio de Janeiro, v. 11, n. 20, jan.-jun. 2010. pp. 92-113.

ANDERSON, Benedict. *Comunidades imaginadas.* São Paulo: Companhia das Letras, 2008.

AUSTIN, John Langshaw. *Quando dizer é fazer: Palavras e ação.* Porto Alegre: Artes Médicas, 1990.

CARVALHO, José Murilo de. *O pecado original da República: Debates, personagens e eventos para compreender o Brasil.* Rio de Janeiro: Bazar do Tempo, 2017.

______. *A formação das almas: O imaginário da República no Brasil.* São Paulo: Companhia das Letras, 1998.

CAVALCANTE, Berenice; STARLING, Heloisa M.; EISENBERG, José. (Org.). *Decantando a República: Inventário histórico e político da canção popular moderna brasileira.* Rio de Janeiro: Nova Fronteira; Faperj; São Paulo: Fundação Perseu Abramo, 2004. 3 v.

LESSA, Renato. "As cidades e as oligarquias do antiurbanismo da elite política da Primeira República brasileira". In: SCHWARCZ, Lilia; STARLING, Heloisa M. (Orgs.). Dossiê Brasil República. *Revista USP*. São Paulo, n. 59, set.-nov. 2003. pp. 86-95.

MARTINS, Franklin. *Quem foi que inventou o Brasil?: A música popular conta a história da República.* Rio de Janeiro: Nova Fronteira, 2015. 3 v.

SICILIANO, Tatiana. "Pintura e teatro: A pedagogia do olhar n'*O tribofe* de Arthur Azevedo". *Sociologia & Antropologia*. Rio de Janeiro, v. 4. n. 1, jun. 2014. pp. 207-32.

STARLING, Heloisa M. *Ser republicano no Brasil Colônia: A história de uma tradição esquecida.* São Paulo: Companhia das Letras, 2018.

REVOLUÇÃO PERNAMBUCANA DE 1817

AUTOS da devassa mandada realizar em Pernambuco por ocasião da revolta de 1817. Documentos históricos da Biblioteca Nacional. Revolução de 1817. Rio de Janeiro, Biblioteca Nacional, 1954. v. CI a CIV.

LEITE, Renato Lopes. *Republicanos e libertários: Pensadores radicais no Rio de Janeiro (1822).* Rio de Janeiro: Civilização Brasileira, 2000.

MARTINS, Joaquim Dias. *Os mártires pernambucanos, vítimas da liberdade nas duas revoluções ensaiadas em 1710 e 1817.* Recife: Typ. de F. C. de Lemos e Silva, 1853.

MELLO, Evaldo Cabral de. *A outra independência: O federalismo republicano de 1817 a 1824.* São Paulo: Ed. 34, 2004.

______. "Frei Caneca ou a outra independência". In: ______ (Org.). *Frei Joaquim do Amor Divino Caneca.* São Paulo: Ed. 34, 2001. pp. 11-47.

______. "O mimetismo revolucionário". In: ______. *Um imenso Portugal.* São Paulo: Ed. 34, 2002. pp. 171-8.

______. *Rubro veio: O imaginário da restauração pernambucana.* 3. ed. São Paulo: Alameda, 2008.

SALDANHA, José da Natividade. *Da Confederação do Equador à Grã-Colômbia: Escritos políticos e Manifesto de Mundrucu (1796-1830).* Brasília: Senado Federal, 1983.

TAVARES, Francisco Muniz. *História da Revolução de Pernambuco em 1817.* 5. ed. Recife: Cepe, 2017.

TOLLENARE, Louis-François. de. *Notes dominicales: Prises pendant un voyage en Portugal et au Brésil en 1816, 1817 et 1818.* Paris: PUF, 1971-3. 3 v.

SABINADA (1837)

ARAÚJO, Dilton Oliveira de. *O tutu da Bahia: Transição conservadora e formação da nação, 1838-1850.* Salvador: EdUFBA, 2009.

CALMON, Pedro. *História da Bahia (das origens à atualidade).* Rio de Janeiro: Leite Ribeiro, 1927.

GRAHAM, Richard. *Alimentar a cidade: Das vendedoras de rua à reforma liberal (Salvador, 1780--1860).* São Paulo: Companhia das Letras, 2013.

GRINBERG, Keila. "A Sabinada e a politização da cor na década de 1830". In: GRINBERG, Keila Grinberg; SALLES, Ricardo (Orgs.). *O Brasil Imperial.* Rio de Janeiro: Civilização Brasileira, 2009. v. 2.

KRAAY, Hendrik. "'Tão assustadora quanto inesperada': A Sabinada baiana, 1837-1838". *Revista do Instituto Histórico e Geográfico da Bahia*, Salvador, v. 96, pp. 327-56, 2001.

LEITE, Douglas Guimarães. *Sabinos e diversos: Emergências políticas e projetos de poder na revolta baiana de 1837*. Salvador: UFBA, 2006. Dissertação (Mestrado em História).

LOPES, Juliana Serzedello Crespim. *Identidades políticas e raciais na Sabinada (Bahia, 1837--1838)*. São Paulo: Alameda, 2013.

REIS, João José. *Rebelião escrava no Brasil: A história do Levante dos Malês em 1835*. São Paulo: Companhia das Letras, 2003.

SOUZA, Paulo César de. *A Sabinada: A revolta separatista da Bahia — 1837*. São Paulo: Companhia das Letras, 2009.

VIANNA FILHO, Luiz. *A Sabinada: A república bahiana de 1837*. Rio de Janeiro: José Olympio, 1938.

SEDIÇÕES DE OLINDA (1710) E VILA RICA (1721)

BLUTEAU, Raphael. *Vocabulário portuguez & latino*. Coimbra: Collegio das Artes da Companhia de Jesus, 1728.

LARA, Silvia Hunold. "Palmares e as autoridades coloniais: Dimensões políticas de uma negociação de paz". *Seminário Espaço e Sociabilidades*. Curitiba: UFPR, 2012. Disponível em: <docs.ufpr.br/~lgeraldo/LaraSHPalmareseasautoridades.pdf>. Acesso em: 15 abr. 2019.

MELLO, Evaldo Cabral de. *A fronda dos mazombos: Nobres contra mascates, Pernambuco, 1666--1715*. São Paulo: Ed. 34, 2003.

______. "O mito de Veneza no Brasil". In: ______. *Um imenso Portugal: História e historiografia*. São Paulo: Ed. 34, 2002, pp. 147-62.

MONTEIRO, Rodrigo Bentes. *O rei no espelho: A monarquia portuguesa e a colonização da América, 1640-1720*. São Paulo: Hucitec, 2002.

RESENDE, Maria Efigênia Lage de; VILLALTA, Luiz Carlos (Orgs.). *História de Minas Gerais*. Belo Horizonte: Autêntica, 2007; Companhia do Tempo. v. 2: As Minas setecentistas.

SOUTHEY, Robert. *História do Brasil*. Belo Horizonte: Itatiaia, 1862.

SOUZA, Laura de Mello e (Org.). *Discurso histórico e político sobre a sublevação que nas Minas houve no ano de 1720*. Belo Horizonte: Fundação João Pinheiro; Centro de Estudos Históricos e Culturais, 1994. (Coleção Mineiriana).

STARLING, Heloisa M. *Ser republicano no Brasil Colônia: A história de uma tradição esquecida*. São Paulo: Companhia das Letras, 2018.

SEGUNDA REPÚBLICA (1946-64): REPÚBLICA LIBERAL-DEMOCRÁTICA

FONSECA, Pedro Cezar Dutra. "Desenvolvimentismo: A construção do conceito". In: CALIXTRE, André Bojikian; BIANCARELLI, André Martins; CINTRA, Marcos Antonio Macedo (Orgs.). *Presente e futuro do desenvolvimento brasileiro*. Brasília: Ipea, 2014. pp. 29-78.

GOMES, Angela de Castro (Org.). *Vargas e a crise dos anos 50*. Rio de Janeiro: Relume-Dumará, 1994.

______ (Org.). *O Brasil de JK*. Rio de Janeiro: Ed. FGV, 2002.

______ (Org.); FERREIRA, Jorge. "Brasil, 1945--1964: Uma democracia representativa em consolidação". *Locus*, Juiz de Fora, v. 24, n. 2, pp. 251-75, 2018.

IORIS, Rafael R. *Qual desenvolvimento?: Os debates, sentidos e lições da era desenvolvimentista*. Jundiaí: Paco, 2017.

LAFER, Celso. *JK e o Programa de Metas (1956--1961): Processo de planejamento e sistema político no Brasil*. Rio de Janeiro: Ed. FGV, 2002.

LAVAREDA, Antonio. *A democracia nas urnas: O processo partidário-eleitoral brasileiro 1945--1964*. Rio de Janeiro: Revan, 2012.

LIMONGI, Fernando. "Fazendo eleitores e eleições: Mobilização política e democracia no Brasil pós-Estado Novo". *Dados— Revista de Ciências Sociais*, Rio de Janeiro, v. 58, n. 2, pp. 371-400, 2015.

LOBO, Valéria Marques. *Fronteiras da cidadania: Sindicatos e (des)mercantilização do trabalho no Brasil* (1950-2000). Belo Horizonte: Argumentum, 2010.

MOREIRA, Cássio Silva. *O projeto de nação do governo João Goulart: O Plano Trienal e as Reformas de Base* (1961-1964). Porto Alegre: Sulina, 2014.

NEGRO, Antonio Luigi. *Linhas de montagem: O industrialismo nacional-desenvolvimentista e a sindicalização dos trabalhadores*. São Paulo: Boitempo, 2004.

SENTIDO REPUBLICANO DA AMIZADE

ARENDT, Hannah. *A dignidade da política: Ensaios e conferências*. Rio de Janeiro: Relume Dumará, 1993.

______. *Homens em tempos sombrios*. São Paulo: Companhia das Letras, 2008.

ARISTÓTELES. *Ética a Nicômaco*. Brasília: Ed. UnB, 1999.

CARDOSO, Sérgio. "Paixão da igualdade, paixão da liberdade: A amizade em Montaigne". In: NOVAES, Adauto (Org.). *Os sentidos da paixão*. São Paulo: Companhia das Letras, 1997.

CÍCERO, Marco Túlio. *Da amizade*. São Paulo: Martins Fontes, 2001.

HEYKING, John von; AVRAMENKO, Richard (Orgs.). *Friendship & Politics: Essays in Political Thought*. Notre Dame: University of Notre Dame Press, 2008.

LESSING, Gotthold Ephraim. *Natan, o sábio*. Rio de Janeiro: Via Verita, 2016.

MONTAIGNE, Michel de. "Da amizade". In: ______. *Os ensaios: Livro I*. São Paulo: Martins Fontes, 2002.

ORTEGA, Francisco. *Para uma política da amizade: Arendt, Derrida, Foucault*. Rio de Janeiro: Relume Dumará, 2000.

SPINOZA. *Ética*. Trad. Tomaz Tadeu. Belo Horizonte: Autêntica, 2009.

TERCEIRA REPÚBLICA NO BRASIL (1988-): REPÚBLICA DEMOCRÁTICA

ABRANCHES, Sérgio. *Presidencialismo de coalizão: Raízes e evolução do modelo político brasileiro*. São Paulo: Companhia das Letras, 2018.

FIGUEIREDO, Argelina Cheibub; LIMONGI; Fernando. "Mudança constitucional, desempenho do Legislativo e consolidação institucional", *Revista Brasileira de Ciências Sociais*, São Paulo, v. 10, n. 29, pp. 175-200, 1995.

______. "O Congresso e as medidas provisórias: Abdicação ou delegação?". *Novos Estudos Cebrap*, São Paulo, n. 47, pp. 127-54, 1997.

______. "Bases institucionais do presidencialismo de coalizão". *Lua Nova*, São Paulo, n. 44, pp. 81-106, 1998.

______. "Instituições políticas e governabilidade: Desempenho do governo e apoio legislativo na democracia brasileira". In: MELO, Carlos Ranulfo; SÁEZ, Manuel Alcântara (Orgs.). *A democracia brasileira: Balanço e perspectivas para o século 21*. Belo Horizonte: Ed. UFMG, 2007.

LEITÃO, Miriam. *Saga brasileira: A longa luta de um povo por sua moeda*. Rio de Janeiro: Record, 2011.

MELO, Carlos Ranulfo; SÁEZ, Manuel Alcântara (Orgs.). *A democracia brasileira: Balanço e perspectivas para o século 21*. Belo Horizonte: Ed. UFMG, 2007.

MELO, Marcus André; PEREIRA, Carlos. *Making Brazil Work: Checking the President in a Multiparty System*. Nova York: Palgrave Macmillan, 2013.

NICOLAU, Jairo. *Multipartidarismo e democracia: Um estudo sobre o sistema partidário brasileiro (1985-1994)*. Rio de Janeiro: Ed. FGV, 1996.

______. *Representantes de quem?: Os (des)caminhos do seu voto da urna à Câmara dos Deputados*. Rio de Janeiro: Zahar, 2017.

PEREIRA, Carlos; BERTHOLINI, Frederico. "Pagando o preço de governar: Custos de gerência de coalizão no presidencialismo brasileiro", *Revista de Administração Pública*, Rio de Janeiro, v. 51, n. 4, pp. 528-50, jul.-ago. 2017.

PILATTI, Adriano. *A Constituinte de 1987-1988: Progressistas, conservadores, ordem econômica e as regras do jogo*. Rio de Janeiro: Lumen Juris, 2008.

PRAÇA, Sérgio; DINIZ, Simone (Orgs.). *Vinte anos de Constituição*. São Paulo: Paulus, 2008.

TIRANIA E REPÚBLICA

BARON, Hans. *The Crisis of the Early Italian Renaissance: Civic Humanism and Republican Liberty in an Age of Classicism and Tyranny.* Princeton: Princeton University Press, 1966.

BIGNOTTO, Newton. *O tirano e a cidade*. São Paulo: Discurso Editorial, 1998.

CASALE, Giuseppe. *Cicerone a Firenze: Il repubblicanesimo di Coluccio Salutati*. Roma: Aracne, 2013.

ROUSSEAU, Jean-Jacques. *Do contrato social*. São Paulo: Penguin Classics Companhia das Letras, 2011.

SKINNER, Quentin. *As fundações do pensamento político moderno.* São Paulo: Companhia das Letras, 1996.

SNYDER, Timothy. *Sobre a tirania: Vinte lições do século XX para o presente*. São Paulo: Companhia das Letras, 2017.

TOTALITARISMO E REPÚBLICA

ARENDT, Hannah. *The Origins of Totalitarianism*. Nova York: Harvest, 1973.

CHAPOUTOT, Johann. *La Loi du sang: Penser et agir en nazi*. Paris: Gallimard, 2014.

CICERO. *On the Republic. On the Laws*. Trad. de Clinton W. Keyes. Cambridge, MA: Harvard University Press, 1928. (Coleção Loeb Classical Library 213).

DETIENNE, Marcel. *Les Maîtres de vérité dans la Grèce archaïque*. Paris: LGF; Le Livre de Poche, 2006.

KERSHAW, Ian. *Qu'est-ce que le Nazisme?: Problèmes et perspectives d'interprétation*. Trad. de Jacqueline Carnaud. Paris: Gallimard, 1997. (Coleção Folio Histoire).

VÍCIOS DA REPÚBLICA

ANECHIARICO, Frank; JACOBS, James B. *The Pursuit of Absolute Integrity: How Corruption Control Makes Government Ineffective*. Chicago: The University of Chicago Press, 1996.

AVRITZER, Leonardo; BIGNOTTO, Newton; GUIMARÃES, Juarez; STARLING, Heloisa M. (Orgs.). *Corrupção: Ensaios e críticas*. Belo Horizonte: Ed. UFMG, 2008.

FILGUEIRAS, Fernando. *Corrupção, democracia e legitimidade*. Belo Horizonte: Ed. UFMG, 2008.

MAQUIAVEL, Nicolau. *Discursos sobre a primeira década de Tito Lívio*. São Paulo: Martins Fontes, 2007.

OLSEN, Johan P. *Accountability democrática, ordem política e mudança: Explorando processos de accountability em uma era de transformação europeia*. Brasília: Enap, 2018.

POWER, Timothy J.; TAYLOR, Matthew M. (Orgs.). *Corruption and Democracy in Brazil: The Struggle for Accountability*. Notre Dame: University of Notre Dame Press, 2011.

ROSE-ACKERMAN, Susan. *Corruption and Government: Causes, Consequences, and Reform*. Cambridge: Cambridge University Press, 1999.

SOBRE OS AUTORES

ORGANIZADORAS

LILIA MORITZ SCHWARCZ é professora titular do Departamento de Antropologia da Universidade de São Paulo (USP) e *Global Scholar* e *Visiting Professor* em Princeton (desde 2009). É autora de, entre outros livros, *Retrato em branco e negro* (Companhia das Letras, 1987; prêmio APCA), *O espetáculo das raças* (Companhia das Letras, 1993; Farrar, Straus & Giroux, 1999; prêmio APCA; prêmio FNL), *As barbas do imperador* (Companhia das Letras, 1998; Farrar, Straus & Giroux, 2004; prêmio Jabuti Melhor Biografia e Livro do Ano; prêmio Clio de História; prêmio UBE), *A longa viagem da biblioteca dos reis* (Companhia das Letras, 2002; prêmio do Instituto Histórico e Geográfico Brasileiro), *O sol do Brasil* (Companhia das Letras, 2008; prêmio Jabuti de Melhor Biografia), *Brasil: Uma biografia* (com Heloisa M. Starling; Companhia das Letras, 2015; indicado entre os dez melhores livros ao prêmio Jabuti de Ciências Sociais; indicado entre os dez melhores pelo *Times Literary Supplement*), *Lima Barreto: Triste visionário* (Companhia das Letras, 2017; prêmio APCA; prêmio Anpocs de Melhor Livro de Ciências Sociais; prêmio Biblioteca Nacional de Melhor Ensaio; indicado para o Jabuti de Melhor Biografia; e indicado entre as dez melhores biografias, em 2017, pelo jornal *Folha de S.Paulo*) e *Sobre o autoritarismo brasileiro* (Companhia das Letras, 2019). Desde 2015 atua como curadora adjunta para histórias e narrativas no Masp, e é colunista do jornal *Nexo*.

HELOISA MARIA MURGEL STARLING é historiadora e cientista política, professora titular livre do Departamento de História da Universidade Federal de Minas Gerais (UFMG) e coordenadora, na mesma universidade, do Projeto República: Núcleo de pesquisa, documentação e memória. É pesquisadora do CNPq e da Fapemig. Publicou, entre outras obras, *Os senhores das gerais: Os novos inconfidentes e o golpe de 1964* (Vozes, 1986), *Lembranças do Brasil: Teoria política, história e ficção em* Grande sertão: veredas (Iuperj; Universidade Candido Mendes; Revan, 1999), *Uma pátria paratodos: Chico Buarque e as raízes do Brasil* (Língua Geral, 2009), *Brasil: Uma biografia* (com Lilia M. Schwarcz; Companhia das Letras, 2015), *Ser republicano no Brasil Colônia: A hitstória de uma tradição esquecida* (Companhia das Letras, 2018), *Campus UFMG* (Conceito Editorial, 2019). Sobre o Brasil contemporâneo, organizou os livros *República e democra-*

cia: Impasses do Brasil contemporâneo (com André Botelho; Editora UFMG, 2017) e *Pensando a democracia, a república e o estado de direito no Brasil* (com Leonardo Avritzer, Pauliane Braga, Priscila Zanandrez; Projeto República UFMG, 2018). Organizou a coletânea de ensaios inéditos em língua portuguesa *Hannah Arendt: Ação e a busca da felicidade* (Bazar do Tempo, 2018).

COLABORADORES

ALBERTO RIBEIRO GONÇALVES DE BARROS é professor do Departamento de Filosofia da Faculdade de Filosofia, Letras e Ciências Humanas da Universidade de São Paulo (USP), autor dos livros *A teoria da soberania de Jean Bodin* (Unimarco; Fapesp, 2001), *Dez lições sobre Bodin* (Vozes, 2011), *O conceito de soberania na filosofia moderna* (Barcarolla; Discurso Editorial, 2013), *Republicanismo inglês: Uma teoria da liberdade* (Discurso Editorial; Fapesp, 2015), *Ensaios sobre o republicanismo inglês: A liberdade no pensamento político moderno* (Novas Edições Acadêmicas, 2017) e *Republicanismo inglês: Sidney e a semântica da liberdade* (Discurso Editorial; Fapesp, 2018).

ALESSANDRO DE ALMEIDA PEREIRA é doutorando em história pelo Programa de Pós-Graduação em História da Universidade Federal de Santa Maria (UFSM) e mestre em história (UFSM). Possui pesquisas e publicações sobre a história do Brasil do século XIX, com ênfase nos temas: atuação política dos sacerdotes, vereadores e deputados provinciais, conceitos de soberania, república e partidos políticos.

ANDRÉ BOTELHO é professor do Departamento de Sociologia e do Programa de Pós-Graduação em Sociologia e Antropologia (PPGSA) da Universidade Federal do Rio de Janeiro (UFRJ) e pesquisador do CNPq. É autor, entre outros, de *O retorno da sociedade: Política e interpretações do Brasil* (Vozes, 2019, no prelo), e editor da revista *Sociologia & Antropologia*, da UFRJ.

ANGELA ALONSO é professora de sociologia da Universidade de São Paulo (USP), pesquisadora do Cebrap e do CNPq. É autora de *Ideias em movimento: A geração 1870 na crise do Brasil-Império* (Paz e Terra, 2002; prêmio CNPq-Anpocs); *Joaquim Nabuco: Os salões e as ruas* (Companhia das Letras, 2007) e *Flores, votos e balas: O movimento abolicionista brasileiro (1868-1888)* (Companhia das Letras, 2015; prêmio Jabuti; prêmio Academia Brasileira de Letras).

ANGELA DE CASTRO GOMES é professora titular de história do Brasil na Universidade Federal Fluminense (UFF), professora emérita do CPDOC da Fundação Getulio Vargas e professora visitante do Programa de Pós-Graduação em História da Universidade Federal do Estado do Rio de Janeiro (Unirio). É autora de artigos, capítulos e livros, entre os quais *A invenção do trabalhismo* (Ed. FGV, 2005), *História e historiadores* (Ed. FGV, 2013) e *Brechó* (Prismas, 2018).

BRUNO VIVEIROS MARTINS é doutor em história pela Universidade Federal de Minas Gerais (UFMG). Autor do livro *Som imaginário: A reinvenção da cidade nas canções do Clube da Esquina* (Ed. UFMG, 2009) e co-organizador de *Minas Gerais* (Ed. UFMG, 2011) e *Imaginação da terra: Memória e utopia na moderna canção popular brasileira* (Ed. UFMG, 2012). Curador das exposições "Canção amiga — Clube da Esquina" (2017) e "Da janela lateral" (2017) pelo Centro de Referência da Música de Minas/ UFMG. É pesquisador do Projeto República: Núcleo de pesquisa, documentação e memória/ UFMG, e produtor e apresentador do programa *Decantando a República* da Rádio UFMG Educativa.

CICERO ARAUJO é professor titular de teoria política da Faculdade de Filosofia, Letras e Ciências Humanas da Universidade de São Paulo (USP). Pesquisa temas da tradição do republicanismo, o constitucionalismo e a representação política, sobre os quais publicou, entre outros, *A forma da república: Da constituição mista ao Estado* (Martins Fontes, 2013).

CELSO LAFER, professor emérito da Universidade de São Paulo (USP), foi, até a sua aposentadoria em 2011, professor titular da Faculdade de Direito da USP, da qual também é professor emérito. Obteve, em 1970, ph.D. em ciência política pela Universidade Cornell, nos Estados Unidos. É membro da Academia Brasileira de Letras. Foi ministro de Estado das Relações Exteriores (1992; 2001-2). Presidiu a Fundação de Amparo à Pesquisa do Estado de São Paulo (Fapesp), entre 2007 e 2015.

CLÁUDIA VISCARDI é professora titular do Departamento de História da Universidade Federal de Juiz de Fora (UFJF) e pesquisadora do CNPq. É autora, entre outros, de *O teatro das oligarquias: Uma revisão da "política do café com leite"* (Fino Traço, 2012) e *Unidos perderemos: A construção do federalismo republicano brasileiro* (CRV, 2017).

CONRADO HÜBNER MENDES é professor de direito constitucional da Faculdade de Direito da Universidade de São Paulo (USP), mestre e doutor em ciência política pela mesma universidade, doutor em direito pela Universidade de Edimburgo e embaixador-científico da Fundação Alexander von Humboldt.

CRISTIANO PAIXÃO é professor adjunto da Faculdade de Direito da Universidade de Brasília (UnB), doutor em direito constitucional pela Universidade Federal de Minas Gerais (UFMG) e coordenador dos grupos de pesquisa Percursos, Narrativas, Fragmentos: História do Direito e do Constitucionalismo e Direito, História e Literatura: Tempos e Linguagens (CNPq/UnB).

EVALDO CABRAL DE MELLO nasceu no Recife. É historiador e diplomata. Escreveu, entre outros livros: *Olinda restaurada: Guerra e açúcar no Nordeste* (Edusp, 1975); *O norte agrário e o Império* (Nova Fronteira, 1984); *Rubro veio: O imaginário da restauração pernambucana* (Nova Fronteira, 1986); *O nome e o sangue: Uma fraude genealógica no Pernambuco colonial* (Companhia das Letras, 1989); *A fronda dos mazombos: Nobres contra mascates* (Companhia das Letras, 1995); *Um imenso Portugal: História e historiografia* (Ed. 34, 2002); *A outra independência: O federalismo pernambucano de 1817 a 1824* (Ed. 34, 2004); e *Nassau: Governador do Brasil holandês* (Companhia das Letras, 2006).

FERNANDO FILGUEIRAS é doutor em ciência política pelo Instituto Universitário de Pesquisas do Rio de Janeiro (Iuperj) da Universidade Candido Mendes, professor associado do Departamento de Ciência Política da Universidade Federal de Minas Gerais (UFMG) e diretor de pesquisa e pós-graduação da Escola Nacional de Administração Pública (Enap).

FLÁVIO DOS SANTOS GOMES é professor da Universidade Federal do Rio de Janeiro (UFRJ), atuando como professor dos programas de pós-graduação em história comparada, na UFRJ, e também em história, na Universidade Federal da Bahia (UFBA). É pesquisador do CNPq e tem realizado pesquisas e produzido livros e artigos sobre escravidão, campesinato e pós-emancipação no Brasil. É organizador, ao lado de Lilia M. Schwarcz, do *Dicionário da escravidão e liberdade: 50 textos críticos* (Companhia das Letras, 2018).

GABRIEL PANCERA é professor da Universidade Federal de Minas Gerais (UFMG). Publicou, entre outros, o livro *Maquiavel entre repúblicas* (Ed. UFMG, 2010). Traduziu o *Discurso sobre as formas de governo de Florença*, de Maquiavel (Ed. UFMG, 2010).

GUSTAVO HENRIQUE TUNA é doutor em história social pela Universidade de São Paulo (USP) com a tese *Silva Alvarenga: Representante das Luzes na América portuguesa* (2009). É formado em história pela Universidade Estadual de Campinas (Unicamp, 1998) e mestre em história cultural pela mesma universidade (2003). Foi bolsista do Programa de Formação de Quadros Profissionais do Cebrap (Centro Brasileiro de Análise e Planejamento) entre 2002 e 2004.

GUSTAVO MARANGONI COSTA é natural de Criciúma (SC) e mestre em história pela Universidade Federal de Santa Catarina (UFSC). Atualmente é policial rodoviário federal lotado na 2ª Delegacia PRF de Tubarão — Superintendência de Polícia Rodoviária Federal de Santa Catarina.

HÉLGIO TRINDADE é doutor em ciência política pela Université de Paris I (Panthéon-Sorbonne). Ex-reitor e professor Emérito da Universidade Federal do Rio Grande do Sul (UFRGS). Pesquisador sênior do CNPq. Membro da Academia Brasileira de Ciências (ABC). Ex-reitor da Universidade Federal da Integração Latino-Americana (Unila), atualmente é professor do Programa de Pós-Graduação em Políticas Públicas da UFRGS.

HELTON ADVERSE é doutor em filosofia e professor do Departamento de Filosofia da Universidade Federal de Minas Gerais (UFMG). Sua área de atuação é a filosofia política, com ênfase no Renascimento e no pensamento político contemporâneo.

JOÃO LUÍS RIBEIRO FRAGOSO é professor titular de história da Universidade Federal do Rio de Janeiro (UFRJ) e vencedor dos prêmios Arquivo Nacional de Pesquisa (1991), Comenda Nacional da Ordem do Mérito Científico da Presidência da República (2008) e Jabuti de ciências humanas (2015).

JOSÉ MURILO DE CARVALHO é historiador, cientista político e doutor pela Universidade de Stanford. É professor emérito da Universidade Federal do Rio de Janeiro (UFRJ), doutor honoris causa pela Universidade de Coimbra e membro da Academia Brasileira de Ciências e da Academia Brasileira de Letras. Escreveu sobre o Império e a Primeira República.

JUNIA FERREIRA FURTADO é formada em história, professora titular de história moderna da Universidade Federal de Minas Gerais (UFMG), atualmente professora visitante do Departamento de História da Universidade Federal de São Paulo (Unifesp), com vários livros publicados, entre eles, *Chica da Silva e o contratador dos diamantes*: *O outro lado do mito* (Companhia das Letras, 2003).

KEILA GRINBERG é professora titular do Departamento de História da Universidade Federal do Estado do Rio de Janeiro (Unirio), pesquisadora do CNPq e *Cientista do Nosso Estado* da Faperj. Foi professora visitante na Universidade de Michigan, na Northwestern University, na Universidade de Chicago e na New York University.

KENNETH MAXWELL fundou o programa sobre o Brasil na Universidade Harvard. Antes era diretor do programa sobre América Latina no Council on Foreign Relations em Nova York e professor de história na Universidade Columbia. É organizador de *O livro de Tiradentes: Transmissão atlântica de ideias políticas no século XVIII* (Companhia das Letras, 2013) e autor de *A devassa da devassa: A Inconfidência Mineira, Brasil e Portugal 1750-1808* (Paz e Terra, 2005).

LUÍS FALCÃO é graduado em ciências sociais (UFF, 2008), em economia (UERJ, 2009), mestre (IESP, 2010) e doutor (IESP, 2015) em ciência política e professor da Universidade Federal Fluminense (UFF). É autor de *Maquiavel, Montesquieu e Madison* (Beco do Azougue, 2013) e *Algernon Sidney: Um pensador republicano do século XVII* (EDUFF, 2019).

MAGDA RICCI é mestre (1993) e doutora (1998) em história pela Universidade Estadual de Campinas (Unicamp) e pós-doutora pela Universidade de Barcelona (2011). Desde 1995 é professora da Faculdade de História da Universidade Federal do Pará (FAHIS-UFPA). Foi uma das fundadoras do Programa de Pós-Graduação em História Social da Amazônia na UFPA, onde atua desde 2004. Publicou obra biográfica sobre o padre e regente Diogo Antônio Feijó, fruto de seu doutorado, e atualmente desenvolve projetos de pesquisa sobre o movimento da Independência e a Cabanagem no Pará.

MARCELA TELLES é doutora em história pela Universidade Federal de Minas Gerais (UFMG) e autora do livro *Canção sertaneja e política agrária durante a ditadura militar (1964-1985)* (Ed. UFMG, 2019). É pesquisadora do Projeto República/UFMG.

MARCELLO BASILE é doutor em história social pela Universidade Federal do Rio de Janeiro (UFRJ) e professor associado de história do Brasil da Universidade Federal Rural do Rio de Janeiro (UFRRJ). É autor de *Ezequiel Corrêa dos Santos: Um jacobino na Corte imperial* (Ed. FGV, 2001) e, ao lado de José Murilo de Carvalho e de Lucia Bastos, organizou *Guerra literária: Panfletos da Independência (1820-1823)* (Ed. UFMG, 2014).

MARCO AURÉLIO NOGUEIRA é cientista político, professor titular e coordenador científico do Núcleo de Estudos e Análises Internacionais (NEAI) da Universidade Estadual Paulista (Unesp).

MARIA FILOMENA GREGORI é professora livre-docente de antropologia da Unicamp, presidente da Associação Brasileira de Antropologia (gestão 2019-20), pesquisadora associada do Pagu — Núcleo de Estudos de Gênero (Unicamp) e autora de, entre outros, *Prazeres perigosos: Erotismo, gênero e limites da sexualidade* (Companhia das Letras, 2016); *Viração: Experiências de meninos nas ruas* (Companhia das Letras, 2000); *Cenas e queixas: Um estudo sobre mulheres, relações violentas e a prática feminista* (Paz e Terra; Anpocs, 2007).

MARIA TEREZA AINA SADEK é professora do Departamento de Ciência Política da Universidade de São Paulo (USP) e pesquisadora sênior do Centro Brasileiro de Estudos e Pesquisas Judiciais (Cebepej).

MARILENA CHAUI é professora emérita da Faculdade de Filosofia, Letras e Ciências Humanas da Universidade de São Paulo (USP), onde leciona desde 1967. É especialista em história da filosofia, com estudos sobre Espinosa e Merleau-Ponty, e em filosofia política, com estudos sobre ideologia e democracia. Foi secretária municipal de Cultura de São Paulo na gestão de Luiza Erundina (1989-92).

MATIAS SPEKTOR é doutor pela Universidade de Oxford e professor associado da Escola de Relações Internacionais da Fundação Getulio Vargas (FGV).

MILTON MEIRA DO NASCIMENTO é professor titular de ética e filosofia política do Departamento de Filosofia da Faculdade de Filosofia, Letras e Ciências Humanas da Universidade de São Paulo (USP). É autor, entre outros, de *A farsa da representação política: Ensaios sobre o pensamento político de Rousseau* (Discurso Editorial, 2016) e de *Opinião pública e revolução: Aspectos do discurso político na França revolucionária* (Edusp, 1989). Também é jornalista, criador e um dos fundadores do *Jornal de Resenhas*.

NEWTON BIGNOTTO é doutor em filosofia pela École des Hautes Études en Sciences Sociales, Paris, e professor titular da Universidade Federal de Minas Gerais (UFMG), onde leciona filosofia política e história da filosofia do Renascimento. É pesquisador do CNPq e autor de, entre outros, *As aventuras da virtude: As ideias republicanas na França do século XVIII* (Companhia das Letras, 2010), *Origens do republicanismo moderno* (Ed. UFMG, 2001), *O tirano e a cidade* (Discurso Editorial, 1998) e *Maquiavel republicano* (Loyola, 1991).

OSCAR VILHENA VIEIRA é professor de direito constitucional e diretor da Escola de Direito de São Paulo, da Fundação Getulio Vargas (FGV); mestre em direito pela Universidade Columbia; doutor em ciência política pela Universidade de São Paulo (USP); é *global fellow* do Woodrow Wilson Center, em Washington; e autor de *A batalha dos poderes* (Companhia das Letras, 2018).

PATRÍCIA CARVALHO REIS é graduada em direito pela Pontifícia Universidade Católica de Minas Gerais (PUC Minas), mestre e doutora em filosofia política pela Universidade Federal de Minas Gerais (UFMG). No mestrado, analisou a ideia de despotismo no pensamento de Montesquieu. No doutorado, estudou o constitucionalismo do século XVIII com ênfase no pensamento de Condorcet.

PATRÍCIA VALIM é professora adjunta do Departamento de História da UFBA e pesquisadora do PPGH/UFBA, atuando principalmente nos temas: conjunturas insurgentes e cultura política, séculos XVI-XIX; Justiça e poder na primeira modernidade; e história do direito.

PAULA MENDES LIMA é doutora em filosofia política pelo programa de pós-graduação do Departamento de Filosofia da Universidade Federal de Minas Gerais (UFMG), mestre em direito pela mesma instituição e consultora em direito constitucional da Assembleia Legislativa de Minas Gerais (ALMG).

PAULIANE DE CARVALHO BRAGA é mestre em história pela Universidade Federal de Minas Gerais (UFMG) e pesquisadora do Projeto República/UFMG. Tem experiência nas áreas de história e literatura e história do campo brasileiro. É autora do livro *Entre sertões: Comunismo e campesinato na obra de Bernardo Élis* (Ed. UFMG, 2019) e organizadora de *Sentimentos da terra: Imaginação de reforma agrária, imaginação de República* (com Heloisa Starling; Proex, 2013) e *Pensando a democracia, a República e o Estado de Direito no Brasil* (com Leonardo Avritzer, Heloisa Starling, Priscila Zanadrez; Projeto República/UFMG, 2019).

PEDRO DUARTE é professor doutor de filosofia da PUC-Rio. Foi professor visitante nas universidades Brown (EUA) e Södertörn (Suécia). É autor dos livros *Estio do tempo: Romantismo e estética moderna* (Zahar), *A palavra modernista: Vanguarda e manifesto* (Casa da Palavra) e *Tropicália* (Cobogó). Tradutor do livro *Liberdade para ser livre*, de Hannah Arendt (Bazar do Tempo). Coautor, roteirista e curador da série de TV *Alegorias do Brasil* (Canal Curta!).

PETRÔNIO DOMINGUES é doutor em história pela Universidade de São Paulo (USP), com pós-doutorado pela Universidade Rutgers — State University of New Jersey (2012-3) e pela UFRJ (2016-7). Bolsista produtividade em pesquisa do CNPq, é professor dos programas de pós-graduação em história e sociologia da Universidade Federal de Sergipe (UFS). Seu livro mais recente é *Estilo avatar: Nestor Macedo e o populismo no meio afro-brasileiro* (Alameda, 2018).

RENATO BIGLIAZZI é doutor em direito, Estado e constituição pela Universidade de Brasília (UnB), integrante do grupo de pesquisa Percursos, Narrativas, Fragmentos: História do Direito e do Constitucionalismo (CNPq/UnB) e especialista em regulação (Anatel).

RONALDO DE ALMEIDA é mestre em antropologia social pela Universidade Estadual de Campinas (Unicamp) e doutor em antropologia social pela Universidade de São Paulo (USP). Concluiu o pós-doutorado na École des Hautes Études en Sciences Sociales de Paris. Atualmente é professor adjunto no Departamento de Antropologia da Unicamp e pesquisador do Centro Brasileiro de Análise e Planejamento (Cebrap). É autor de *A Igreja Universal e seus demônios* (Terceiro Nome, 2009).

RONALDO LEMOS é advogado especialista em tecnologia, mestre pela Universidade Harvard e doutor pela Universidade de São Paulo. Cofundador do Instituto de Tecnologia e Sociedade do Rio de Janeiro, é professor visitante da Universidade Columbia.

SÉRGIO ABRANCHES nasceu em Curvelo (MG). Sociólogo e escritor, é autor de *Copenhague: Antes e depois* (Civilização Brasileira, 2010); *O pelo negro do medo* (Record, 2012); *Que mistério tem Clarice?* (Biblioteca

Azul, 2014); *A era do imprevisto: A grande transição do século XXI* (Companhia das Letras, 2017; vencedor na categoria ensaio do prêmio Literário Nacional do PEN Clube do Brasil 2018); e *Presidencialismo de coalizão: Raízes e evolução do modelo político brasileiro* (Companhia das Letras, 2018).

SÉRGIO CARDOSO é professor da área de ética e política do Departamento de Filosofia da Faculdade de Filosofia, Letras e Ciências Humanas da Universidade de São Paulo (USP).

SILVIO LUIZ DE ALMEIDA é doutor em filosofia e teoria geral do direito pela Faculdade de Direito da Universidade de São Paulo (USP). É professor da Faculdade de Direito da Universidade Presbiteriana Mackenzie e da Escola de Administração da Fundação Getulio Vargas, professor visitante da Universidade de Duke (EUA) e presidente do Instituto Luiz Gama.

ÍNDICE REMISSIVO

ESTA OBRA FOI COMPOSTA PELA SPRESS EM DIDOT E IMPRESSA EM OSFETE
PELA GEOGRÁFICA SOBRE PAPEL PÓLEN SOFT DA SUZANO S.A.
PARA EDITORA SCHWARCZ EM OUTUBRO DE 2019

FSC
www.fsc.org
MISTO
Papel produzido a partir de fontes responsáveis
FSC® C019498

A marca FSC® é a garantia de que a madeira utilizada na fabricação do papel deste livro provém de florestas que foram gerenciadas de maneira ambientalmente correta, socialmente justa e economicamente viável, além de outras fontes de origem controlada.